# Dictionnaire de poétique

*Les Usuels de Poche*
*Collection dirigée par*
*Mireille Huchon et Michel Simonin*

Parus et à paraître

*Mireille Huchon*
Encyclopédie de l'orthographe et de la conjugaison

*Olivier Millet*
Dictionnaire des citations

*Jean Lecointe*
Dictionnaire des synonymes et des équivalences

*Georges Molinié*
Dictionnaire de rhétorique

*Mahtab Ashraf-Almassi, Denis Miannay*
Dictionnaire des locutions idiomatiques françaises
(publication 1993)

*Emmanuèle Baumgartner, Philippe Ménard*
Dictionnaire étymologique et historique
(publication 1994)

*Mireille Huchon est professeur à l'Université de Paris-Sorbonne.*
*Michel Simonin est professeur au Centre d'études supérieures de la Renaissance (C.E.S.R.).*

*Les Usuels de Poche*

# Dictionnaire de poétique

*par*

Michèle Aquien

*Maître de conférences à l'Université de Paris-XII*

Le Livre de Poche

*Le maître dont l'oracle est à Delphes ne dit ni ne cache rien, mais seulement signifie.*

*(Héraclite, Fragment 93)*

*Je suis le caillou d'or et de feu que Dieu jette,*
*Comme avec une fronde, au front noir de la nuit.*
*Je suis ce qui renaît quand un monde est détruit,*
*Ô nations ! je suis la poésie ardente.*

*(Victor Hugo,* Les Châtiments*)*

*La Poésie ne rythmera plus l'action. Elle sera* en avant.

*(Arthur Rimbaud,* Lettre à P. Demeny*)*

*La poésie se poursuit dans l'espace de la parole, mais chaque pas en est véritable dans le monde réaffirmé.*

*(Yves Bonnefoy,* L'acte et le lieu de la poésie, *Mercure de France)*

*La poésie n'est pas une chose rassurante, c'est une aventure colossale.*

*(Eugène Guillevic,* Vivre en poésie, *Stock)*

# INTRODUCTION

*« Au centre de la poésie, un contradicteur t'attend. Lutte loyalement contre lui. »*

(René Char, *Recherche de la base et du sommet*, o.c., la Pléiade/Gallimard)

L'histoire de la poésie se confond en quelque sorte avec l'histoire de la poétique, si l'on entend par là au sens strict – et premier – l'ensemble des procédés et des techniques qui entrent en jeu dans la fabrication d'un poème. En effet, le terme de *poésie*, dont l'étymologie grecque, *poiein*, « faire », est bien connue, désigne d'abord un certain art du langage, qui organise les mots dans un genre précis de littérature dont la production de base est le poème, pendant longtemps caractérisé par le vers, et toujours par la recherche d'un rythme, d'images spécifiques, de formes de plus en plus délicates à déterminer tant elles se révèlent de plus en plus fuyantes et momentanées. Un autre sens se développe à partir du XV^e^ siècle : c'est celui qui désigne par *poésie* le texte lui-même. Enfin, le lien entre le mot *poésie* et une certaine qualité de l'émotion et de l'inspiration a été établi au XVII^e^ siècle, pour en étendre l'emploi, à l'époque romantique, à une catégorie esthétique (la poésie des ruines, le sentiment poétique). On voit que le sens du mot tend à une extrême diversification.

Dans ce dictionnaire de poétique française, c'est bien pourtant de poésie dont il sera question, et par conséquent d'un art dont les procédés et les déterminations n'ont cessé de se modifier au cours de l'histoire, et continuent leur constante avancée, sensible à l'évolution conjointe des civilisations, du langage, de l'homme aussi dans son intimité, échappant ainsi à toute définition fixée une fois pour toutes. D'ailleurs, le refus et l'absence d'installation, de fixation sont pour les poètes eux-mêmes le propre de la poésie : « Fierté de l'homme en marche sous sa charge d'éternité ! », dit Saint-John Perse ; tandis que, dans le même esprit, René Char la définit comme pur passage : « La poésie est de toutes les eaux claires celle qui s'attarde le moins aux reflets de ses ponts. Poésie, la vie future à l'intérieur de l'homme requalifié. »

Dans ces conditions, l'établissement d'un dictionnaire de poétique serait une gageure, mais il se trouve que la poésie se transforme sans pour autant jamais se renier.

## Une incessante avancée

Il ne saurait s'agir ici d'entrer dans les détails de cette très longue histoire ; mais on se contentera de donner un rapide aperçu de ce qu'elle a pu être, afin que les différents articles de ce dictionnaire puissent être intégrés dans un contexte au moins esquissé, suggérant quelque peu le mouvement qui a toujours animé la poésie et les poètes.

### Une très vieille histoire

L'existence de la poésie est un phénomène universel, dans toutes les langues et dans toutes les civilisations, que leur tradition soit orale ou écrite. C'est la première forme de littérature qui nous soit parvenue, peut-être parce que son rôle premier a pu être de fixer le langage. En effet, à une époque où la transmission se faisait uniquement par voie orale, la poésie a représenté la mémoire de l'oralité, de la parole vivante ; d'où les moyens mnémotechniques (constance d'un rythme, par le nombre de pieds ou de syllabes, par le retour régulier de sonorités, de mots, de syntagmes, etc.) qui sont propres au langage poétique, et cela en tous temps, et aujourd'hui également : les Muses, qu'invoquent les poètes grecs, puis les poètes latins, sont nées des neuf nuits d'amour de Zeus et de Mnémosyne, déesse de la mémoire...

Une autre remarque s'impose, au regard de l'héritage antique en particulier, c'est l'utilisation qui est faite de l'expression poétique dans toutes sortes de disciplines. Ce langage spécifique a, dans un premier temps, pu permettre de conserver la parole, sous une forme toujours ressentie comme plus belle, dans quantité de domaines : d'abord le sacré, le rituel, la magie – c'est dans un langage autre, non social, que l'on s'adresse aux dieux et aux puissances supérieures –, puis aussi le mythe, l'histoire, les sciences, la géographie, la philosophie, le théâtre : tout ce qui relève de la connaissance, de la réflexion de l'homme sur le monde, et non du commerce immédiat. A quoi s'ajoutent, bien sûr, les sentiments et les émotions, les thèmes propres à ce qui est censé être le domaine de la poésie ; mais force est de constater que, pendant longtemps, c'est par le langage et les techniques de la poésie que s'est exprimé ce qui sortait du discours commun, de la vie quotidienne. Le vers n'a pas toujours coïncidé avec ce qu'aujourd'hui on considère comme poétique.

## De la poésie gréco-latine au vers roman

Puis une évolution se dessine, et la poésie change de fonction au sein de la société. Au fur et à mesure que la tradition écrite se développe et que la prose se répand, la poésie se spécialise dans des domaines comme le lyrisme, avec l'expression des sentiments personnels (amour, tristesse...), ou comme l'épopée, qui exalte de hauts faits.

La forme, elle aussi, évolue. Pour ce qui nous intéresse, c'est d'abord le passage du système latin au système français, d'un système quantitatif à un système syllabique. La prosodie gréco-latine était en effet fondée sur l'opposition entre des voyelles brèves et des voyelles longues, et donc des syllabes, regroupées en pieds. A un type de vers correspondait un nombre fixe de pieds, mais un système d'équivalences (UU = —) permettait des variations qui faisaient fluctuer également le nombre des syllabes dans chaque vers. Cela n'empêchait nullement la perception d'un rythme régulier. Puis, la langue évoluant – en particulier la langue populaire –, vers le IV<sup>e</sup> siècle après Jésus-Christ, le peuple n'a plus été sensible aux oppositions quantitatives, et donc ce rythme fondé sur les pieds lui échappait. C'est alors qu'a commencé à s'instaurer un nouveau système fondé sur un *nombre fixe de syllabes*, d'abord dans les hymnes latines chrétiennes, destinées à de larges assemblées, puis peu à peu dans tout ce qui se composait. En même temps que se fixait le nombre des syllabes dans le vers s'est instituée la nécessité d'une *césure* dans les vers longs ; elle remplace l'*ictus*, accent mélodique fort qui, dans le système des pieds, correspondait à la syllabe où était frappée la mesure. Au cours de la même période, l'*assonance* (la *rime* apparaît à partir du VIII<sup>e</sup> siècle) vient souligner la finale de vers, et compléter ainsi le modèle du vers roman.

## Évolution des formes poétiques en France

### *De la poésie médiévale au classicisme*

En France, du Moyen Age au XIX<sup>e</sup> siècle, tout le travail technique s'est fait à l'intérieur de ce système, d'abord chez les poètes provençaux, puis aussi chez ceux de langue d'oïl, enfin dans une langue qui était désormais le français. La recherche a porté sur le vers lui-même, sur les rimes, mais aussi sur les groupements de vers et sur les formes poétiques. Notons qu'à cet égard, les traités donnent une vision décourageante d'artifices concentrés, que fort heureusement la pratique poétique aménage et vivifie.

Un facteur important de changement a été le rapport de la poésie à la musique : jusqu'au XV^e^ siècle, et depuis les temps les plus reculés, le vers est chanté, et son articulation, son rythme, sont supportés et accompagnés par la mesure mélodique. Avec la dissociation progressive entre les deux arts, le langage poétique prend un autre statut, avec son rythme propre, d'autant qu'à la même époque, l'évolution de l'imprimerie permet de diffuser plus largement la poésie par écrit. Désormais, elle sera de moins en moins chantée, elle sera dite, ou lue à haute voix, puis, de nos jours, surtout lue silencieusement.

Les poètes de cette fin du Moyen Age continuent le considérable travail sur les formes qu'avaient accompli leurs prédécesseurs (en particulier les Provençaux avec le *trobar*). Dans ses *Essais de stylistique*, Pierre Guiraud signale que les Grands Rhétoriqueurs énumèrent jusqu'à cent quinze variétés de rondeaux. Accompagnant cette élaboration constante, ces derniers se signalent surtout par une exploration de la rime et de sa richesse, parallèle à un intérêt tout à fait cratylien pour le signifiant, qui se traduit aussi par des jeux savants avec les noms propres, comme en témoigne François Rigolot dans son ouvrage, *Poésie et onomastique*.

Mais cette tendance à la pure virtuosité formelle est poussée à un tel point qu'une réaction a lieu au milieu du XVI^e^ siècle, avec le groupe de la Pléiade, qui établit une distinction qualitative sévère entre les « rimeurs » et ceux qui peuvent se dire « poètes ». La rime est alors assagie, l'alexandrin s'installe durablement dans la tradition française, et l'influence des poètes italiens, l'imitation des poètes antiques, renouvellent profondément la poésie en France.

Ce renouvellement n'a qu'un temps : le classicisme, lié à un pouvoir centralisé et autoritaire, élabore un système qui s'est très vite figé dans une rigidité dont on exagère parfois la rigueur. Ce que la Pléiade avait infléchi devient exigence de pureté ; la rime, le rythme, le décompte des syllabes sont l'objet de réflexions approfondies sur le langage poétique ; et ces remarques tendent, il est vrai, à devenir une véritable législation. Ce n'est pas une esthétique de la surprise (sauf pour ce qui concerne éventuellement la pointe, qui relève plutôt de l'esprit), mais une esthétique de l'autorité.

### *Crise de vers*

Cet ensemble de règles qui définissent le vers dit classique a globalement contenté les poètes durant deux siècles. Ce sont les romantiques qui ont porté les premiers coups au système classique. L'accent est mis sur le langage lui-même et moins sur le code poétique traditionnel, comme en témoignent les affirmations de Victor Hugo, relatives l'une au vocabulaire, l'autre au vers, et où il se propose de mettre « un bonnet rouge au vieux dictionnaire » et de disloquer « ce grand niais d'alexandrin ». Le recours au trimètre se fait plus fréquent, ainsi que les hardiesses des rejets et contre-rejets ; la marque de la césure n'est plus toujours aussi nettement articulée sur les pauses syntaxiques, et même, un peu plus tard dans le siècle, des poètes comme Verlaine, Banville, Mallarmé la font passer à l'intérieur d'un mot. De plus, avec l'individualisme croissant au XIXe siècle, la poésie se retourne de plus en plus vers elle-même, se fait plus réflexive, et Baudelaire écrit, dans ses *Notes nouvelles sur Edgar Poe* :

> « La poésie, pour peu qu'on veuille descendre en soi-même, interroger son âme, rappeler ses souvenirs d'enthousiasme, n'a pas d'autre but qu'elle-même ; elle ne veut pas en avoir d'autre. »

Elle commence même à sortir du cadre strict du vers, avec l'œuvre d'Aloysius Bertrand, les *Petits Poèmes en prose* de Baudelaire, les *Chants de Maldoror* de Lautréamont, la *Saison en Enfer* et les *Illuminations* de Rimbaud. C'est un peu plus tard, vers la fin du XIXe siècle, que les symbolistes inaugurent des formes nouvelles du vers : le vers libre et le vers libéré, qui s'en prennent aux règles mêmes du décompte des syllabes et reprennent des types de césures propres à la poésie médiévale. De son côté, Mallarmé désarticule la syntaxe, lance des innovations qui seront ensuite largement suivies comme l'absence de ponctuation, et, dans le *Coup de dés,* en 1897, l'exploitation d'une mise en page éclatée.

Une véritable crise dans l'art poétique a donc lieu en cette fin du XIXe siècle, et Mallarmé en souligne tout de suite l'opportunité et la richesse à venir, qui se traduiront effectivement par un foisonnement formel et des audaces poétiques tout à fait nouvelles. Mais pour autant, et quelle que soit la façon dont la poésie moderne s'écarte de la tradition classique, la référence aux anciennes règles reste toujours présente, ce qu'avait remarqué Mallarmé dès les débuts du vers libre, en soulignant la fécondité de cette confrontation dans *Crise de vers* :

« Des infractions volontaires ou de savantes dissonances en appellent à notre délicatesse, au lieu que se fût, il y a quinze ans à peine, le pédant, que nous demeurions, exaspéré, comme devant quelque sacrilège ignare! Je dirai que la réminiscence du vers strict hante ces jeux à côté et leur confère un profit. »

Décidément au cœur de ce renouvellement radical, il le lie explicitement au triomphe de l'individualisme des poètes dans *Réponse à une enquête* :

« Nous assistons, en ce moment, à un spectacle vraiment extraordinaire, unique, dans toute l'histoire de la poésie : chaque poète allant dans son coin, jouer sur une flûte, bien à lui, les airs qu'il lui plaît; pour la première fois, depuis le commencement, les poètes ne chantent plus au lutrin. »

### *Poésie moderne et contemporaine*

Et en effet, cette tendance devait se confirmer, puisqu'on voit les poètes contemporains adopter des formes qu'ils modulent à leur gré. La variété est de mise : un même poète peut opter dans une œuvre pour le poème en prose, pour une forme plus ou moins traditionnelle dans un autre recueil, ou même varier les formes au sein d'un même recueil, tel Yves Bonnefoy qui, dans le seul ensemble *Du Mouvement et de l'Immobilité de Douve*, utilise aussi bien le vers traditionnel que la prose, le vers libre que le verset, l'absence d'homophonies finales que la rime. Certains adoptent une forme et s'y tiennent, tel Saint-John Perse dont l'œuvre se présente tout entière en versets, à part un seul poème en octosyllabes.

Mais revenons à notre esquisse chronologique : au début du XX^e^ siècle, la poésie s'est donc vu ouvrir de nouveaux champs d'exploration, qui ne cesseront de s'enrichir et de se diversifier. En même temps, cette ouverture amène à une définition de plus en plus difficile de son domaine, qui s'étend désormais bien au-delà du vers : outre les formes introduites au XIX^e^ siècle, apparaissent le verset, les calligrammes, les audaces typographiques, des systèmes de collage comme on les voit alors en peinture, techniques largement pratiquées par le mouvement surréaliste dans l'entre-deux-guerres. La poésie ne se confond plus avec le vers : bien sûr, déjà la différence avait été de longtemps établie entre les vrais poètes et les simples rimeurs, mais le code était le même au départ. Désormais, les enjeux poétiques sont à redéfinir, d'autant que toutes les formes continuent de coexister : ainsi, à un an d'écart paraissent, en 1917, *La Jeune*

*Parque* de Valéry, d'écriture néo-classique et, en 1918, les audaces esthétiques des *Calligrammes* d'Apollinaire.

La poésie, qui avait été chantée, puis dite, relève de plus en plus du visuel, ce que Paul Valéry souligne dans un passage de *Tel Quel* :

> « Longtemps, longtemps, la voix *humaine* fut base et condition de la *littérature*. La présence de la voix explique la littérature première, d'où la classique prit forme et cet admirable *tempérament*. Tout le corps humain présent *sous la voix*, et support, condition d'équilibre, de l'idée...
>
> Un jour vint où l'on sut lire des yeux sans épeler, sans entendre, et la littérature en fut altérée.
>
> Évolution de l'articulé à l'effleuré – du rythmé et enchaîné à l'instantané –, de ce que supporte et exige un auditoire à ce que supporte et emporte un œil rapide, avide, libre sur la page. »
>
> (« Littérature », in *Tel quel*, Œuvres II, la Pléiade/Gallimard)

Devant cette très grande variété de formes qui caractérise la poésie moderne, certains théoriciens proposent par conséquent de distinguer, selon les catégories saussuriennes, des poètes du signifié et des poètes du signifiant, les uns se chargeant de dire le désir, les grandes vagues du psychisme humain, le sens du monde, les autres portés plutôt vers l'exploration pure de cet univers de langage, vers le travail exclusif sur le signifiant. Cette distinction paraît relativement pertinente quand on pense à l'exemple limite et expérimental de poètes du signifiant, qui jouent uniquement sur le côté acoustique et/ou graphique du langage comme le font certains poètes du mouvement Dada : on peut se référer à ce « Poème à crier et à danser » de Pierre-Albert Birot (1924), cité par J.-J. Thomas dans *La Langue, la poésie* (Presses Universitaires de Lille, p. 121) :

CHANT III

**êêêê èèè éé**
**a ouou a ouou êê**
**(1) bing——————bing——————**
**(1) brrrrr——————brrrrrrrrr trinnn**
**(1) ô——————ô——————êêê**
**a iiii a iiii a iiii i i i**
**âo âo âo âo âo âo âo trinnn**
**âo âo âo âo âo âo âo trinnn**
**rrrrrrrrrrrrrr rrrrrrrrrrrrrr**
**rrrrrrrrrrrrrr**
**(2) ouououououououououououououououou**
**(3) uuuuuuuuuuuuuuuuuuuuuuuuuuuuuuuuuuu**
**i**

On peut penser également aux lettristes qui sont leurs héritiers, ainsi qu'à certaines réalisations de l'OuLiPo (Ouvroir de Littérature Potentielle), fondées soit sur le hasard, soit sur un chiffrage total du texte. Mais on remarquera également que même cette tendance expérimentale s'inscrit dans un mouvement plus profond qui, dès le siècle dernier, a correspondu à une réflexion de la poésie sur elle-même, sur ce qu'elle est, et donc sur son propre langage, qui explore des possibilités que la langue sociale interdit ou laisse de côté. Le problème est, là, que, de sens, il n'y a pas.

Néanmoins, cette idée que le sens puisse ne pas préexister au poème, mais être entraîné par lui, par sa propre logique, avait été lancée dès l'époque de Mallarmé, qui avait dit au peintre Degas :

> « Ce n'est pas avec des idées qu'on fait un poème, c'est avec des mots. »

Le même énoncé se retrouve au principe du dadaïsme et Tristan Tzara l'exprime de façon lapidaire :

> « La pensée se fait dans la bouche. »

Autrement dit, il n'y a pas de pensée préexistante au poème. Mais si elle n'est pas toujours préexistante, du moins faut-il qu'elle soit : la poésie ne peut sans se perdre se réduire à un simple jeu de signifiants sans support. C'est pourquoi il est difficile d'établir une distinction trop nette entre « poètes du signifié » et « poètes du signifiant ». La poésie moderne, à part dans ces cas limites, manifeste toujours qu'elle est à la croisée entre le monde et le langage, là où les réflexions sur les possibilités de la langue, leur exploration et leur cohérence, qui créent une logique propre à la poésie, sont en même temps le reflet d'une pensée sur le monde et sur l'homme.

## Qu'en est-il alors de la poétique ?

Le terme même de *poétique*, en tant que « la » poétique, vient d'Aristote, mais ce mot n'a pas toujours été utilisé pour désigner l'étude technique du fait poétique ; au XVIe siècle par exemple, on parle de « seconde rhétorique », par opposition à la première, qui concerne la prose.

D'une manière plus générale, la poétique a longtemps été confondue avec la versification, par opposition à la rhétorique, dont l'objet était l'art de la prose.

C'est que, en effet, si l'analyse (ou la composition) de la

poésie relève assez largement de la rhétorique, elle a aussi ses propres procédés et ses propres codes. Ceux-ci ont longtemps été représentés par la seule versification à cause de la primauté du vers, mais aussi par d'autres faits de nature linguistique qu'Aristote a pu le premier faire pressentir, et qu'un linguiste comme Roman Jakobson s'est efforcé d'isoler.

Aristote est le premier à avoir analysé le langage propre à la poésie, à en avoir distingué les genres et les formes, dans son essai, *La Poétique*, écrit vers 340 av. J.-C. Il a, le premier, établi la différence entre la poétique, art de composer des vers, et la rhétorique, art de persuader, de convaincre, de soutenir louange ou blâme, et il l'indique nettement au passage 1456 a 33 :

> « Il a déjà été question des autres parties ; reste à parler de l'expression et de la pensée. Ce qui concerne la pensée, qu'on aille le trouver dans les ouvrages de rhétorique, car cela est plutôt propre à cette étude. Appartient au domaine de la pensée tout ce qui doit être produit par des paroles ; on y trouve comme parties : démontrer, réfuter, produire des émotions comme la pitié, la crainte, la colère et toutes les autres de ce genre, ou encore amplifier et réduire. » (Traduction par Michel Magnien, Le Livre de Poche)

C'est ainsi qu'il définit la métaphore en remarquant, comme le souligne P. Ricœur dans *La Métaphore vive*, qu'elle a une unique *structure*, mais deux *fonctions* : l'une rhétorique, l'autre poétique.

Il en vient aussi à une véritable description linguistique, avec des distinctions allant du plus petit, qu'il appelle « élément » et qui correspond à la définition du phonème, au plus large, l'énoncé lui-même :

> « Voici maintenant les parties de l'expression prise dans son ensemble : la lettre, la syllabe, la conjonction, le nom, le verbe, l'article, la flexion et l'énoncé. » (1456 b 20, *op. cit.*)

Aristote a ainsi occupé dans l'étude de la poésie une place restée unique puisque, ensuite, et pendant longtemps, la poétique est devenue plutôt un *art* poétique, au sens étymologique du mot, un recueil de techniques et de conseils pour *faire* de la poésie. Ces ouvrages étaient d'ailleurs souvent composés par des poètes ; ils y recueillaient leur expérience et leur recherche poétiques, les formes élaborées du vers, de la rime, des strophes, des poèmes, et se situaient en quelque sorte en amont des textes à venir au moins autant qu'ils décrivaient un certain état de la poésie. Pensons ainsi aux *Leys d'Amors*, parues au milieu du

XIV<sup>e</sup> siècle, qui rassemblent l'art poétique des troubadours. Ces traités sont en règle générale descriptifs. En revanche, une première rupture est marquée par le caractère de profession de foi qu'a la *Défense et Illustration de la langue française* de Du Bellay, parue en 1549, et qui est moins descriptive que polémique, réaction contre l'*Art poétique français* de Thomas Sébillet, paru l'année précédente : c'est un véritable programme poétique destiné à servir de manifeste au coup d'éclat de la Pléiade.

Un renversement de tendance se fait jour à partir de la « crise » du vers, quand les formes de la poésie n'ont plus dépendu que d'un choix individuel. A côté d'une poétique toujours énoncée par les poètes eux-mêmes, mais qui est rarement l'objet d'un traité, plutôt d'essais ou d'entretiens, la poétique est désormais entendue comme un art non seulement de faire le poème mais aussi de le recevoir. Il s'agit de reconnaître des traits, de décrire des processus qui produisent l'effet de poésie ; la versification n'est désormais plus seule en jeu.

L'école des « formalistes russes » est une des premières tentatives d'étude scientifique du langage poétique ; elle a amené l'émergence de la pensée fondamentale de Roman Jakobson. Dans ses *Questions de poétique*, il rappelle que la notion de poésie est instable et varie dans le temps, mais, en revanche, précise avec les formalistes russes que la « poéticité » est, elle, un élément irréductible.

On lui doit la définition d'une *fonction poétique* qui, dit-il dans ses *Essais de linguistique générale*, met en évidence ce que les signes ont de palpable, de sensible.

Mais cette notion de fonction poétique est intégrée à une théorie linguistique globale, et, lorsque Jakobson, au chapitre « Linguistique et poétique », définit l'objet de la poétique, par rapport à la littérature, comme la réponse à la question : *Qu'est-ce qui fait d'un message verbal une œuvre d'art ?*, il induit deux malentendus par rapport à l'étude spécifique de la poésie :

– d'une part, il étend alors la définition de la poétique à toute « littérarité », et la poésie n'est plus seule concernée ;

– d'autre part, il réduit la poétique à un pur formalisme qui ne saurait rendre compte de la poésie.

C'est ce statisme et ce formalisme que lui reproche H. Meschonnic dans *Les états de la poétique*, tout en rendant hommage à celui qui a ainsi placé, au cœur des questions du langage, le problème de la poétique : de tous les côtés, c'est la poésie qui y perd de sa spécificité, et la poétique se dilue dans l'analyse linguistique. La poésie n'est pas *que* linguistique. Il s'en est suivi, et pour longtemps, une confusion de domaines entre poésie, poétique, littérature et linguistique, qu'illustre bien le terme de « fonction poétique » dans les six fonctions du langage isolées par Jakobson : la fonction poétique est *une des* fonctions du langage, elle est donc à l'œuvre dans tout acte de langage, en revanche elle n'est pas exclusive de la poésie, même si la poésie la met particulièrement en avant, et de plus elle ne rend pas du tout compte à elle seule du langage poétique.

Contre ce qu'il considère comme un formalisme qui fige le texte et en arrête le dynamisme, H. Meschonnic propose, dans *Pour la Poétique* I, d'en rendre le mouvement propre par une poétique qu'il redéfinit comme l'étude à chaque fois spécifique des faits de polysémie liés et à l'écriture et à la lecture et à la cohérence du texte et de l'œuvre.

Il s'agit de considérer l'œuvre comme une forme unique, un système orienté, qui est le résultat d'une création par un sujet et qui est l'objet d'une lecture pour un autre sujet : ce qui est à chercher, ce sont les lois de ce système. La poétique moderne est donc associée de très près à la poésie moderne elle-même, dans sa liberté de forme et la manière dont elle se donne à elle-même ses lois ; mais les analyses qui en découlent n'en sont pas moins parfaitement adaptables à des textes plus anciens, si l'on tient compte évidemment du contexte dans lequel ils ont été produits. L'inverse, en revanche n'est pas vrai : une analyse qui se ferait exclusivement selon des critères formels anciens ne peut rien donner de valable pour la poésie moderne.

## Langage et poésie

Plus qu'elle ne l'a jamais fait – et c'est peut-être pour cela que la réflexion sur la poétique a été ces derniers temps particulièrement riche et passionnée –, la poésie manifeste aujourd'hui de manière ouverte son statut particulier au sein du langage, un statut qui lui ouvre, et par lequel elle ouvre ce que l'homme a de plus intime.

### Poésie et statut du langage

La poésie est un langage à part, sans être pour autant une infraction à la langue. C'est d'ailleurs l'objet de la démonstration de J. Cohen dans *Structure du langage poétique*, accompagnée de cette remarque que l'écriture d'un poème ne se réduit pas à la transgression du code.

Elle est à distinguer fondamentalement de l'usage social et quotidien du langage, même si la poésie moderne et contemporaine a pu lui emprunter certaines de ses tournures et certains de ses mots. Valéry trace très nettement la frontière dans ses *Pièces sur l'Art*, au chapitre « Les droits du poète sur la langue » :

> « Quant à l'usage, je distingue nettement entre l'usage général, c'est-à-dire *inconscient*, et l'usage *poétique*.
>
> L'usage général n'est soumis qu'à la statistique – reflet de la moyenne des facilités de prononciation. La langue parlée ordinaire est un instrument pratique. [...] *Son office est rempli quand chaque phrase a été entièrement abolie, annulée, remplacée par le sens.* La compréhension est son terme.
>
> Mais, au contraire, l'usage poétique est dominé par des conditions *personnelles*, par un sentiment musical conscient, suivi, maintenu...
>
> Ces conditions se combinent, d'ailleurs, en général, avec le souci d'observer diverses conventions techniques, dont l'effet est de rappeler à chaque instant au versifiant qu'il ne se meut pas dans le système de la langue vulgaire, mais dans un autre système bien distinct.
>
> Ici le langage n'est plus un acte transitif, un expédient. Il lui est au contraire attribué une *valeur propre*, qui doit se retrouver intacte, *en dépit des opérations de l'intellect sur les propositions données.* Le langage poétique doit se conserver soi-même, par soi-même et demeurer identique, *inaltérable par l'acte de l'intelligence qui lui trouve ou lui donne un sens.*
>
> Toute littérature qui a dépassé un certain âge montre une tendance à créer un langage poétique séparé du langage ordinaire, avec un vocabulaire, une syntaxe, des licences et des inhibitions, différents plus ou moins des communs. »
>
> (Paul Valéry, « Les droits du poète sur la langue » in *Pièces sur l'art*, Œuvres II, la Pléiade/Gallimard)

Ainsi, la poésie se situe, par rapport au langage, dans une situation paradoxale que résume bien Octavio Paz dans *L'Arc et la Lyre* (Gallimard) :

> « L'expérience poétique est irréductible à la parole et cependant seule la parole l'exprime. »

La langue de la poésie puise sa richesse dans la langue de tout le monde et se renouvelle, évolue avec elle, mais selon une logique, une cohérence qui la font autre :

*Les mots que j'emploie,*
*Ce sont les mots de tous les jours, et ce ne sont point les mêmes !*
*Vous ne trouverez point de rimes dans mes vers ni aucun sortilège. Ce sont vos phrases mêmes. Pas aucune de vos phrases que je ne sache reprendre !*
(*Claudel,* Cinq Grandes Odes, *Mercure de France)*

De là vient sans doute cette sensation d'*étrangeté* qui se dégage des textes poétiques, notion que souligne A. Kibédi Varga dans *Les Constantes du poème*, et qui fait résonner autrement le langage. Longtemps on a dit que la poésie faisait violence à la langue, et on en trouve même l'affirmation dans l'*Esthétique* de Hegel, mais ce que met en avant la poétique aujourd'hui, c'est plutôt qu'elle en exploite les possibilités que l'usage social bannit. Pour elle, le champ du langage est plus largement ouvert, ce qui ouvre également le domaine du sens.

Selon cette perspective, le langage de la poésie entretient un rapport ambigu avec l'idée de communication. Bien qu'il y ait effectivement transmission, puisqu'il y a par exemple publication, le langage poétique n'est pas là un simple outil, et les poéticiens y voient plutôt un état intransitif du message, un « message centré sur lui-même ».

On a vu que les Anciens ne s'y étaient pas trompés, et qu'ils considéraient les formes de la poésie comme plus aptes à fixer le langage qui fuit, à inscrire la présence de la voix et du corps. Le titre qu'a donné Jean Tardieu à l'un de ses recueils manifeste bien cette présence : *Une voix sans personne.* Les fluctuations de cette forme ne viennent pas infirmer ce statut du langage poétique, au contraire : le travail des poètes, surtout depuis un siècle, en s'écartant des règles anciennes ou en les utilisant à leur gré, au lieu de les rejeter purement et simplement, montre la *raison* profonde de ces règles, et cette raison n'est pas d'ordre purement linguistique, contrairement à ce que l'on pourrait croire *a priori.*

### Prose et poésie

Malgré l'existence confirmée d'une poésie en prose, l'opposition entre prose et poésie reste un sujet de débat pour les théoriciens, débat que G. Genette tranche en une formule, dans *Figures* II : « La poésie, c'est l'antiprose. »

Pour parler de cette distinction, Valéry emploie, dans *Variété*, des expressions proches de celles dont il use pour la différence entre l'utilisation sociale du langage et celle de la poésie :

«La poésie se distingue de la prose pour n'avoir ni toutes les mêmes gênes, ni toutes les mêmes licences que celle-ci. L'essence de la prose est de périr, – c'est-à-dire d'être "comprise", – c'est-à-dire d'être dissoute, détruite sans retour, entièrement remplacée par l'image ou par l'impulsion qu'elle signifie selon la convention du langage. Car la prose sous-entend toujours l'univers de l'expérience et des actes, – univers dans lequel, – ou *grâce auquel*, – nos perceptions et nos actions ou émotions doivent finalement se correspondre ou se répondre d'une seule manière, – *uniformément*. L'univers pratique se réduit à un ensemble de *buts*. [...] Cet univers exclut l'ambiguïté, l'élimine; il commande que l'on procède par les plus courts chemins, et il étouffe au plus tôt les harmoniques de chaque événement qui s'y produit à l'esprit.

Mais la poésie exige ou suggère un «Univers» bien différent : univers de relations réciproques, analogue à l'univers des sons, dans lequel naît et se meut la pensée musicale. Dans cet univers poétique, la résonance l'emporte sur la causalité, et la «forme», loin de s'évanouir dans son effet, est comme *redemandée* par lui. L'Idée revendique sa voix.»

(Paul Valéry, in *Variété*, Œuvres I, la Pléiade/Gallimard)

Pour J. Cohen, la différence entre poésie et prose littéraire tient à des facteurs quantitatifs : dans *Structure du langage poétique*, il distingue, à l'intérieur du style qui, lui, forme une unité, différents degrés marqués par une utilisation plus ou moins concentrée de figures «en nombre fini», «toujours les mêmes», et qui se trouvent aussi bien dans la prose que dans la poésie. De son côté, H. Meschonnic récuse la distinction elle-même, dans *Les états de la poétique*, comme schématique et totalisante.

La seule opposition qui reste est alors, au sein de la «littérarité», une opposition de genres entre le choix de la poésie (quel qu'en soit le style) et celui des autres formes d'écriture.

## Poésie et inconscient

Le poète est quelqu'un qui a un *savoir*, et qui même est tenu pour être de ceux qui possèdent le savoir : là encore, les Anciens ne s'y sont pas trompés, qui ont conféré au poète des relations directes avec le divin, que ce soit par l'inspiration de la Muse ou par ses capacités divinatoires. Mallarmé, dans *Le Livre, instrument spirituel* (1895), désigne le poète comme «l'homme chargé de voir divinement». Ce savoir divin est de l'ordre de ce que la psychanalyse a nommé «savoir de l'inconscient»; c'est toujours la même grande force qui gouverne les pulsions, par la toute-puissance du désir.

Baudelaire est un des premiers à avoir perçu clairement les capacités de la poésie en général et du langage poétique en particulier à franchir les portes de la vie de ce que l'on ne nomme pas encore à ce moment-là l'inconscient, et il dit dans *Puisque réalisme il y a*, en 1855 :

> « La poésie est ce qu'il y a de plus réel, c'est ce qui n'est complètement vrai que dans *un autre monde.* »

Ces liens avec l'inconscient peuvent sans doute rendre compte des rapports étroits d'une part entre la poésie et l'enfance, d'autre part entre le langage poétique et le rêve, enfin entre le langage poétique et le langage de l'inconscient.

**Rapport entre poésie et enfance**

Là encore, les poètes sont les premiers à pressentir un lien difficile à définir, et d'abord Baudelaire qui affirme : « Le génie est l'enfance retrouvée à volonté. » Dans son livre sur *La poésie et ses environs*, le poète contemporain Georges-Emmanuel Clancier, après avoir cité Tristan Corbière :

> *Il fait noir, enfant, voleur d'étincelles,*

fait ce commentaire :

> « Le poète est cet enfant, cet homme qui plonge dans sa nuit intérieure, y redevient pareil à l'enfant qu'il a été, naïf, émerveillé, à peine encore séparé du monde et de ses mystères, et il tente cette aventure spirituelle pour dérober, au cœur de la nuit (là où la raison avoue son impuissance, là où règnent les secrets des rêves), sinon le feu total de la connaissance, du moins des fragments, des étincelles de ce foyer, de ce cœur ardent de la vie. »
>
> (G.-E. Clancier, *La poésie et ses environs*, Gallimard)

L'enfance est liée à la poésie par le statut qu'y revêt le langage. C'est le moment de l'apprentissage des signifiants, le moment où les mots sont encore presque des choses en eux-mêmes, où ils sont attachés, lorsqu'ils émergent un à un, à des affects, des éclairages, des connotations qui les font apparaître sous un jour que l'habitude, le polissage de l'emploi quotidien refouleront : être trop conscient de toutes les aspérités, de toutes les beautés de la forme pourrait être parfois gênant dans le langage usuel, comme si l'on se mettait à sentir tous les efforts du corps pour tenir en équilibre quand on marche. C'est le moment où l'on joue avec ces signifiants, où on les retourne dans tous les sens, où on les prend en bloc pour la plus grande joie des adultes, où les jeux avec les mots deviennent des mots d'enfant.

Or la poésie, en particulier telle qu'elle est pratiquée depuis un siècle, libère ce savoir refoulé, le goût ludique d'aller de mot en mot, goût qui a de fait toujours été celui des poètes, et qui, avec, mais aussi par-delà l'exactitude du dire, d'un usage qui peut être savant, relève d'une vérité profonde : celle du premier contact avec le langage, du premier plaisir qu'il a procuré (pêle-mêle, plaisir de prononcer, d'énoncer, de maîtriser).

Cet intérêt ludique pour le langage amène l'enfant de son côté à rencontrer volontiers la poésie aussi bien dans les comptines, rondes, etc., qui relèvent de la poésie dite « enfantine », que dans l'apprentissage et la récitation de poèmes plus difficiles, dont chacun sait d'expérience qu'on ne les oublie, ensuite, jamais.

C'est un intérêt qui ne disparaît d'ailleurs pas, en principe, avec l'enfance, mais qui peut être emporté par le mécanisme du refoulement des pulsions, et ce qui relève du poétique est alors ressenti comme gênant, à la limite impudique, et cependant, cet investissement des pulsions dans le langage reste puissant pour toute la vie.

**Rapport entre rêve et poésie**

> « Le poète doit tenir la balance égale entre le monde physique de la veille et l'aisance redoutable du sommeil, les lignes de la connaissance dans lesquelles il couche le corps subtil du poème, allant indistinctement de l'un à l'autre de ces états différents de la vie. »
>
> (René Char, « Partage formel, VII », in « Seuls demeurent », *Fureur et mystère*, o.c., la Pléiade/Gallimard)

Plutôt que d'un réinvestissement du rêve par la poésie, il s'agit en poésie de ce qui, pour G. Genette dans *Figures* II, est un rapport métaphorique du langage avec l'état de rêve, avec, par rapport à la veille, ce qu'on ne saurait appeler « écart » sans un abus de langage.

**Rapport entre poésie et langage de l'inconscient**

Les procédés du langage poétique frappent en effet par leur analogie avec ceux que découvre la psychanalyse dans le mot d'esprit, le rêve, la parole échappée, le discours des analysants sur le divan : on peut en retenir le statut de la métaphore (que Freud appelle « condensation »), celui des figures de contiguïté (qui, pour Freud, relèvent du « déplacement »), les possibilités données au signifiant qui permettent de faire surgir des mots par paronomase, anagramme, etc.

Dans les *Problèmes de linguistique générale* I, Benveniste parle, à propos des découvertes de Freud sur le rêve, d'une rhétorique de l'inconscient analogue à ce que nous apprennent les procédés stylistiques.

Dans la psychanalyse, la parole autant que le silence pèsent leur poids de vérité, de non-dit, et il en va de même dans la poésie, où le silence est représenté visuellement par le blanc. Pour G.-E. Clancier, il signe la présence de l'ineffable, ou de l'innommable :

> « Quant au poème, il est encore mouvement, mouvement du langage comme le remarque André Frénaud, et je dirais parfois, semble-t-il, mouvement du silence à travers le langage, tentative de nommer l'ineffable – tentative déterminant, comme si ce qui est sans voix, sans verbe, comme si l'univers autour et dans le poète attendait de celui-ci qu'il se fît son messager ; et le message toujours pressenti n'est jamais délivré, car le vrai chant toujours s'ouvre sur le silence. » (*Op. cit.*, p. 18)

Ce n'est pas de l'inconscient du poète dont il s'agit, mais de ce que H. Meschonnic, dans *Pour la poétique* I, appelle l'« inconscient du langage », qui s'appréhende dans le signifiant du texte, et qui est enraciné, bien sûr, dans un contact concret avec la vie, avec les choses cachées, parce que l'« état poétique » ne relève pas que du langage.

En revanche, la mise à nu du langage inconscient qui se manifeste dans la psychose révèle, elle, l'identité de forme de ce langage avec le langage poétique, et le poète H. Michaux, dans *Connaissance par les gouffres*, décrit admirablement le martyre que vit le psychotique qui inscrit ce langage non social dans son corps :

> « Il (l'aliéné) emploie un style poétique, langage de base, auquel son état désastreux l'a fait revenir, mais que les autres ne comprennent pas, ne tolèrent qu'exceptionnellement et seulement en tant que "spécialité". Plus grave encore, il le vit. Il réalise la métaphore, il se laisse fasciner par elle. Martyr d'une analogie trop sentie, trop subie. Il ne sait pas se retenir, ce que savent si bien les poètes de profession qui passent de l'une à l'autre. Lui, il est dans le profond caveau d'une seule. »
>
> (Henri Michaux, *Connaissance par les gouffres*, Gallimard)

Une distinction est donc à établir entre une similitude de procédés langagiers et la différence fondamentale entre un état pathologique (même latent) et l'état poétique. Le désir est en jeu dans les deux cas, mais dans l'un il s'agit du désir d'un sujet, dans l'autre du désir en soi, du rapport de l'homme au monde. L'écriture poétique n'est pas une psychanalyse, et un poète peut très bien être névrosé ou psychotique. Disons simplement que son état de poète lui donne accès à un état du langage qui, pour d'autres, a été fermé, par les circonstances de l'éducation, de l'histoire individuelle, ou autre vicissitude.

Même si les phénomènes langagiers se ressemblent de façon troublante, les deux domaines ne sont pas les mêmes et ne doivent pas être confondus : l'échec de l'écriture automatique, fondée sur l'idée somme toute naïve que l'on pourrait écrire « sous la dictée de l'inconscient », suffit sans doute à en témoigner.

Dans *Sous ma casquette amarante*, René Char rétablit explicitement cette part de mystère qui, bien sûr, relève aussi de l'inconscient, mais transcende, chez le poète, ce que l'inconscient a de strictement personnel quand il se manifeste dans la clinique analytique :

> « Il y a le sens originel du mot, mais aussi ses attirances, ses répulsions, et cette logique de la poésie qui n'est jamais ni absente ni gangrenée. Je ne minimise pas l'inconscient, mais je lui refuse la toute-puissance. Sans le brimer, je lui propose d'autres prises. Oui, le subconscient, oui, l'inconscient et leur relativité, mais surtout cette ombre droite venue de nous, mon imaginaire, et dont nous ne savons pas de quel être ou de quel objet, à son tour, elle est l'ombre. Quand je dis objet, je dis le minimum. Nous ne savons pas à qui elle appartient, de qui elle continue la course, sinon de quelque chose d'irrévélé, de capital en nous. Parfois on lui donne un nom, l'âme. La poésie se glisse hors de cette ombre qui veut donner au poème son étrangeté. » (René Char, *Sous ma casquette amarante* [fragment], o.c., la Pléiade/Gallimard)

## Trois caractères fondamentaux du langage poétique

Au terme de ce développement sur sa spécificité, on peut distinguer trois aspects fondamentaux qui, de manière concomitante, caractérisent le langage poétique.

**1 – Le primat du signifiant**

C'est ce qui définit la fonction poétique de Jakobson, et qui est le point fondamental de ressemblance entre le langage poétique et le langage de l'inconscient. Dans le discours ordinaire, la barre que théorise Saussure entre signifiant et signifié est une vraie barre, et l'avancée du discours se fait de signe en signe selon la logique des signifiés, le signifiant servant de pur support, acoustique ou graphique selon le cas ; dans le langage poétique, il en va comme pour celui de l'inconscient : la barre entre signifiant et signifié y est levée, et la logique du sens se fait sur deux portées, comme le démontre Lacan dans un de ses *Écrits*, « Instance de la lettre dans l'inconscient », en citant d'ailleurs l'exemple de la poésie.

Cela implique la levée de deux caractères fondamentaux du langage : l'arbitraire du signe et la linéarité du signifiant.

Si la nature même du signifiant entre en jeu dans la constitution du sens, le rapport entre le signe et ce qu'il est chargé de désigner n'a plus son statut de pure convention, il est au contraire motivé, et l'on est alors dans la logique de la pensée cratylienne et dans le jeu libre avec les mots, le « jeu de mots généralisé », comme dit H. Meschonnic dans *Les états de la poétique*, avec une mise à profit de tous les aspects du signifiant, aussi bien phoniques que graphiques.

L'abandon du principe de linéarité du signifiant se traduit de différentes manières.

La plus apparente est celle qui met en évidence la forme sensible des mots, qui manifeste de façon visuelle le langage poétique, par la typographie (jeu de caractères, mais aussi dessins par calligrammes, logogrammes, idéogrammes), par la mise en page, la répartition des blancs ; la présentation est alors un des éléments de constitution du signifiant, et donc du sens.

L'autre est celle qui utilise en quelque sorte la polyphonie du signifiant : un seul signifiant écrit renvoie simultanément à différentes portées du sens, soit parce qu'il évoque un autre signifiant (ou plusieurs) par similitude, complète (homonymie) ou partielle (paronomase, anagramme), soit parce qu'il supporte à la fois plusieurs signifiés par exploitation de la polysémie ou par jeu étymologique. Le contexte est là pour servir de garant à cette démultiplication du sens : tous les possibles ne sont pas obligatoirement réalisés. Ce dernier emploi du signifiant participe également de la troisième caractéristique qu'on développera : la densité.

Le primat du signifiant permet à la poésie d'échapper également à la logique discursive, ce qui ouvre le champ de l'invention verbale où il s'agit de jouer avec la langue, et même de l'utiliser dans le non-sens : ce sont des formes médiévales comme la fatrasie, la sotie, mais aussi les comptines, et, bien sûr, nombre de poèmes contemporains. Le non-sens reste à l'intérieur du langage et donc *signifie* l'absurde, qui est un élément du monde à dire ; alors que le point limite est atteint lorsque le jeu avec le signifiant n'est plus langage et donc ne signifie pas : s'il ne signifie pas, c'est qu'il n'est pas un signifiant. On parlait du lettrisme : on peut se demander s'il y a encore poésie.

La même question se pose à propos de productions où l'œuvre se présente comme une « machine linguistique » pourvue d'un « mode d'emploi » (J.-J. Thomas, *La Langue, la poésie*), où il y a une expulsion du sujet, du moins du sujet écrivant : le lecteur reste devant un réseau chiffré de signifiants qu'il a à faire fonctionner pour en jouer (et en jouir) ou lui attribuer ses propres signifiés, selon ses propres fantasmes : est-ce encore de la poésie ?

On notera que si le primat du signifiant est particulièrement mis en avant par la poésie moderne, il a cependant toujours existé, et justifie le très vieux travail sur les formes poursuivi par les poètes.

C'est ce statut du signifiant qui fait que la poésie doit être lue *au pied de la lettre* : dans ces conditions, le fonctionnement de la métaphore ne se fait plus de la façon ordinaire, elle n'est plus alors une illustration, une « façon de parler », elle aussi change de statut.

### 2 - Le caractère cyclique

L'aspect cyclique de la poésie représente également ce en quoi elle s'oppose à la linéarité : c'est ce qui a distingué dès le départ le *vers*, fondé sur le retour (*vertere*, « tourner ») et la *prose* qui, elle, va tout droit, *prorsum*. Elle se manifeste principalement par la répétition, propriété fondamentale, d'après N. Ruwet (*Langage, musique, poésie*), du langage musical et du langage poétique. L'effet en est particulièrement sensible dans ce poème de Michel Deguy :

*La vie est comme un champ inégal*
*gal*
*et le champ*
*comme un infirme qu'on porte au soleil*
*leil*
*et le soleil*
*comme une borne où la terre vient virer*
*rer*
*et la terre*
*comme le texte qu'un myope ajuste à ses yeux*
*yeux*
*et*
*comme la vie.*

*(Michel Deguy, in* Ouï-dire, *Gallimard)*

Le rôle de la répétition est lié à la profondeur où se situe la poésie. C'est ce que dit le poète Pierre Emmanuel dans *Tu* :

*Celui qui n'a que l'essentiel à dire*
*[...]*
*Bégaie.*

Et en effet, sa fonction est particulièrement importante en poésie, pour plusieurs raisons.

D'abord, la répétition est un soulignement, et, dès l'origine, le langage de la poésie est fait pour laisser sa trace. Ensuite, elle est liée par nature au rythme, et la langue de la poésie est une langue où le rythme joue un rôle essentiel (elle a commencé par être toujours associée à la musique et au chant). Enfin, la répétition permet, comme le poème de Michel Deguy nous en donne un bel exemple, de boucler la boucle, de faire du poème un objet réel qui a ses propres assises, sa propre logique.

La notion de tour et de retour est inscrite dans l'étymologie de nombreux mots qui décrivent la poésie : on la trouve dans *vers*, bien sûr, et donc dans *verset*, *versification*, mais aussi dans *strophe* dont l'étymon grec signifie « tour, retour », de la même famille que *trope*; on la trouve également à l'origine du nom de nombreuses formes médiévales : la *ronde* a donné *rondet*, *rondeau*, *rondel*, mais on trouve aussi le verbe *virer* dans *virelai*, *vaudeville* (à l'origine *vaudevire*, ce mot a l'originalité de contenir deux fois l'idée de tourner, puisque *vaude* vient de *volutare*, autrement dit « faire des voltes »). Or le vers, bien que son usage ne se confonde plus avec l'idée de poésie, reste l'essence de l'expression poétique. Il est, selon la formule de J. Cohen, « un procédé de poétisation » du langage.

La poésie concentre ainsi un grand nombre d'effets de répétition qui se retrouvent à tous niveaux :

– au niveau des phonèmes (et des graphèmes), sous forme d'assonances, d'allitérations, de rimes, d'homophonies diverses ;

– au niveau du rythme, par la répétition de schémas syllabiques ou métriques ;

– au niveau lexical, avec une reprise qui peut être approximative ou totale, et qui peut être liée à la place du mot ou du syntagme ;

– au niveau syntaxique, où la répétition est soutenue soit par des effets de parallélisme, soit, quand elle s'accompagne d'une inversion, par le chiasme ;

– enfin, nombreuses sont les formes poétiques fixes fondées sur la reprise de vers entiers, comme la villanelle ou le pantoum, ou d'un refrain, comme la ballade qui y ajoute la répétition du schéma des strophes et des rimes.

On voit qu'à l'aspect cyclique de la poésie sont liées deux notions fondamentales : la notion de *structure* (et donc de position), et la notion de *nombre*.

### 3 - La densité

> *Car le poète est un four à brûler le réel.*
> *De toutes les émotions brutes qu'il reçoit, il sort parfois un léger diamant d'une eau et d'un éclat incomparables. Voilà toute une vie comprimée dans quelques images et quelques phrases.*
> *(Pierre Reverdy,* Le Gant de crin, *Flammarion)*

La concentration du sens dans la poésie est liée au statut qu'y a le signifiant et à la très forte structuration de l'ensemble. Cette densité se manifeste par la mise en relation de tous les niveaux possibles de signification, possibles en tout cas à l'intérieur de la logique de l'œuvre, ce qui permet une intrication de différents sens à la fois : ce n'est pas dispersion, c'est au contraire, comme le dit Saint-John Perse dans *Oiseaux*, « unité recouvrée sous la diversité ».

Les deux idées de *réseau* et de *correspondance* rendent assez bien compte de la manière dont s'établit cet étagement des sens (qui n'est pas une hiérarchie) dans le texte poétique. La poésie en effet met à contribution tous les niveaux de la construction linguistique, depuis les traits qui distinguent les phonèmes entre eux jusqu'à la structuration du poème et même du recueil (pour certains poètes, on peut aller jusqu'à parler de cohérence de l'œuvre entière). Le rapport entre signifiant et signifié est intéressé à tous ces niveaux. Le texte fonctionne comme une totalité de relations complexes ; tout élément contribue à la signification, qu'il soit de l'ordre du signifiant ou de l'ordre du signifié, avec un croisement incessant et du son et du sens, et un constant appel de l'un à l'autre pour la cohérence et le dynamisme de l'ensemble.

Il y a donc à la fois condensation par l'efficacité de ces réseaux et de ces correspondances, et foisonnement par le jeu des associations ainsi ouvertes. Le foisonnement est en quelque sorte induit par la nature même du langage poétique, qui agit sur les éléments linguistiques comme un véritable levain, faisant croître et se multiplier les réseaux de référence. C'est d'ailleurs en prenant l'exemple du pain que G.-E. Clancier illustre cet accroissement :

> « Si je dis : "Passez-moi le pain", dans cette communication ordinaire, le mot pain est simplement le signe fugace qui permettra à mon interlocuteur de comprendre la chose que je lui demande. Si, au contraire, le mot pain est l'un des termes d'une métaphore poétique : le pain des rêves (c'est le titre d'un roman de Louis Guilloux), il devra non pas s'effacer dans l'esprit du lecteur mais demeurer présent avec 1° la valeur sensorielle de la saveur, de la forme, de la couleur, du poids de l'aliment quotidien ; 2° les résonances affectives, symboliques ou mythiques qu'il implique ; 3° la métamorphose qu'il reçoit de son association avec l'image du rêve et la métamorphose, qu'à son tour, il impose à la notion de rêve ; 4° la musique, le rythme, de la syllabe qui le compose et des rapports de cette syllabe avec les mots qui la précèdent et qui la suivent. »
>
> (G.-E. Clancier, *La poésie et ses environs,* p. 31, note, NRF/Gallimard)

A ce foisonnement est associée ce qu'on peut appeler l'épaisseur du texte, qui elle aussi est un défi à cette fatalité qu'est la linéarité du signifiant ; elle joue à tous les niveaux, et rend compte ainsi de l'épaisseur même des choses, que l'*analogie* apprend à saisir. Et ce pouvoir de concentration permet de nommer un réel qui, d'être innommé, échapperait sans cesse à l'homme par la fuite de son inépuisable variété.

On est là aux sources de toute nomination, de cette capacité qu'a l'homme de symboliser le réel au sens lacanien du terme, c'est-à-dire de mettre du signifiant pour avoir prise sur ce réel.

Cette densité est servie, non seulement par le statut du signifiant, mais aussi par :

– le phénomène de l'ambiguïté, qui se greffe sur ce statut du signifiant, et permet de constituer les marges du poème, l'implicite et l'explicite, et de rassembler en ce point de nouage différents éléments du réseau de sens ;

– une syntaxe propre, elle-même économe d'intermédiaires et de mots outils, avec une très grande importance accordée à l'ordre des mots, ce qui se traduit par le recours fréquent à l'ellipse, à l'inversion, au nominalisme, à l'asyndète et donc à la juxtaposition et enfin à la spatialisation : c'est une syntaxe non redondante, qui s'oppose à celle du discours ;

– le statut de l'image, qui met en rapport d'analogie deux référents étrangers l'un à l'autre. Mais la poésie, et en particulier la poésie moderne, n'établit pas toujours, comme le fait le discours ordinaire, une hiérarchie entre le comparé et le comparant dans l'ordre de la vérité : les deux pôles sont dans la plupart des cas symétriques au regard de la réalité poétique ; l'un n'illustre pas l'autre, mais ils servent tous les deux à signifier dans un rapport qui, pour la métaphore, est celui de l'identification. Qu'on pense par exemple aux images de « Booz endormi » de Victor Hugo : elles appartiennent toutes au domaine bucolique dans lequel s'inscrit le poème, de la *gerbe* du début à la *faucille d'or dans le champ des étoiles* de la fin.

Ces trois aspects du langage poétique tissent donc un réseau extrêmement serré qui fait du poème à lui seul un nouveau signifiant où l'on ne saurait rechercher d'emblée le sens, mais bien plutôt ce que H. Meschonnic, dans *Les états de la poétique*, appelle le « mode de signifier » du poème.

## Lire la poésie

La lecture de la poésie n'est pas une lecture comme une autre. Rares sont ceux qui peuvent l'apprécier de manière cursive, justement parce qu'elle arrête. Elle arrête parce qu'elle garde trace, mais aussi parce qu'elle dérange : on entend souvent parler à ce propos de gêne, de pudeur ; elle dérange également parce que ce n'est pas le langage auquel on est habitué, c'est un langage qui exige un véritable travail de la part du lecteur.

Il s'agit en effet pour lui, devant chaque poème nouveau, de déchiffrer le code nouveau qui en fait la cohérence ; il n'a pas à se demander d'abord ce qu'a « voulu dire » le poète, mais comment il l'a dit, suivant le mode même de composition qu'indique Valéry dans *Variété* (Œuvres I, la Pléiade/ Gallimard) :

> « Si l'on s'inquiète de ce que j'ai « voulu dire » dans tel poème, je réponds que je n'ai pas *voulu dire*, mais *voulu faire*, et que ce fut l'intention de *faire* qui a *voulu* ce que j'ai *dit*... »

Et Reverdy va dans le même sens, objectif, quand il remarque :

> « La poésie n'est pas dans l'émotion qui nous étreint dans quelque circonstance donnée – car elle n'est pas une passion. Elle est un acte. »
>
> (Pierre Reverdy, *Cette émotion appelée Poésie*, Flammarion)

Lire la poésie aussi est un acte, qui répond à ce travail de création poétique, et c'est également, pourrait-on dire, une activité poétique, puisque cela nécessite l'intelligence, l'appréhension de ce langage particulier fondé sur les possibilités signifiantes, l'attention aussi à ne pas laisser déraper sa propre subjectivité. C'est donc un acte difficile, et qui demande un engagement de tout l'être :

> « De même que le poème exige du poète une activité en profondeur de tout son être, de même, pour être reçu, le *poème exige du lecteur ou de l'auditeur, une attention privilégiée, exactement une attention créatrice*, non pas la seule attention des facultés intellectuelles, d'analyse, de raisonnement, mais une disponibilité de toutes les facultés sensibles, affectives, oniriques, psychiques, car celui qui reçoit le poème, ne le reçoit véritablement que s'il le *recrée* au niveau de sa propre expérience vécue, de son propre destin. »
>
> (G.-E. Clancier, *La poésie et ses environs*, Gallimard)

Rimbaud est un des premiers poètes à avoir fait saisir cette nécessité d'une lecture et d'une attention particulières, quand il dit que ses poèmes sont à comprendre « littéralement et dans tous les sens ».

C'est là aussi que peut se saisir quelque chose du *plaisir* du texte poétique – l'attention au signifiant, l'ouverture du langage, joints à la vérité profonde de ce qui est dit, et qui ne pourrait pas être dit autrement.

Quels sont les éléments qui entrent en jeu dans une analyse poétique ? Ils sont nombreux, et relèvent tous, peu ou prou, du signifiant et de son agencement dans le texte : outre les règles de la versification, et leurs éventuelles vicissitudes, il y a des procédés qui concernent la mise en page, la typographie, le jeu des sonorités, les variations du rythme, la syntaxe, le statut particulier du mot et ses rapports avec les autres mots, les tropes, les images, et certaines des figures qui font généralement l'objet des traités de rhétorique. Pour la plupart de ces faits, les outils modernes d'analyse de la langue inaugurés par Saussure fournissent des instruments particulièrement adéquats qui mettent en valeur structure et unité du texte.

Mais il ne faut pas pour autant se laisser aveugler par la multiplicité des techniques : la poétique et la versification, comme tout instrument, n'ont pas de valeur en elles-mêmes ; elles n'en ont que par ce qu'elles produisent.

Dans cet ouvrage, l'objet de la poétique sera toujours la poésie au sens strict, et en particulier la poésie française du Moyen Age à nos jours, en y incluant le théâtre versifié ou en versets.

## Et la beauté ?

C'est la question où achoppent tous traités et arts poétiques. Des ouvrages spécialisés ont essayé d'en débattre en parlant du jugement de l'oreille, de l'harmonie d'un beau vers, etc. Ce qui est sûr, c'est qu'elle est là et qu'elle doit y être, et que la définir est une gageure.

Le mieux est d'en référer aux poètes eux-mêmes.

Dans son *Discours du Nobel* (Gallimard), Saint-John Perse dit de la poésie que :

> « [...] elle s'allie, dans ses voies, la beauté, suprême alliance, mais n'en fait point sa fin ni sa seule pâture. »

alors que René Char note, à la fin des *Feuillets d'Hypnos* :

> *Dans nos ténèbres, il n'y a pas une place pour la Beauté. Toute la place est pour la Beauté.*

Contrairement aux apparences, les deux affirmations ne sont pas contradictoires : dire que la poésie n'a pas pour fin la beauté, c'est dire simplement qu'elle n'est pas le but de la poésie, que ce n'est pas ce vers quoi elle tend ; et l'on peut en effet se référer à certaine stérilité de l'art pour l'art pour s'en faire une idée. Cela ne signifie pas qu'elle ne soit pas là, au contraire, comme le dit René Char, elle occupe toute la place. Cette place reste le lieu pur de la poésie ; l'analyse peut essayer d'en appréhender quelque chose, d'en approcher, mais si elle peut faire apparaître la spécificité du *langage* poétique, elle ne saurait suffire pour dire, si raffinée soit-elle, où est la beauté, ni où est la poésie : par essence, la poésie est toujours ailleurs.

# INDEX RAISONNÉ DES ARTICLES

Ce dictionnaire propose des définitions de procédés ou de phénomènes qui permettent d'analyser et de lire la poésie. On trouvera par conséquent des articles qui concernent non seulement la poétique et la versification, mais aussi quelques notions de base en linguistique et en rhétorique. Un système de renvois en fin d'article permet de nuancer les explications et d'en voir l'extension. Pour complément d'informations, le lecteur pourra se reporter, en linguistique aux ouvrages spécialisés, et en rhétorique, au *Dictionnaire de rhétorique* de Georges Molinié (*Les Usuels de Poche*, Le Livre de Poche).

Les noms des articles sont indiqués en petites capitales, avec, en gras, ceux qui présentent une synthèse. Dans l'index alphabétique, sont proposés d'autres noms qui, par le système des renvois, permettent de se reporter à l'article plus général dans lequel ils sont abordés.

## VERSIFICATION

Outre les notions générales de **MÉTRIQUE**, **PROSODIE**, **SCANSION**, **VERSIFICATION**, on trouvera :

- **sur la notion de vers** : MÈTRE ; **VERS** ; LICENCE POÉTIQUE.

■ *décompte des syllabes dans le vers :*
APOCOPE ; CHEVILLE ; DIÉRÈSE ; E caduc ; ÉLISION ; HIATUS ; PIED ; SYLLABE ; SYNCOPE ; SYNÉRÈSE.

■ *structure du vers :*
ACCENT ; CÉSURE ; CONTRE-ACCENT ; COUPE ; HÉMISTICHE ; MESURE ; TÉTRAMÈTRE ; TRIMÈTRE.

■ *types de vers* (classés ici selon le nombre croissant de leurs syllabes) :
MONOSYLLABE ; DISSYLLABE ; TRISYLLABE ; TÉTRASYLLABE ; PENTASYLLABE ; HEXASYLLABE ; HEPTASYLLABE ; OCTOSYLLABE ; ENNÉASYLLABE ; HENDÉCASYLLABE ; ALEXANDRIN.

■ *vers de statut spécial :*
VERS BLANC ; VERS-ÉCHO.

■ *vers et théâtre :* STICHOMYTHIE.

■ *extensions modernes du vers traditionnel :*
VERSET ; VERS LIBÉRÉ ; VERS LIBRE.

**– pour l'étude des phénomènes de rime** : RIME ; ALTERNANCE ; MONORIME.

■ *rimes particulières :*
DOMINANTE ; HOLORIME (vers) ; KYRIELLE ; LÉONIN (vers) ; LÉONINE (rime).

■ *homophonies finales autres que la rime :*
ASSONANCE ; CONTRE-ASSONANCE ; HOMOPHONIE.

**– pour l'analyse du rythme** : RYTHME.

■ *rapport entre syntaxe et vers :*
CONCORDANCE ; CONTRE-REJET ; DISCORDANCE ; ENJAMBEMENT ; REJET.

**– sur les groupements de vers** : STROPHE.

■ *noms de groupements de vers autres que la strophe au sens strict :*
COUPLET ; DISTIQUE ; LAISSE ; MONOSTICHE ; SÉQUENCE ; STANCE ; TERCET.

■ *noms des strophes* (classées selon le nombre croissant des vers) :
QUATRAIN ; QUINTIL ; SIZAIN ; SEPTAIN ; HUITAIN ; NEUVAIN ; DIZAIN ; ONZAIN ; DOUZAIN ; TREIZAIN.

■ *organisations de mètres :*
COUÉ ; HÉTÉROMÉTRIE ; ISOMÉTRIE ; LAYÉ ; VERS MÊLÉS.

■ *types de groupements de vers à fonction ou à organisation spécifiques :*
ANTISTROPHE ; ENVOI ; ÉPODE ; QUARTIER.

**– la définition de certaines formes fixes de poèmes**, outre l'article général FORMES FIXES :

■ *héritage médiéval :*
AMOUREUSE ; AUDENGIÈRE ; BAGUENAUDE ; BALLADE ; BERGERETTE ; CAROLE ; CHANSON ; CHANTEFABLE ; CHANT ROYAL ; FATRAS ; FATRASIE ; GLOSE ; LAI ; PASTOURELLE ; RIQUERAQUE ; RONDEAU ; RONDEL ; RONDET ; ROTROUENGE ; SIRVENTÈS ; SOTIE ; TRIOLET ; VILLANELLE ; VIRELAI.

■ *héritage de la Renaissance :*
ODE ; ODELETTE ; SEXTINE ; SONNET.

■ *au XIXᵉ* siècle : PANTOUM.

■ *au début du XXᵉ* siècle : CONTRERIME.

■ *emprunt à la poésie japonaise :* HAÏKU.

S'y ajoutent des types de poèmes qui relèvent plutôt du *genre* que de la forme (voir plus loin, section POÉTIQUE).

**– noms de certaines formes de refrains** :
REBRICHE ; **REFRAIN** ; RENTREMENT.

**- quelques notions liées à la versification provençale :**
CANSO ; TROBAR.

## POÉTIQUE

Outre l'article général **POÈME**, on trouvera des procédés relevant de la poétique qui peuvent concerner :

**- les phonèmes et les graphèmes :**

■ *procédés concernant plutôt les lettres :*
ACROSTICHE ; HYPOGRAMME ; TAUTOGRAMME.

■ *phénomènes concernant plutôt les sons :*
ALLITÉRATION ; APOPHONIE ; ASSONANCE ; HOMÉOTELEUTE ; HOMONYMIE ; KAKEMPHATON ; PARONOMASE.

■ *phénomènes concernant les deux :*
MÉTAPLASME.

Tableau des métaplasmes

| | *Suppression* | *Adjonction* | *Permutation* |
|---|---|---|---|
| Au début | APHÉRÈSE | PROSTHÈSE | |
| Au milieu | SYNCOPE | ÉPENTHÈSE | |
| A la fin | APOCOPE<br>ÉLISION<br>SYNALÈPHE | PARAGOGE | |
| Place indifférente | | | MÉTATHÈSE<br>ANAGRAMME |

**- la lecture :**

■ *à haute voix :*
DICTION ; LECTURE ; LIAISONS ; SILENCE.

■ *du sens :*
AMBIGUÏTÉ ; ÉQUIVOQUE ; RAPPORTÉS (vers) ; RÉTROGRADE.

**- le mot :** MOT.

■ *statut du mot :*
CRATYLISME ; ÉTYMOLOGIE ; MOT-VALISE ; NÉOLOGISME ; NOM PROPRE ; POLYSÉMIE.

■ *rapports des mots entre eux :*
ASSOCIATIONS (verbales) ; CALEMBOUR ; TÉLESCOPAGE.

■ *le mot dans le syntagme :*
CLICHÉ ; FIGÉ (tour) ; PÉRIPHRASE.

– **les effets de structure** : STRUCTURE.

■ *les structures :*
CHIASME ; PARALLÉLISME ; RÉPÉTITION ; SYMÉTRIE.

■ *le rythme :* RYTHME.
BINAIRE ; CADENCE ; CONSTANTE RYTHMIQUE ; GROUPE RYTHMIQUE ; NOMBRE ; TERNAIRE.

■ *la typographie :* TYPOGRAPHIE.
BLANC ; CALLIGRAMME ; JUXTAPOSITION ; LOGOGRAMME ; MISE EN PAGE ; PONCTUATION.

– **le choix d'un genre** : ÉPOPÉE ; LYRISME.

■ *genres hérités de l'antiquité gréco-latine :*
ÉGLOGUE ; ÉLÉGIE ; ÉPIGRAMME ; ÉPITAPHE ; ÉPÎTRE ; HYMNE ; IAMBE ; IDYLLE ; SATIRE.

■ *genres hérités du fonds français :*
BLASON ; CHANSON ; COMPLAINTE ; COMPTINE ; DIT ; FABLE ; FABLIAU ; ISOPET ; JEU-PARTI ; MOTET ; REVERDIE ; VALENTIN ; VAUDEVILLE.

■ *emprunt à l'Italie :* MADRIGAL.

■ *genre inauguré au* XIX^e siècle :
POÈME EN PROSE.

– **des notions relevant de la critique contemporaine** :
ÉCRITURE ; INTERTEXTUALITÉ ; SIGNIFIANCE ; SUJET.

## RHÉTORIQUE

La rhétorique ne concerne la poésie au sens strict que de manière relativement restreinte, c'est pourquoi elle apparaît ici de manière partielle pour décrire des FIGURES qui concernent :

– **des procédés de répétition** : RÉPÉTITION.

■ *répétition de mots :*
ANADIPLOSE ; ANTANACLASE ; DÉRIVATION ; ÉPIZEUXE ; GÉMINATION ; POLYPTOTE.

■ *répétition de mots ou de syntagmes :*
ANAPHORE ; ANTÉPIPHORE ; ÉPANALEPSE ; ÉPIPHORE ; SYMPLOQUE.

■ *répétition avec progression :*
ACCUMULATION ; GRADATION.

– **la construction** : SYNTAXE.

■ *avec suppression :*
ASYNDÈTE ; ELLIPSE ; PARATAXE ; ZEUGME.

■ *avec adjonction :*
HYPOTAXE ; POLYSYNDÈTE ; TMÈSE.
■ *avec déplacement :*
HYPALLAGE ; HYPERBATE ; IMPLICATION ; INVERSION.
■ *avec substitution :*
ÉNALLAGE.

– **les images** : IMAGE.
ALLÉGORIE ; ANTONOMASE ; CATACHRÈSE ; COMPARAISON ; MÉTAPHORE ; MÉTONYMIE ; PERSONNIFICATION ; SYMBOLE ; SYNECDOQUE ; TROPE.

– **la logique du sens** :
ANTITHÈSE ; HYPERBOLE ; OXYMORE ; SYLLEPSE.

– **l'architecture du poème** : CLAUSULE.

## LINGUISTIQUE

Seuls quelques termes utiles sont définis, concernant :

– **la phonétique** : PHONÈME.
CONSONNE ; SEMI-CONSONNE ; VOYELLE.

– **le mot et le signe** : SIGNE.
AUTONOMIE ; HAPAX ; SIGNIFIANT ; SIGNIFIÉ.

– **l'organisation du sens** :
CHAMP ; CONNOTATION ; DÉNOTATION ; ISOTOPIE ; SÈME.

– **l'énonciation** : ÉNONCIATION.
DÉICTIQUE ; EMBRAYEUR ; MODALITÉ.

– **l'organisation générale du langage** :
AXES ; COMBINAISON ; SÉLECTION ; SUBSTITUTION.

– **la théorie du langage** :
ARBITRAIRE (du signe) ; LINÉARITÉ.

– **la théorie de la communication** :
FONCTIONS ; RÉFÉRENT.

## ALPHABET PHONÉTIQUE INTERNATIONAL

Dans l'analyse poétique, les transcriptions en phonèmes sont fréquentes et indispensables ; des articles du dictionnaire traitent de ces questions en détail, en voici un tableau récapitulatif.

*Voyelles orales :*

| | | |
|---|---|---|
| [i] | écrit | i, î, ï, y : nid, épître, naïf, Égypte. |
| [e] | | é, er, es, ez, ai, aî : né, user, mes, nez, chantai, aîné. |
| [ɛ] | | e, et, è, ê, ë, ai, aî, ay, ei, eî, ey : grec, muet, près, prêt, Noël, laid, paître, tramway, neige, reître, poney. |
| [a] | | a, e(mm), ao(nn) : patte, femme, paonne. |
| [ɑ] | | a, â : pas, pâte. |
| [ɔ] | | o, au, u : sotte, Paul, minium. |
| [o] | | o, ô, au, eau : sot, rôti, Paule, beau. |
| [u] | | ou, où : mou, où. |
| [y] | | u, û, eu, eû : nu, dû, il eut, qu'il eût. |
| [œ] | | eu, œu, œ : beurre, bœuf, œil. |
| [ø] | | eu : peu. |
| [ə] | | e : cheval, maintenant, le. |

*Voyelles nasales* :

| | |
|---|---|
| [ɛ̃] | in, im, ain, aim, ein, en, yn, ym : pin, imbu, pain, faim, ceint, examen, synthétique, thym. |
| [ɑ̃] | an, en, em, am, aon : enfant, emprunt, ambition, faon. |
| [ɔ̃] | on, om, um : rond, tombe, lumbago. |
| [œ̃] | un, um : lundi, parfum. |

*Semi-consonnes :*

| | |
|---|---|
| [j] | i, y, il, ill : iode, noyé, travail, caille. |
| [ɥ] | u + voyelle : nuit. |
| [w] | ou + voyelle : oui, ouest. |
| + [a] | oi, oî : voisin, boîte. |
| + [ɛ̃] | oin : groin. |

*Consonnes :*

[p] p, pp : point, papa, cap, rapporter.
[t] t, tt, th : tas, étal, datte, thé.
[k] c (+ a, o, u), cc, ch, k, kh, q, qu : car, cor, cure, accrocher, chœur, képi, khédive, coq, qui.
[b] b, bb : bulle, tube, tub, abbé.
[d] d, dd : dent, bled, reddition.
[g] g (+ a, o, u), g, gg, gu : gaz, magot, ambigu, igloo, aggraver, gui.
[f] f, ff, ph : fou, œuf, affût, phare.
[v] v, w : valise, wagon.
[s] s, ss, ç (+ a, o, u), c (+ e, i), t, x, z : sein, essaim, ça, leçon, reçu, cette, citron, ration, dix, quartz.
[z] z, s : zèbre, gaz, rose.
[ʃ] ch, sch : roche, schisme.
[ʒ] j, g (+ e, i, y) : jaune, gel, gilet.
[l] l, ll : lapin, malin, gale, gel, ville.
[r] r, rr, rh : rare, partir, terreur, rhume.
[m] m, mm : mère, amer, pomme.
[n] n, nn : nerf, reine, dolmen, année.
[ɲ] gn : agneau.
[ŋ] ng : camping.

## ABRÉVIATIONS UTILISÉES DANS LE DICTIONNAIRE

– V = voyelle
– C = colonne
– o.c. = œuvres complètes
– *op. cit.* = *opus cité*
– * devant un mot = forme reconstituée, non attestée à l'écrit.

# A

**accent.** La notion d'accent est relativement récente en versification française, puisqu'elle n'a été reconnue qu'au XIXe siècle, sous l'influence des versifications espagnole et italienne. En effet, notre langue n'accorde pas à l'accent une fonction distinctive : il est plutôt démarcatif, et se place en principe, le français étant une langue oxytonale, sur la dernière syllabe non caduque du mot ou du groupe de mots (notion de « mot phonologique », proposée par J.-C. Milner et F. Regnault dans *Dire le vers*), avec, sur la prononciation, des effets d'intensité, de durée et de hauteur. On distingue généralement :

– l'**accent tonique**, qui marque la dernière syllabe non caduque de mot ou de groupe de mots : la capiTAL(e), un mot chaleuREUX.

– l'**accent grammatical**, lui aussi oxytonal, qui délimite les grandes articulations syntaxiques :

> S'il faut être JUSte pour auTRUI, il faut être VRAI pour SOI.
> (Rousseau)

A ces deux accents, qui, par leur coïncidence ou leur discordance avec les deux positions métriques fixes (césure et fin de vers), déterminent la structure et le rythme du vers, s'en ajoutent deux autres dont l'existence et la pertinence sont plus contestées, à cause de leur nature plus subjective :

– l'**accent oratoire**, porté par la première syllabe d'un mot que l'on veut mettre en relief. Il peut servir à en souligner l'importance soit affective (première consonne), soit didactique.

– l'**accent contre-tonique** qui, lui, se porterait sur l'antépénultième syllabe des mots longs. Il permet d'équilibrer des hémistiches autrement sans coupe : il en va ainsi pour le premier hémistiche d'un vers de Verlaine, dans *Sagesse* :

*Une senSA/ti-ON // des PIres / Fuis l'inFÂm(e).*

coupe après accent contre-tonique — césure — coupe lyrique

Certains métriciens lui reprochent son caractère artificiel.

La nature des phonèmes sous l'accent peut mettre en évidence des rapports d'homophonie : assonances et/ou allitérations.

▷ *Césure, contre-accent, coupe, groupe rythmique, mesure, mètre, rythme.*

**accumulation.** L'accumulation est une forme d'énumération par démultiplication de syntagmes de nature et de fonctions semblables. C'est un procédé particulièrement sensible dans ce poème d'Antonin Artaud, où l'accumulation figure dans chaque phrase comme un essai d'approximation exacte de la pensée :

> *Penser sans rupture minime, sans chausse-trape dans la pensée, sans l'un de ces escamotages subits dont mes moelles sont coutumières comme postes-émetteurs de courants.*
>
> *Mes moelles parfois s'amusent à ces jeux, se plaisent à ces jeux, se plaisent à ces rapts furtifs auxquels la tête de ma pensée préside.*
>
> *Il ne me faudrait qu'un seul mot parfois, un simple petit mot sans importance, pour être grand, pour parler sur le ton des prophètes, un mot témoin, un mot précis, un mot subtil, un mot bien macéré dans mes moelles, sorti de moi, qui se tiendrait à l'extrême bout de mon être,*
>
> *et qui, pour tout le monde, ne serait rien.*
>
> *Je suis témoin, je suis le seul témoin de moi-même. Cette écorce de mots, ces imperceptibles transformations de ma pensée à voix basse, de cette petite partie de ma pensée que je prétends qui était déjà formulée, et qui avorte,*
>
> *je suis seul juge d'en mesurer la portée.*
>
> *(Antonin Artaud, « Le Pèse-nerfs »,*
> *in* L'Ombilic des limbes, *Gallimard)*

▷ *Parallélisme, gradation.*

**acrostiche.** Un acrostiche (du grec, *acros*, « extrême, aigu » et *stichos*, « vers ») est un mode de composition poétique tel que la série des lettres initiales de chaque vers, lue verticalement, forme le nom d'une personne ou d'une chose. Villon a de cette manière signé nombre de ses poèmes : on peut lire son nom en acrostiche dans l'envoi de la « Ballade pour prier Notre Dame » ; les deux premières strophes de la « Ballade à s'amie » contiennent de même le prénom de chacun des amants :

> **F***ausse beauté qui tant me coûte cher,*
> **R***ude en effet, hypocrite douceur,*
> **A***mour dure plus que fer à mâcher,*
> **N***ommer que puis, de ma défaçon seur,*
> **C***harme félon, la mort d'un pauvre cœur,*
> **O***rgueil mussé qui gens met au mourir,*
> **Y***eux sans pitié, ne veut Droit de Rigueur,*
> **S***ans empirer, un pauvre secourir ?*

**M***ieux m'eût valu avoir été chercher*
**A***illeurs secours, c'eût été mon honneur ;*
**R***ien ne m'eût su lors de ce fait hâcher.*
**T***rotter m'en faut en fuite et déshonneur.*
**H***aro, haro, le grand et le mineur !*
**E***t qu'est ceci ? Mourrai sans coup férir ?*
*Ou Pitié veut, selon cette teneur,*
*Sans empirer, un pauvre secourir ?*

Guillaume Apollinaire est également l'auteur de nombreux poèmes avec acrostiche, dont les plus connus sont peut-être les *Poèmes à Lou* ; dans l'exemple qui suit, chaque tercet contient en acrostiche le prénom aimé :

L *'amour est libre il n'est jamais soumis au sort*
O *Lou le mien est plus fort encor que la mort*
U *n cœur le mien te suit dans ton voyage au Nord*

L *ettres Envoie aussi des lettres ma chérie*
O *n aime en recevoir dans notre artillerie*
U *ne par jour au moins une je t'en prie*

L *entement la nuit noire est tombée à présent*
O *n va rentrer après avoir acquis du zan*
U *ne deux trois A toi ma vie A toi mon sang*

L *a nuit mon cœur la nuit est très douce et très blonde*
O *Lou le ciel est pur aujourd'hui comme une onde*
U *n cœur le mien te suit jusques au bout du monde*

L *'heure est venue Adieu l'heure de ton départ*
O *n va rentrer Il est neuf heures moins le quart*
U *ne deux trois Adieu de Nîmes dans le Gard.*

▷ *Mise en page, nom propre, typographie.*

**alexandrin.** On appelle ainsi le vers de douze syllabes. Seul vers français dont le nom n'est pas fondé sur sa quantité syllabique, l'alexandrin date du début du XII$^{e}$ siècle. Son nom, qui ne lui a été donné qu'au XV$^{e}$ siècle, est dû à un poème en vers de douze syllabes sur Alexandre le Grand, qui parut à la fin du XII$^{e}$ siècle et connut un vif succès. Au XIII$^{e}$ siècle, il est utilisé dans les épopées hagiographiques, les discours majestueux, les chansons de geste remaniées, puis il tombe dans un oubli à peu près total. Il ne reparaît vraiment que dans la deuxième moitié du XVI$^{e}$ siècle, puisqu'en 1548, dans son *Art poétique français*, Thomas Sébillet remarque, le comparant à l'octosyllabe et au décasyllabe :

« Cette espèce est moins fréquente que les autres deux précédentes, et ne se peut proprement appliquer qu'à choses fort graves. »

C'est grâce aux poètes de la Pléiade qu'il évince alors le

décasyllabe pour conquérir les domaines de la poésie lyrique, puis du théâtre : d'abord la tragédie, et plus tard la comédie. Au XVIIe siècle, il s'impose désormais comme le *grand vers.* Il n'a cessé depuis d'être le plus employé de la poésie française, jusqu'à en être une sorte de figure emblématique, jusqu'à « la lassitude par abus de la cadence nationale », dit Mallarmé.

L'alexandrin classique est divisé en deux groupes de six syllabes, appelés *hémistiches*, qui correspondent à deux accents métriques fixes, l'un à la césure l'autre en fin de vers, sur la dernière voyelle non muette :

*Vous-même rougiriEZ // de ma lâche conDUIT(e)*
(Bérénice)

La sixième syllabe, étant toujours accentuée, ne peut être muette dans la règle classique ; la septième, elle non plus, ne peut être en *-e* atone final à cause de l'interdiction de la césure enjambante.

Dans ce que les auteurs du *Vocabulaire de la stylistique* appellent le « type majoritaire », chacun des hémistiches peut compter un accent mobile correspondant à une coupe qui divise les six syllabes en 1/5, 2/4, 3/3, 4/2/, 5/1. Le vers de *Bérénice* se scande ainsi : 2/4//3/3. Il y a donc 25 combinaisons possibles de ces différents rythmes d'hémistiches.

Certains hémistiches peuvent être découpés en plus de deux mesures ; c'est le cas dans cet alexandrin de Baudelaire :

*DécréPIT,/ pouDREUX,/ SAl(e), // abJECT,/ visQUEUX,/ fêLÉ,*
*(« Le Flacon »)*

qui peut donc être scandé 3/2/1//2/2/2.

Empruntant à la métrique latine sa terminologie, mais dans un sens tout à fait différent, on appelle **tétramètre** un alexandrin qui comporte 4 mesures, par exemple égales (3/3//3/3) :

*Chaque instant/ te dévor(e) // un morceau/ du délice*
*(Baudelaire)*

et **trimètre** (cultivé par les romantiques) celui dont les accents grammaticaux favorisent un découpage ternaire (par exemple 4/4/4), la place grammaticale de la césure médiane pouvant être, peu ou prou, estompée par un enjambement :

*Là Caïus pleur(e),/ Achab (//) frémit,/ Commode rêve.*

Dans ce vers de Victor Hugo, la césure passe entre un sujet et son verbe, et le vers lui-même est constitué de trois groupes formés d'un sujet suivi de son verbe.

Verlaine a contribué à effacer complètement la marque accentuelle de la césure médiane. D'après Jacques Roubaud, les années 1870-1880 ont vu l'« assassinat de l'alexandrin » : l'effacement de la marque grammaticale de la césure médiane, les changements intervenus dans le statut du *-e* atone, de règles comme la diérèse et l'hiatus, finissent par modifier quelque peu la nature de l'alexandrin. L'alexandrin dit « libéré » joue des formules métriques : outre le semi-ternaire qui combine librement trois mesures de 3, 4 et 5 syllabes, on peut trouver le vers asymétrique 5//7 ou 7//5, ou encore celui que Henri Morier appelle « à hémistiche intercalaire », avec une mesure centrale de 6 syllabes. Depuis la période symboliste, les modifications les plus notables tiennent aux règles du décompte des syllabes, avec une grande liberté dans le traitement du *-e* atone : apocopes, syncopes, mais aussi usage de coupes et césures lyriques, changent ce que l'on pourrait appeler, avec Jacques Réda, l'aspect « pneumatique » du vers, c'est-à-dire sa capacité à « s'enfler » ou à se « dégonfler » selon le statut que le poète donne au *-e*.

Ses aléas formels ne l'empêchent pas d'être toujours employé dans la poésie contemporaine :

*Les signes consacrés sont écrits dans ta main.*
*(M. Stavaux,* Cheval d'ivoire, *Gallimard)*

Mais la question se pose, de savoir jusqu'où l'on peut parler d'alexandrin. Certains proposent, pour des cas limites, de parler plutôt de dodécasyllabe. Dans ces vers de Jean Ristat *(Du coup d'État en littérature* suivi d'*Exemples tirés de la Bible et des auteurs anciens*, Gallimard) :

*Amour en quel état m'as-tu réduit et dou*
*Ce déchéance qui plus démuni que moi*
*Par tes artifices quel monarque parmi*

la référence implicite et en même temps évidente à l'alexandrin, reste sensible ne serait-ce que dans la permanence du chiffre douze.

▷ *Césure, coupe, hémistiche, semi-ternaire, symétrie, ternaire, tétramètre, trimètre, vers libéré.*

**allégorie.** L'allégorie (du grec *allègoreïn*, « parler autrement ») est une image qui se développe dans un contexte narratif de portée symbolique, selon une isotopie concrète entièrement cohérente, et qui renvoie terme à terme, de manière le plus souvent métaphorique, à un univers référentiel d'une autre nature, abstraite, philosophique, morale, etc.

Elle se reconnaît donc à deux caractères principaux :
– la continuité de l'expression figurée ;
– la coexistence systématiquement maintenue d'un double sens, littéral et symbolique.

En voici un exemple tiré d'un chant royal de Pierre Gringore sur la guerre :

*Trahison bâtit invention nouvelle,*
*Feignant d'être morne, pensive et lente ;*
*Du premier coup son penser ne révèle,*
*Plus petite est que ciron ou que lente ;*
*Mais fausseté ès cœurs des seigneurs l'ente,*
*Si très avant qu'enfin en sont notés ;*
*Félonie répand de tous côtés*
*Glaives tranchants et en fait labourage,*
*Que Discord cueille et attribue à soi*
*Sans redouter, recueillant cet ouvrage,*
*Un Dieu, un Roi, une Foi, une Loi.*

et un autre, dans « Recueillement » de Baudelaire :

*Pendant que des mortels la multitude vile,*
*Sous le fouet du Plaisir, ce bourreau sans merci,*
*Va cueillir des remords dans la fête servile,*
*Ma Douleur, donne-moi la main ; viens par ici,*
*Loin d'eux. Vois se pencher les défuntes Années,*
*Sur les balcons du ciel, en robes surannées ;*
*Surgir du fond des eaux le Regret souriant.*

On remarquera que, tout en servant des esthétiques très différentes, ces allégories sont marquées typographiquement par des majuscules au début des termes concernés, leur conférant ainsi un statut de noms propres.

▷ *Fable, figure, image, métaphore, personnification, symbole.*

**alliance de mots.** Voir oxymore.

**allitération.** L'allitération est la répétition de phonèmes consonantiques destinée à produire un effet soit harmonique soit structurel, ou bien encore à souligner par le rappel phonique l'importance d'un mot dans le vers ou dans le poème ; elle a le plus souvent une fonction rythmique. Ces faits de répétition sont d'autant plus notables qu'ils se produisent à l'intérieur de la syllabe accentuée.

Dans ces deux vers de Valéry, l'allitération en [t] souligne, dans le premier, le rythme ternaire :

*Elle n'écouTe ni les gouTTes, dans leurs chuTes,*
*TinTer d'un siècle vide au loinTain le Trésor ..*

Et de plus, à la sourde [t] fait écho la répétition de la sonore [d] dans « D'un siècle viDe ».

L'allitération se combine très fréquemment avec des effets d'assonances, comme dans cet autre vers de Valéry où différents phonèmes se répètent, de part et d'autre de la césure :

*S'effile, ondule, dort // par le délice vide*
[s e il] [d l] [d] [l] [delis] [id]

Les faits d'allitération peuvent se faire également entre phonèmes consonantiques parents, proches par le point d'articulation (voir le tableau à l'article **phonème**). Ainsi, une alternance de bilabiales et de labio-dentales, accompagnée d'un chiasme sourde-sonore-sonore-sourde souligne tous les mots pleins de ce vers de Patrice de La Tour du Pin :

*Il passe un vent de toute beauté sur l'Enfer...*
[p] [vɑ̃] [b] [ɑ̃f]

▷ *Assonance, consonne, contre-assonance, phonème, répétition, rythme, tautogramme.*

**alternance.** L'alternance des rimes masculines et des rimes féminines est un phénomène qui apparaît très tôt, dès les XII^e^-XIII^e^ siècles ; Jean Molinet en prône l'usage dans son *Art poétique* à la fin du XV^e^ siècle, mais elle n'est pratiquée régulièrement que depuis la première moitié du XVI^e^, suivant l'exemple de Jean Bouchet et d'Octavien de Saint-Gelais. Elle est peu à peu confirmée par la Pléiade, et, comme l'indique J.-L. Backès dans l'*Introduction à la Poésie moderne et contemporaine* de D. Leuwers, Ronsard « lorsqu'il réédite ses premières œuvres, corrige ou élimine celles d'entre elles qui ne s'y plient pas ».

Au XVII^e^ siècle, on ne prononce plus l'*-e* sourd en fin de mot ; la distinction entre **rimes féminines** et **rimes masculines** n'est donc qu'un vestige de ce qui était une différence réelle : ce n'est plus qu'un phénomène de graphie – du moins lorsqu'il s'agit de poésie lue, car lorsque le poème est chanté, la syllabe surnuméraire est parfaitement sensible et distincte, ainsi par exemple dans le premier vers du poème de Théophile Gautier « Le Spectre de la rose » que Berlioz a mis en musique dans les « Nuits d'été » :

*Soulève ta paupière close.*

La syllabe *-se* finale du vers est chantée un demi-ton plus bas que *clo-*, et l'-*e* est prononcé ; le poème n'en est pas moins composé d'octosyllabes.

Sont dites « féminines » les terminaisons de mots en -*e* caduc, qu'il soit ou non suivi de -*s* ou -*nt*, en dehors de toute considération de genre du mot lui-même. Cependant, des cas particuliers sont à signaler, concernant les verbes : les subjonctifs *aient* et *soient*, ainsi que les formes de l'imparfait et du conditionnel en -*aient*, font des rimes masculines, alors que les présents de l'indicatif à terminaison identique (*paient*, *voient*, *essaient*...) font des rimes féminines. Ainsi, au début de la fable de La Fontaine « Les Voleurs et l'âne », l'alternance est bien respectée :

*Pour un âne enlevé deux voleurs se battaient* M
*L'un voulait le garder, l'autre le voulait vendre* F
*Tandis que coups de poing trottaient,* M
*Et que nos deux champions songeaient à se défendre,* F
*Arrive un troisième larron.* M

Le principe de l'alternance a été entièrement respecté jusqu'au milieu du XIX^e^ siècle :

– **dans les rimes suivies**, où le même schéma d'alternance se retrouve tous les quatre vers (FFMM) ; ainsi dans « le Flacon » de Baudelaire :

*Il est de forts parfums pour qui toute matière* F
*Est poreuse. On dirait qu'ils traversent le verre* F
*En ouvrant un coffret venu de l'Orient* M
*Dont la serrure grince et rechigne en criant* M

*Ou dans une maison déserte quelque armoire* F
*Pleine de l'âcre odeur des temps, poudreuse et noire,* F
*Parfois on trouve un vieux flacon qui se souvient* M
*D'où jaillit toute vive une âme qui revient.* M

– **dans les rimes croisées**, où le même schéma se retrouve tous les deux vers (FM) :

*Rubens, fleuve d'oubli, jardin de la paresse,* F
*Oreiller de chair fraîche où l'on ne peut aimer,* M
*Mais où la vie afflue et s'agite sans cesse,* F
*Comme l'air dans le ciel et la mer dans la mer ;* M

*Léonard de Vinci, miroir profond et sombre,* F
*Où des anges charmants, avec un doux souris* M
*Tout chargé de mystère, apparaissent à l'ombre* F
*Des glaciers et des pins qui ferment leur pays ;* M

*(Baudelaire, « Les Phares »)*

– **dans les rimes embrassées**, où le même schéma ne se retrouve que tous les huit vers (FMMF MFFM) à cause de la nécessité du retournement au deuxième quatrain pour respecter l'alternance : le poème « L'Horloge » se présente en trois unités ainsi composées.

C'est cette capacité des rimes embrassées à retourner l'ordre de l'alternance que Baudelaire exploite dans le poème « Le Vampire » pour le structurer très nettement en deux parties, chacune composée de deux quatrains à rimes croisées suivis d'un quatrain à rimes embrassées, l'une commençant par *Toi* (MFMF MFMF MFFM), l'autre débutant par *J'ai* (FMFM FMFM FMMF) :

*Toi qui, comme un coup de couteau* M
*Dans mon cœur plaintif es entrée* F
*Toi qui, forte comme un troupeau* M
*De démons, vins, folle et parée ;* F

*De mon esprit humilié* M
*Faire ton lit et ton domaine ;* F
*– Infâme à qui je suis lié* M
*Comme le forçat à la chaîne,* F

*Comme au jeu le joueur têtu,* M
*Comme à la bouteille l'ivrogne,* F
*Comme aux vermines la charogne,* F
*– Maudite, maudite sois-tu !* M

*J'ai prié le glaive rapide* F
*De conquérir ma liberté,* M
*Et j'ai dit au poison perfide* F
*De secourir ma lâcheté.* M

*Hélas ! le poison et le glaive* F
*M'ont pris en dédain et m'ont dit :* M
*« Tu n'es pas digne qu'on t'enlève* F
*A ton esclavage maudit,* M

*Imbécile ! – de son empire* F
*Si nos efforts te délivraient,* M
*Tes baisers ressusciteraient* M
*Le cadavre de ton vampire ! »* F

A partir du symbolisme, l'alternance se fait beaucoup plus rare, d'autant que le recours à la rime devient irrégulier, et il est parfois remplacé ou redoublé par une alternance de rimes **consonantiques** (terminées par un phonème consonantique) ou de rimes **vocaliques** (terminées par un phonème vocalique) ; c'est le cas dans « Nuit rhénane » d'Apollinaire, poème dans lequel, malgré le caractère irrégulier de la rime au regard des règles classiques, une alternance F/M est maintenue dans le premier quatrain, puis abandonnée, alors que l'alternance C/V, elle, se poursuit jusqu'à la fin :

*Mon verre est plein d'un vin trembleur comme une flamme* C
*Écoutez la chanson lente d'un batelier* V
*Qui raconte avoir vu sous la lune sept femmes* C
*Tordre leurs cheveux verts et longs jusqu'à leurs pieds* V

*Debout chantez plus haut en dansant une ronde* C
*Que je n'entende plus le chant du batelier* V
*Et mettez près de moi toutes les filles blondes* C
*Au regard immobile aux nattes repliées* V

*Le Rhin le Rhin est ivre où les vignes se mirent* C
*Tout l'or des nuits tombe en tremblant s'y refléter* V
*La voix chante toujours à en râle-mourir* C
*Ces fées aux cheveux verts qui incantent l'été* V

*Mon verre s'est brisé comme un éclat de rire* C

▷ *E caduc, rime, strophe, structure.*

**ambiguïté.** Le statut du signifiant dans la poésie, et en particulier dans la poésie moderne, a fait dire à R. Jakobson, dans la ligne des travaux de W. Empson, que l'« ambiguïté est une propriété intrinsèque, inaliénable, de tout message centré sur lui-même, bref c'est un corollaire obligé de la poésie ». Elle se définit par la possibilité de faire correspondre, à un énoncé linguistique entendu, différentes analyses ou interprétations.

C'est le phénomène inverse de ce que l'on trouve dans la communication à but purement informatif, comme les articles scientifiques ou juridiques par exemple, où il s'agit d'être compris sans ambiguïté : les auteurs ont recours à toutes sortes de procédés qui permettent d'éviter le flou, en utilisant une syntaxe totalement explicite, la plus neutre possible, et par conséquent dénuée d'ellipses, en choisissant un vocabulaire au sens clairement défini, sans polysémie, très souvent précisé par un glossaire, etc. Dans la communication ordinaire, et en particulier orale, les faits se présentent un peu différemment dans la mesure où les parties en présence sont censées parler d'un référent qui leur est connu, et donc les ambiguïtés éventuelles sont levées par la situation elle-même.

S'agissant d'un texte poétique, l'ambiguïté n'est nullement un phénomène marginal. Ne communiquant guère d'information, le texte poétique fait de l'ambiguïté un constituant premier et une source de « richesse ».

L'ambiguïté peut en effet se rencontrer à différents niveaux :
– **ambiguïté phonique**, lorsque le poète joue sur l'homonymie pour faire exister le texte sur deux plans à la fois. Ainsi dans ce début de poème de Jean Tortel sur l'orage dans *Des corps attaqués* (Flammarion) :

*L'orage se taira Se tue*
*Avant que les nuées déroulent.*

La forme « Se tue » est bien sûr celle du présent de l'indicatif 3e personne du singulier de *se tuer*, mais phoniquement elle correspond aussi au passé simple du verbe *se taire* précédemment cité, ce qui démultiplie et le sens et la temporalité de ce premier vers.

– **ambiguïté lexicale** : elle se trouve sous différentes formes. Elle peut jouer sur une identité totale, et graphique et phonique, entre deux signes de significations tout à fait différentes. Il s'agit alors d'une syllepse de sens. Quand, dans la strophe I d'*Amers*, Saint-John Perse parle de *la mer louable*, il s'agit aussi bien du *louable* qui vient de *locare*, que de celui qui vient de *laudare*. On ne peut trancher – de toute façon, ce serait appauvrir considérablement et inutilement le texte – entre l'idée d'une mer dont nul ne peut se dire propriétaire, mais sur laquelle les tractations humaines se font selon le mode provisoire de la location (interprétation que soutiennent des expressions du contexte comme *mer mitoyenne*, *les prestations sont agréées, les servitudes échangées, car nous tenons tout à louage*), et l'idée d'une mer dont on fait la louange, et c'est là le ton général de ce poème *en l'honneur de la mer*.

L'ambiguïté lexicale peut également jouer sur une simple analogie verbale, où l'association entre deux signes, l'un présent, l'autre non écrit, se fait par paronomase, comme dans le lapsus, avec une petite différence de consonne, de voyelle, ou dans l'ordre des syllabes. L'ambiguïté n'est pas totale, puisqu'un signe unique est bien écrit, mais elle existe dans la mesure où le contexte tend aussi à faire surgir un autre signe, qui lui est proche par le signifiant. C'est ainsi que l'on peut analyser l'exploitation du mot rare *accise* qu'emploie Saint-John Perse dans ce début de verset de *Vents* :

*Je me souviens du haut pays sans nom, illuminé d'horreur et vide de tout sens. Nulle redevance et nulle accise. Le vent y lève ses franchises; la terre y cède son aînesse pour un brouet de pâtre – terre plus grave, sous la gravitation de femmes lentes au relent de brebis...*
*(Saint-John Perse, fragment de* Vents, *o.c., la Pléiade/Gallimard)*

*Accise* est un mot du vocabulaire du droit dont la signification est « taxe ». On en retrouve des équivalents dans le contexte avec *redevance* et *franchise*. Mais en même temps, sous les phonèmes [aksiz], on trouve *assise*, mot moins rare que l'on retrouve ailleurs dans l'œuvre du poète, et qui est introduit sémantiquement dans le texte par l'idée d'un pays *sans nom* et *vide de tout sens*, donc sans assise chez les hommes.

Plus courante, la polysémie est également la source d'ambiguïtés lexicales.

– **ambiguïté grammaticale** : elle peut prendre des formes variées.

*Aspect morphologique*

Elle peut affecter des éléments verbaux qui sont communs à plusieurs catégories à la fois, par homonymie. Ainsi, dans le poème de Jean Tortel *(op. cit.)*, on trouve ces deux vers :

*Ombre du feu*
*Le bruit informe.*

Le mot *informe* peut être soit la forme de 3ᵉ personne du singulier au présent de l'indicatif du verbe *informer* (dont *le bruit* est alors sujet, *ombre du feu* étant apposé à ce sujet), soit l'adjectif épicène *informe*, « sans forme », et les deux vers sont alors chacun élément d'une phrase nominale. Les deux possibilités coexistent parfaitement, et sont en conformité avec le thème de l'orage : la première interprétation renvoie au bruit du tonnerre qui, arrivant après l'éclair, « informe » sur la distance de l'orage, la deuxième à la description du tonnerre lui-même qui est « ombre du feu » puisqu'il suit l'éclair, et qui éclate, « sans forme », contrairement à l'éclair qui zèbre le ciel.

*Aspect syntaxique*

L'ambiguïté est favorisée, dans la poésie moderne, par l'absence de ponctuation. Dans le poème « Les Colchiques », la collusion de mots ainsi réalisée permet à Apollinaire de suggérer un instant une double lecture :

*Le pré est vénéneux mais joli en automne*
*Les vaches y paissant*
*Lentement s'empoisonnent*
*Le colchique couleur de cerne et de lilas*
*Y fleurit tes yeux sont comme cette fleur-là*

La disposition typographique fait lire d'abord *fleurit tes yeux*, jolie métaphore pour décrire les yeux de la bien-aimée, mais ensuite la proposition *tes yeux sont comme cette fleur-là* marque le début d'une autre phrase, ce que la ponctuation aurait manifesté par un point ou un point-virgule après *fleurit* (qui se révèle alors être employé intransitivement), et cette autre phrase développe en comparaison la métaphore fugitive.

L'utilisation fréquente que fait la poésie de l'ellipse favorise également l'ambiguïté.

▷ *Antanaclase, apophonie, ellipse, équivoque, mot, paronomase, polysémie, ponctuation, référent, sélection, signifiant, substitution, syllepse.*

**amoureuse.** L'amoureuse (ou *amoureuse chanson*), comme son nom l'indique, est un poème dont le sujet est toujours l'amour, et dont la forme est celle du chant royal sans refrain, c'est-à-dire cinq strophes et un envoi.

▷ *Chanson, chant royal, formes fixes.*

**anacréontique.** Voir ode.

**anadiplose.** L'anadiplose (féminin, du grec *ana* « en haut, en avant », et *diplosis*, « redoublement ») est la répétition, au début de l'unité suivante, d'un terme (ou de plusieurs) qui clôt une unité linguistique ou poétique. On utilise aussi pour ce procédé le terme latin de *reduplicatio* ; ainsi dans ces vers de Max Jacob :

*Vers des parcs aux doux ombrages*
*Je t'invite ma chère* Élise.
Élise ! *je t'invite au voyage*
*Vers ces palais de Venise.*
(Le Laboratoire central, *Gallimard)*

▷ *Gémination, répétition.*

**anagramme.** L'anagramme (féminin, du grec *ana*, « en haut, en avant », et *gramma*, « lettre ») d'un mot est un autre mot obtenu à partir des mêmes lettres que le premier, mais disposées dans un autre ordre. Ce lien de parenté entre signifiants différents est fréquemment mis à profit dans la poésie moderne pour faire exister « les mots sous les mots » ou pour rapprocher des signifiés différents. Ainsi, décrivant la quantité de mots et de paroles qui ont été et sont dits à travers temps et espace, Saint-John Perse les compare à des myriades d'oiseaux sans cesse en migration :

*Et c'est milliers de verstes à leur guise, dans la dérivation du ciel en fuite comme une fonte de banquise.*
*(Fragment de* Vents, *o.c., la Pléiade/Gallimard)*

Le choix de la mesure de longueur russe, la *verste*, est lié à la possibilité de l'anagramme avec *verset*, qui évoque le thème premier de la poésie.

Les anagrammes de F. de Saussure, produit de ses analyses du vers saturnien (premier système de versification des Romains, employé dans un certain nombre d'inscriptions), ne répondent pas tout à fait à cette définition stricte. Elles prennent en compte la langue hors discours selon son matériau de base, le phonème, chargé de répéter, mais de manière disséminée dans le texte, le mot-thème ; c'est pourquoi il a pensé un moment employer le terme d'*apophonie* au lieu d'*anagramme*, pour finalement réserver le premier à la désignation des « formes imparfaites » de répétition (*Les mots sous les mots*, Gallimard, p. 27) ; et J. Starobinski ajoute qu'il ne s'agit pas d'une anagramme totale sur un seul mot, comme le veut la définition, mais que le phénomène se déploie sur un ou plusieurs vers, sans en solliciter tous les phonèmes. L'anagramme est ainsi dispersée, dans le désordre, et ses éléments sont entrecoupés de phonèmes qui sont étrangers au mot qu'elle est censée répéter. Saussure donne comme exemple de « vers *anagrammatique*, contenant complètement le nom de *Scipio* » le vers suivant :

*Taurasia* CI*sauna* S*amn*IO *ce*PI*t*.

Dans le désordre, les lettres ainsi prélevées, CI-S-IO-PI, permettent d'écrire le nom de *Scipio*.

De telles analyses sont d'un maniement fort délicat. J. Starobinski en donne quelques exemples d'application chez Chateaubriand, Baudelaire, Valéry en fin d'ouvrage ; Saussure s'en est tenu au domaine latin. Troublé par sa découverte, qu'il trouvait insuffisamment démontrée et assise, lui-même n'a pas voulu en publier les résultats, mais leur pertinence est particulièrement soulignée par les données de la psychanalyse où l'on sait comment se manipulent les éléments phoniques et graphiques du nom dans le rêve et dans des processus psychiques comme le lapsus ou le mot d'esprit tels que les analyse Freud.

▷ *Hypogramme, métaplasme, métathèse, paronomase.*

**anaphore.** L'anaphore (féminin, du grec *ana*, « en haut, en avant », et *phéreïn*, « porter ») consiste dans la répétition d'un même mot ou d'un même syntagme en tête de vers, de phrase ou de paragraphe. C'est une des figures de répétition les plus fréquentes, sans doute à cause de ses vertus expressives dans la scansion du rythme. Sa valeur incantatoire est ainsi mise à profit par Aimé Césaire dans cet extrait du *Cahier d'un Retour au Pays natal* (*Présence Africaine*, 1956) :

> ceux qui n'ont *inventé ni la poudre ni la boussole*
> ceux qui n'ont *jamais su dompter la vapeur ni l'électricité*
> ceux qui n'ont *exploré ni les mers ni le ciel*
> *mais* ceux *sans* qui *la terre ne serait pas la terre*
> [...]
> ma négritude n'est pas *une pierre, sa surdité ruée contre la clameur du jour*
> ma négritude n'est pas *une taie d'eau morte sur l'œil mort de la terre*
> ma négritude n'est *ni une tour ni une cathédrale*
> elle plonge dans la chair *rouge du sol*
> elle plonge dans la chair *ardente du ciel*
> elle *troue l'accablement opaque de sa droite patience.*

On remarquera dans cet extrait la régularité des procédés de l'anaphore : ternarité systématique, avec, de manière interne, une pure répétition (redoublée par l'effet des parallélismes), suivie d'une reprise partielle.

▷ *Antépiphore, épiphore, figure, répétition, symploque.*

**annexée.** Voir rime.

**annomination.** Voir cratylisme.

**antanaclase.** On appelle antanaclase (féminin, du grec *antanaclasis*, employé comme terme de grammaire par Quintilien pour désigner la « répétition d'un mot en un autre sens », le sens premier étant « réfraction de la lumière ») l'emploi répété d'un même signifiant renvoyant à chaque fois à un signifié différent : il peut s'agir soit du même mot répété avec exploitation de la polysémie, soit de deux mots différents mais homonymes et homographes, et il y a alors ambivalence. Comme le souligne P. Fontanier, dans ce second cas l'antanaclase et la paronomase sont des figures de répétition proches l'une de l'autre :

> « L'*antanaclase* ne diffère de la *paronomase*, qu'en ce que la forme et les sons se trouvent exactement les mêmes dans les mots de significations différentes rapprochés l'un de l'autre. »

Dans ce court extrait des *Noces* de Pierre Jean Jouve qui parle du corps du Christ, une antanaclase joue sur le mot *lèvre* qui désigne dans les deux premières occurrences les bords de la plaie, et ensuite retrouve son sens propre de partie extérieure de la bouche, avec, de plus, une équivoque sexuelle :

*Sur le flanc la lèvre s'ouvre en méditant*
*Lèvre de la plaie mâle, et c'est la lèvre aussi*
*De la fille commune*
*Dont les cheveux nous éblouissent de long amour;*
*Elle baise les pieds*
*Verdâtres, décomposés comme la rose [...].*
*(Pierre Jean Jouve,* Noces, *Mercure de France)*

▷ *Paronomase, répétition, syllepse.*

**antépiphore.** Une antépiphore (du grec *anta*, « en face, devant », *épi*, « au-dessus, à la suite », et *phéreïn*, « porter ») est un procédé qui tient à la fois du refrain, de l'anaphore et de l'épiphore, et qui consiste dans la répétition, en tête et à la fin d'un ensemble verbal ou poétique (par exemple une strophe), d'un même syntagme ou d'un même vers. Baudelaire a maintes fois recours à cette figure dans ses quintils, ainsi dans le poème « Le Balcon » :

Mère des souvenirs, maîtresse des maîtresses,
*Ô toi, tous mes plaisirs ! ô toi, tous mes devoirs !*
*Tu te rappelleras la beauté des caresses,*
*La douceur du foyer et le charme des soirs,*
Mère des souvenirs, maîtresse des maîtresses !

▷ *Anaphore, épiphore, refrain, répétition, symploque.*

**antistrophe.** On appelle antistrophe (féminin, du grec *anti*, « contre, à l'opposé », et *strophè*, « tour ») à l'origine le tour d'autel, inverse de celui de la strophe, que faisait le chœur grec en prononçant le deuxième mouvement de son chant, calqué formellement sur le premier. Ce nom est également donné au second élément de la **triade** (strophe, antistrophe, épode) dans l'ode pindarique. L'antistrophe répond, par une même structure, et de mètres, et de rimes, à la strophe.

▷ *Épode, ode, strophe.*

**antithèse.** Une antithèse (du grec *anti*, « contre », et *thésis*, « proposition ») est une figure de pensée qui présente deux idées opposées.

L'antithèse se manifeste sous des formes très diverses. Le plus souvent, c'est un simple effet de contraste entre deux termes :

*Combien de poux faut-il pour manger un lion ?*
*(Victor Hugo)*

Mais elle est aussi fréquemment mise en valeur par des structures bien reconnaissables.

• Par le rapprochement en un même syntagme, dans le cas de l'oxymore :

*Ô fangeuse grandeur ! sublime ignominie !*
*(Baudelaire)*

Il y a là deux oxymores, avec opposition de sens (bas/haut) entre l'adjectif épithète et le substantif : *fangeuse/grandeur*, *sublime/ ignominie*.

• Par un effet de parallélisme qui peut se produire entre différents types de groupements linguistiques, l'antithèse étant souvent mise en relief par la juxtaposition.

Entre syntagmes :

*Imagine qu'un soir*
*La lumière s'attarde sur la terre,*
*Ouvrant ses mains d'orage et donatrices, dont*
*La paume est notre lieu* et d'angoisse et d'espoir.
*(Yves Bonnefoy,* Pierre écrite, *Mercure de France)*

On remarquera ici la polysyndète qui détache chacun des éléments de l'antithèse.

Entre propositions :

*Mais le vice n'a point pour mère la science,*
*Et la vertu n'est pas fille de l'ignorance.*
*(Agrippa d'Aubigné)*

Les deux phrases, chacune occupant un vers, s'opposent terme à terme, à la même place : *vice/vertu*, *mère/fille*, *science/ignorance*.

• Par un effet de chiasme, enfin.

L'exemple de Baudelaire cité ci-dessus présente un chiasme purement sémantique, puisque les deux segments juxtaposés sont parallèles quant à leur composition (adjectif épithète-substantif par deux fois), mais dans l'ordre moral, il y a bien chiasme avec antithèse : (*fangeuse :* bas/ *grandeur :* haut) (*sublime :* haut/ *ignominie :* bas).

Dans le vers suivant d'Eluard, tiré de *Guernica*, le chiasme est également grammatical :

*La peur et le courage de vivre et de mourir.*

Sémantiquement, on a bien un chiasme, avec une opposition de concepts les uns positifs, les autres négatifs : *peur* (–), *courage* (+), *vivre* (+), *mourir* (–). Il s'y joint également un chiasme syntaxique par croisement symétrique des syntagmes : *la peur de mourir* et *le courage de vivre*; mais on remarquera que, dans un poème sur un événement aussi marqué et aussi dramatique, il est bien évident que les choses sont plus complexes que dans la simple référence aux idées couramment admises, et les syntagmes peuvent s'échanger : *la peur de vivre* et *le courage de mourir* sont aussi le lot de ceux qui ont tout à craindre, et il n'y a plus alors chiasme mais alternance.

De tels cas de chiasmes antithétiques sont beaucoup plus rares que ceux où l'opposition s'appuie sur un fait de parallélisme.

▷ *Binaire, chiasme, figure, oxymore, parallélisme, stichomythie, symétrie.*

**antonomase.** L'antonomase (féminin, du grec *anti*, « contre, à la place de », et *onoma*, « nom ») est un cas particulier de la synecdoque et de la métonymie qui consiste :

● A employer un nom propre à la place d'un nom commun (« un Harpagon » pour « un avare »). Ainsi, dans *Connaissance de l'Est*, Claudel écrit :

> *Je vois debout dans le Banyan un Hercule végétal, immobile dans le monument de son labeur avec majesté.*

Il y a une antonomase (un Hercule = un homme fort, musculeux), doublée d'une métaphore par personnification de l'arbre.

● Ou, à l'inverse, à employer un groupe nominal à la place d'un nom propre : Phèdre, en disant « ce fils de l'Amazone » désigne par périphrase (forme fréquente de ce type d'antonomase) l'objet de son amour, Hippolyte.

▷ *Métonymie, périphrase, synecdoque.*

**aphérèse.** Une aphérèse (du grec *apo*, « à l'écart, en séparant de », et *hairesis*, « action de prendre, de choisir ») est un métaplasme qui supprime un phonème ou une syllabe en début de mot, suppression souvent marquée par une apostrophe :

> *– A 'xiste pas.*
> *(Jean Tardieu, « La Môme Néant »*
> *in* Monsieur Monsieur, [Le Fleuve caché],
> *Gallimard)*

▷ *Métaplasme.*

**apocope.** On appelle apocope (féminin, du grec *apokoptein*, « retrancher ») l'annulation prosodique d'un *e* final non élidable. Elle ne se produit, en poésie régulière, qu'en fin de vers. Au Moyen Age, elle pouvait figurer en fin d'hémistiche (césure épique), mais cette liberté disparut dès le début du XVI^e^ siècle, pour ne reparaître dans une versification libérée qu'à la fin du XIX^e^.

Dans le texte de chansons ou de poèmes qui se veulent de tonalité populaire, l'apocope (de même d'ailleurs que certaines élisions) est souvent marquée par une apostrophe :

*J' pensons un' carte, l'm' la nomme,*
*C'était l' roi d' carreau :*
*V'là qu' d'un' main il prend z'un' pomme,*
*Et d' l'autre un couteau ;*
*Il la partage, il la montre,*
*Et, voyez l' malin !*
*V'là mon roi qui s'y rencontre*
*En guise d' pépin.*
(*M.-A. Désaugiers*)

De manière plus générale, on appelle aussi *apocope* toute suppression de phonème ou de syllabe en fin de mot, comme il se trouve souvent dans la langue courante (*ciné* pour *cinéma*, lui-même forme abrégée de *cinématographe*).

▷ *Césure, coupe, diction, e caduc, élision, métaplasme, syllabe, syncope, vers libéré.*

**apophonie.** L'apophonie (féminin, du grec *apo*, « à l'écart » et *phônê*, « voix ») est la modulation d'un timbre soit vocalique soit consonantique d'un mot à l'autre. Elle est à la base de phénomènes comme la paronomase ou le métagramme (*fleur/ fleuve*), la contre-assonance :

*Ils t'ont dit que la vérité gagne à ta* mort
*Et tu t'es réjoui que fût d'avance écrit*
*Ce jour par Dieu dressé devant toi comme un* mur
(*Aragon, in* Le Fou d'Elsa, *Gallimard*),

ou encore la rime approximative, comme celle qu'établit le même auteur dans « L'homme seul » (Inédit, Seghers) entre *escalier* et *palais* :

*L'homme seul est un* escalier
*Nulle part l'homme qui ne mène*
*Et lui demeurent inhumaines*
*Toutes les portes des* palais.

▷ *Ambiguïté, contre-assonance, homophonie, métagramme, métaplasme, paronomase, phonème, rime.*

**approximative.** Voir rime.

**arbitraire *(du signe).*** La poésie moderne, en s'écartant du discursif, tend à se démarquer d'un principe fondamental de la linguistique établi par Saussure : l'arbitraire du signe. La pensée cratylienne en particulier s'y oppose en cherchant les motivations acoustiques du nom.

En effet, la linguistique saussurienne souligne que le lien établi entre le référent et le signe est le résultat d'une convention que respectent les membres d'une même communauté linguistique. Ce lien n'est pas motivé par la nature même du référent, et c'est pourquoi le même référent est désigné, dans des langues différentes, par des signes linguistiques différents : aucune similitude acoustique ne vient souligner la communauté de sens entre le français *maison*, l'anglais *house*, et l'italien *casa* par exemple. On dit par conséquent que le lien entre le référent et le signe linguistique est immotivé ou arbitraire. A l'inverse du cratylisme, des travaux comme ceux de Magritte en peinture ou de Jean Tardieu en littérature, manifestent l'arbitraire du signe par l'emploi systématique d'un signifiant erroné pour un signifié évident (type : « Ceci n'est pas une pipe » comme titre d'un tableau représentant une pipe).

▷ *Cratylisme, référent, signe.*

**associations *(verbales).*** Dans la mesure où la poésie moderne se dégage des contraintes du discours ordinaire, le statut du mot donne au signifiant une liberté qui permet au poète d'établir à son gré des appels de mot à mot, de mots sous les mots, que Saint-John Perse décrit dans son discours de Stockholm comme un réseau qui s'établit « par la pensée analogique et symbolique, par l'illumination de l'image médiatrice, et par le jeu de ses correspondances, sur mille chaînes de réactions et d'associations étrangères ».

Dans cette perspective, un mot est susceptible de renvoyer à toute une série d'autres mots, eux-mêmes liés à d'autres encore, selon des liens que tissent et le signifiant et le signifié. Tous les aspects du mot (phonèmes, graphèmes, morphologie, syntaxe, sémantisme, circonstants, etc.) peuvent donner lieu à association. On voit alors quelles sont les richesses de cet accroissement, d'autant que ces associations verbales ne figurent pas obligatoirement *in præsentia* dans le poème, mais peuvent aussi être suggérées, amenées, ménagées par l'exploitation des réflexes linguistiques, *in absentia.*

La tradition classique, plus orientée vers le discursif, n'avait laissé filtrer que les associations déjà en cours dans la rhétorique, comme celles qu'instaurent la paronomase ou l'utilisation d'homéotéleutes, et, dans le domaine de la versification, c'est la rime qui a pu lier des termes étrangers par le signifié – encore Pierre Guiraud souligne-t-il que la liste des rimes permises restreignait fortement les possibilités associatives.

La libération des associations verbales s'est faite de manière concomitante dans la poésie et dans la psychanalyse : la découverte de Freud a exploité avec succès les à-côtés non sociaux du langage – lapsus, jeux de mots et autres associations libres sur lesquels il a fondé les principes de la cure. Ce sont ces ressources associatives qui sont à la base théorique de l'écriture automatique des surréalistes.

▷ *Ambiguïté, cratylisme, écriture, mot, rime, signe, signifiant, substitution.*

**assonance.** Le terme désigne deux faits différents :

1 – En stylistique, la répétition remarquable d'un même phonème vocalique. Ce peut être la répétition simple d'une même voyelle, comme dans ce vers de *Phèdre* où l'assonance en *i* souligne les quatre accents de l'alexandrin :

*Tout m'affl*ige *et me nu*it *et consp*ire *à me nu*ire

mais ce peut être aussi une combinaison de différentes voyelles qui peuvent alterner, ou obéir à un effet de chiasme, comme dans ce vers de Baudelaire, où les phonèmes remarquables de l'assonance sont également sous l'accent :

*Secou*ant *dans mes y*eux *leurs f*eux *diam*an*tés*
[ɑ̃] [ø] [ø] [ɑ̃]

Il arrive très souvent que des assonances soient mêlées à des allitérations : ainsi dans ce vers du même poème de Baudelaire où le chiasme, cette fois-ci, est réalisé par des phonèmes et vocaliques et consonantiques,

*Tout mon être* ob*éit à ce vivant flam*beau.
[ob] [bo]

2 – En prosodie, il s'agit d'un phénomène d'homophonie finale de vers : c'est la répétition de la même dernière voyelle tonique, quelles que soient les consonnes éventuelles qui suivent.

L'assonance a été le premier système de liaison entre les vers : elle prédomine entre le IVe et le VIIIe siècle. Les poèmes les plus anciens en langue vulgaire sont assonancés : c'est le cas de la *Séquence de sainte Eulalie* (fin Xe siècle), de *Saint Léger* (début XIe siècle), et des premières chansons de geste. Le recours à l'assonance reste prédominant dans la poésie médiévale du XIe au XIIIe siècle : elle assure la continuité de *laisses* de quatre à trente vers, chacune étant caractérisée par une même voyelle répétée en assonance, qui changeait à la laisse suivante, avec également un changement dans la narration. On la retrouve dans le vers moderne, mêlée aussi à d'autres sortes d'homophonies finales, ainsi dans ce quintil de « La Chanson du Mal-aimé » de Guillaume Apollinaire (in *Alcools*) :

*Un soir de demi-brume à Londres*
*Un voyou qui ressemblait à*
*Mon amour vint à ma rencontre*
*Et le regard qu'il me jeta*
*Me fit baisser les yeux de honte*

C'est une assonance en [ɔ̃] qui relie *Londres*, *rencontre* et *honte*, et elle est accompagnée d'une contre-assonance en consonnes dentales qui court dans les cinq vers : d'abord une sonore (Lon*d*res), puis quatre sourdes (ressemblai*t à*, ren-con*t*re, je*t*a, hon*t*e) ; ajoutons qu'une autre, en [r], relie *Londres* et *rencontre*. La rime *ressemblait à* / *jeta* est une rime équivoquée.

▷ *Allitération, contre-assonance, homophonie, laisse, phonème, répétition, rime, rythme, vers libéré, voyelle.*

**asyndète.** L'asyndète (féminin, du grec *a* privatif et *sundein*, « joindre ») est l'absence de tout mot de liaison, conjonction ou adverbe, entre des groupes syntaxiques, des propositions, ou des phrases pourtant unis soit par énumération soit par un rapport logique : c'est un cas particulier de l'ellipse. Il en va ainsi dans ce début de verset de Léon-Paul Fargue :

*Je suis souvent descendu parmi vous. J'ai baigné vos pointes et mes montagnes, comme un nuage. Vous ne m'avez jamais deviné dans les grandes ombres qui passaient. Je trempais la race toute petite, dont la rumeur se rapprochait ! J'atterrissais sur toutes ces têtes-grandeur-naturelle, qui me regardaient sans me voir avec un sourire de raffinement qui m'a parfois désorienté. Je ne me reconnaissais plus. Je suis sorti de vous. Je suis rentré en vous.*

*(Fragment de « Voix du haut-parleur », in* Vulturne, *Gallimard)*

La suite, au contraire, comme dans une sorte d'exaspération, accumule les mots de liaison :

*Mais vous couriez ! Et vous tapiez ! Et ces squelettes gantés de chair qui faisaient vibrer leurs instruments à cordes, à touches et à mort !*

▷ *Binaire, ellipse, juxtaposition, parataxe, polysyndète.*

**attelage.** Voir **zeugme**.

**audengière.** L'audengière est un poème parodique du XIIIe siècle en ***laisses douzaines*** (suites de douze alexandrins monorimes) qui conte les aventures ridicules, souvent scatologiques, d'Audengier ou Audigier, chevalier du genre de Don Quichotte. Le succès de ce récit en a fait un genre ; la forme est surtout caractérisée par l'emploi de la laisse douzaine.

▷ *Formes fixes.*

**augmentée.** Voir **rime**.

**autonomie.** L'autonomie d'un mot dépend de son aire d'emploi : certains vocables, que l'on ne trouve que dans les clichés ou les tours figés, n'ont aucune autonomie, sont véritablement prisonniers de leur contexte. A. Sauvageot, dans *Portrait du vocabulaire français*, remarque :

> « L'autonomie d'un mot est naturellement fonction de sa signification intrinsèque. Si celle-ci est très circonscrite, le vocable considéré ne peut recevoir d'emploi que dans un très petit nombre de circonstances. »

Rendre à un terme qui l'a perdue son autonomie dans l'ordre paradigmatique, ou la donner à un vocable confiné dans une aire sémantique étroite revient à opérer ce que D. Delas et J. Filliolet appellent l'« ouverture » des « aires de distribution » (*Linguistique et poétique*).

Le poète doit avoir à sa disposition un maximum de termes différents. Une ambition de ce style n'est pas à imputer seulement à la poésie moderne : on peut penser aux poètes de la Pléiade qui, par la plume de Du Bellay dans la *Défense et Illustration de la langue française*, en 1549, proposaient d'enrichir la langue poétique par l'emploi de termes étrangers à la langue usuelle, de vieux mots oubliés, de vocables provinciaux et de mots techniques. La poésie a ensuite répugné à de telles irruptions dans son langage, et les mots techniques en particulier en ont été longtemps maintenus écartés. En revanche, A. Kibédi Varga souligne, dans les *Constantes du poème*, la valeur spécifique qui est la leur dans la poésie moderne :

« De nouveaux moyens poétiques viennent enrichir l'arsenal dont le poète dispose. Aux mots techniques, on refusait autrefois la poésie ; mais les techniques étant devenues complexes et inaccessibles dans leur ensemble au lecteur, un mot technique et "bas" suscite aujourd'hui autant et plus d'étrangeté qu'un mot réputé poétique, mais usé. »

▷ *Cliché, figé (tour), mot.*

**axes.** La notion d'axe a été empruntée au langage des mathématiques par R. Jakobson (*Essais de linguistique générale*) pour figurer la situation des signes linguistiques dans toute forme d'acte de langage.

D'après lui, tout signe linguistique se situe selon deux « modes d'arrangement » :

- La combinaison, qui fait apparaître la continuité d'unités linguistiques reliées les unes aux autres : tout signe entre ainsi en combinaison avec d'autres signes, ou peut être lui-même composé de signes.
- La sélection, qui permet de substituer les termes les uns aux autres selon une relation d'équivalence dont la nature peut varier.

Il définit ainsi deux axes du langage, qui se croisent comme le font les axes de repérage dans le plan en mathématiques : l'axe de la combinaison, ou « syntagmatique » (axe horizontal) et l'axe de la sélection, ou encore « paradigmatique » (axe vertical). Le premier, qui règle la linéarité du discours, ordonne la combinaison et la composition des signes, et on le représente comme la dimension « horizontale » de la structure : à cet axe, Jakobson rapporte le procédé de la métonymie. Le second, dont les traces sont invisibles en principe dans la réalisation concrète, règle la sélection du mot dans le choix des possibles, des équivalences, et est considéré comme la mesure « verticale » : Jakobson y voit le lieu de la métaphore.

En poésie, ces deux axes ne jouent pas de la même manière que dans le langage ordinaire. Autrement dit, les lois propres à la sélection (similarité, dissimilarité, synonymie, antonymie, etc.) jouent en poésie dans la combinaison elle-même, dans la construction de la structure, et, alors qu'elles règlent dans le langage ordinaire le choix des mots mais n'apparaissent pas dans l'acte de langage, la poésie les fait apparaître dans l'écriture même.

▷ *Combinaison, fonctions, linéarité, métaphore, métonymie, mot, sélection, signe, substitution.*

# B

**baguenaude.** Les baguenaudes (le mot vient sans doute du languedocien *baganaudo*, qui désigne le fruit du baguenaudier, gousse creuse pleine de graines et qui éclate bruyamment, d'où le sens de « bagatelle, niaiserie ») sont des poèmes médiévaux fondés sur le non-sens, et dont la forme est assez flottante. Elles sont le plus souvent composées en octosyllabes, reliés par un système d'assonances et de contre-assonances plus ou moins fantaisistes.

▷ *Formes fixes.*

**ballade.** Le mot ballade vient de *baller* qui voulait dire « danser ». On le trouve pour la première fois en français chez Adam de la Halle en 1260. La ballade dite « primitive », qu'on appelle alors *ballette*, comporte trois huitains sur trois rimes, chacun terminé par un refrain. Ce sont Guillaume de Machaut, puis Eustache Deschamps qui, au XIV^e siècle, donnèrent, ce dernier dans son *Art de dictier et fere ballades et chants royaux* (1392), sa forme définitive à la ballade, une des formes fixes les plus célèbres de l'héritage lyrique médiéval. Elle consiste en trois strophes le plus souvent isométriques, suivies d'un *envoi* qui nomme le dédicataire du poème : « Prince », « Princesse » ou « Sire » – il s'agit souvent de celui ou celle qui préside le *puy*, tournoi de poésie qui se tenait dans certaines grandes villes de France, d'abord dans une intention religieuse, puis selon les règles d'une cour d'amour. Toutes les strophes sont construites sur le même schéma de rimes, et l'envoi correspond en général à la deuxième moitié d'une strophe. Chacune, ainsi que l'envoi, se termine par un refrain. L'emploi de strophes carrées dans la ballade a été instauré par Jean Molinet.

Les deux formes les plus fréquentes de la ballade sont :

- la **petite ballade** (trois huitains d'octosyllabes suivis d'un quatrain) :

DE S'AMIE BIEN BELLE

*Amour, me voyant sans tristesse*
*Et de la servir dégoûté,*
*M'a dit que fisse une maîtresse,*
*Et qu'il serait de mon côté.*
*Après l'avoir bien écouté,*
*J'en ai fait une à ma plaisance*
*Et ne me suis point mécompté :*
*C'est bien la plus belle de France.*

*Elle a un œil riant, qui blesse*
*Mon cœur tout plein de loyauté,*
*Et parmi sa haute noblesse*
*Mêle une douce privauté.*
*Grand mal serait si cruauté*
*Faisait en elle demeurance ;*
*Car, quant à parler de beauté,*
*C'est bien la plus belle de France.*

*De fuir son amour qui m'oppresse*
*Je n'ai pouvoir ni volonté,*
*Arrêté suis en cette presse*
*Comme l'arbre en terre planté.*
*S'ébahit-on si j'ai plenté*
*De peine, tourment et souffrance ?*
*Pour moins on est bien tourmenté :*
*C'est bien la plus belle de France.*

*Prince d'amours, par ta bonté*
*Si d'elle j'avais jouissance,*
*Onc homme ne fut mieux monté :*
*C'est bien la plus belle de France.*
*(Clément Marot)*

• la **grande ballade** (trois dizains de décasyllabes suivis en principe d'un quintil), telle la célèbre ballade de Villon « Pour prier Notre Dame », ornée dans l'envoi (de sept vers) du nom du poète en acrostiche :

*Dame du ciel, régente terrienne,*
*Emperière des infernaux palus,*
*Recevez-moi, votre humble chrétienne,*
*Que comprise sois entre vos élus,*
*Ce non obstant qu'oncques rien ne valus.*
*Les biens de vous, ma Dame et ma Maîtresse,*
*Sont trop plus grands que ne suis pécheresse,*
*Sans lesquels biens âme ne peut mérir*
*N'avoir les cieux. Je n'en suis jangleresse :*
*En cette foi je veux vivre et mourir.*

*A votre Fils dites que je suis sienne ;*
*De lui soient mes péchés abolus ;*
*Pardonne à moi comme à l'Egyptienne,*
*Ou comme il fit au clerc Théophilus,*
*Lequel par vous fut quitte et absolus,*
*Combien qu'il eût au diable fait promesse.*
*Préservez-moi de faire jamais ce,*
*Vierge portant, sans rompure encourir,*
*Le sacrement qu'on célèbre à la messe :*
*En cette foi je veux vivre et mourir.*

*Femme je suis pauvrette et ancienne,*
*Qui rien ne sais ; oncques lettre ne lus.*
*Au moutier vois, dont suis paroissienne,*
*Paradis peint où sont harpes et luths,*
*Et un enfer où damnés sont boullus :*
*L'un me fait peur, l'autre joie et liesse.*
*La joie avoir me fais, haute déesse,*
*A qui pécheurs doivent tous recourir,*
*Comblés de foi, sans feinte ne paresse :*
*En cette foi je veux vivre et mourir.*

***V**ous portâtes, digne Vierge, princesse,*
***J**ésus régnant qui n'a ni fin ni cesse.*
***L**e Tout Puissant, prenant votre faiblesse,*
***L**aissa les cieux et nous vint secourir,*
***O**ffrit à mort sa très chère jeunesse ;*
***N**otre Seigneur tel est, tel le confesse :*
*En cette foi je veux vivre et mourir.*

La **ballade balladante** est un cas particulier de ballade, avec trois septains d'heptasyllabes (ababbcc) et un envoi de quatre vers (bbcc). Après une longue période de très grand succès (du XIVe au début du XVIe siècle), la ballade est en désuétude dès le milieu du XVIe siècle et, au siècle suivant, Molière fait dire à Trissotin :

*La ballade à mon goût est une chose fade*
*Ce n'en est plus la mode, elle sent son vieux temps.*

À la fin du XVIIIe siècle, on désigne sous ce nom un poème populaire au thème légendaire. C'est ainsi qu'on la retrouve au XIXe siècle, mais sans forme fixe sous la plume de Victor Hugo (*Odes et Ballades*) ou encore de Musset (« Ballade à la lune ») ; ce sont les Parnassiens qui reviennent au schéma originel. En appelant son principal recueil de poèmes *Ballades françaises*, Paul Fort se réfère de nouveau à une tonalité et non à une forme fixe.

▷ *Chant royal, envoi, formes fixes, refrain, rebriche, strophe.*

**banalité.** Voir rime.

**batelée.** Voir rime.

**bergerette.** La bergerette est un poème particulièrement en vogue au XVe siècle, qui célébrait le début du printemps dans la tradition pastorale. Elle se présente ordinairement en cinq strophes, la première jouant le rôle de refrain, qui se répète en troisième et en cinquième position. Ces strophes sont des sizains dans le cas de la « grande bergerette », des quatrains dans la « moyenne bergerette ». La « petite bergerette », elle, est une sorte de rondeau.

▷ *Formes fixes, rondeau.*

**binaire.** Le terme de binaire qualifie toute structure linguistique ou poétique à deux éléments comparables « liés par un rapport perceptible » (*Vocabulaire de la stylistique* de J. Mazaleyrat et G. Molinié). On parle ainsi de vers binaire pour l'alexandrin 6/6, mais aussi pour le décasyllabe 4/6. On peut également parler de binarité lorsque des éléments sont appariés de manière manifeste :

• Par la coordination, comme par exemple les épithètes dans « Élévation » de Baudelaire où l'on trouve,

> *Avec une* indicible et mâle *volupté*
> *Et bois, comme une* pure et divine *liqueur*
> *S'élancer vers les champs* lumineux et sereins

• Par la juxtaposition, ainsi dans le premier quatrain de ce même poème où, aux vers 1 et 3, la binarité syntaxique soulignée par l'anaphore (*Au-dessus*..., *au-dessus*... dans l'un ; *Par-delà*..., *par-delà*... dans l'autre) se superpose à la binarité du vers, puisqu'il y a à chaque fois répartition de part et d'autre de la césure :

> Au-dessus des étangs, au-dessus des vallées,
> *Des montagnes, des bois, des nuages, des mers,*
> Par-delà le soleil, par-delà les éthers,
> *Par-delà les confins des sphères étoilées [...]*

Très souvent, la binarité se joint à des faits de parallélisme, de chiasme, d'antithèse.

On parle également de phrase binaire, en rhétorique, lorsque protase et apodose s'équilibrent nettement.

▷ *Antithèse, asyndète, chiasme, juxtaposition, parallélisme, polysyndète, structure, symétrie, ternaire.*

**biocatz.** Voir **rime**.

**blanc.** L'existence et le maintien du blanc typographique, qu'il soit vertical (marges) ou horizontal (lignes sautées), caractérise toute mise en page de la poésie. Claudel le met en rapport avec le silence et en fait un élément indispensable de la page :

« Le rapport entre la parole et le silence, entre l'écriture et le blanc est la ressource particulière de la poésie, et c'est pourquoi la *page* est son domaine propre, comme le livre est celui de la prose. Le *blanc* n'est pas un effet seulement pour le poème, une nécessité matérielle imposée du dehors. Il est la condition même de son existence, de sa vie et de sa respiration. »

(Paul Claudel, *Réflexions sur la poésie*, Gallimard)

Dans la poésie traditionnelle, la répartition des blancs dans la mise en page obéit à des normes relativement régulières : les strophes sont en principe séparées les unes des autres par un blanc typographique. Dans la poésie moderne, le blanc n'a pas obligatoirement la régularité de l'expression poétique mesurée, et se présente diversement selon la typographie (certains disent la topographie) du poème, mais il répond toujours à la même exigence, comme l'avait indiqué Mallarmé dans sa Préface au *Coup de dés* :

« Les "blancs" en effet, assument l'importance, frappent d'abord ; la versification en exigea, comme silence alentour, ordinairement, au point qu'un morceau, lyrique ou de peu de pieds, occupe, au milieu, le tiers environ du feuillet : je ne transgresse cette mesure, seulement la disperse. »

On peut trouver le blanc dans la ligne même du vers ou du verset, espaçant les mots, ce que H. Morier (*Dictionnaire de Poétique et de Rhétorique*) appelle « blanchissement » : ainsi dans ce début de poème de Jean Tortel dans *Des corps attaqués* (Flammarion) :

*L'orage se taira            Se tue*
*Avant que les nuées déroulent.*

Le blanchissement isole (marque spatiale figurant l'écart du futur au présent ?) les deux formes verbales, dont la seconde est à la fois le présent du verbe *tuer* et l'homonyme du passé simple du verbe *se taire*.

▷ *Juxtaposition, mise en page, ponctuation, séquence, silence, strophe, typographie, vers.*

**blanc *(vers).*** Voir vers blanc.

**blason.** Type de poème en vogue au XVI^e siècle, le *blason* est un genre plutôt qu'une forme. Il s'agit d'une pièce en vers généralement courts à rimes plates. Thomas Sébillet affirme qu'il « est plus doux en rime plate et en vers de huit syllabes : encore que ceux de dix n'en soient pas rejetés comme ineptes ». Il renferme soit l'éloge, soit la satire d'un être ou d'un objet : souvent les deux se répondent, en un blason élogieux suivi d'un contreblason symétrique sur un ton critique à propos d'un objet ou d'un être semblable. Ainsi Clément Marot confronte le « beau tétin » :

*Tétin qui fais honte à la rose,*
*Tétin plus beau que nulle chose ;*
*Tétin dur, non pas tétin, voire,*
*Mais petite boule d'ivoire,*
*Au milieu duquel est assise*
*Une fraise, ou une cerise,*

et d'autre part le « laid tétin » :

*Tétin au grand vilain bout noir*
*Comme celui d'un entonnoir ;*
*Tétin qui brimballe à tous coups*
*Sans être ébranlé ni secous,*
*Bien se peut vanter qui te tâte*
*D'avoir mis la main à la pâte !*

Le genre a été repris par Paul Eluard dans son « Blason des fleurs et des fruits ».

**bout-rimé.** On appelle bout-rimé un court poème fondé sur des rimes distribuées à l'avance, selon le principe d'un jeu littéraire de salon très en vogue au XVIIe siècle (des auteurs comme Corneille, Scarron, Boileau, Saint-Evremond y ont participé). On l'a pratiqué également à l'occasion au XVIIIe siècle, et parfois au XIXe siècle.

Le pluriel, *bouts-rimés*, est utilisé pour désigner les rimes ainsi données à l'avance.

**brisée.** Voir rime.

# C

**cadence.** Terme relativement vague, emprunté à l'italien *cadenza* (« chute d'une phrase », « rythme »), qui sert à désigner des « rapports de volumes » (*Vocabulaire de la stylistique*) entre constituants de phrase, syntagmes ou propositions, ou encore entre mètres, dans le vers, pour souligner des effets de rythme ou de clausule. On parle de cadence **majeure** (groupes croissants) ou de cadence **mineure** (groupes décroissants). Ainsi, ce poème de Marc Cholodenko est-il fondé sur une structure en cadence mineure qui groupe successivement 4, 3, 2 puis un seul vers en quatre phrases asyndétiques :

*Le chef du désert bleu*
*avance à hautes bottes peintes*
*il a foi en ses yeux*
*son regard peut mourir. .*

*L'écervelé rit de l'homme*
*saisi par l'immense*
*et bloqué aux frontières.*

*Le page effaré pleure*
*de voir ses nerfs en morceaux.*

*Le singe s'étonne du miroir.*

(*« Autoportrait pluriairectionnel »,*
*in* Parcs, *Flammarion)*

▷ *Contre-accent, rythme, structure, verset.*

**caduc.** Voir **e caduc.**

**calembour.** Le calembour (XVIIIe siècle, peut-être du néerlandais *kallen*, « bavarder » et de *bourde*, « mensonge, plaisanterie ») est ce qu'on appelle aussi jeu de mots. Il rapproche des signifiants semblables correspondant à des signifiés différents. Freud cite par exemple, dans *Le Mot d'esprit*, le cas de cette maîtresse de maison à qui on avait présenté un jeune homme du nom de Rousseau, comme le philosophe, et qui, déçue par cette rencontre, avait ensuite dit : « Vous m'avez fait connaître un jeune homme *roux* et *sot*, mais non pas un *Rousseau.* »

La plupart du temps, le calembour a un but plaisant ou même grossier, mais dans la poésie, l'utilisation spécifique du signifiant lui donne un tout autre statut, que l'on trouve dans toutes les figures fondées sur de tels rapprochements : rime dans certains cas, paronomases, homonymies, antanaclases, etc.

▷ *Antanaclase, apophonie, cratylisme, équivoque, homéotéleute, homonymie, homophonie, paronomase, rime, signifiant.*

**calligramme.** Apollinaire a donné le nom de *Calligrammes* (qu'il a forgé en agglutinant « *calli*graphie » et « idéo*gramme* » ; du grec *kallos*, « beau » et *gramma*, « lettre ») à un recueil de 1918 dans lequel certains poèmes dessinent, par la manière dont sont agencés lettres et mots, le sujet du poème (il a pensé d'abord les appeler « idéogrammes lyriques »). Il s'agissait pour lui de représenter le poème selon une saisie visuelle instantanée, en échappant à la linéarité et en rendant la lisibilité moins immédiate. Dans sa préface à l'édition *Poésie*/Gallimard, Michel Butor met en évidence l'apport de sens de la disposition dans un calligramme. Il prend pour exemple un élément de « Cœur couronne et miroir »

DANS
FLETS CE
RE MI
LES ROIR
SONT JE
ME SUIS
COM EN
NON **Guillaume** CLOS
ET **Apollinaire** VI
GES VANT
AN ET
LES VRAI
NE COM
GI ME
MA ON
I

et commence par le transposer en typographie normale, ce qui donne :

« Dans ce miroir je suis enclos vivant et vrai comme on imagine les anges et non comme sont les reflets Guillaume Apollinaire »

Et il commente en remarquant que, dans la typographie ordinaire, le nom du poète a le rôle d'une signature, alors que, dans le calligramme, sa place au centre du miroir que dessine la phrase donne au nom la fonction d'un portrait.

En fait le calligramme s'inscrit dans une tradition beaucoup plus ancienne qui remonte à Théocrite et aux poètes alexandrins, puis s'est poursuivie aux premières heures du christianisme pour ressurgir avec les humanistes de la Renaissance. Les vers dits ***rhopaliques*** sont des vers composés de mots comportant le premier une syllabe, le second deux, etc. ; on parle aussi de vers « figurés » (*carmina figurata*), dont la disposition dessine ce dont parle le poème, tel ce flacon de Charles-François Panard (1674-1765) :

**Que mon**
**Flacon**
**Me semble bon !**
**Sans lui**
**L'ennui**
**Me nuit ;**
**Me suit,**
**Je sens**
**Mes sens**
**Mourans**
**Pesans.**
**Quand je le tiens**
**Dieux ! Que je suis bien !**
**Que son aspect est agréable !**
**Que je fais cas de ses divins présens !**
**C'est de son sein fécond, c'est de ses heureux flancs**
**Que coule ce nectar si doux, si délectable**
**Qui rend tous les esprits, tous les cœurs satisfaits.**
**Cher objet de mes voeux, tu fais toute ma gloire ;**
**Tant que mon cœur vivra, de tes charmants bienfaits**
**Il saura conserver la fidelle mémoire.**
**Ma muse, à te louer se consacre à jamais.**
**Tantôt dans un caveau, tantôt sous une treille,**
**Ma lyre, de ma voix accompagnant le son,**
**Répétera cent fois cette aimable chanson :**
**Règne sans fin, ma charmante bouteille ;**
**Règne sans cesse, mon cher flacon..**

Mais, alors que ces vers figurés, d'abord d'inspiration mystique, ont fini par correspondre plus à un amusement intellectuel qu'à de la poésie, l'intention qui a lancé les calligrammes est, elle, toute différente, dans la ligne de la recherche mallarméenne et de l'apport visuel du vers libre.

▷ *Blanc, lecture, mise en page, typographie.*

**canso.** La forme poétique de base des troubadours est la *canso*, dont le thème est l'amour courtois. Elle était chantée et accompagnée ; ce n'est pas à proprement parler une forme fixe, puisqu'elle peut comporter de légères variations, mais elle est en général composée de couplets sans refrain sur rimes identiques (*coblas unisonans*) suivis d'une sorte d'envoi appelé *tornada*. Voici le premier couplet d'une canso de Bernard de Ventadour :

*Quant ai mon cor ple de joia*
*tot me desnatura.*
*Flors blanque, vermeilla, groia*
*me par la freidura,*
*c'ab lo vent et ab la ploia*
*me creis l'aventura,*
*per que mos chanz mont'e poia*
*e mos pretz meillura.*
*Tant ai al cor d'amor*
*de joi e de dousor*
*que l'envertz me sembla flor*
*e la neus verdura.*

▷ *Trobar.*

**carole.** Une carole (ou *chanson de carole*) est une chanson de ronde médiévale, fondée sur une alternance de couplets (chantés par un soliste) et de refrains (chantés par le chœur), parfois terminée par la *balerie*, danse accompagnée de chant. La carole est à l'origine de formes poétiques comme le rondet et le triolet.

▷ *Rondet, triolet.*

**carrée.** Voir strophe.

**catachrèse.** La catachrèse (du grec *katakhrèsis*, « usage, emploi », utilisé dès Aristote comme terme de rhétorique pour l'emploi d'un mot en un sens abusif) est une figure par laquelle un mot est employé par métaphore (cas le plus fréquent), métonymie ou synecdoque pour désigner une chose qu'aucun terme littéral ne désigne dans la langue : une *feuille* de papier, les *ailes* d'un moulin, *ferrer* un cheval.

Comme telle, la catachrèse est source de polysémie.

▷ *Image, métaphore, polysémie, trope.*

**césure.** Le mot césure a été employé pour la première fois en 1537 par Marot ; il vient du latin *cæsura*, « coupure ». La césure est le point fixe de partage dans les vers de plus de huit syllabes (*cf.* la règle des huit syllabes, de B. de Cornulier, selon laquelle la limite de reconnaissance d'une égalité métrique est de huit syllabes), et elle est marquée, en principe, par un accent sur la syllabe qui la précède immédiatement. Elle ne divise pas obligatoirement le vers en deux parties égales comme c'est le cas pour l'alexandrin classique (deux hémistiches de 6 syllabes) : ainsi la forme la plus courante du décasyllabe définit deux éléments de 4 et de 6 syllabes, séparés par la césure. On la marque conventionnellement par une double barre :

*Vous haïssez le jour // que vous veniez chercher.*

Quelle est la fonction de la césure ? Pendant des siècles, la diction a marqué de façon très nette la position de la césure, en en faisant le point le plus élevé du vers : à la période médiévale, on l'appelle *punctus elevatus*, alors que la syllabe de rime est *punctus depressus*, et à l'époque classique, les comédiens de l'hôtel de Bourgogne avaient adopté une diction en accent circonflexe de l'alexandrin, faisant de chaque vers une sorte de phrase avec montée et descente (voir Frédéric Deloffre, *Le Vers français*, SEDES, pp. 34-35). Outre ces indications sur la prononciation du vers, la césure a également été ressentie comme un moment de répartition du souffle : nombreux sont les auteurs qui, de Ronsard à Banville, la considèrent comme un « repos ». C'est également le terme qu'emploie Boileau quand il conseille de marquer avec netteté, par une articulation grammaticale, la place de la césure :

*Ayez pour la cadence une oreille sévère :*
*Que toujours dans vos vers, le sens, coupant les mots*
*Suspende l'hémistiche, en marque le* repos.

Au Moyen Age, l'autonomie métrique de chaque hémistiche est particulièrement nette, aussi la césure est-elle toujours très marquée, d'autant que sa place est soutenue par l'accompagnement musical. Ce soutien musical de la césure explique sans doute un certain nombre de faits qui ne seront plus admis à l'époque classique :

1 – la **césure épique**, ainsi nommée parce qu on la rencontre alors plus souvent dans l'épopée, se fait, comme une fin de vers, sur un *-e* non élidable et surnuméraire (non compté prosodiquement) ; ainsi dans le manuscrit A de la *Vie de saint Alexis*, on trouve ce décasyllabe :

*Dunc li remembr(e) // de sun segnur celeste*

dans lequel le *-e* final de *remembre* devrait être compté puisqu'il est devant consonne, mais est apocopé comme s'il était en fin de vers.

2 – la **césure lyrique**, également ainsi nommée parce qu'elle se trouve plus souvent dans la poésie lyrique de cette époque, intervient après un *-e* atone prosodiquement compté. Il y a alors décalage entre l'accent du mot qui précède et la place de la césure ; c'est le cas dans ce décasyllabe d'une chanson de Thibaut de Champagne :

*Douce dame, // reine couronnée,*

(où le *-ée* final compte 2 syllabes, comme souvent dans les chansons).

3 – la **césure enjambante** – le terme n'a rien à voir avec le phénomène de discordance qu'est l'enjambement –, en cas de *-e* atone prosodiquement compté, passe juste après l'accent, devant la syllabe en *-e*, et donc à l'intérieur du mot, comme dans ce vers de la « Ballade pour prier Notre Dame » de Villon :

*À votre Fils di //tes que je suis sienne.*

Dès le XVIe siècle, et surtout sous l'impulsion de la Pléiade, ces césures spéciales sont abandonnées : la syllabe de césure (sixième de l'alexandrin par exemple) est toujours la dernière syllabe accentuée d'un mot, et elle ne peut comporter un *-e* prosodiquement compté :

*Songez qu'un même JOUR // leur ravira leur mère*
*Et rendra l'espéRANc(e) // au fils de l'étrangère.*

Dans le deuxième vers de cet extrait de *Phèdre* (v. 201-202), le *-e* final de *espérance* est élidé devant *au*, et la césure passe de fait après la dernière syllabe accentuée du mot, le *c* [s] étant cosyllabé avec *au*.

De plus, comme le demande Malherbe, la césure est soutenue par sa concordance avec les articulations grammaticales majeures du vers, et ne peut donc séparer le déterminant du substantif, le pronom sujet du verbe, l'auxiliaire du participe, etc.

C'est ainsi qu'à la période classique, la marque de la césure perd de son importance par rapport à ce qu'elle était au Moyen Age, entraînant du même coup une perte d'autonomie des hémistiches, et, comme l'indiquent J. Molino et J. Tamine, une « dissymétrie » de traitement entre la fin de l'hémistiche et celle du vers.

Cette évolution ne fait que se confirmer à partir des romantiques : à l'instigation de Victor Hugo en particulier, la marque syntaxique de la césure tend elle aussi à s'estomper. Il la fait passer entre préposition et groupe substantif :

*Et toute l'ombre avec // tout le rayonnement.*

Ce sont de tels décalages entre l'économie syntaxique et la structure fixe du vers qui accompagnent les vers ternaires ou « trimètres » romantiques.

Verlaine accentue cette tendance, et c'est ainsi qu'à l'époque symboliste et ensuite de manière très large au XX^e^ siècle, on en vient à des césures analogues à celles de la poésie médiévale (on leur garde le même nom dans l'analyse, mais il est bien évident que cela ne correspond en rien à un choix de genre) :

– la césure **épique**, particulièrement fréquente dans la mesure où le *-e* final de mot est de toute façon facilement apocopé dans la poésie moderne :

*Ils cueillent les colchiqu(es) // qui sont comme des mères.*

Dans ce vers d'Apollinaire, l'apocope du *-e* est de plus appelée par l'attraction du [k] final de *colchiques* et du [k] initial de *qui*, qui tendent à se fondre.

– la césure **lyrique**, beaucoup plus rare, dont le relief stylistique est particulièrement sensible puisqu'elle ne correspond plus à des impératifs de diction ; Patrice de la Tour du Pin l'utilise dans « Le premier mort » pour une description particulièrement saisissante de corps torturé :

*La figure ravagée par la torture*
*Inavouable, les yeux que les fossoyeurs*
*Ont omis de clore, // les yeux qu'ils ont eu peur*
*De clore, tellement leur vie était profonde.*
(*in* Petite Somme de poésie, *Gallimard*)

– la césure **enjambante**, très fréquente :

*Et cette indifféren //ce des choses profondes*
(*Patrice de la Tour du Pin, in* Petite Somme de poésie)

Enfin, il est devenu très courant que la césure médiane finisse par ne plus correspondre du tout à aucune marque linguistique, et passe à l'intérieur du mot ; les premiers vers ainsi césurés en milieu de mot sont de Verlaine (*Les Fêtes galantes*) :

*Et la tigresse épou //vantable d'Hyrcanie,*

de Banville (*Les Exilés*) :

*Où je filais pensi //vement la blanche laine,*

de Mallarmé (*Azur*) :

*Acçable, belle indo//lemment comme les fleurs.*

Dans le vers libéré, certains métriciens considèrent qu'il peut y avoir déplacement de la césure : par exemple des alexandrins asymétriques en 5/7 ou 7/5.

Toute fictive qu'elle puisse être devenue dans certains vers, la césure n'en reste pas moins une position remarquable, ne serait-ce que par référence, toujours, à la norme classique. De plus, les utilisations modernes des césures spécifiques de la poésie médiévale ne sont, elles, pas soutenues par un accompagnement musical, et ce sont des raisons stylistiques précises qui président au choix qui en est fait. H. Meschonnic souligne ce rôle constant :

> « C'est la tension entre la virtualité de la césure comme élément métrique et la réalité syntagmatique des pauses qui fait l'intensité, l'énergie même de la césure. [...] Son élimination même ne l'élimine pas, puisqu'elle n'a de valeur possible que par rapport au moins à son souvenir [...] »
>
> (*Critique du rythme*, Verdier, pp. 544-545)

On est convenu d'appeler également « césure » le point d'articulation de la strophe qui fait l'équilibre entre les différents constituants de sa structure : disposition des rimes et (en cas d'hétérométrie) des mètres, répartition des groupements syntaxiques :

*Mon cœur, lassé de tout, même de l'espérance,*
*N'ira plus de ses vœux importuner le sort ; //*
*Prêtez-moi seulement, vallons de mon enfance,*
*Un asile d'un jour pour attendre la mort.*
*(Lamartine, « Le Vallon »)*

Mais les uns ne correspondent pas toujours avec les autres : le décalage entre syntaxe et distribution des rimes (et des mètres) est fréquent.

▷ *Accent, apocope, concordance, coupe, discordance, e caduc, hémistiche, mètre, rythme, strophe, syncope, vers libéré.*

**champ.** La notion de champ est utilisée pour l'étude des mots. On distingue généralement :

– le **champ lexical**, qui regroupe, par exemple dans un texte, tous les termes qui concernent un même registre thématique ou conceptuel ;

– le **champ sémantique**, qui étudie l'aire d'emploi d'un mot.

▷ *Connotation, dénotation, isotopie, mot, polysémie, sème, signifié.*

**chanson.** Le mot (du latin archaïque et postclassique *cantio* pour le classique *cantus*, « chant »), très ancien, couvre un champ notionnel très large, allant de la poésie au sens le plus élevé à l'air de musique le plus élémentaire, du sublime au populaire. En stricte versification, le mot reste d'acception très large, mais on peut en retenir certains sens plus précis :

– le plus général, courant à toutes les époques : pièce de vers d'un ton familier (syntaxe le plus souvent très simple, statut très libre du *-e* caduc, rime approximative ou assonancée : *cf. lune/plume*), divisée en couplets qui se terminent souvent par un refrain, et destinée à être chantée, avec accompagnement musical ;

– au Moyen Age : dans la mesure où, jusqu'au XVe siècle, tous les vers sont chantés ou accompagnés de mélodie, presque toute la poésie médiévale pourrait être considérée comme relevant de la chanson ; cependant, on appelle plus spécifiquement ainsi des compositions de poésie lyrique ou épique, chantées avec accompagnement de vielle, mais sans règle précise concernant la forme. Ce sont par exemple les **chansons de geste** (genre épique), les **chansons de toile** (attribuées conventionnellement à des fileuses ou à des tisseuses, chantant sur le mode lyrique des amours malheureuses, souvent en décasyllabes assonancés groupés en couplets terminés par un refrain), les **chansons d'aube** (monologue lyrique de l'amante au moment de quitter l'amant, inverse de la sérénade), l'amoureuse chanson, ou encore les **chansons de croisade**, telle celle de Conon de Béthune (fin du XIIe siècle). Voici les deux premiers couplets d'une chanson de toile très célèbre intitulée « la Belle Douette » :

*Belle Doette as fenestres se siet,*
*Lit en un livre, mais au cœur ne l'en tient :*
*De son ami Doon li ressovient,*
*Qu'en autres terres est alez tournoier,*
*Et or en ai dol.*

*Uns escuiers as degrez de la sale*
*Est dessenduz, s'est destrossé sa male.*
*Belle Doette les degrez en avale,*
*Ne cuide pas oïr novele male.*
*Et or en ai dol.*

– depuis le milieu du XIXe siècle, certains poètes désignent ainsi des poèmes qui ne sont pas destinés à être chantés, mais qui présentent des caractéristiques de la chanson dans son sens courant : strophes très rythmées, en vers courts. Telles sont les *Chansons des rues et des bois* de Victor Hugo toutes en quatrains. Apollinaire, dans « La Chanson du mal aimé », adopte le quintil d'octosyllabes.

Pour Roger Caillois (*Approches de la poésie*), la chanson est par excellence le refuge des techniques poétiques :

> « La chanson constitue le genre traditionnel qui fait accepter aisément cette part de mystérieux et d'incertain qui reste essentielle à la poésie. »

▷ *Amoureuse, couplet, e caduc, refrain, lyrisme, rime, rythme.*

**chantefable.** Genre médiéval dont la composition est fondée sur une alternance régulière de laisses de vers assonancés qui étaient chantées, et de morceaux en prose, destinés à être dits. L'exemple le plus fameux en est l'histoire d'*Aucassin et Nicolette.*

**chant royal.** Les caractères du chant royal ont été définis en même temps que ceux de la ballade en 1392 par Eustache Deschamps : c'est une forme inspirée de la grande ballade, mais avec cinq strophes et un envoi, tel ce chant royal de Pierre Gringore (fin XV$^{e}$-début XVI$^{e}$ siècle) :

*Considérez que Guerre, l'immortelle,*
*Par son regard fier les courages tente ;*
*Dissension, héritier de cautelle,*
*Loge Fureur en pavillon ou tente :*
*Vengeance sort, laquelle essaye ou tente*
*De succomber ses ennemis mortels,*
*Remémorant qu'en guerre sont morts tels*
*Qui en France portent un grand dommage,*
*Mêmes perdu or, argent et alloy,*
*Par défaut de croire en maint passage,*
*Un Dieu, un Roi, une Foi, une Loi.*

*Guerre trépigne, et vacille et chancelle ;*
*Sans fin mange, jamais ne se contente ;*
*Aucunes fois machination cèle*
*L'intention qui dut être patente ;*
*Simulateurs vont par oblique sente ;*
*Fraudulateurs pillent maisons, hôtels ;*
*Biens pris, saisis, ravis, gâtés, ôtés.*
*Satalites font aux métaux hommage ;*
*Haine sonne la campane ou beffroi ;*
*Force ne croit, tant a cruel courage,*
*Un Dieu, un Roi, une Foi, une Loi.*

*Trahison bâtit invention nouvelle,*
*Feignant d'être morne, pensive et lente ;*
*Du premier coup son penser ne révèle,*
*Plus petite est que ciron ou que lente ;*
*Mais fausseté ès cœurs des seigneurs l'ente*
*Si très avant qu'enfin en sont notés ;*
*Félonie répand de tous côtés*
*Glaives tranchants et en fait labourage,*
*Que Discord cueille et attribue à soi*
*Sans redouter, recueillant cet ouvrage,*
*Un Dieu, un Roi, une Foi, une Loi.*

*Fortune tient tous humains en tutelle,*
*Les plus grands fait servir par folle attente.*
*Vulcanus fond, Mars sans cesser martelle.*
*Et Midas met leurs ouvrages en vente ;*
*Clotho les prend, Lachesis les présente*
*A Atropos, et sont revisités*
*Par preux hardis, en la guerre usités,*
*Qui les livrent à gens de moyenne âge,*
*Les désirants plus qu'amoureux le Moy ;*
*Et ne craignent en soleil ou ombrage,*
*Un Dieu, un Roi, une Foi, une Loi.*

*Quand Neptune met sur mer sa nacelle,*
*Que Boréas de subit soufflet vente,*
*Et que Pluton les autres dieux precelle,*
*Guerre montre sa queue de serpente ;*
*Si Pallas n'est pour l'heure diligente*
*De résister à leurs férocités :*
*Ils font trembler palais royaux, cités,*
*En l'air causent frimas, éclair, orage ;*
*Lors les soudards, qui mènent leur arroi,*
*Ne prisent rien, tant sont remplis de rage,*
*Un Dieu, un Roi, une Foi, une Loi.*

*Prins ce, seigneur, ne soyez irrités*
*Si peine avez, car vous le méritez :*
*Tous malfaiteurs se mettent en servage ;*
*Force leur est de recevoir chastoy,*
*Quand s'efforcent dépriser par outrage*
*Un Dieu, un Roi, une Foi, une Loi.*

Thomas Sébillet, en 1548, remarque que le vers du chant royal est toujours le décasyllabe.

Certaines autres formes poétiques médiévales s'inspirent du même modèle que le chant royal, mais sans refrain, telles l'amoureuse, ou encore l'arbalétrière royale (sorte de chant royal dont une arbalète symbolique est le sujet).

▷ *Amoureuse, ballade, rebriche.*

**cheville.** On appelle cheville un élément placé dans le vers (souvent au début ou à la fin) sans que sa présence soit justifiée par le sens ou par la syntaxe : ce sont de purs soucis de forme qui le font employer pour compléter l'organisation métrique. La notion de « cheville » ne peut se concevoir que dans un système clos et régulier.

Dans le décompte syllabique, certains métriciens considèrent que le statut du *-e*, les phénomènes de diérèse et de synérèse peuvent être regardés comme des chevilles, à ceci près que durant toute la période de respect strict des règles classiques, il n'y avait pas de choix. De plus, il est rare – sauf médiocrité du poème – que la cheville soit totalement gratuite.

Le mot *et* est très souvent utilisé comme cheville, ainsi dans ces vers de « Brise marine » de Mallarmé, où il fait redondance avec *ni...ni...* :

> *Rien,* ni *les vieux jardins reflétés par les yeux*
> *Ne retiendra ce cœur qui dans la mer se trempe*
> *O nuits !* ni *la clarté déserte de ma lampe*
> *Sur le vide papier que la blancheur défend*
> Et ni *la jeune femme allaitant son enfant.*

Son rôle, éventuellement, peut être conclusif dans cette série énumérative de trois sujets dont le premier est séparé des deux autres par le verbe.

Des syntagmes entiers ou des expressions peuvent servir également de chevilles ; dans l'exemple suivant (*Ruy Blas,* V, 1), l'effet est celui d'une fausse oralité :

> Oh ! *le page a trouvé Guritan,* c'est certain,
> *Il n'était pas encore huit heures du matin.*

▷ *Diérèse, e caduc, synérèse, vers.*

**chiasme.** Deux procédés sont à l'œuvre dans la figure de construction qu'est le chiasme (du grec *khiazein*, disposer en forme de *khi* – c'est-à-dire X) : la répétition et l'inversion. Il y a répétition dans la mesure où deux éléments linguistiques, quelle que soit leur nature, sont répétés ; il y a inversion dans la mesure où, alors que le parallélisme réitérerait le même ordre (A B / A B), un effet de symétrie le renverse (A B / B A).

Le chiasme peut concerner des faits linguistiques extrêmement divers, de l'unité minimale qu'est le phonème à l'organisation syntaxique. En voici quelques exemples, tous empruntés à Baudelaire :

– chiasme **phonétique** :

*Secouant dans mes yeux // leurs feux diamantés*
[ɑ̃] [ø] [ø] [ɑ̃]

Le chiasme se situe de part et d'autre de la césure.

Ce type de chiasme prend une autre extension dans le cas des rimes embrassées (abba).

– chiasme **rythmique** :

*La froi/de cruauté // de ce soleil/ de glace*
2 4 4 2

– chiasme **sémantique** :

*O fangeuse grandeur ! sublime ignominie !*
(–) (+) (+) (–)

– chiasme **grammatical** (le plus fréquent) :

*Valse mélancolique et langoureux vertige !*
(N) (adj.) (adj.) (N)

▷ *Antithèse, binaire, inversion, parallélisme, répétition, stichomythie, structure, symétrie.*

**cinquain.** Voir **quintil.**

**clausule.** Le terme de clausule (mot féminin, du latin *claudere*, « clore, terminer ») est plutôt réservé au domaine de la rhétorique, où il désigne une fin de période particulièrement soignée, d'un point de vue métrique, rythmique ou syntaxique, ou les trois à la fois.

En poésie, ce terme peut être utilisé pour une fin de poème qui se détache nettement du reste : ce peut être la pointe par exemple d'une épigramme – clausule purement sémantique avec effet de surprise ; mais il peut y avoir des procédés différents, qui mettent en valeur la chute du poème : utilisation d'un vers plus court, par exemple dans la strophe dite « couée », emploi des signes typographiques, ainsi Baudelaire utilise fréquemment le tiret à cet effet, Saint-John Perse détache un dernier verset soit par un blanc (*Éloges*, « Pour Fêter une Enfance » III), soit par un astérisque (*id.* VI), soit encore par l'emploi d'un caractère différent, accompagné d'un tiret et précédé d'un astérisque (cas de tous les poèmes de « Récitation à l'éloge d'une Reine »).

▷ *Structure.*

**cliché.** Le cliché est une image stéréotypée, que l'on appelle aussi « poncif », « lieu commun ». La banalité est aussi bien dans l'image que dans l'idée. La différence avec le tour figé est que celui-ci fige des mots dans des expressions où ils peuvent en venir à perdre de leur autonomie (*hareng saur, pauvre hère*), alors que le cliché est fait de termes libres, mais qui ont tendance à s'appeler pour former le stéréotype : « pâle comme la mort », « un teint de rose », « le char de l'État ». Le cliché fige des images. La tendance de la poésie à former un langage spécifique et imagé a pu être à l'origine de la formation de clichés liés au « grand style » : « glaive tranchant », « gouffres amers », etc. C'est à partir de tels clichés que peut s'établir une éventuelle destruction parodique ou ironique. Un poète comme Lautréamont tend à utiliser le cliché pour renverser le monde dérisoire et fleuri que ses images esquissent :

> *[...] Mais non, je savais de reste que les* roses *heureuses* de l'adolescence *ne devaient pas* fleurir *perpétuellement, tressées en guirlandes capricieuses,* sur son front modeste et noble, *qu'embrassaient avec frénésie toutes les mères. Il commençait à me sembler que l'univers, avec sa* voûte étoilée de globes impassibles *et agaçants, n'était peut-être pas ce que j'avais rêvé de plus grandiose. [...]*
> (Les Chants de Maldoror)

Le poète peut aussi introduire une rupture dans le cliché, et donner une nouvelle vie à l'image ; c'est ainsi que Henri Michaux utilise l'expression « verser des larmes » :

> *L'avenir contenait un sanglot et des larmes. Zanicovette dut les verser.* *(in* Lointain intérieur, *Gallimard)*

Tel est également le procédé de base du « Cortège » de Prévert, où le poète échange les éléments de deux expressions ou de deux clichés :

> *Un vieillard en or avec une montre en deuil*
> *Une reine de peine avec un homme d'Angleterre*
> *Et des travailleurs de la paix avec des gardiens de la mer*
> *Un hussard de la farce avec un dindon de la mort*
> *Un serpent à café avec un moulin à lunettes [...]*
> *(Fragment de « Cortège », in* Paroles, *Gallimard)*

Le regain de vie donné à un cliché peut aussi être dû à un ajout par *télescopage*, comme dans la création des mots-valises. Ainsi, à partir du cliché « une chevelure de feu » pour désigner des cheveux roux, André Breton écrit, dans *L'Union libre* :

> *Ma femme à la chevelure de feu de bois*

en greffant sur *feu* l'expression *feu de bois.*

▷ *Autonomie, figé (tour), image, mot-valise, périphrase, substitution, télescopage.*

**collocation.** Voir **figé (tour)**.

**combinaison.** La combinaison est l'une des deux opérations du langage que définissent les axes de Jakobson ; elle est apparente dans le discours, puisqu'elle met en présence les signes sélectionnés qui ont entre eux des liens dits de *contiguïté*. Dans ses *Essais de linguistique générale*, R. Jakobson explique comment la combinaison des signes est liée à la constitution progressive d'un contexte, unité supérieure de cet « assemblage effectif d'unités linguistiques ».

Dans la poésie, et surtout dans la poésie moderne, les lois de la combinaison ne sont pas seulement liées à la syntaxe : des raisons prosodiques (homophonies, rimes, mètres, etc.), des rapports manifestés par la typographie, des associations verbales jouent également. C'est ce que dit Apollinaire à propos de ses *Calligrammes* :

> « Le lien entre ces fragments n'est pas celui de la logique grammaticale mais celui d'une logique idéographique aboutissant à un ordre de disposition spatiale tout contraire à celui de la juxtaposition discursive. »

▷ *Axes, mot, sélection, signe.*

**comparaison.** Toute comparaison n'est pas une figure. En effet, quand elle est fondée sur le rapport entre deux éléments qui appartiennent à un même système référentiel dont l'un sert à mesurer l'autre (« Pierre est fort comme son père »), c'est une comparaison simple, que les Anciens distinguaient sous le nom de *comparatio*. En revanche, une comparaison qui fait intervenir une représentation mentale étrangère à l'élément comparé (« Pierre est fort comme un lion ») est bien une figure : le *Gradus* l'appelle « comparaison figurative », c'est la *similitudo* des Anciens.

La comparaison comporte trois éléments :

– le **comparé** (*Pierre*)

– le **comparant** (*un lion*)

– l'**outil de comparaison** : *comme*, mais aussi *tel*, *même*, *semblable*, *pareil*, *de même que*, *ainsi que*, *mieux que*, *plus que*, *on dirait*, *ressembler à*, *sembler*, *avoir l'air*, *paraître*, *simuler*, etc.

Une comparaison figurative est toujours une image *in præsentia*. Elle peut connaître des registres très divers d'extension :

- depuis un syntagme :

*Un soleil qui descend dans un ciel écarlate*

*Et qui se couche au ras du sol inévitable*
*Dur comme une justice, égal comme une barre,*
*Juste comme une loi, fermé comme une mare,*
*Ouvert comme un beau socle et plan comme une table.*
*(Charles Péguy,* La Tapisserie de Notre-Dame, *Gallimard)*

- jusqu'à la structure d'un poème entier : on connaît le fameux sonnet de Ronsard « Comme on voit sur la branche... » dans lequel le comparant se développe dans les quatrains, et le comparé dans les tercets (« *Ainsi en ta première et jeune nouveauté...* »). Baudelaire, dans « Le Flacon », déséquilibre encore plus la comparaison, puisque ce poème débute par cinq quatrains tous consacrés au parfum qui se dégage du *vieux flacon*, et ce sont seulement les deux quatrains de clausule qui, en une seule phrase ouverte par *Ainsi* (nullement préparé dans la première partie par un début de corrélation), donnent après coup à tout ce premier développement le statut de comparant.

▷ *Figure, image, métaphore.*

**complainte.** La complainte est un poème populaire de tonalité triste ou plaintive sur deux rimes en principe, mais de forme relativement libre si l'on considère la variété des exemples, ce qui en fait plus un genre qu'une forme fixe. Thomas Sébillet la classe parmi les poèmes de déploration, proche de l'élégie, de l'épitaphe, et même de l'églogue.

Voici la fin d'une complainte de Jean Molinet, dite « Complainte de l'Amant », en dizains hétérométriques d'heptasyllabes et de trisyllabes sur deux rimes (aaaabaaaab), la rime b étant reprise comme rime dominante dans le dizain suivant :

*O ma tres chiere maistresse,*
*Mon espoir, ma seulle adresse,*
*Voyez le mal qui m'oppresse*
    *Et agresse,*
*En vostre amoureux service*
*Je mœurs josne et sans vieillesse,*
*Amours m'assault et me blesse ;*
*Vostre œul plus ne me relesse,*
    *Mon faict lesse*
*Aller comme l'escrevisse.*

*O Mort, tres rabice bice,*
*Tu n'es pas genice nice,*
*Mais de dœul nourrice rice,*
*Genitrice*
*De toute dolente lente,*
*Lente au povre et preste au rice,*
*Male lice sans malice,*
*Lice moy dedens ta lice,*
*Lance et glice*
*Mon corps en mortelle tente.*

*Soyes ma presente sente,*
*Mon mieux, ma regente gente,*
*[Ma plus apparente rente,]*
*Souffle et vente*
*Mon ame en celeste garde ;*
*Sans nul solas je lamente,*
*Tout mon esbat est tourmente,*
*Il n'est ne mirre ne mente*
*Vehemente*
*Pour qui ma doleur retarde.*

*Mort, se tu as darde, darde*
*Arcq turquois, bombarde, barde*
*Ou quelque taillarde, larde*
*Et escarde*
*Mon cœur de ta dure perche,*
*Orde, desplaisant laisarde,*
*Viens avant, musant musarde,*
*Pappelotant pappelarde,*
*Je n'esgarde*
*Fors que ton dart me tresperche.*

Dans la poésie moderne, c'est bien à un genre plaintif, mettant en scène l'idée de la mort, que renvoie le terme de « complainte » : c'est le cas du poème de Paul Fort, rendu particulièrement célèbre par la mise en musique de Georges Brassens, la « Complainte du petit cheval blanc », dans les *Ballades françaises*.

▷ *Églogue, élégie, épitaphe.*

**complexe.** Voir rime.

**complexion.** Voir symploque.

**composé.** Voir hémistiche, strophe, vers.

**comptine.** Petit poème ludique qui sert à compter, dans un groupe, pour désigner, avant le jeu, celui ou celle qui y tiendra le premier telle ou telle place, bonne ou mauvaise, la comptine, toujours chantonnée, est souvent fondée sur un jeu de rimes (plus ou moins approximatives) avec les nombres, fréquemment rythmés de trois en trois :

*Un, deux, trois,*
*Nous irons au bois,*
*Quatre, cinq, six,*
*Cueillir des cerises,*
*Sept, huit, neuf,*
*Dans mon panier neuf,*
*Dix, onze, douze,*
*Elles seront toutes rouges.*

Il arrive aussi qu'elles se fondent sur un pur plaisir sonore de combinaisons dépourvues de sens :

*Am stram gram*
*Pic et pic et colégram*
*Bourre et bourre et ratatam*
*Am stram gram*

Ce peut être une courte histoire :

*Une poule sur un mur*
*Qui picore du pain dur*
*Picoti picota*
*Lèv' la queue et puis s'en va.*

La très grande majorité des comptines sont d'origine populaire, mais certains poètes s'y sont essayés, comme Victor Hugo :

*Mirlababi, surlababo*
*Mirliton ribon ribette*
*Surlababi mirlababo*
*Mirliton ribon ribo.*

Luc Bérimont, dans les *Comptines pour les enfants d'ici et les canards sauvages* (Éd. Saint-Germain-des-Prés) :

*Pomme et poire*
*Dans l'armoire*

*Fraise et noix*
*Dans le bois*

*Sucre et pain*
*Dans ma main*

*Plume et colle*
*Dans l'école*

*Et le faiseur de bêtises*
*Bien au chaud dans ma chemise.*

Les *Chantefables* de Robert Desnos s'inspirent de la même veine.

▷ *Nombre.*

**concaténation.** Voir **gradation**.

**concaténée (*rime*).** Voir **strophe** et **coué**.

**concordance.** On appelle concordance la coïncidence des articulations métriques avec les articulations grammaticales du vers (concordance interne quant il s'agit de la césure, concordance externe quand c'est la fin de vers).

À partir du moment où la poésie n'a plus été soutenue par un accompagnement musical, les poètes ont commencé à prendre conscience du fait qu'il existe, à côté du rythme métrique, un rythme propre à la syntaxe. Au XVIᵉ siècle, l'usage est encore flottant, et Ronsard fait part de ses hésitations :

> « J'ai été d'opinion, en ma jeunesse, que les vers qui enjambent l'un sur l'autre n'étaient pas bons en notre poésie ; toutefois, j'ai connu depuis le contraire par la lecture des bons auteurs grecs et romains. »
> (Cité par J. Cohen, *Structure du langage poétique*)

Néanmoins, il manifeste bien qu'un problème se pose alors, ne serait-ce qu'en introduisant le mot *enjamber* dans le vocabulaire de la versification.

C'est la tendance à faire coïncider mètre et syntaxe qui l'emporte au XVIIᵉ siècle, en harmonie, comme le rappelle Jean-Louis Backès, avec la diction mélodique d'alors : « Il ne faut pas oublier que, formés à la rhétorique, les écrivains et amateurs de cette époque-là percevaient une phrase comme une mélodie, qui s'élève, culmine, et retombe ; ils avaient appris à varier la hauteur et la force de leur voix » (D. Leuwers, *Introduction à la Poésie moderne et contemporaine*). La règle de concordance entre les accents fixes sur lesquels s'établit le vers (accent d'hémistiche et accent final de vers) et les accents grammaticaux est donc pour ainsi dire « une règle musicale ». Boileau loue en termes d'harmonie le rythme ainsi réglé par Malherbe :

*Enfin MALHERBE vint, et, le premier en France,*
*Fit sentir dans les vers une juste cadence,*
*[...]*
*Les stances avec grâce apprirent à tomber,*
*Et le vers sur le vers n'osa plus enjamber.*

La structuration du vers est renforcée : l'articulation phrastique redouble en quelque sorte la structure métrique. Ces quatre vers de *Phèdre*, par exemple :

*Quand ma bouche/implorait//le nom/de la Déesse,*
*J'adorais/ Hippolyte ; //et le voyant/ sans cesse,*
*Même au pied/ des autels//que je faisais/ fumer*
*J'offrais tout/à ce Dieu//que je n'osais/nommer.*

sont faits de deux éléments phrastiques séparés par un point-virgule, qui coïncide avec la césure du deuxième vers, le point final, lui, correspond à la fin du quatrième vers. Le détail de l'analyse grammaticale met lui aussi en valeur la parfaite correspondance entre syntaxe et positions métriques : le premier vers comprend la subordonnée temporelle (dont le complément d'objet direct est dans le second hémistiche), et la principale occupe le premier hémistiche du deuxième vers ; la deuxième partie de ce vers est consacrée à un groupe participe présent apposé, de nuance causale, le troisième vers au complément de lieu (premier hémistiche : groupe nominal ; deuxième : expansion par une relative), le quatrième vers à la proposition principale, dont le complément d'objet second est prolongé par une relative (second hémistiche).

Souvent, afin de mieux s'insérer dans le moule rigide du vers, la syntaxe se plie à des altérations, ellipses, inversions, découpages qui bouleversent l'ordre prosaïque des mots ; dans le vers de *Phèdre* :

*Toujours de son amour votre âme est embrasée,*

la structure 6//6 est réalisée par l'antéposition de l'adverbe *toujours* et de *de son amour*, alors que le rythme disparaîtrait avec l'ordre discursif :

Votre âme est toujours embrasée de son amour.

On pourrait objecter que toutes les inversions n'ont pas lieu pour des raisons de concordance : au vers 283, Phèdre soupire :

*D'un incurable amour remèdes impuissants !*

La concordance aurait été aussi bien réalisée avec :

Remèdes impuissants d'un incurable amour !

Racine a manifestement fait ici un choix purement stylistique. Néanmoins, dans la poésie moderne où les règles de concordance ne jouent pas, les phénomènes d'inversion sont beaucoup plus rares.

On appelle ***concordance différée*** le fait que le développement grammatical dépasse la limite métrique, et se poursuive jusqu'à la suivante, comme c'est le cas dans ces deux vers :

> *C'est moi, Prince, c'est moi* dont l'utile secours
> Vous eût du Labyrinthe enseigné les détours.

Dans la mesure où le groupe verbal se prolonge jusqu'à la fin du vers suivant, l'effet de concordance se maintient, mais il est « différé » ; si Racine avait écrit « dont l'utile secours/ Vous eût sauvé. », il y aurait eu discordance.

Le principe de concordance s'applique de la même façon à la strophe.

On peut noter néanmoins que la concordance n'est pas à réduire à un principe de parallélisme total entre les limites métriques et les ensembles syntaxiques : J. Cohen préfère, à ce propos, parler de « *réduction au minimum* » de la discordance à l'époque classique.

▷ *Césure, contre-rejet, discordance, enjambement, hémistiche, inversion, rejet, rime, rythme.*

**connotation.** La connotation s'oppose à la *dénotation* : on la définit ordinairement comme un ensemble de sèmes qui s'attachent au mot de manière seconde et plus ou moins stable. Comme l'indique le *Vocabulaire de la stylistique*, il vaut mieux parler de « valeurs connotatives » : ce sont des jugements de valeur, ou encore des indications du registre dans lequel se place le locuteur ; le contexte joue à cet égard un rôle très important.

Il y a deux types de lecture de la connotation, l'une se réfère à l'usage général de la langue, l'autre à ses implications personnelles :

1 – Celle qui relève d'une compétence socio-linguistique que le lecteur partage avec l'auteur parce qu'ils appartiennent au même monde ; quand R. Desnos commence un des poèmes de *Fortune* (Gallimard) par :

> Ça gueule *dans la rue noire au bout de laquelle l'eau du fleuve frémit contre les berges.*

l'emploi du verbe *gueuler*, populaire, et de *ça* plutôt que de *on*, donne des indications sur le type de quartier dans lequel il situe l'action.

De même, quand Saint-John Perse, dans « Éloges » III, écrit :

> *Les rythmes de l'orgueil descendent les* mornes *rouges.*

l'emploi de *morne*, mot qui désigne aux Antilles une petite colline, renvoie évidemment à une connotation d'ordre géographique.

Dans cet ordre de compétence socio-linguistique, les signifiants de connotation peuvent être lexicaux, mais aussi phoniques et syntaxiques, ce qu'illustre le poème de Jean Tardieu intitulé « La Môme Néant » :

*Quoi qu'a dit ?*
*– A dit rin.*

*Quoi qu'a fait ?*
*– A fait rin.*

*A quoi qu'a pense ?*
*– A pense à rin.*

*Pourquoi qu'a dit rin ?*
*Pourquoi qu'a fait rin ?*
*Pourquoi qu'a pense à rin ?*

*– A 'xiste pas.*

(*in* Monsieur Monsieur [Le Fleuve caché], *Gallimard*)

2 – Celle qui relève d'une compétence textuelle, issue de tout le contexte et des différents emplois du mot dans un texte donné : c'est ainsi que Pierre Guiraud a pu, dans ses *Essais de stylistique*, indiquer les connotations qui s'attachent au mot *gouffre* dans l'œuvre de Baudelaire.

C'est à ce sens-là, très lié à l'histoire individuelle et psychique, plus proche de certains aspects de la réflexion cratylienne, que se réfère André Martinet dans un texte cité en exergue par G. Mounin dans *Sept poètes et le langage*, et extrait de « Connotations, poésie et culture » (*To Honour Roman Jakobson*, La Haye, Mouton, 1967, vol. II, pp. 1290-1291) : pour faire comprendre ce que sont la dénotation et la connotation, il part de l'apprentissage de la langue par l'enfant et prend pour exemple son appréhension du segment [lɑ̃p]. Il détermine ensuite différentes étapes. D'abord la relation entre l'objet *lampe* et le mot [lɑ̃p] peut ne pas s'établir nettement : autour de l'objet, il y a le cône de lumière, une certaine atmosphère familiale, des habitudes, liés pour lui à la perception du terme, et le mot peut avoir été saisi en bloc comme [lalɑ̃p] et non encore isolé comme [lɑ̃p]. Ce ne sera qu'après un certain apprentissage linguistique qu'il distinguera [lɑ̃p], [lalɑ̃p] et [ynlɑ̃p], et que, détachant de l'objet *lampe* tout ce qui s'y rattachait, il pourra identifier l'appareil et son nom. Néanmoins, il gardera en mémoire – peut-être inconsciemment – tout ce que véhiculait le mot pour lui avant qu'il ne se conforme aux règles communes.

En somme, certaines formes de la connotation précèdent, dans l'histoire individuelle et psychique, l'apprentissage de la dénotation.

▷ *Apocope, champ, cratylisme, dénotation, fonctions, isotopie, mot, polysémie, sème, signifié, syncope.*

**consonante.** Voir **rime**.

**consonantique.** Voir **alternance, phonème, rime**.

**consonne.** La consonne doit son nom au fait qu'elle a besoin d'un phonème vocalique pour résonner : *cum*, « avec » + *sonare*, « sonner ».

Du point de vue graphique, il y a en français 20 consonnes, mais en ce qui concerne les phonèmes, il y en a 17, ainsi transcrites dans l'alphabet phonétique international, et accompagnées ici de leurs principaux graphèmes :

| | |
|---|---|
| [p] écrit | p, pp : **point, papa, cap, rapporter.** |
| [t] | t,tt, th : **tas, étal, net, datte, thé.** |
| [k] | c (+ a, o, u), cc, ch, k, kh, q, qu : **car, cor, cure, accrocher, chœur, képi, khédive, coq, qui.** |
| [b] | b, bb : **bulle, tube, tub, abbé.** |
| [d] | d, dd : **dent, fraude, bled, reddition.** |
| [g] | g (+ a, o, u), g, gg, gu : **gaz, magot, ambigu, gag, aggraver, gui.** |
| [f] | f, ff, ph : **fou, nef, affût, phare.** |
| [v] | v, w : **valise, vivre, rêve, wagon.** |
| [s] | s, ss, ç (+ a, o, u), c (+ e, i, y), t, x, z **sein, essaim, ça, leçon, reçu, cerf, citron, ration, dix, quartz.** |
| [z] | z, s : **zèbre, gaz, seize, rose.** |
| [ʃ] | ch, sch : **cher, roche, schisme.** |
| [ʒ] | j, g (+ e, i) : **jaune, gel, gilet, orge.** |
| [l] | l, ll : **lapin, malin, gale, gel, ville.** |
| [r] | r, rr, rh : **rare, partir, terreur, rhume.** |
| [m] | m, mm : **mère, amer, pomme.** |
| [n] | n, nn : **nid, reine, dolmen, année.** |
| [ɲ] | gn : **agneau, oignon, signe.** |

On peut en ajouter une, empruntée à l'anglais :

[ŋ] écrit ng : **smoking, camping.**

La langue française tend à équilibrer la répartition des consonnes et des voyelles. Une règle comme celle des trois consonnes, qui veut qu'un *e* caduc ne puisse être amuï devant consonne si sa disparition crée une suite de trois consonnes, va tout à fait dans ce sens.

Pour le tableau des consonnes phoniques classées selon leur nature et leur point d'articulation voir l'article **phonème**, et, pour un développement très technique sur les mécanismes acoustiques en jeu, voir le long article sur la consonne dans le *Dictionnaire de Poétique et de Rhétorique* de Henri Morier.

▷ *Allitération, contre-assonance, phonème, semi-consonne, syllabe, tautogramme, voyelle.*

**constante rythmique.** On appelle constante rythmique dans la théorie du vers libre un élément métrique numériquement constant qui se répète à intervalles plus ou moins réguliers ; il en va ainsi de l'unité de 4 syllabes dans ces vers de Verhaeren extraits des *Flammes Hautes* :

Le premier arbre *est grand d'avoir souffert :*
Depuis longtemps, *c'est dans ses branches*
Que les hivers
*Prenaient, des beaux étés, leurs sinistres revanches*
Contre lui seul, *le Nord*
Poussait d'abord
*Et ses rages et ses tempêtes*
Et quelquefois, *le soir, il le courbait si fort,*
*Que l'arbre immensément épars sous la défaite*
Semblait toucher *le sol et buter dans la mort.*

On peut étendre le principe à d'autres poètes, postérieurs aux symbolistes qui ont inauguré ce type de répétition.

▷ *Répétition, rythme, vers libre.*

**contre-accent.** Henri Morier appelle contre-accent un accent qui succède immédiatement à un autre, rencontre que le français évite autant que possible (par exemple, l'esthétique du vers classique déconseille une succession de monosyllabes), sauf en cas d'effet stylistique précis.

Ce phénomène peut se trouver dans un hémistiche à accents multiples : dans ce vers du « Flacon » de Baudelaire, le premier hémistiche en 3/2/1 présente un début d'énumération en cadence mineure :

*Décré**pit**, pou**dreux**, **sa** //l(e), abject, visqueux, fêlé.*

Victor Hugo, dans *Les Orientales*, l'utilise pour mettre en valeur une apostrophe, elle-même de plus en position de contre-rejet :

*Depuis assez longtemps les peuples **disaient** : « **Grèc(e)** !*
*« Grèce ! Grèce ! tu meurs. Pauvre peuple en détresse [...] »*

Dans ce vers de Rimbaud, extrait de « Roman » :

*Elle se tourne, alerte et d'un **mouvement/ vif**...*

le rythme 5/1 du deuxième hémistiche est particulièrement expressif pour souligner l'adjectif épithète monosyllabique.

Le contre-accent peut correspondre aussi à un rejet monosyllabique, comme dans ces deux exemples de Rimbaud, qu'il soit interne :

*Dévorant les **azurs // verts** ; où, flottaison blême*
*Et ravie, un noyé pensif parfois descend ;*

ou externe :

*C'est un trou de verdure où chante une rivière*
*Accrochant follement aux herbes des haillons*
*D'argent ; où le soleil, de la montagne **fièr(e)**,*
***Luit** : c'est un petit val qui mousse de rayons.*

▷ *Accent, cadence, rejet, rythme.*

**contre-assonance.** On la trouve dans la poésie des troubadours sous le nom de *rims consonans*. Dans le domaine d'oïl, elle est pratiquée au Moyen Age dans le genre plaisant de la sotie, mais la contre-assonance n'a de nouveau été utilisée que depuis Rimbaud. C'est un système inverse de celui de l'assonance : au lieu de se fonder sur l'identité des voyelles, la contre-assonance répète des phonèmes consonantiques en finale de vers. Il peut n'y avoir qu'une homophonie consonantique après hétérophonie vocalique (sa*c*/éche*c*) : c'est la contre-assonance simple.

*Écoute, ce n'est plus que dans mes souve**nirs***
*Que le bois est encor le bois, et le fer, **dur***
*(Supervielle, in* Les Amis inconnus, *Gallimard)*

On notera que, dans le deuxième vers, le prolongement de la contre-assonance est assuré par des jeux phoniques sur voyelle + *r* (*encor*, *fer*).

Il peut également y avoir double contre-assonance, avec homophonie consonantique de part et d'autre d'une hétérophonie vocalique :

*Ailes couvrant le monde de lu**mière***
*Bateaux chargés du ciel et de la **mer**.*
*(Eluard, in* Capitale de la douleur, *Gallimard)*

Cette contre-assonance *lumière/mer* est, de plus, mixte du point de vue du « genre » des finales.

Employée seule, la contre-assonance n'a pas connu un grand développement, à cause de l'importance fondamentale de la voyelle tonique dans le système français.

▷ *Allitération, apophonie, assonance, consonne, homophonie, phonème, rime, sotie, vers libéré.*

**contre-rejet.** Le contre-rejet est le procédé de décalage entre mètre et vers qui réalise l'inverse du rejet : un élément verbal bref, en fin d'hémistiche (*contre-rejet interne*) ou en fin de vers (*contre-rejet externe*), est étroitement lié par la syntaxe à l'hémistiche ou au vers qui suit. Des raisons stylistiques précises sont toujours à l'origine de cette mise en relief.

Les deux derniers vers du poème de Baudelaire intitulé « Le Flacon », présentent deux cas de contre-rejets à la suite l'un de l'autre (contre-rejet **redoublé**) :

> *Cher poison préparé par les anges !* Liqueur
> *Qui me ronge,* ô la vie *//et la mort de mon cœur !*

Le premier vers se termine sur un contre-rejet externe de *Liqueur* et le second est marqué par un contre-rejet interne sur *ô la vie* : le décalage accentue l'effet d'alliances de termes en séparant les éléments par la limite métrique (*Liqueur* de *Qui me ronge*, et *ô la vie* de *et la mort*).

On peut également trouver des cas de contre-rejet strophique, par anticipation de la phrase sur la strophe suivante ; ainsi, dans les deux premiers quatrains du poème « Le Chat » de Baudelaire :

> *Dans ma cervelle se promène,*
> *Ainsi qu'en son appartement,*
> *Un beau chat, fort, doux et charmant.*
> Quand il miaule, on l'entend à peine,
>
> *Tant son timbre est tendre et discret ;*
> *Mais que sa voix s'apaise ou gronde,*
> *Elle est toujours riche et profonde.*
> *C'est là son charme et son secret.*

La deuxième phrase commence dans le premier quatrain (présentation de ce chat), mais en même temps elle est consacrée au miaulement dont le charme mystérieux fait l'objet de tout le quatrain suivant et en général de cette première partie. L'élément en contre-rejet ménage donc une transition progressive vers le thème de la voix, qui occupe tout le reste du poème.

▷ *Concordance, discordance, enjambement, rejet, rythme, strophe.*

**contrerime.** Paul-Jean Toulet, dans son recueil ces *Contrerimes* (paru en 1921), donne ce nom à une structure strophique, déjà existante avant lui chez les poètes, et fondée sur la discordance du système des rimes par rapport à celui des mètres ; rimes embrassées pour schéma croisé de vers (a8-b6-b8-a6) dans ces deux quatrains :

*L'immortelle, et l'œillet de mer*
*Qui pousse dans le sable,*
*La pervenche trop périssable,*
*Ou ce fenouil amer*

*Qui craquait sous la dent des chèvres*
*Ne vous en souvient-il,*
*Ni de la brise au sel subtil*
*Qui nous brûlait aux lèvres ?*

Ainsi l'esthétique de la strophe est fondée sur un déséquilibre constant.

▷ *Hétérométrie, strophe.*

**contre-tonique.** Voir accent.

**coué.** On parle d'agencement coué (du latin *caudatus*, « à queue ») pour une distribution strophique où, en hétérométrie, l'emploi des vers courts coïncide avec la disposition des rimes. Cela se produit en particulier pour des strophes à rythme tripartite ou quadripartite, tel le sizain hétérométrique (aabccb ; 12-12-6-12-12-6) qui relève de ce que l'on appelle « formule tripartite couée », chère à Hugo :

*Parfois, je me sens pris d'horreur pour cette terre ;*
*Mon vers semble la bouche ouverte d'un cratère,*
*J'ai le farouche émoi*
*Que donne l'ouragan monstrueux au grand arbre ;*
*Mon cœur prend feu ; je sens tout ce que j'ai de marbre*
*Devenir larve en moi.*

La rime b liée ici au vers de 6 syllabes ne trouve son répondant que dans l'autre vers de 6 syllabes, qui clôt la strophe.

Dans son *Traité de versification française*, W.T. Elwert désigne par « rime couée » le fait que la dernière rime d'une strophe soit reprise dans le premier vers de la suivante : c'est le procédé dit aussi de la *rime concaténée*.

▷ *Hétérométrie, rime, strophe.*

**coupe.** Le terme de coupe est employé en versification dans l'*Art poétique français* de Thomas Sébillet, qui date de 1548. Le mot a longtemps désigné indifféremment la césure ; aujourd'hui, l'usage est de réserver le nom de césure au point de partage des hémistiches, et celui de coupe à la séparation entre les mesures : la césure est fixe alors que la coupe est variable. On la note par une barre simple (/), juste après la syllabe accentuée. Le découpage du vers se note donc de la façon suivante :

*Par vous/ aurait péri // le mon/stre de la Crète.*

Ce vers de *Phèdre* a un rythme 2/4//2/4. En cas de liaison ou d'élision d'un *-e* final de mot devant voyelle initiale, la diction réelle coupe par syllabes entières ; ainsi dans ce vers de Musset :

*Son manteau (...)*
*Couvrait l'â/tr(e) et semblai //t un ciel noi/r étoilé*

Mais on s'accorde à faire passer la barre de coupe et la double barre de césure entre les mots :

*Couvrait l'âtre/ et semblait // un ciel noir/ étoilé*

Seuls sont concernés par le phénomène de la coupe les hémistiches d'une longueur suffisante : on les appelle *hémistiches composés* ; les *hémistiches simples* ne comportent pas de coupe, comme c'est le cas dans la première partie des décasyllabes réguliers :

Dans les caveaux *// d'insonda/ble tristesse*
*(Baudelaire)*

En revanche, les vers courts peuvent comporter une coupe, tel cet heptasyllabe du même Baudelaire :

*Dans l'or/ de sa vapeur rouge.*

La tradition a repris les mêmes termes que pour la césure en cas de finales en *-e* atone non élidé. C'est ainsi qu'on parle de :

1 – **coupe épique** pour des coupes qui se font sur un *-e* apocopé et non élidable. Elle ne se trouve que dans la poésie moderne, par exemple dans ce vers d'Apollinaire :

*Cavalerie/ des ponts // nuits livi**d(es)**/ de l'alcool.*

Sa présence est amenée ici par l'identité de la consonne [d], finale dans *livides* et initiale dans *de*, qui favorise l'apocope du *-e* final en fondant les deux phonèmes en une double consonne [dd].

2 – **coupe enjambante** pour une coupe placée avant une syllabe en *-e* final prosodiquement compté. Le cas se rencontre

aussi bien dans le vers classique que dans le vers moderne, ainsi dans le vers de *Phèdre* précédemment cité :

*Par vous/ aurait péri // le mon/stre de la Crète.*

C'est un type de coupe très répandu, et salué par les théoriciens comme particulièrement heureux pour l'harmonie du vers : Henri Morier, dans *Le Rythme du vers libre symboliste* I, dit que « l'*e* muet, bref de nature, creuse le rythme » ; Jean Mazaleyrat, dans les *Éléments de métrique française*, parle d'« ondulation ainsi imprimée à la phrase ».

3 – **coupe lyrique** pour une coupe qui se place, en décalage avec l'accent, après un *-e* final de mot non élidable. On la trouve, également, dans le vers classique comme dans le vers moderne.

C'est un choix de lecture et d'interprétation qui peut faire pencher pour une coupe lyrique plutôt que pour une coupe enjambante : le plus souvent, c'est la présence d'une ponctuation forte qui permet de trancher en faveur d'une coupe lyrique ; ainsi dans le premier de ces deux vers de Verlaine :

*Les roses/ comme avant // palpitent ;/ comme avant*
*Les grands lys orgueilleux se balancent au vent.*

Aucun problème pour le second hémistiche : la ponctuation à elle seule incite à marquer une coupe lyrique ; en revanche, la question peut se poser pour le premier hémistiche, avec *les roses*, mais c'est le rythme qui cette fois incite à préférer un tétramètre 3/3//3/3, où l'on retrouve le balancement qui fait répéter deux fois *comme avant* à des places comparables, à un vers en 2/4//3/3, beaucoup plus neutre.

▷ *Accent, césure, hémistiche, mesure, mètre, rythme, syncope.*

**coupée.** Voir **rime**.

**couplet.** Le terme de couplet doit son nom, à l'origine, au groupement de deux vers qui était à la base des chansons accompagnant les danses médiévales. Le mot est également employé dans les traités de poétique et de rhétorique encore au XVIe siècle pour désigner la strophe dans les ballades, et autres poèmes composés de strophes. Mais dans son emploi le plus courant, il désigne, dans une chanson, ce qui correspond globalement à une strophe sans en avoir obligatoirement les exigences de structure, puisqu'il peut ne comporter que deux vers. C'est la mélodie qui ordonne la récurrence. Bien souvent, les couplets sont séparés par un refrain. Dans la vieille chanson sur la légende de saint Nicolas, le refrain (un distique) :

*Ils étaient trois petits enfants*
*Qui s'en allaient glaner aux champs*

ouvre le récit et se répète après chacun des couplets qui narrent la légende, malgré la continuité temporelle qui les lie l'un à l'autre ; chacun de ces couplets est fait d'un quatrain à rimes plates. En voici le premier :

*S'en vinr'nt un soir chez le boucher*
*Boucher, boucher, voudrais-tu nous loger ?*
*Entrez, entrez, petits enfants,*
*Il y a de la place assurément.*

▷ *Chanson, refrain, stance, strophe.*

**couronné.** Voir **rime**.

**cratylisme.** Le dialogue de Platon intitulé *Cratyle*, du nom d'un des interlocuteurs de Socrate (l'autre étant Hermogène), porte sur la vérité intrinsèque des noms : Cratyle (disciple d'Héraclite et, d'après Aristote, premier maître de Platon) défend la motivation du vocabulaire ; Hermogène, lui, ne croit qu'à l'arbitraire des mots, dont la création serait fondée sur un simple consensus et non sur un rapport existentiel entre ce que nous appelons maintenant le signifiant et le référent. Cette réflexion sur le langage se rattache à toute la pensée antique sur le Logos, déjà en cours chez les Pré-Socratiques, et elle n'a cessé de se poursuivre, comme en témoignent les *Mimologiques* de Gérard Genette.

Le cratylisme de Cratyle lui-même – que Gérard Genette appelle « cratylisme primaire » – affirme que le langage, qui est transcendant, imite les idées, et que tous les signes sont motivés : le « Législateur », dit le *Cratyle*, doit savoir « imposer » l'objet à nommer « aux sons et aux syllabes, et avoir les yeux fixés sur ce qu'est le nom en soi pour créer et établir tous les noms, s'il veut faire autorité en cette matière » (traduction de E. Chambry, Garnier-Flammarion). Les sons eux-mêmes sont affectés de signification, ainsi pour le [r] : « L'auteur des noms a cru y trouver un bel instrument pour exprimer le mouvement et les conformer à la mobilité ; en tout cas, il s'en sert souvent à cette fin [...]. Il voyait, j'imagine, que c'est sur cette lettre que la langue s'attarde le moins et vibre le plus » (*op. cit.*).

Ces affirmations du *Cratyle* ont engagé savants et penseurs de toutes les époques à la recherche d'une sensibilité linguistique commune. L'intérêt qu'ont porté les auteurs du XVI^e^ siècle au cratylisme est bien considérable, comme en témoigne ce petit dialogue extrait du *Quart Livre* (XXXVII) de Rabelais :

« Voyez le *Cratyle* du divin Platon. – Par ma soif, dist Rhizotome, je le veulx lire : je vous oy souvent le alléguant. »

En témoignent également les remarques de Ronsard dans son *Abrégé de l'art poétique français*, qui guident les choix de lettres et de sonorités. Le livre de F. Rigolot, *Poésie et onomastique*, consacre une large part à cet usage du nom dans la poésie de la Renaissance. Des exemples détaillés sont également analysés par G. Genette dans les *Mimologiques*. On peut citer le Président de Brosses qui, au XVIII^e siècle, procède à la mise au point d'un alphabet « hiéroglyphique et primitif » fondé sur la signification des lettres et des sons ; au XIX^e siècle, Renan affirme, dans *De l'origine du langage* :

« N'ayant plus à créer le langage, nous avons en quelque sorte désappris l'art de donner des noms aux choses : mais les hommes primitifs possédaient cet art, que l'enfant et l'homme du peuple appliquent encore avec hardiesse et bonheur. La nature leur parlait plus qu'à nous, ou plutôt ils trouvaient en eux-mêmes un écho secret qui répondait à toutes les voix du dehors et les rendait en articulations, en parole. »

Mallarmé démontre, dans sa *Petite Philologie à l'usage des classes et du monde, Les mots anglais*, qu'en anglais le *b* signifie grosseur ou rondeur, le *w* oscillation et humidité, ceci, dit-il, pour faciliter l'apprentissage du vocabulaire. Plus proche de nous, Michel Leiris, dans *Biffures*, décrit son alphabet personnel et les évocations qui y sont liées : valeur gustative des voyelles (*a* : purée de pois ; *o* : purée de pommes de terre ; *i* et *u* plus acides et plus légers), valeur olfactive des voyelles nasales évoquant des odeurs fortes (fromage, gibier), valeur tactile enfin, avec *b*, *d*, *p*, *t* « frappant d'estoc et de taille », ou encore les sifflantes *s*, *x*, *z*, « ressorts qui se détendent ». Il évoque encore toutes les approches du langage qu'il a pu avoir dans son enfance, des pâtes-alphabet de son potage aux

« [...] méprises, erreurs quant à la texture même ou quant au sens d'un vocable, analogies phoniques, capacité évocatrice de certains éléments du vocabulaire, types variés d'accidents de langage... tel est l'ensemble de réalités fragiles mais intensément éprouvées (dans l'enfance surtout, époque où l'on possède la plus grande aptitude à s'émerveiller) qui fit l'objet de ma collecte et constitua – sans que je sortisse tout d'abord de ce domaine verbal qui n'avait pas cessé d'être pour moi privilégié – le noyau originel autour duquel, progressivement, le reste s'est solidifié. »

(Michel Leiris, *Biffures*, Gallimard)

L'intérêt de cette remarque est qu'elle établit le statut le plus convaincant du cratylisme au niveau de l'expérience psychique individuelle, ce que confirment parfaitement toutes les données qu'a pu enregistrer la psychanalyse clinique : l'apprentissage, la connaissance du langage aussi bien oral qu'écrit sont liés indéfectiblement aux circonstances, affects, plaisirs et déplaisirs, qui ont existé au moment du contact avec le mot, la lettre ou le phonème, et ceci concerne chacun individuellement.

Qu'il existe, au sein d'une communauté linguistique, une motivation *après coup* du signifiant par une sorte de « suggestion par le sens », ce que G. Genette appelle, dans *Figures* II (Le Seuil, coll. « Points », p. 116), une « illusion de motivation », cela semble tout à fait certain, et G. Genette cite à l'appui de cette remarque une analyse très juste de Pierre Guiraud, disant que dans le mot considéré comme expressif le sens et la forme se soutiennent mutuellement, le sens finissant par signifier la substance sonore, par « une véritable inversion du procès ».

En revanche, ce qu'on a pu tirer du cratylisme en matière d'harmonie imitative paraît beaucoup moins convaincant.

Le graphisme des mots lui aussi a pu donner lieu à ce cratylisme dit « primaire » : Claudel voit dans le mot *Locomotive* « le portrait de l'engin avec sa cheminée, ses roues, ses pistons au travail, l'abri du chauffeur, le sifflet, le levier de commande et enfin l'attache avec le train ».

On retient également du cratylisme l'importance de l'étymologie. C'est en prétendant dévoiler une étymologie que Socrate cherche par exemple ce que veut dire, du héros, le nom d'Atrée :

« [...] le meurtre de Chrysippe commis par lui, sa conduite si cruelle envers Thyeste, tous ces actes sont nuisibles et *funestes* (*atéra*) pour la *vertu* (*arétè*). Le nom qui le désigne est légèrement détourné et obscurci, de sorte qu'il ne révèle pas à tout le monde la nature du personnage ; mais pour les connaisseurs en onomastique, *Atrée* a un sens assez clair : aussi bien au sens d'*inflexible* (*atéirès*), que d'*intrépide* (*atrestos*) et de *funeste* (*atéros*), de toute manière son nom est juste. » (395b)

L'étymologie n'a rien là de scientifique, mais on y reconnaît d'une part la figure dite de l'**annomination** (remotivation d'un nom propre par le jeu avec son signifiant), d'autre part des procédés fort courants de psycho-linguistique aussi bien sociale (fausse étymologie ou étymologie populaire) qu'individuelle (processus des associations d'idées fondées sur le signifiant, extrêmement courant en psychanalyse, et sensible en particulier dans les lapsus) ; la poésie, et en particulier la poésie moderne, les rend sensibles selon d'autres visées, dans les paronomases, anagrammes et jeux divers sur le signifiant. Si les étymologies de Socrate paraissent fantaisistes, c'est qu'il prend en quelque sorte les choses à l'envers. Il se réclame d'une nécessité phonique du nom pour en établir les origines, alors qu'il s'agit en fait d'établir les réseaux d'associations qui viennent à l'appel de ce signifiant pour en faire résonner ce que Saint-John Perse appelle la *charge magique*. Ce qui est là à retenir est moins ce qui engendre le nom que ce qu'il engendre lui-même – ce que Gérard Genette appelle l'*éponymie* du nom.

Le cratylisme prend donc le contrepied de l'idée d'arbitraire du signe, et comme le dit G. Genette (*Mimologiques*, pp. 27-28), il nous lance « malgré nous dans une symbolique d'un tout autre ordre, enfin capables de jeter un pont entre signifiés et signifiants ». Tout mot valorisé est, selon le mot de Valéry, une sorte de « songe bref » : il ramasse tout le déroulement obscur d'un réseau complexe d'associations.

Le récit poétique de Yves Bonnefoy, *Une autre époque de l'écriture* (Mercure de France, 1988), est entièrement fondé sur une réflexion cratylienne à propos du langage.

▷ *Anagramme, arbitraire (du signe), associations (verbales), calembour, connotation, dénotation, étymologie, homonymie, homophonie, mot, néologisme, nom propre, paronomase, phonème, signifiant.*

**croisé.** Voir rime.

# D

**décalage.** Voir **discordance**.

**décasyllabe.** Vers de dix syllabes (en grec, *déka* = « dix »), le décasyllabe date du milieu du XIe siècle. D'abord utilisé surtout dans la poésie épique, la chanson de geste et la poésie hagiographique, il devient à partir du XIIIe siècle le grand vers lyrique. Appelé « vers héroïque » dans la *Défense et illustration* de Du Bellay, et « vers commun » par Ronsard, il est concurrencé au XVIe siècle par l'alexandrin, qui, aux XVIIe et XVIIIe siècles, le confine dans le domaine de la poésie plaisante. Il ne retrouve la grande poésie lyrique qu'au XIXe siècle, et Valéry l'a particulièrement prisé.

Il est le plus souvent césuré après la quatrième syllabe, avec par conséquent un rythme croissant 4 + 6 (répartition asymétrique des hémistiches, le premier, simple, le second, composé) :

*Maître Corbeau, // sur un ar/bre perché*
*(La Fontaine)*

Telle est sa forme classique, mais on peut également rencontrer, en accompagnement, des décasyllabes affectés d'un rythme décroissant, 6 + 4 :

*Sur les maisons des morts // mon ombre passe*
*(Valéry)*

Le rythme 5 + 5, appelé par dérision « tara tantara » par Bonaventure des Périers, existe également, mais a longtemps été affecté à une poésie plutôt populaire, dont on retrouve l'écho dans certains vers plaisants de Verlaine :

*Monsieur le curé, ma chemise brûle.*

Cependant, des poètes comme Musset

*J'ai dit à mon cœur, // à mon faible cœur*

ou Baudelaire :

*Nous aurons des lits // pleins d'odeurs légères,*
*Des divans profonds // comme des tombeaux,*
*Et d'étranges fleurs // sur des étagères,*
*Ecloses pour nous // sous des cieux plus beaux.*
*(« La Mort des Amants »)*

ont pu l'utiliser pour des accents lyriques.

▷ *Vers.*

**déictique.** Les déictiques (du grec *deiknunai*, « montrer ») sont des mots ou des expressions qui désignent le référent extra-discursif (la réalité externe au discours). Ils sont liés à la situation d'énonciation et n'ont de sens que par rapport à elle. Ce sont le plus souvent des démonstratifs ou des articles définis, des adverbes comme *ici*, *là*, *maintenant*, *demain*, etc., des circonstants (*ce soir*, *tout à l'heure*, etc.), ou encore les présentatifs *c'est*, *voici* et *voilà*, qui remplissent ce rôle.

Dans la poésie moderne, de moins en moins liée à une logique discursive et narrative, il arrive très souvent que l'emploi des déictiques n'ait pas été préparé par un début de texte qui installe les repères d'un monde de référence : ils sont utilisés comme si le référent était *a priori* connu, et donc n'avait pas à être présenté. La poésie de Saint-John Perse présente un tel emploi des déictiques ; ainsi à la fin de « Histoire du Régent » :

> *Et les bûchers croulaient chargés de fruit humain. Et les Rois couchaient nus dans l'odeur de la mort. Et quand l'ardeur eut délaissé les cendres fraternelles,*
> *nous avons recueilli les os blancs que* voilà,
> *baignant dans le vin pur.*
> (*in* La Gloire des rois, *o.c.*, *la Pléiade/Gallimard*)

L'emploi final du présentatif entraîne une très brusque remontée d'un passé plus ou moins indéterminé à un présent de l'énonciation : et cette irruption de l'extrême précision, comme un geste, dans le flou référentiel de l'ensemble du poème (*les Rois*, par exemple, malgré la majuscule et l'emploi du défini, n'ont pas de référent explicité), loin de le rendre familier ou proche, ajoute à l'aura mythique de l'action. Yves Bonnefoy, dans son essai sur *L'acte et le lieu de la poésie* (Mercure de France), souligne ce statut de désignation aussitôt effacée des déictiques :

> « *Maintenant, c'est la nuit*, si par ces mots je prétends exprimer mon expérience sensible, ce n'est plus aussitôt qu'un cadre où la présence s'efface. Les portraits que nous avons crus les plus vifs se découvrent des paradigmes. Nos paroles les plus privées deviennent des mythes en se séparant de nous. »

▷ *Embrayeur, énonciation, référent.*

**dénotation.** On entend par dénotation la définition stable du mot telle qu'on la trouve dans le dictionnaire : en ce sens, *automobile* et *bagnole* ont la même dénotation. C'est elle qui constitue en quelque sorte l'assiette du texte, l'univers qu'il construit, avant même tout investissement stylistique ou poétique.

▷ *Connotation, cratylisme, isotopie, mot, polysémie, référent, sème, signifiant, signifié.*

**dérivation.** La dérivation consiste dans l'emploi de mots différents ayant la même racine ; ainsi, à la fin de ces deux vers de René-Guy Cadou (*Le Diable et son train*, éd. Seghers) :

*Rien ne subsistera du* voyageur
*Dans le filet troué des ultimes* voyages.

▷ *Polyptote, répétition.*

**dérivative.** Voir **rime**.

**diction.** La diction de la poésie n'a rien de commun avec la diction courante. Comme l'indique Henri Morier (*Le rythme du vers libre symboliste* 1, Les Presses académiques, p. 52) :

« La langue poétique, plus recherchée, plus riche, plus substantielle et plus noble que la prose, exige un débit plus lent et plus attentif. Lenteur, attention agissent en forces conservatrices. »

La tradition réglemente avec la plus grande rigueur l'interprétation et la lecture des vers : il s'agit de respecter scrupuleusement la syllabation, et donc de connaître en détail les règles concernant l'*e* caduc, les faits de diérèse et de synérèse, de tenir la prononciation grâce aux liaisons nécessaires, enfin de faire un choix quand la rime impose une diction archaïsante.

Dans « La Muse vénale », Baudelaire évoque :

*Un tison pour chauffer tes deux pieds violets.*

Il est bien évident que le deuxième hémistiche pose problème s'il est lu avec une diction courante : il manque alors une syllabe. Ce sont les règles de la synérèse et de la diérèse qui nous indiquent que « pieds » doit être prononcé en synérèse ([pje]) et « violets » en diérèse ([violɛ]). Ce dernier mot compte alors trois syllabes, et le vers est régulier.

Insolubles en revanche sont les cas où une orthographe et une prononciation anciennes ont permis une rime que la diction actuelle ne peut faire entendre ; c'est le cas, par exemple, dans le *Misanthrope* où Molière fait rimer *joie* (jadis [wɛ], maintenant [wa]) avec *monnoie*, aujourd'hui écrit *monnaie* et prononcé [monɛ] :

*Lorsqu'un homme vous vient embrasser avec joie,*
*Il faut bien le payer de la même monnoie.*

Ce que l'écrit peut éventuellement conserver est difficilement réalisable à l'oral.

Bien que les différentes règles du compte des syllabes soient, dans la poésie contemporaine mesurée, caduques ou du moins librement adoptées, bien que la prosodie d'aujourd'hui tienne compte des changements de la prononciation courante, la diction de la poésie reste spécifique, et, tout en utilisant des faits de langue ordinaire comme la syncope, elle s'en démarque à la faveur des choix de lecture. La diction doit donc être préparée par une analyse attentive des phénomènes de syncope, d'apocope, de diérèse éventuelle, mais aussi de caractères et de disposition des caractères, si l'on en croit l'intention de Mallarmé lorsqu'il écrit, dans la Préface du *Coup de dés* :

> « De cet emploi à nu de la pensée avec retraits, prolongements, fuites, ou son dessin même, résulte, pour qui veut lire à haute voix, une partition. La différence des caractères d'imprimerie entre le motif prépondérant, un secondaire, et d'adjacents, dicte son importance à l'émission orale et la portée, moyenne, en haut, en bas de page, notera que monte ou descend l'intonation. »

Pour Paul Valéry, le moment de le dire est le moment de la réalisation du poème :

> « Un *poème*, par exemple, est *action*, parce qu'un poème n'existe qu'au moment de sa diction : il est alors en *acte*. Cet acte, comme la danse, n'a pour fin que de créer un état ; cet acte se donne ses lois propres. [...]
>
> Commencer de dire des vers, c'est entrer dans une danse verbale. »
>
> (*Philosophie de la danse*, in « Variété », Œuvres I, la Pléiade/Gallimard)

Écouter des poètes lire leurs propres œuvres est à cet égard riche d'enseignement, et c'est bien de « lois propres » qu'il s'agit. Rien de généralisable, si ce n'est la tenue d'un ton qui n'est pas celui de la voix courante. Quand René Char et André Frénaud lisent leurs poèmes, chacun le fait avec lenteur, selon une tonalité dépourvue d'effets vibratoires sentimentaux, mais en même temps, la diction de chacun est différente, liée à la résonance propre de leur langue : chez le poète d'origine provençale, toutes les syllabes sont nettement détachées, et les oxytonales particulièrement accentuées ; le poète bourguignon détaille lui aussi les syllabes, mais de nombreux *-e* sont apocopés, en particulier ceux de la préposition *de*.

Peu de règles donc pour une diction de la poésie moderne,

si ce n'est celle de la tenue de la tonalité afin que se dégage le mieux possible la clarté des enjeux du signifiant. La diction traditionnelle, liée à des règles de composition plus fixes, n'avait, elle non plus, pas d'autre ambition.

La diction de poèmes fondés sur la disposition typographique, tels les calligrammes, en revanche, est de l'ordre de l'impossible, puisque la spécificité même du texte est purement visuelle. La seule manière envisageable de concevoir une lecture à haute voix est de projeter le texte en même temps qu'il est lu.

▷ *Diérèse, e caduc, hiatus, lecture, liaison, scansion, syllabe, syncope, synérèse.*

**diérèse.** Le terme de diérèse vient du grec *diairesis* (division), et désigne le fait de prononcer (et de compter prosodiquement) en deux syllabes une suite de deux voyelles dont la première est *i, u* ou *ou*. La prononciation en diérèse correspond dans la plupart des cas à une diction archaïsante conservée par la poésie. Comme elle est moins répandue dans la langue courante aujourd'hui (à part dans le Sud-Ouest), elle est parfois ressentie comme artificielle, en particulier lorsqu'il y a accumulation, comme dans ce vers d'« Elévation » de Baudelaire :

*Va te purifi-er dans l'air supéri-eur*

mais l'usage courant a lui aussi ses flottements : on prononce « troisième » en synérèse, mais « quatrième » en diérèse (depuis le début du XVII^e^ siècle, elle est systématique après le groupe occlusive + liquide).

La règle traditionnelle en prosodie veut que seules puissent être prononcées en diérèse des voyelles déjà distinctes à l'origine du mot (principe étymologique). On peut dire *purifi-er* parce que ce mot vient du latin *purificare* (en revanche l'adjectif *fier*, qui vient du latin *ferus*, ne saurait être prononcé en diérèse) ; *supérieur* était en latin *superiorem* ; les deux voyelles peuvent aussi provenir du rapprochement dû à l'adjonction d'un suffixe, comme dans *alouette*.

Les traités anciens donnaient des listes de mots qui *devaient* être prononcés en diérèse (avec quelques flottements pour des mots comme *hier*, que l'on trouve chez certains en diérèse, chez d'autres en synérèse), et les poètes s'y sont conformés jusqu'à la toute fin du XIX^e^ siècle. Jusqu'à ce moment-là, la diérèse n'est pas un choix stylistique mais une obligation de la langue spécifique des vers. En revanche, dans la poésie moderne, le poète choisit ou non la diérèse : dans « Cet amour à tous retiré » (in

*Les Matinaux*, o.c., la Pléiade/Gallimard), Char souligne par une diérèse le mot *violence* dans le vers :

*La* vi-o*lence était magique,*

mais s'en tient à la synérèse pour des finales de noms en *-ions* dans le quatrain suivant :

*Les regrets, les basses portes*
*Ne sont que des induc*tions
*Pour incliner nos illu*sions
*Et rafraîchir nos peaux mortes.*

Il peut aussi, à l'inverse, se permettre une diérèse dans un mot où elle n'est pas habituelle. Ainsi, à un philologue qui lui reprochait la diérèse qu'il opère sur *tiède* dans le vers suivant de *La Jeune Parque* :

*Délicieux linceuls, mon désordre tiède,*

Valéry répond, dans « Les Droits du poète sur la langue » :

« Il est exact que j'ai, de ma propre autorité et contre la coutume, opéré la "diérèse" ti-è-de, dans l'intention d'obtenir un certain effet, la symétrie : *Déli-ci-eux – ti-è-de.* J'y trouvais une nuance voluptueuse.

Je pense que si le lecteur – quelque lecteur – en ressent l'effet, le poète, *ipso facto*, est *justifié*. [...]

En somme, si j'impose *ti-è-de*, si quelques-uns trouvent *ti-è-de* plus tiède que *tiè-de*, je n'ai pas à m'inqui-é-ter d'avoir vi-o-lé la loi. »

(in *Pièces sur l'art*, Œuvres II, la Pléiade/Gallimard)

▷ *Diction, métaplasme, semi-consonne, syllabe, synérèse, voyelle.*

**discordance.** On dit qu'il y a discordance lorsque la distribution des groupes grammaticaux ne coïncide pas avec les limites que définissent les positions métriques fixes (la césure – la discordance sera alors interne – et la fin de vers – discordance externe).

On distingue trois types de **décalages** :

– l'*enjambement*, qui répartit également le syntagme de part et d'autre de la limite métrique ;

– le *rejet*, qui place un élément verbal bref, lié syntaxiquement à l'hémistiche ou au vers précédent, au-delà de la limite métrique ;

– le *contre-rejet*, qui, au contraire, place un élément bref, lié syntaxiquement à l'hémistiche ou au vers suivant, en avant de la limite métrique. La norme du vers classique était la concordance ; cependant, on peut trouver de nombreux exemples de discordance dans des pièces de cette même période. Ainsi, ce rejet externe, qui souligne l'effet de la réticence pleine de menace dans la bouche d'Athalie :

> *Je devrais sur l'autel où ta main sacrifie*
> Te... *Mais du prix qu'on m'offre il faut me contenter.*

Cependant, à partir de la fin du XVIII^e siècle, l'exemple d'André Chénier incite les poètes à jouer plus largement et plus souvent des possibilités esthétiques et stylistiques de la discordance. Chez les romantiques, elle se rencontre de manière courante, et Victor Hugo se réclame d'André Chénier dans un poème du début des *Contemplations* adressé au poète disparu :

> *Oui, mon vers croit pouvoir, sans se mésallier,*
> *Prendre à la prose un peu de son air familier.*

A partir du symbolisme, elle contribue, par sa grande fréquence, à effacer la barrière classique entre poésie et prose.

L'extension du phénomène de la discordance peut être considérée comme une des origines du vers libre, cependant, il est tout à fait lié à une structure métrique régulière, et ne se conçoit véritablement que par rapport à elle. Chez les poètes modernes et contemporains qui ont choisi l'expression poétique mesurée, même s'il y a de nombreux écarts par rapport à la norme classique, l'analyse des faits de décalage reste sensiblement la même. Mais, pour ce qui concerne la poésie moderne en vers libres, en versets ou en prose, la discordance est beaucoup moins nette, et ne peut être attribuée qu'à des décalages ménagés par la typographie, isolant des éléments liés syntaxiquement au reste. C'est le cas par exemple dans ces vers de Georges-Emmanuel Clancier :

> *Toutes les couleurs où se crée la nuit*
> Fraternelle,
> *Et la nuit de toute étreinte,*
> *Tous ces paysages sont là*
> *Comme autant de naissances perdues.*
>
> *(Fragment de « Les visages sauvés »,*
> *in* Le Paysan céleste, *Gallimard)*

L'analyse des discordances concerne également la structure de la strophe, selon des critères fondés également sur le rapport entre les grandes articulations que sont la césure strophique et la fin de la strophe, et l'organisation syntaxique.

▷ *Césure, concordance, contre-rejet, enjambement, hémistiche, rejet, rythme, strophe.*

**disjointe *(rime).*** Voir strophe.

**dissyllabe.** Le dissyllabe est le vers de deux syllabes (préfixe grec *di-*, « deux »). Sa brièveté, comme pour tous les vers très courts, lui donne un statut particulier, où qu'il se présente :

– en *isométrie*, le retour très fréquent de la rime et la virtuosité ainsi manifestée concentrent des effets expressifs très forts :

*On doute*
*La nuit...*
*J'écoute :–*
*Tout fuit,*
*Tout passe ;*
*L'espace*
*Efface*
*Le bruit.*

*(Victor Hugo, « Les Djinns »)*

– en *hétérométrie*, le dissyllabe est d'un emploi plus fréquent, apportant un contrepoint rythmique au vers avec lequel il est employé :

*Lune, quel esprit sombre*
*Promène au bout d'un fil,*
*Dans l'ombre,*
*Ta face et ton profil ?*

*(Alfred de Musset, « Ballade à la lune »)*

– dans le *vers libre*, il souligne le plus souvent un nom ou une expression en les détachant soit en début de groupement de vers, soit en clausule :

*Le feu monte, grandit, se déchevelle, ondule,*
*Rugit et se propage et s'étire si fort*
*Qu'il frôle, avec ses langues d'or,*
*Hercule.*

(Les Rythmes souverains)

L'effet de clausule est d'autant plus fort, dans ces vers de Verhaeren, qu'il y a disjonction entre le verbe et son complément d'objet.

▷ *Hétérométrie, isométrie, vers.*

**distique.** L'emploi de ce mot date du milieu du XVI^e^ siècle. Il désigne un groupement de deux vers (du préfixe grec *di-*, « deux » et *stikhos*, « vers ») rimant ensemble et formant une unité indépendante. Ce ne sont pas des strophes, si l'on s'en tient à la stricte définition. Le poème « La Loreley » d'Apollinaire est composé en distiques :

*A Bacharach il y avait une sorcière blonde*
*Qui faisait mourir d'amour tous les hommes à la ronde*

*Devant son tribunal l'évêque la fit citer*
*D'avance il l'absolvit à cause de sa beauté*

*Ô belle Loreley aux yeux pleins de pierreries*
*De quel magicien tiens-tu ta sorcellerie*

*Je suis lasse de vivre et mes yeux sont maudits*
*Ceux qui m'ont regardée évêque en ont péri.*

[...]

▷ *Strophe.*

**dit.** Le genre littéraire du dit apparaît au XIII^e^ siècle. Le terme a pu être employé simplement comme synonyme de « poème ». Il désigne d'abord de petits poèmes à but moral ou plaisant, composés sur un thème familier de la vie quotidienne, comme les *lais* narratifs et les *fabliaux*, puis un genre plus étendu, en forme de monologue ou de dialogue, didactique, moral ou burlesque.

▷ *Fabliau, lai.*

**dizain.** Le mot (parfois orthographié *dixain*) date du XV^e^ siècle ; il désigne une strophe ou un poème de dix vers, iso- ou hétérométrique. On trouve d'abord le dizain sous la forme en quelque sorte binaire de deux quintils assemblés de façon symétrique, chacun sur deux rimes, (ababb/ccdcd) ; c'est le cas des dizains de Maurice Scève dans *Délie*, tel celui-ci :

*Vois ce papier, de tous côtés noirci*
*Du mortel deuil de mes justes querelles,*
*Et, comme moi, en ses marges transi,*
*Craignant tes mains piteusement cruelles.*
*Vois que douleurs en moi continuelles*
*Pour te servir croissent journellement,*
*Qui te devraient, par pitié seulement,*
*A les avoir agréables contraindre,*
*Si le souffrir doit supplir amplement,*
*Où le mérite oncques n'a pu atteindre.*

On remarquera le décalage entre la structure syntaxique, qui définit deux phrases, l'une de quatre, l'autre de six vers (reprenant en cela la structure interne des décasyllabes), et la structure des rimes.

La formule classique, sur cinq rimes, associe deux quatrains, le premier à rimes croisées, le second à rimes embrassées, soudés par un distique, ou, si l'on préfère, un quatrain à rimes croisées et un sizain de rythme tripartite – ce qui met en valeur sa parenté de structure avec le décasyllabe 4/6 (ababccdeed); ainsi dans *Charmes* de Valéry :

*J'approche la transparence*
*De l'invisible bassin*
*Où nage mon Espérance*
*Que l'eau porte par le sein.*
*Son col coupe le temps vague*
*Et soulève cette vague*
*Que fait un col sans pareil...*
*Elle sent sous l'onde unie*
*La profondeur infinie,*
*Et frémit depuis l'orteil.*
*(Fragment de « Aurore », in* Charmes,
Poésie/*Gallimard)*

Ces formules de base du dizain connaissent des variantes : quatrain à rimes embrassées, non croisées, sizain autrement structuré, inversion du système, etc.

▷ *Distique, quatrain, quintil, sizain, strophe.*

**dominante.** On appelle rime dominante celle qui, le cas échéant, se trouvera répétée plusieurs fois pour assurer l'unité d'un système strophique fondé sur plus de quatre vers. Victor Hugo, pour les quintils qu'il emploie dans *Les Feuilles d'automne*, adopte une forme strophique où la dominante redouble la rime du troisième vers d'un quatrain à rimes croisées (abaab) :

*Ce n'est pas à moi, ma colombe,*
*De prier pour tous les mortels,*
*Pour les vivants dont la foi tombe,*
*Pour tous ceux qu'enferme la tombe,*
*Cette racine des autels !*

La dominante peut ainsi s'ajouter à un système déjà clos : cas par exemple du quintil ababa ; ou permettre la liaison entre les deux systèmes dans une strophe prolongée, comme le septain romantique : ababccb.

▷ *Rime, strophe.*

**double.** Voir **rime**.

**douzain.** Le sens de « poème ou strophe de douze vers » date de 1432 (Baudet Herenc, *Doctrinal de la Seconde Rhétorique*). Le douzain, iso- ou hétérométrique, est susceptible de nombreuses combinaisons de rimes qui le structurent de façons très variées. Ainsi, Victor Hugo utilise dans *Les Feuilles d'automne* un douzain abab/cccdeeed où se succèdent un quatrain à rimes croisées et un huitain avec rythme quadripartite :

*Si dès l'aube on suit les lisières*
*Du bois, abri des jeunes faons,*
*Par l'âpre chemin dont les pierres*
*Offensent les mains des enfants,*
*A l'heure où le soleil s'élève,*
*Où l'arbre sent monter la sève,*
*La vallée est comme un beau rêve.*
*La brume écarte son rideau.*
*Partout la nature s'éveille ;*
*La fleur s'ouvre, rose et vermeille ;*
*La brise y suspend une abeille,*
*La rosée une goutte d'eau !*

Il existe également des formules binaires, tel le douzain médiéval, sur deux rimes, à renversement des rimes sur deux sizains à rythme tripartite (aabaab/bbabba) :

*En aimer ha douce vie*
*Et jolie,*
*Qui bien la scet maintenir,*
*Car tant plaît la maladie,*
*Quant nourrie*
*Est en amoureus désir,*
*Que l'amant fait esbaudir*
*Et quérir*
*Comment elle monteplie.*
*C'est doux mal à soutenir,*
*Qu'esjouir*
*Fait cuer d'ami et d'amie.*

Dans ce douzain extrait d'une ballade de Guillaume de Machaut, il y a de plus une structure en quartier des mètres (7 3 7/ 7 3 7/7 3 7/ 7 3 7).

On trouve aussi la formule ternaire abab/cdcd/effe ; c'est celle qu'adopte Ronsard dans la strophe de ses odes pindariques :

*Il arma d'un foudre terrible*
*Son bras qui d'éclairs rougissait ;*
*En la peau d'une chèvre horrible*
*Son estomac se hérissait ;*
*Mars renfrogné d'une ire noire*
*Branlait son bouclier inhumain ;*
*Le Lemnien d'une mâchoire*
*Garnit la force de sa main ;*

*Phébus, souillé de la poussière,*
*Tenait au poing son arc voûté,*
*Et le tenait d'autre côté*
*Sa sœur, la Dictyme guerrière.*

Une autre formule adopte pour centre de symétrie un distique : ababb/cc/ddede, c'est-à-dire deux quintils symétriques séparés par un distique, qui ménagent, à l'intérieur du douzain, une suite de six vers à rimes plates ; tel est le schéma des strophes de la « Ballade de la fortune » de Villon :

*Fortune fus par clercs jadis nommée*
*Que toi, François, crie et nomme meurtrière,*
*Qui n'es homme d'aucune renommée.*
*Meilleur que toi fais user en plâtrière,*
*Par pauvreté, et fouïr en carrière ;*
*S'à honte vis, te dois-tu doncques plaindre ?*
*Tu n'es pas seul ; si ne te dois complaindre.*
*Regarde et vois de mes faits de jadis,*
*Maints vaillants homs par moi morts et roidis ;*
*Et n'es, ce sais, envers eux un souillon.*
*Apaise-toi, et mets fin en tes dits.*
*Par mon conseil prends tout en gré, Villon !*

▷ *Quartier, quatrain, quintil, rime, strophe.*

# E

**e caduc** L'*e* caduc (ou **muet**, ou **atone**, ou **instable**), par son instabilité, pose un problème majeur de diction. Des règles très précises ont, jusqu'à la fin du XIXe siècle, permis de le résoudre, mais ces règles elles-mêmes ont suivi l'histoire de la prononciation du *e*.

A toutes les époques, il s'est élidé à l'intérieur du vers devant voyelle.

En ancien français, on prononce tout *e*, en *e* sourd. Après voyelle, à l'intérieur du vers (sauf cas d'élision devant une autre voyelle), il est compté : ainsi dans ce décasyllabe de la « Ballade pour prier Notre Dame » de Villon :

*De lui soi*-ent *mes péchés abolus.*

Mais en fin de vers, bien qu'il soit prononcé, il n'est pas compté : cette dernière syllabe, *surnuméraire*, fournit les rimes dites ***féminines***. Cette prononciation de *-e* surnuméraire reste sensible dans la chanson, aujourd'hui encore ; ainsi, dans la chanson « Les Lilas », entièrement en quatrains d'heptasyllabes à rimes croisées, Brassens chante la syllabe féminine finale des premier et troisième vers de chaque quatrain, muette à la simple diction :

*Quand je vais chez la fleuris-te*
*Je n'achèt' que des lilas*
*Si ma chanson chante tris-te*
*C'est que l'amour n'est plus là.*

On comprend que, lorsque la poésie était chantée, l'alternance des rimes féminines et des rimes masculines se soit naturellement imposée : le contraire aurait bousculé la mélodie.

La période qui va du XIVe au XVIe siècle voit peu à peu cet *e* se transformer en *e* caduc ; la tradition classique entérine alors ces nouvelles données :

• un *e* compte pour une syllabe (et est prononcé) quand il est placé devant consonne, et ne compte pas quand il est devant voyelle (*élision*) ou à la rime (*apocope*). Ainsi dans ce vers de Malherbe :

*Mon humeur est chagrin(e) et mon visage trist(e).*

• deux problèmes restent, diversement réglés :

1 – **le cas d'un *e* en monosyllabe tonique devant voyelle** : il devrait être élidé, mais n'est pas élidable puisqu'il est tonique.

Dans l'ensemble, les auteurs classiques ont évité de se trouver dans un tel embarras, mais on en compte quelques exemples : ainsi, dans *le Misanthrope*, Oronte proteste en disant :

*Mais, mon petit monsieur, prenez*-le *un peu moins haut.*

Molière opte pour l'élision du *e*, contrairement à ce qu'exige la prononciation courante.

2 – **le cas d'un *e* après voyelle et devant consonne** : au XVI^e^ siècle encore, il est compté prosodiquement, comme dans ce décasyllabe de Simon Bougoing :

*Point ne les vient Jalousi-e saisir.*

mais dans la langue courante, très vite il n'est plus du tout prononcé à l'intérieur comme à la fin d'un mot. En prosodie, la tradition classique désormais distingue les deux positions : à l'intérieur d'un mot, cet *e* n'est pas compté (*louera* ne comporte que deux syllabes), et en fin de mot, une telle terminaison est proscrite parce que l'*e* n'est pas élidable. Conséquence : l'élimination à l'intérieur du vers de quantité de formes verbales à la deuxième personne du singulier (*tu avoues, il faut que tu voies*) ou à la troisième du pluriel, et d'une abondance de substantifs, d'adjectifs et de participes passés au féminin pluriel. Dans de telles contraintes, quelques licences ont ouvert une brèche, comme par exemple l'usage d'infinitifs substantivés (*pensers* à la place de *pensées*) ou encore des exceptions faites pour les formes verbales en *-aient* et *-oient*, et pour les verbes *avoir* et *être*.

Toutes ces règles ont été respectées jusqu'à l'époque des symbolistes. A partir de ce moment, la plus grande liberté règne, aussi bien d'ailleurs pour se conformer à la prononciation spécifique du *e* devant consonne que pour en pratiquer l'apocope en toutes positions, ou même la syncope comme dans la langue parlée. Néanmoins, l'usage n'a rien à voir non plus avec celui de la langue parlée. Ainsi, dans la « Complainte du lézard amoureux » (in *Les Matinaux*, o.c., la Pléiade/Gallimard) de René Char, entièrement en octosyllabes, le vers :

*La taupe, elle, n'y voit pas*

ne peut compter 8 syllabes que si le *-e* de *taupe* n'est pas élidé devant *elle*.

C'est le choix du poète qui gouverne la lecture : la diction du poème n'en est pas pour autant simplifiée. Elle doit au contraire être préparée par une lecture attentive et un soin particulier porté aux intentions stylistiques.

Dans le texte des chansons, les faits d'apocope et de syncope sont souvent marqués par une apostrophe mise à la place du *e* non prononcé.

▷ *Apocope, diction, élision, licence (poétique), phonème, rime, syllabe, syncope, vers libéré, voyelle.*

**écho.** Voir **vers-écho**.

**écriture.** Le terme d'écriture est utilisé de nos jours en des sens différents pour la poétique.

C'est d'abord, au sens strict et premier, la notation graphique du langage, avec l'influence très grande qu'a eue la progressive prééminence de l'écrit en matière poétique, mettant en valeur l'aspect visuel et spatial du texte. Pour G. Genette (*Figures* II, Seuil, coll. « Points », p. 17), c'est là en venir à l'essence même de la langue, fondée, d'après les prémisses de la linguistique saussurienne, sur un jeu de différences et d'espacements, sur ce que l'écriture elle-même appelle techniquement des pleins et des déliés.

Cet acte d'écrire a été particulièrement mis en avant par les surréalistes, avec la pratique de l'***écriture automatique***. Ce mode de création était censé mettre chacun, poète éventuel, en relation avec son inconscient, sous la dictée de l'inconscient-inspiration. A. Breton en présente les consignes comme une véritable recette dans le *Manifeste du Surréalisme* (éd. Pauvert, 1924) :

> « Faites-vous apporter de quoi écrire, après vous être établi en un lieu aussi favorable que possible à la concentration de votre esprit sur lui-même. Placez-vous dans l'état le plus passif, ou réceptif, que vous pourrez. Faites abstraction de votre génie, de vos talents et de ceux de tous les autres. [...] Écrivez vite sans sujet préconçu, assez vite pour ne pas retenir et ne pas être tenté de vous relire. La première phrase viendra toute seule, tant il est vrai qu'à chaque seconde il est une phrase étrangère à notre pensée consciente qui ne demande qu'à s'extérioriser. [...] Continuez autant qu'il vous plaira. Fiez-vous au caractère inépuisable du murmure. »

Très vite, dès 1933, cette pratique se révèle décevante : impossibilité réelle d'un tel contact avec l'inconscient, réfections des textes ainsi écrits, limites vite atteintes de tout « automatisme ».

Dans un sens plus large, le terme d'« écriture » renvoie à toute une réflexion théorique qui a été amenée en particulier par Roland Barthes dans *Le degré zéro de l'écriture*. Il la définit, en opposition à la notion de « style », comme une manière d'utiliser le langage qui est propre à l'écrivain, qui est créée par et pour le texte, et qui s'inscrit dans l'Histoire :

> « [...] entre la langue et le style, il y a place pour une autre réalité formelle : l'écriture. Dans n'importe quelle forme littéraire, il y a le choix général d'un ton, d'un *êthos*, si l'on veut, et c'est ici précisément que l'écrivain s'individualise clairement parce que c'est ici qu'il s'engage. Langue et style sont des données antécédentes à toute problématique du langage, langue et style sont le produit naturel du Temps et de la personne biologique ; mais l'identité formelle de l'écrivain ne s'établit véritablement qu'en dehors de l'installation des normes de la grammaire et des constantes du style, là où le continu écrit, rassemblé et enfermé d'abord dans une nature linguistique parfaitement innocente, va devenir enfin un signe total, le choix d'un comportement humain, l'affirmation d'un certain Bien, engageant ainsi l'écrivain dans l'évidence et la communication d'un bonheur ou d'un malaise, et liant la forme à la fois normale et singulière de sa parole à la vaste Histoire d'autrui. Langue et style sont des paroles aveugles ; l'écriture est un acte de solidarité historique. Langue et style sont des objets ; l'écriture est une fonction : elle est le rapport entre la création et la société, elle est le langage littéraire transformé par sa destination sociale, elle est la forme saisie dans son intention humaine et liée ainsi aux grandes crises de l'Histoire ».
>
> (*Le degré zéro de l'écriture*, p. 14, coll. « Pierres vives », Éd. du Seuil, 1953)

▷ *Acrostiche, associations (verbales), blanc, calligramme, juxtaposition, lecture, linéarité, mise en page, ponctuation, signe, structure, typographie.*

**églogue.** L'églogue (féminin, d'un mot grec signifiant « choix, pièce choisie ») fait partie de ces genres à l'antique remis en honneur à la Renaissance. Le genre est cité assez tôt, vers la fin du XIV^e^ siècle, par Raoul de Presles (*Cité de Dieu*), mais attendra encore pour être pratiqué par les poètes français.

Ce n'est pas une forme fixe, mais le nom donné à de petits poèmes à thème pastoral et à tonalité lyrique, ornés souvent de dialogues entre bergers idéalisés : Ronsard a composé un recueil d'*Églogues* qui comprend six poèmes à thèmes différents. Maurice Scève est également l'auteur d'églogues ; voici un extrait d'une « Églogue de la vie solitaire », qui chante la douce vie du berger :

*Il est seigneur des bois grands et épais,*
*Desquels il n'a que doux séjour et paix.*
*Autour de soi sa tourbe vigilante,*
*Très hardis chiens, au besoin travaillante,*
*Garde toujours qui ne diminuisse*
*Le nombre entier, ou que l'on ne ravisse*
*Quelque brebis de son laineux troupeau,*
*Duquel il garde, et tient chère la peau.*

Dans *Territoires*, Jean Follain intitule « Églogue » un poème bref, qui n'est pas particulièrement pastoral, mais dans lequel l'évocation de la nature et la tonalité lyrique sont liées à une atmosphère mystérieuse, mêlée de tragique et d'espoir :

*Dans la maison refermée*
*il fixe un objet dans le soir*
*et joue à ce jeu d'exister*
*un fruit tremble*
*au fond du verger*
*des débris de modes pompeuses*
*où pendent les dentelles*
*des morts*
*flottent en épouvantail à l'arbre*
*que le vent fait gémir*
*mais sur un chêne foudroyé*
*l'oiseau n'a pas peur de chanter*
*un vieillard a posé sa main*
*à l'endroit d'un jeune cœur*
*voué à l'obéissance.*
*(Jean Follain, « Églogue », in* Territoires, *Gallimard)*

▷ *Lyrisme.*

**élégie.** Le mot élégie vient du grec *elegos*, « plainte ». L'élégie est un genre à l'antique qui, en Grèce et à Rome, était codifié par des règles précises, mais, au moment où le genre est remis à l'honneur en France, vers 1500, il ne s'agit pas de désigner par là une forme fixe, mais un poème lyrique fondé sur le thème du malheur, presque toujours amoureux – amours contrariées, ou interrompues par l'infidélité ou la mort. C'est ainsi que Thomas Sébillet la définit dans son *Art poétique* (1548) :

« De sa nature, l'élégie est triste et flébile et traite singulièrement les passions amoureuses, lesquelles tu n'as guère vues ni ouïes vides de pleurs et de tristesse. »

La nostalgie et la mélancolie sont donc des thèmes propres au ton élégiaque : pensons à l'élégie de Ronsard *Sur la forêt de Gâtine.* Au siècle suivant, Boileau en critique les excès :

*La plaintive Élégie, en longs habits de deuil,*
*Sait, les cheveux épars, gémir sur un cercueil.*
*Elle peint des amants la joie et la tristesse,*
*Flatte, menace, irrite, apaise une maîtresse.*
*Mais, pour bien exprimer ces caprices heureux,*
*C'est peu d'être poète, il faut être amoureux.*

Les élégies du XVIII^e^ siècle sont plutôt libertines ; mais le recueil qu'André Chénier intitule *Élégies* renoue, lui, avec l'atmosphère à l'antique, par des références au monde gréco-romain : tel le plus célèbre de ces poèmes, « La jeune Tarentine ». Avec les romantiques, l'élégie se renouvelle, plus sombre, plus méditative et mélancolique : la veine élégiaque est particulièrement illustrée alors par les *Méditations* de Lamartine. Dans la poésie moderne, rares sont les poètes qui se réclament de l'élégie en tant que telle : cependant, l'anthologie de Bernard Delvaille cite un poème d'Emmanuel Hocquard intitulé « Élégie 3 » dont la tonalité évoque cette mélancolie :

Voici l'homme
*dans l'immobilité héraldique des choses*
*périmées*
*aubépine, rossignol, lait de chèvre*
*son histoire desséchée*
*engloutie dans le ventre des animaux sacrés*
*les mains de l'embaumeur*
*le jardin/*
*(est) un jardin d'hiver*
*sycomores*
*tétradrachmes*
*dauphins de Syracuse*
Voici l'homme
*écoutant racler la limaille de fer*
*dans le fond de ses veines*
*et / pleure*
*montant une garde triomphante*
*sous les murs vides*
*« Je suis un gars de sang barbare*
*je n'entends rien au chant des Han »*
*à moins d'appeler un château*
*cette butte en pierres sèches*
*abandonnée et mon amour*
*un cimetière discipliné*
(*« Élégie 3 » première section, in « Lettres nouvelles »*, 5/75)

▷ *Lyrisme*.

**élision.** On appelle élision (du latin *elidere*, « expulser, supprimer ») le fait qu'une voyelle en finale absolue de mot ne soit pas prononcée quand le mot suivant commence également par une voyelle, cela pour éviter un hiatus. La graphie, dans de nombreux cas, remplace cette voyelle par une apostrophe : *le* et *la* deviennent *l'* devant voyelle et *h* (sauf cas de *h* aspiré et certains mots comme *onze*, *oui*, *un* lorsqu'il s'agit du numéro), aussi bien comme article (*l'ami*, *l'amie*) que comme pronom (*je l'aime*) ; même chose pour *je*, *me*, *te*, *se*, *ce* pronom, *que* et ses composés, *ne*, *de*, et *si* devant *ils*. Mais on écrira *elle est belle* sans élision graphique du *-e* de *elle*.

En prosodie, il y a en principe élision (et donc annulation dans le décompte des syllabes) de tout *-e* intérieur de vers en finale absolue de mot quand le suivant commence par une voyelle :

*Dieux ! que ne suis-j(e) assis(e) à l'ombre des forêts !*
(Phèdre)

Mais, dans la poésie moderne, il peut arriver que le poète choisisse de ne pas pratiquer l'élision.

Dans l'ancienne langue, comme aujourd'hui encore dans la poésie ou la chanson populaires, l'élision est courante et la voyelle supprimée marquée par une apostrophe.

▷ *Apocope, diction, e caduc, hiatus, métaplasme, syllabe, synalèphe.*

**élisabéthain.** Voir sonnet.

**ellipse.** L'ellipse (féminin, du grec *en*, « dans », et *leipein*, « laisser là, négliger », d'où *elleipsis*, « manque, omission d'un mot ») est une figure de construction qui consiste à supprimer des mots qui seraient nécessaires à une construction complète, mais dont l'absence n'empêche pas la clarté du sens.

Un des exemples les plus connus de l'ellipse est celui de ce vers d'*Andromaque* :

*Je t'aimais inconstant, qu'aurais-je fait fidèle ?*

qui concentre une phrase beaucoup plus développée mais beaucoup moins puissante : « Je t'aimais alors que tu étais inconstant ; combien t'aurais-je aimé si tu avais été fidèle ? » Le sens du contexte lève l'ambiguïté possible de l'adjectif épicène *fidèle* qui, grammaticalement, peut se rapporter aussi bien à la deuxième personne sous-entendue qu'à la première personne.

Mais l'ellipse est une figure de construction très fréquente également dans la poésie moderne ; ainsi dans ces deux vers d'Yves Bonnefoy :

> *Je nommerai désert ce château que tu fus,*
> *Nuit cette voix, absence ton visage,*

ou encore dans l'expression de Saint-John Perse, *à perte d'hommes*, pour dire « des hommes en foule, à perte de vue ».

La phrase nominale, très fréquente dans la poésie moderne, est elle-même fondée sur l'ellipse du verbe.

▷ *Ambiguïté, asyndète, figure, juxtaposition, licence (poétique), métonymie, parataxe, syntaxe, zeugme.*

**embrassées.** Voir **alternance, rime, strophe.**

**embrayeur.** On traduit par embrayeur le terme anglais *shifter* défini par O. Jespersen comme une classe de mots dont le sens (ou la représentation) varie avec la situation, par exemple *papa, maman*, etc. Ce sont les signes de la langue qui dépendent de ce qui est indiqué par l'énonciation : ainsi, *je* renvoie à la personne propre du locuteur, et par conséquent change de représentation à chaque fois que change la personne qui l'énonce.

On rassemble généralement sous ce terme les pronoms personnels, les possessifs, les déictiques, certains adverbes comme *ici, maintenant*, des particules de liaison et des conjonctions de coordination (*et, or, puis*, etc.), certaines données de la morphologie verbale, les noms propres.

Dans la poésie moderne qui souvent joue sur un flou référentiel, le statut des embrayeurs peut être considéré comme décalé par rapport à celui qu'ils ont dans le discours courant.

▷ *Déictique, énonciation, référent, sujet.*

**emperière.** Voir **rime.**

**énallage.** Un énallage (du grec *enallagè, en*, « en », et *allos*, « autre ») est une figure de construction fondée sur un phénomène d'écart par substitution des morphèmes de personne, de temps, de mode, de nombre ou de genre. Certains lui donnent le nom de *syllepse grammaticale.*

Ainsi, il peut y avoir décalage dans le jeu des personnes, fait relativement rare, comme dans le poème « Au mocassin le verbe » de Robert Desnos, fondé sur une accumulation de solécismes et de constructions inédites, où à l'énallage se joignent d'autres procédés, consistant par exemple (v. 2) à faire passer au statut transitif un verbe intransitif :

*Tu me suicides, si docilement.*
*Je te mourrai pourtant un jour.*
*Je connaîtrons cette femme idéale*
*et lentement je neigerai sur sa bouche.*
*Et je pleuvrai sans doute, même si je fais tard...*
*même si je fais beau temps.*
*Nous aimez si peu nos yeux*
*et s'écroulerai cette larme sans*
*raison bien entendu et sans tristesse.*
*Sans.*

*(Robert Desnos, « Au mocassin le verbe »,*
*in* Corps et biens, *Gallimard)*

▷ *Syllepse.*

**enchaînée.** Voir **rime.**

**enjambante.** Voir **césure, coupe.**

**enjambée.** Voir **rime.**

**enjambement.** Le verbe enjamber est employé pour la première fois au sens de « prolonger au-delà du vers » par Ronsard ; et le nom *enjambement*, en versification, date, lui, du XVIIe siècle.

On a longtemps appelé « enjambement » tout phénomène de dépassement de la syntaxe par rapport aux limites du vers, et c'est encore le sens que lui donne W.T. Elwert dans son *Traité de versification française.* Jean Mazaleyrat propose plutôt d'établir des distinctions entre les différents phénomènes de décalage, et d'appeler *enjambement* « le simple débordement des groupements de la phrase par rapport à ceux du mètre, sans mise en vedette d'aucun élément particulier » (*Eléments de métrique française*). Les discordances accompagnées d'un effet stylistique seraient plutôt le rejet ou le contre-rejet.

On appelle ***enjambement interne*** un débordement syntaxique qui se fait par rapport à la césure : c'est en particulier le cas des vers ternaires, où la césure s'efface syntaxiquement au profit des coupes, ainsi dans « Le Flacon » de Baudelaire :

*Teintés d'azur,*/ glacés // de rose,/ *lamés d'or.*

le rythme du vers est 4/4/4 si l'on opte pour une coupe enjambante à *ro/se* ; il est 4/5/3 (vers semi-ternaire) si l'on choisit la coupe lyrique après *rose.*

L'***enjambement externe*** se fait de vers à vers ; ainsi dans « Le réveil en voiture » de Nerval :

*Des clochers conduisaient parmi les plaines vertes*
*Leurs hameaux aux maisons de plâtre,* recouvertes
En tuiles, *qui trottaient ainsi que* des troupeaux
De moutons blancs, *marqués en rouge sur le dos !*

Il existe également des ***enjambements de strophe à strophe*** :

– *Me voilà libre et solitaire !*
*Je serai ce soir ivre-mort ;*
Alors, sans peur et sans remord,
Je me coucherai sur la terre,

Et je dormirai comme un chien !
*Le chariot aux lourdes roues*
*Chargé de pierres et de boues,*
Le wagon enragé peut bien

Écraser ma tête coupable
Ou me couper par le milieu,
*Je m'en moque comme de Dieu,*
*Du Diable ou de la Sainte Table !*

Double enjambement de strophe à strophe, dans ces trois derniers quatrains de Baudelaire (« Le Vin de l'assassin »).

▷ *Concordance, contre-rejet, discordance, rejet, rythme, strophe.*

**ennéasyllabe.** L'ennéasyllabe (en grec, *ennéa* = « neuf ») est le vers de neuf syllabes. Dans la poésie lyrique du Moyen Age, on trouve l'ennéasyllabe plutôt en hétérométrie : il est très rarement employé seul. Aux XVI^e et XVII^e siècles, il est réservé, comme d'ailleurs les autres vers impairs, aux genres légers. Ce sont Verlaine et les symbolistes qui l'ont mis à l'honneur.

Il peut se présenter en trois mesures de trois syllabes, avec césure après la première (3//3/3), comme dans la poésie de Malherbe :

*L'air est plein // d'une halei/ne de roses.*

ou avec une césure qui le divise en 4/5, chez Verlaine en particulier, rythme qui l'apparente à un décasyllabe suspendu d'une syllabe :

*De la musiqu(e) // avant toute chose,*
*Et pour cela // préfère l'impair.*

Cette structure peut s'inverser en 5/4, mais elle est beaucoup plus rare :

*Je suis la mordeuse // entre mes bras*
*De toute force exaspérée.*
(Verhaeren)

▷ *Vers.*

**énonciation.** Le terme d'énonciation désigne l'acte de production verbale : c'est son actualisation dans un contexte bien défini. Ainsi une même phrase peut complètement changer de sens si le contexte est modifié. D'où la nécessité de repérer les marques, les signes de la langue dont le sens varie selon la situation de l'énonciation. Ces repères de subjectivité, ce sont les *embrayeurs* : selon R. Jakobson, « les pronoms personnels, les adverbes *ici*, *maintenant*, par exemple, n'ont de sens que par *référence* aux circonstances de l'énonciation ».

Dans la plupart des cas, la poésie moderne se donne comme acte d'énonciation directe, mais sans contexte ni situation, dans un référent en quelque sorte absolu.

▷ *Connotation, déictique, dénotation, embrayeur, fonctions, modalité, référent, sujet.*

**envoi.** L'envoi est la dernière strophe d'une ballade (exception faite de la ballade dite « primitive ») ou d'un chant royal. Il se termine, comme les autres strophes, par un refrain, et correspond généralement à la deuxième moitié de chacune des strophes de la ballade ou du chant royal, aussi bien par le nombre des vers que par la disposition et la nature des rimes. Il commence le plus souvent par une apostrophe au personnage, fictif ou réel, à qui est dédié le poème, « Sire », « Princesse » ou « Prince », comme c'est le cas pour l'envoi de la « Ballade des femmes de Paris », de F. Villon :

> Prince, *aux dames Parisiennes*
> *De bien parler donnez le prix ;*
> *Quoi que l'on die d'Italiennes,*
> *Il n'est bon bec que de Paris.*

L'envoi est ici un quatrain à rimes croisées, ce qui correspond bien à la moitié des strophes de la ballade qui sont des strophes carrées, des huitains d'octosyllabes, eux-mêmes composés de deux quatrains à rimes croisées, le premier en [ɛr]/[ɛn], le second en [ɛn]/[ri]. C'est au second que correspond l'envoi.

Dans la *canso* des troubadours, l'envoi est appelé *tornada.*

▷ *Ballade, canso, chant royal, refrain, strophe.*

**épanalepse.** L'épanalepse (féminin, du grec *épanalambanein*, « reprendre, recommencer » d'où *épanalèpsis*, « reprise, répétition ») est une figure de répétition diversement décrite selon les auteurs. Dans le *Vocabulaire de la stylistique*, il s'agit d'un phénomène comparable à l'antépiphore. Pour H. Morier, ce peut être soit la répétition, à intervalles plus ou moins réguliers, de la même phrase ou du même vers, soit la reprise, en fin de vers ou de phrase, du mot ou de l'expression qui le (ou la) commence, comme dans ce vers d'Aragon :

Onze ans *déjà que cela passe vite* onze ans.
*(Fragment de « Strophes pour se souvenir »,*
*in* Le Roman inachevé, *Gallimard)*

Cette figure est appelée aussi *épanadiplose* ou encore, en rhétorique latine, *redditio*.

▷ *Anaphore, antépiphore, épiphore, refrain, gémination, répétition, symploque.*

**épenthèse.** L'épenthèse (féminin, du grec *epi*, « sur », *en*, « dans », et *thesis*, « action de poser », d'où *epenthesis*, « intercalation ») est un métaplasme qui consiste dans l'ajout d'un phonème ou d'une syllabe à l'intérieur d'un mot, tel *croquets* pour *coquets* (sans doute contaminé par l'expression *à croquer*) employé par Henri Michaux pour la description d'un village dans *Lointain intérieur* (Gallimard) :

*Avec ses petits toits égrissés et croquets, il fendait l'azur comme un petit navire excessivement couvert, surponté et brillant, brillant !*

▷ *Métaplasme.*

**épigramme.** L'épigramme (féminin, du grec *epi*, « sur », et *gramma*, « lettre », ce qui a donné le mot *epigramma*, « inscription ») est un poème à l'antique, remis à l'honneur vers 1533 comme « petite pièce poétique traduite ou imitée du latin », puis, après 1538, sous l'influence de Clément Marot, c'est une petite pièce de vers parfois satirique. Il s'agit plus d'un genre que d'une forme fixe. C'est en général une pièce de vers courte, en une seule strophe, tel ce huitain de Marot « De soi-même » :

*Plus ne suis ce que j'ai été,*
*Et ne le saurais jamais être,*
*Mon beau printemps et mon été*
*Ont fait le saut par la fenêtre.*
*Amour, tu as été mon maître ;*
*Je t'ai servi sur tous les dieux.*
*Oh ! si je pouvais deux fois naître,*
*Comme je te servirais mieux !*

La brièveté de l'épigramme sert le trait d'esprit qui l'accompagne. C'est ainsi que la définit Boileau dans son *Art poétique* :

*L'épigramme plus libre, en son tour plus borné,*
*N'est souvent qu'un bon mot de deux rimes orné.*

Le genre est resté en vogue au XVIIe et au XVIIIe siècle, et on le retrouve au XIXe siècle chez certains Parnassiens.

▷ *Épitaphe, madrigal, satire, valentin.*

**épiphore.** L'épiphore (mot féminin, du grec *epi*, « sur, à la suite » et *phérein*, « porter ») est la répétition, en fin de groupe, de phrase, ou de vers, d'un même mot ou d'une même expression. Dans ces vers de Verhaeren tirés de *Les Villages illusoires*, elle est double (sur *gris* et sur *pluie*), et souligne manifestement l'étirement de l'ennui :

*Interminablement, à travers le jour* gris,
*Ligne les carreaux verts avec ses longs fils* gris
*Infiniment la* pluie,
*La longue* pluie,
*La* pluie.

S'ajoutent à l'effet de la double épiphore l'assonance persistante en [i] et la très forte inversion du sujet. L'épiphore peut constituer une sorte de refrain lorsque la fin de phrase correspond à un vers entier :

*Une fourmi de dix-huit mètres*
*Avec un chapeau sur la tête,*
Ça n'existe pas, ça n'existe pas.
*Une fourmi traînant un char*
*Plein de pingouins et de canards,*
Ça n'existe pas, ça n'existe pas.
*Une fourmi parlant français,*
*Parlant latin et javanais,*
Ça n'existe pas, ça n'existe pas.
*Eh ! pourquoi pas ?*
*(Robert Desnos, « La Fourmi »,*
*in* Chantefables et Chantefleurs, © *Gründ)*

▷ *Antépiphore, épanalepse, refrain, répétition, symploque.*

**épique.** Voir **césure, coupe.**

**épitaphe.** Une épitaphe (du grec *epi*, « sur », et *taphos*, « sépulture ») est un court poème en l'honneur d'un défunt, poème qui, selon l'étymologie, est censé être inscrit sur le tombeau. Le ton peut être grave et sincèrement ému, comme dans l'épitaphe de Pernette Du Guillet écrite par Maurice Scève :

*L'heureuse cendre autrefois composée*
*En un corps chaste, où vertu reposa,*
*Est en ce lieu, par les Grâces posée,*
*Parmi ses os, que beauté composa.*
*Ô terre indigne ! en toi son repos a*

*Le riche étui de cette âme gentille,*
*En tout savoir sur toute autre subtile,*
*Tant que les cieux, par leur trop grande envie,*
*Avant ses jours l'ont d'entre nous ravie,*
*Pour s'enrichir d'un tel bien méconnu,*
*Au monde ingrat laissant bien courte vie,*
*Et longue mort à ceux qui l'ont connu.*

Mais l'épitaphe peut être plaisante, telle celle que Régnier composa pour lui-même :

*J'ai vécu sans nul pensement,*
*Me laissant aller doucement*
*A la bonne loi naturelle,*
*Et je m'étonne fort pourquoi*
*La mort pensa jamais à moi,*
*Qui ne pensai jamais à elle.*

Par le trait d'esprit final joint à la brièveté, l'épitaphe s'apparente alors à l'épigramme.

▷ *Épigramme, planh.*

**épître.** Genre imité d'Horace, l'épître (du grec *epistolè*, « lettre, message ») n'est pas une forme fixe, mais un poème plus ou moins long qui s'adresse à un personnage réel ou fictif sur des sujets variés ; c'est à partir du début du XVIe siècle que l'épître a été cultivée en France. Ce sont d'assez longues pièces de vers, en rimes plates. Les épîtres de Marot « A son ami Lyon », « Au Roi pour avoir été dérobé », « Au Roi pour le délivrer de prison » sont particulièrement vives et spirituelles, comme en témoignent les quelques vers qui ouvrent la dernière :

*On dit bien vrai, la mauvaise fortune*
*Ne vient jamais qu'elle n'en apporte une*
*Ou deux ou trois avecques elle, Sire,*
*Votre cœur noble en saurait bien que dire ;*
*Et moi, chétif, qui ne suis Roi ni rien,*
*L'ai éprouvé, et vous conterai bien*
*Si vous voulez comment vint la besogne.*

Au XVIIe siècle, l'épître, avec La Fontaine et Boileau en particulier, est plutôt un genre didactique ; au XVIIIe siècle, elle est soit badine et piquante, soit polémique : Voltaire s'y est particulièrement illustré. A partir de la fin du XVIIIe siècle, le genre tombe en désuétude.

**épizeuxe.** L'épizeuxe (féminin, du grec *epi*, « sur », et *zeugnunai*, « joindre ») est la répétition consécutive d'un mot ou d'un syntagme :

> Les murs
> Les murs
> *Ont des oreilles*
> *Et les miroirs*
> *Des yeux d'amant.*
> *(Jean Cocteau, in* L'Ange Heurtebise, *Stock)*

▷ *Gémination, répétition.*

**épode.** Troisième élément de la **triade** (elle comprend, dans cet ordre, trois groupements de vers : la *strophe*, l'*antistrophe*, et l'*épode*) dans l'ode dite « pindarique ».

▷ *Antistrophe, ode, strophe.*

**épopée.** Long poème à la gloire d'un héros ou d'une nation, mêlant souvent le surnaturel et le merveilleux au récit des exploits et des hauts faits (sens de *geste* dans « chanson de geste »), l'épopée (du grec *epos*, « paroles d'un chant, vers », et *poïein*, « faire », d'où *epopoïa*, « poème épique ») est, d'après Jakobson, « centrée sur la troisième personne » et « met fortement à contribution la fonction référentielle » (*Essais de linguistique générale*).

Hegel met en relation étroite l'épopée avec le monde et l'époque dans lesquels elle s'inscrit :

> « L'*épos*, lorsqu'il raconte ce qui est, a pour sujet une action qui, par toutes les circonstances qui l'accompagnent et les conditions dans lesquelles elle s'accomplit, présente d'innombrables ramifications par lesquelles elle se trouve en contact avec le monde total d'une nation et d'une époque. C'est donc l'ensemble de la conception du monde et de la vie d'une nation qui, présenté sous la forme objective d'événements réels, constitue le contenu et détermine la forme de l'épique proprement dit. » (*Esthétique*)

Dans le même esprit, R. Etiemble démontre, dans *Essais de littérature (vraiment) générale*, que le genre épique est lié à un type de société où se distinguent très nettement les trois fonctions sociales (ceux qui combattent, ceux qui prient et ceux qui cultivent la terre) et où s'affrontent les deux premières en particulier. Dans la mesure où les données de la société française ont changé avec la disparition de la féodalité, certains estiment que Agrippa d'Aubigné, avec *Les Tragiques*, est peut-être le dernier poète épique français. On peut néanmoins considérer une entreprise comme *La Légende des siècles* de Victor Hugo comme une épopée de l'humanité, les différents poèmes qui la composent ayant été d'abord intitulés par le poète « Petites épopées », et, au XXe siècle, nombreux sont les commentateurs qui reconnaissent à l'œuvre de Saint-John Perse un caractère épique, en particulier dans *Anabase* (« épopée sans héros », dit Jean Paulhan), *Vents* et *Amers*. Plus proche encore de nous, l'œuvre de Hubert Juin, *Les guerriers du Chalco* (1976) est analysée par H. Meschonnic (*Les états de la poétique*) comme une épopée « dans le quotidien ».

▷ *Fonctions, hymne, lyrisme.*

**équivoque.** L'équivoque (du latin *aequus*, « égal », et *vox*, « voix ») est une figure majeure de toute poésie fondée sur les jeux du signifiant. Les Grands Rhétoriqueurs en leur temps étaient invités par Jean Molinet à pratiquer leur science en choisissant de « plaisants équivoques ».

Elle est fondée sur une double lecture (ou une double écoute) du signifiant. Elle est rarement involontaire, tel le vers malheureux de *Polyeucte* :

*Et le désir s'accroît quand l'effet se recule.*

On est alors dans le cas du **kakemphaton**. La plupart du temps, elle est à prendre dans le même sens que le terme d'**ambiguïté** ; c'est ainsi que l'entend Aragon quand il fait l'éloge des phrases qui se lisent de deux façons et sont par là riches de deux sens.

Au sens d'ambiguïté s'ajoute celui de calembour, procédé que l'on trouve à la base des rimes équivoquée, couronnée, fratrisée, enjambée, des vers holorimes, etc. Dans de nombreux cas, les deux versants écrits de l'équivoque sont explicités :

*Ci-dessous gît et* loge en serre,
*Ce très gentil fa*llot Jean Serre.
*(Clément Marot)*

Mais, quand l'équivoque joue sur un texte ou des formules très connus, seule figure l'une des versions ; ainsi dans la prière parodique de Desnos inspirée librement du « Notre Père » et qui commence ainsi :

*Notre paire quiète, ô yeux !*
*que votre « non » soit sang (t'y fier ?)*
*(Fragment de « 21 heures, le 26-11-22 »,*
*in* Corps et biens, *Gallimard)*

L'équivoque s'établit aussi bien sur une identité phonique complète que sur une approximation de l'ordre de la paronomase.

▷ *Ambiguïté, calembour, holorime, homonymie, homophonie, kakemphaton, lecture, linéarité, paronomase, polysémie, rime, syllepse.*

**équivoquée.** Voir rime.

**étymologie.** Le recours au sens étymologique est un procédé constant en poésie, emprunté par les auteurs de traités d'art poétique médiévaux aux rhétoriques anciennes (Cicéron, Quintilien, Donat...). Jakobson, dans *Questions de poétique* (Seuil, pp. 20-21), distingue deux rôles que peut jouer l'étymologie :

D'une part, la rénovation du sens. Elle peut se faire par la juxtaposition de mots de même racine ou par l'emploi du mot selon le sens de son étymon (figure dite étymologique).

Ainsi, dans tel verset de *Vents* I,6 (o.c., la Pléiade/Gallimard)

> *Maugréantes les mers sous l'étirement du soir, comme un tourment de bêtes onéreuses engorgées de leur lait.*

Saint-John Perse utilise le mot *onéreuses* non pas au sens moderne de « coûteuses », mais en se référant à la racine latine *onus* (fardeau), pour dire que les bêtes sont « pesantes, « chargées », puisqu'elles ont les pis gonflés, *engorgés* de lait.

D'autre part, l'étymologie poétique. Elle se manifeste de la même manière que la courante étymologie populaire.

Il est en effet assez fréquent que les poètes modernes, en jouant avec les mots, utilisent des analogies fondées sur une *fausse étymologie*. Elle peut ainsi avoir pour point de départ l'utilisation de l'équivoque d'un suffixe. C'est le cas du mot *Biélides* employé par Saint-John Perse dans *Anabase* V (o.c., la Pléiade/Gallimard) :

> *Que j'aille seul avec les souffles de la nuit, parmi les Princes pamphlétaires, parmi les chutes de Biélides !...*

Ce mot a un sens exact, attesté par le dictionnaire : « étoiles filantes dont l'essaim apparaît aux environs du 27 novembre, et qui semblent provenir de la désintégration de la comète de Biéla » ; et le contexte de ce chant, *compagnies d'étoiles, astre domestique*, le confirme. Mais il s'y superpose une autre idée, tirée de la finale en *-ide* et du voisinage immédiat de *Princes*, celle d'une dynastie princière destituée, comme par exemple celle des Atrides.

▷ *Cratylisme, équivoque, mot, néologisme, nom propre, polysémie.*

# F

**fable.** Du latin *fabula*, « propos, récit », la *fable* est un apologue en forme de récit allégorique, mettant le plus souvent en scène des animaux, et auquel s'ajoute une moralité. C'est un genre très répandu, qu'on trouve dès l'Antiquité, en Grèce avec les *Fables* d'Esope, chez les Latins avec celles de Phèdre, et dans le domaine français, de manière continue, avec les *Fables* de Marie de France, les isopets médiévaux, prolongés par les nombreuses fables écrites par les poètes de la Renaissance (Marot, Régnier, Bonaventure Des Périers) ; les plus célèbres sont celles de La Fontaine.

▷ *Allégorie, isopet, vers mêlés.*

**fabliau.** On appelle *fabliau* (forme picarde de *fableau*) un court récit burlesque médiéval (XIII$^{e}$-XIV$^{e}$ siècles) en vers le plus souvent octosyllabiques à rimes plates. C'est un petit genre narratif continu, que l'on peut rapprocher d'autres genres et formes comme le dit ou le lai narratif. Il est destiné à distraire et à égayer.

▷ *Dit, lai.*

**facile.** Voir rime.

**fatras.** Le fatras (de la même famille que *farcir*, ce serait un dérivé, daté des XIII$^{e}$-XIV$^{e}$ siècles, du latin *farsura* « remplissage » affecté du suffixe *-aceus*) est un poème fondé sur un procédé analogue à celui de la comptine. Il est en principe formé de treize vers dont les deux premiers, détachés, servent d'introduction, et sont suivis d'un onzain, avec également des reprises de vers entiers (notées ici par des majuscules), selon le schéma suivant :

A B  A a b a a b / b a b a B.

Le fatras double ajoute à cette formule le même schéma, mais à éléments inversés :

B A  B b a b b a / a b a b A.

On distingue le fatras « possible », qui a un sens, du fatras « impossible », qui laisse libre cours aux jeux du non-sens, et qui se rapproche de la fatrasie. Le fatras est employé également dans les mystères comme élément de détente entre deux scènes dramatiques ; il est placé dans la bouche du fou.

▷ *Fatrasie, formes fixes.*

**fatrasie.** On appelle fatrasie une pièce de vers médiévale fondée sur le non-sens, dont le principe rappelle quelque peu celui de la comptine. Voici un onzain sur deux rimes (un sizain à rythme tripartite + un quintil : aabaab/babab) de Philippe de Beaumanoir sur ce mode plaisant :

*Je vis toute mer*
*Sur terre assembler*
*Pour faire un tournoi,*
*Et pois à piler*
*Sur un chat monter*
*Firent notre roi.*
*Atant vint je ne sais quoi*
*Qui Calais et Saint Omer*
*Prit et mit en un espoi,*
*Si les a fait reculer*
*Dessus le Mont Saint Éloi.*

▷ *Comptine, fatras, sotie.*

**féminine *(rime)*.** Voir **alternance**, **e caduc**, **rime**.

**figé *(tour)*.** Le tour figé (ou **collocation**) représente par excellence l'immobilisme en fait de langage. Il appartient de par sa nature même à ce que D. Delas et J. Filliolet (*Linguistique et poétique*) appellent le « discours répété », qui forme dans la mémoire du sujet des blocs verbaux solidaires, tout prêts à être réemployés tels quels : ce sont des tournures composées de mots courants comme *à vrai dire, à bon compte, ne pas être à prendre avec des pincettes*, ou des expressions comme *un pauvre hère, les bras ballants*, où *hère*, de même que *ballants*, sont des termes que l'on ne trouve plus que dans ce contexte-là.

Le mot peut en effet y perdre de son **autonomie** au sens où l'entend Aurélien Sauvageot (*Portrait du vocabulaire français*), c'est-à-dire de sa capacité à entrer en combinaison avec d'autres ; n'étant plus employé que dans un contexte déterminé, il voit sa vitalité diminuer et ses apparitions dans la langue devenir plus rares.

Dans la poésie moderne, il arrive très souvent que le tour figé soit « réactivé », soit par l'emploi du mot ainsi raréfié dans un contexte nouveau, soit par l'exploitation de la formule même, mais avec d'autres mots, le tour stéréotypé ne faisant alors figure que de référent externe.

C'est ainsi que Saint-John Perse décline en quelque sorte l'expression « à mon escient » que l'on ne trouve plus guère que sous cette forme (à côté de l'opposition « à bon » ou « à mauvais escient ») pour en tirer *à notre escient*, dans *Amers*, Invocation 6 (o.c., la Pléiade/Gallimard) :

> *...Et de plus haut, et de plus haut déjà, n'avions-nous vu la Mer plus haute à notre escient.*

Plus que d'un goût de l'archaïsme qui reprendrait une forme ancienne pour dire « à notre connaissance », il s'agit de faire pendant à l'expression *à hauteur de notre âme* que le poète emploie dans la séquence précédente :

> *– la Mer plus haut que notre face, à hauteur de notre âme ; et dans sa crudité sans nom, à hauteur de notre âme.*

Il oppose ainsi ce qui relève de la connaissance spirituelle (*l'âme*) à ce qui relève de la connaissance scientifique (*escient*). L'emploi, alors, d'un terme de même famille étymologique que « science » prend plus de force qu'un mot neutre tel que « connaissance ».

C'est dans le même esprit que Francis Ponge parle des galets comme :

> *d'inégales boules de mie de pierre, pétries par les doigts sales de ce dieu.*
>
> *(Fragment de « Le galet », in* Le Parti pris des choses, *Gallimard)*

Dans *mie de pierre*, la substitution de l'habituel *pain* entraîne une métaphore que reprend le mot *pétries*, dans lequel on retrouve par fausse étymologie le mot latin *petra* pour « pierre », ce qui ne fait que resserrer les liens entre des mots dont les signifiés sont étrangers. Francis Ponge répond là au défi du langage qu'il définit comme « un tas de vieux chiffons pas à prendre avec des pincettes », et il poursuit : « Voilà ce qu'on nous offre à remuer, à secouer, à changer de place. Dans l'espoir secret que nous nous tairons. Eh bien ! relevons le défi ! » (cité par D. Delas et J. Filliolet, *Linguistique et poétique*, Larousse, p. 97).

▷ *Autonomie, cliché, mot, substitution.*

**figure.** Comme le signale P. Fontanier avant même d'en donner une définition, le terme de figure appliqué au discours ou à la rhétorique est lui-même une figure, connue sous le nom de « métaphore ». Dans la multiplicité des discussions que suscite la définition de ce terme, nous nous contenterons de partir de celle qu'il donne dans *Les figures du discours* :

> « Les figures du discours sont les traits, les formes ou les tours plus ou moins remarquables et d'un effet plus ou moins heureux, par lesquels le discours, dans l'expression des idées, des pensées ou des sentiments, s'éloigne plus ou moins de ce qui en eût été l'expression simple et commune. »

La figure est donc, comme elle l'est le plus souvent, ramenée à un écart, écart dont Du Marsais signalait déjà le caractère paradoxal dans le *Traité des Tropes* :

> « D'ailleurs, bien loin que les figures soient des manières de parler éloignées de celles qui sont naturelles et ordinaires, il n'y a rien de si naturel, de si ordinaire et de si commun que les figures dans le langage des hommes [...]. Je suis persuadé qu'il se fait plus de figures en un seul jour de marché à la halle, qu'il ne s'en fait en plusieurs jours d'assemblées académiques. Ainsi, bien loin que les figures s'éloignent du langage ordinaire des hommes, ce serait au contraire les façons de parler sans figures, qui s'en éloigneraient, s'il était possible de faire un discours où il n'y eût que des expressions non figurées. »

La figure est fréquemment considérée comme un ornement ; or, il y a un caractère indispensable de la figure là où elle est employée. C'est un mode de désignation, comme l'indique G. Genette dans *Figures* I (éd. du Seuil, coll. « Points », p. 211, note) en remarquant qu'une figure, si elle est traduite, n'est plus une figure, et il donne l'exemple classique de la synecdoque qui désigne le *navire* par le mot *voile* : si le sens est le même, dire *voile* n'est pas la même chose que dire *navire*. Le signe n'est pas le même.

La figure constitue ainsi l'espace de l'écriture, dit-il en poursuivant sa réflexion dans *Figures* II (éd. du Seuil, coll. « Points », p. 47) où il constate que « la spatialité du langage littéraire dans son rapport au sens » est symbolisée par la distance sémantique qu'il peut y avoir pour un même mot entre sa signification littérale et sa signification figurée.

Pour T. Todorov (*Poétique*, éd. du Seuil, coll. « Points », p. 41), il s'agit d'une disposition :

> « Si les rapports de deux mots sont d'identité, il y a figure : c'est la *répétition*. S'ils sont d'opposition, il y a encore figure : l'*antithèse*. Si l'un dénote une quantité plus ou moins grande, on parlera encore de figure : ce sera la *gradation*. »

Les auteurs ressentent donc le besoin de redéfinir la notion de figure. H. Meschonnic, dans *Les états de la poétique* (PUF écriture, p. 145), note la spécificité en cela du langage poétique :

« Peut-être la poésie est-elle un discours, et le seul, où les figures ne sont pas des figures, bien que tout le monde le croie, hors quelques poètes, mais où ce qu'on prend pour des figures serait le propre d'un rapport référentiel et intersubjectif nouveau. »

A côté de cette réflexion générale qui fait évoluer le sens du mot *figure*, le classement des différentes figures par les rhétoriciens reste toujours parfaitement efficace pour l'analyse et la reconnaissance des faits, et a été repris, avec d'autres noms, par la *Rhétorique générale* du groupe μ. On distingue ainsi :

– les **figures de diction** (métaplasmes) qui recouvrent en fait aussi bien des figures phonétiques que des figures graphiques : apocope, syncope, anagramme, diérèse, synérèse, mot-valise, néologisme, paronomase, etc.

– les **figures de mots** (métasémèmes), qui reviennent à des changements dans le signifié, et qui regroupent les *tropes* : synecdoque, métonymie, métaphore, allégorie, catachrèse, symbole, syllepse, etc.

– les **figures de construction** (métataxes), qui jouent sur la phrase, l'ordre des mots, sur la grammaire : ellipse, asyndète, zeugme, hyperbate, inversion, hypallage, énallage, chiasme, tmèse, etc.

– les **figures de pensée** (métalogismes) s'ajoutent à ces éléments qui concernent plus directement la langue : antithèse, hyperbole, etc.

▷ *Image, les articles concernant les différentes figures, structure, substitution*.

**fonctions.** Les différentes fonctions du langage dégagées par R. Jakobson au chapitre « Linguistique et poétique » de ses *Essais de linguistique générale*, permettent de rendre compte de l'acte de communication. Or, même si la poésie n'est pas à prendre comme un message au sens social du terme, elle n'en est pas moins une opération de langage qui inclut peu ou prou l'ordre de la communication. Jakobson distingue six paramètres qu'il décrit selon leur rôle :

– le *destinateur*, de qui part cette opération de langage (elle peut être parlée ou écrite) ;

– le *destinataire*, qui la reçoit ;

– le *message*, qui est contenu dans cet acte de langage ;

– le *contexte*, appelé aussi *référent*, qui peut être soit verbal, soit « susceptible d'être verbalisé », et dans lequel s'inscrit ce message, faute de quoi il ne peut être opérant ;

– le *code*, qui doit être commun, du moins en grande partie, et au destinateur et au destinataire ;

– le *contact*, indispensable pour que se fasse et se maintienne la communication.

A chacun des facteurs essentiels du schéma de la communication, Jakobson fait correspondre une fonction du langage :

– au destinateur, la *fonction émotive*;
– au destinataire, la *fonction conative*;
– au message, la *fonction poétique*;
– au contexte, la *fonction référentielle*;
– au code, la *fonction métalinguistique*;
– au contact, la *fonction phatique*.

La **fonction émotive** donne une expression directe de l'attitude du sujet (de celui qui dit *je*) par rapport à ce dont il parle, sensible dans la modalité exclamative, l'ordre des mots, certains faits de prononciation, de connotation. La poésie dite « lyrique » est particulièrement concernée par cette fonction.

La **fonction conative** est orientée vers le destinataire, vers le *tu*, et met en œuvre ce qui peut faire pression sur lui : vocatif, impératif, avec leurs différentes modalités.

La **fonction référentielle** concerne ce dont on parle, tout ce qui relève de la troisième personne.

La **fonction phatique** sert à accentuer le contact, à vérifier l'attention de l'interlocuteur (rôle de « Allô ! » au téléphone).

La **fonction métalinguistique** parle du langage lui-même, s'assure que le destinateur et le destinataire ont bien en commun les éléments du code (sens exact des mots, levée des ambiguïtés).

La **fonction poétique** rend sensible le côté concret des signes, ce qu'il en est de l'organisation du langage par le signifiant. Jakobson insiste sur le fait que la fonction poétique ne saurait définir la poésie : c'est une fonction du langage en général, qui fait préférer *Jeanne et Marguerite* à *Marguerite et Jeanne* pour de simples raisons de cadence majeure. En revanche, dans toute poésie, « message centré sur lui-même », la fonction poétique devient, d'après lui, principe organisateur sur le mode de l'équivalence (phonique, métrique, syllabique, etc.).

▷ *Axes, connotation, mot, référent, signe, signifiant.*

**formes fixes.** Ce sont les poètes provençaux qui les premiers ont exploré par le *trobar* les possibilités formelles d'arrangements de la rime, de la strophe, du poème entier. Dans le domaine français, la référence à une forme fixe (J. Jaffré remarque avec raison qu'on parlerait à meilleur escient de « formule d'engendrement de poèmes», au vu de leur fécondité) devient déterminante à partir des XIVe-XVe siècles. C'est alors que de nombreux traités d'art poétique fixent les règles des virelais, rondeaux, triolets, ballades, et autres chants royaux, formes les plus connues de l'héritage médiéval, à côté de tant d'autres moins courantes ; elles seront dédaignées par la *Défense* de Du Bellay parce que, dit-il, de « telles épiceries » « corrompent le goût de notre langue ». Ensuite, l'apport de formes fixes nouvelles se fait beaucoup moins prolifique : la Renaissance importe d'Italie le sonnet, particulièrement bien adopté et pour fort longtemps, mais pratique plus des genres que des formes – ce sont des poèmes à l'antique, selon la mode du temps : épîtres, odes, élégies, satires, épigrammes, églogues.

Depuis le début du XIXe siècle, très peu de formes fixes poétiques ont été inventées, et il s'agit plutôt d'acclimater des formes empruntées à la poésie étrangère : du XIXe siècle, on ne retient que le *pantoum*, d'origine malaise, beaucoup moins utilisé qu'il n'est célèbre pour l'extrême virtuosité qu'il met en jeu, et à une époque plus récente, ce sont plutôt des formes japonaises qui ont été ainsi employées, comme le *haïku*.

▷ *Amoureuse, audengière, baguenaude, ballade, bergerette, chanson, chantefable, chant royal, fatras, haïku, ode, odelette, pantoum, pastourelle, riqueraque, rondeau, rondel, rondet, rotrouange, sextine, sirventès, sonnet, sotie, triolet, trobar, villanelle, virelai.*

**fratrisée.** Voir rime.

# G

**gasconne.** Voir rime.

**gémination.** Plusieurs sens différents sont donnés au terme de *gémination* :

– redoublement de consonne ;

– redoublement hypocoristique ou humoristique de la première syllabe d'un mot, ou, parfois, de consonnes ou de voyelles non géminées dans l'orthographe usuelle ;

– répétition immédiate d'un même mot (autre nom : l'*épizeuxe*) ;

– répétition à peu de distance d'un mot ou d'un syntagme portant un accent particulier :

> Dis encore cela *patiemment, plus patiemment*
> *ou avec fureur, mais* dis encore,
> *en défi aux bourreaux,* dis cela, *essaie,*
> *sous l'étrivière du temps.*
> *(Philippe Jaccottet, fragment de « Dis encore cela »,*
> *in* A la lumière d'hiver, *Gallimard)*

– énumération de synonymes :

> *L'ombre était nuptiale, auguste, solennelle.*
> *(Victor Hugo,* Booz endormi*)*

▷ *Anadiplose, épanalepse, épizeuxe, répétition.*

**glose.** Le terme de glose (féminin, du bas latin *glosa*, « mot rare qui demande explication », lui-même venu du grec *glossa*, « langue ») désigne en poétique un poème qui parodie un autre poème, très connu, à raison d'un vers parodié par strophe. Le genre est cité très tôt, dès 1175.

▷ *Intertextualité.*

**gradation.** La gradation est une figure fondée sur une énumération de termes ordonnés selon une intensité croissante ou décroissante. Elle est croissante dans ces vers d'Apollinaire tirés de « Liens » (*Calligrammes*) :

> *Violente pluie qui peigne les fumées*
> Cordes
> Cordes tissées
> Câbles sous-marins [...].

Henri Morier appelle *gradation syllabique* une gradation qui s'établit non seulement sur le sens, mais aussi sur le nombre des syllabes.

J. Molino et J. Tamine assimilent la gradation à la **concaténation**, figure qui se déroule selon un enchaînement qu'illustre cet exemple extrait de *Vulturne* (Gallimard) de L.-P. Fargue :

> *Assez !*
> *De l'expérience à l'hypothèse, de l'idée à la pensée, de la pensée à la parole, de la parole à la mystique, de la mystique au cri de désir [...].*

▷ *Accumulation, figure, gémination, parallélisme, structure.*

**groupe rythmique.** On appelle groupe rythmique un ensemble grammatical délimité par l'accent (groupe nominal, groupe verbal, groupe adjectival, groupe prépositionnel). Il peut être composé d'un ou de plusieurs mots (au sens courant). Ce groupe est caractérisé par le nombre de ses syllabes (en français, le plus souvent 3 ou 4, avec souvent apocope du *-e* final de groupe), ainsi dans ce passage des *Feuillets d'Hypnos* de René Char (o.c., la Pléiade/Gallimard) :

> *La contre-terreur* (5), *c'est ce vallon* (4) *que peu à peu* (4) *le brouillard comble* (4), *c'est le fugace* (4) *bruissement des feuilles* (4 ou 5) *comme un essaim* (4) *de fusées engourdies* (6) *[...]*

Les choix de diction et de lecture peuvent faire varier l'analyse syllabique. Le groupe rythmique est en quelque sorte à la prose ou à la poésie non versifiée ce que la mesure et le mètre sont à la poésie versifiée.

▷ *Accent, mesure, mètre, poème en prose, prose poétique, rythme, syllabe, verset.*

# H

**haïku.** Un haïku est un poème japonais limité à dix-sept syllabes réparties en 3 vers : 5 7 5. Paul Eluard s'est essayé à cette forme très concentrée :

*La muette parle*
*C'est l'imperfection de l'art*
*Ce langage obscur.*

▷ *Formes fixes.*

**hapax.** Un hapax (du grec *hapax*, « une fois ») est un mot dont on ne trouve qu'une seule occurrence dans un texte entier, ou encore, de manière plus stricte, un mot dont l'emploi n'est attesté qu'une seule fois dans une langue donnée.

▷ *Mot.*

**harmonie imitative.** Voir **cratylisme, phonème.**

**hémistiche.** Un hémistiche (du grec *hêmi*, « à demi », et *stikhos*, « rangée, ligne, ligne d'écriture, vers ») est étymologiquement une moitié de vers, le point de partage des hémistiches étant la césure : cela est vrai pour l'alexandrin, dont les deux hémistiches sont de six syllabes ; mais bien souvent, la définition doit être élargie, car il n'y a pas toujours égalité du nombre des syllabes dans chaque hémistiche d'un même mètre : ainsi la forme la plus fréquente du décasyllabe est composée de deux hémistiches inégaux, l'un de quatre, l'autre de six syllabes.

On appelle **hémistiche composé** un hémistiche qui comporte deux mesures, comme c'est le cas le plus général pour un hémistiche de 6 syllabes, et **hémistiche simple** celui dans lequel n'intervient aucune coupe, par exemple dans la première partie du décasyllabe 4//6 :

*Il est un air // pour qui / je donnerais*
*Tout Rossini, // tout Mozart / et tout Weber.*
*(Gérard de Nerval)*

L'emploi du terme d'hémistiche est plutôt réservé aux vers de plus de 8 syllabes.

▷ *Césure, concordance, coupe, discordance, mesure, rime, rythme.*

**hendécasyllabe.** L'hendécasyllabe (en grec, *hendeka* = « onze ») est le vers de onze syllabes. Il est le plus souvent césuré 5/6 :

*Mon âme se prend // à chanter sans effort,*
*A pleurer aussi, // tant mon amour est fort !*
*(Marceline Desbordes-Valmore)*

Mais on le trouve aussi avec le rythme 6/5, ce qui lui donne une allure d'« alexandrin raté » :

*C'est trop beau ! c'est trop beau ! // mais c'est nécessaire*
*(Rimbaud)*

Verlaine le découpe aussi en 7/4 :

*Tous les Désirs rayonnaient // en feux brutaux.*

Mais ce rythme peut être inversé en 4/7 :

*Par un brouillard // d'après-midi tiède et vert.*
*(Rimbaud)*

C'est un vers assez ancien, mais utilisé en France de manière irrégulière : employé en hétérométrie dans la poésie lyrique médiévale, il tombe en désuétude à la fin du XIII<sup>e</sup> siècle. On le retrouve au XVII<sup>e</sup> siècle dans des chansons, puis au XIX<sup>e</sup> siècle, sous la plume de Marceline Desbordes-Valmore, et également de Verlaine et Rimbaud. De nos jours, on le trouve par exemple dans l'œuvre d'Yves Bonnefoy (Mercure de France), rythmé 6/5 :

*Tu fus sage d'ouvrir, // il vint à la nuit,*
*Il posa près de toi // la lampe de pierre.*

▷ *Césure, hémistiche, vers.*

**heptasyllabe.** L'heptasyllabe (en grec, *hepta* = « sept »), vers de sept syllabes, est assez fréquent dans la poésie lyrique courtoise. Il a été employé de manière régulière, le plus souvent en hétérométrie, par la Pléiade, Molière dans *Amphitryon*, en isométrie dans certaines *Fables* de La Fontaine ; « La Cigale et la Fourmi » est entièrement composée d'heptasyllabes, si l'on excepte le deuxième vers :

*La cigale, ayant chanté*
*Tout l'été,*
*Se trouva fort dépourvue*
*Quand la bise fut venue.*

On le retrouve au XIX^e siècle chez Musset, Hugo, Baudelaire, Verlaine, Rimbaud, puis au début du siècle par exemple chez Valéry, dans ce sonnet de type élisabéthain :

*Si la plage penche, si*
*L'ombre sur l'œil s'use et pleure*
*Si l'azur est larme, ainsi*
*Au sel des dents pure affleure*

*La vierge fumée ou l'air*
*Que berce en soi puis expire*
*Vers l'eau debout d'une mer*
*Assoupie en son empire*

*Celle qui sans les ouïr*
*Si la lèvre au vent remue*
*Se joue à évanouir*
*Mille mots vains où se mue*

*Sous l'humide éclair de dents*
*Le très doux feu du dedans.*
(*« Vue »*, Album de vers anciens,
*in* Charmes, Poésie/*Gallimard)*

De nos jours il est employé par exemple dans la poésie de René Char, souvent en concomitance avec des mètres proches, octosyllabes ou vers de six syllabes : dans « Les nuits justes », le poème s'ouvre par un vers plus court, et se termine par deux vers plus longs :

*Avec un vent plus fort,* (6)
*Une lampe moins obscure,*
*Nous devons trouver la halte*
*Où la nuit dira « Passez » ;*
*Et nous saurons que c'est vrai*
*Quand le verre s'éteindra.*

*O terre devenue tendre !*
*O branche où mûrit ma joie !*
*La gueule du ciel est blanche.*
*Ce qui miroite, là, c'est toi,* (8)
*Ma chute, mon amour, mon saccage.* (8/9)
(Les Matinaux, *o.c., la Pléiade/Gallimard)*

Le rythme de l'heptasyllabe est le plus souvent fondé sur deux mesures, soit 3/4 :

*La cigal(e),/ ayant chanté*

soit 4/3 :

*Et nous saurons/ que c'est vrai.*

On peut cependant le trouver sur un rythme ternaire ; ainsi dans « Fêtes de la faim », de Rimbaud :

*Le roc,/ les Terres,/ le fer.*

▷ *Coupe, mesure, vers.*

**hétérométrie.** L'hétérométrie (du grec *heteros*, « autre », et *metron*, « mètre ») est l'inverse de l'isométrie : utilisation, dans un même poème, de deux ou de plusieurs types de vers.

Ainsi le poème de Baudelaire « La Musique » est composé d'une alternance d'alexandrins et de vers de cinq syllabes, tel le premier quatrain :

*La musique souvent me prend comme une mer !*
*Vers ma pâle étoile,*
*Sous un plafond de brume ou dans un vaste éther,*
*Je mets à la voile.*

Mais la succession n'est pas toujours aussi régulière : en témoignent les *Fables* de La Fontaine, dans lesquelles aucun principe organisateur ne vient présider à l'ordre des différents mètres. C'est pourquoi on les appelle **vers mêlés**. Il en va de même dans les **vers libres**.

▷ *Contrerime, coué, isométrie, layé, strophe, vers libre, vers mêlés.*

**hexasyllabe.** L'hexasyllabe (en grec, *hex* ou *hexa* – forme non attique – = « six ») est le vers de six syllabes. Il s'emploie fréquemment en hétérométrie – ainsi avec des vers de quatre syllabes dans le refrain du « Jet d'eau » de Baudelaire :

*La gerbe épanouie*
*En mille fleurs,*
*Où Phœbé réjouie*
*Met ses couleurs,*
*Tombe comme une pluie*
*De larges pleurs.*

En isométrie, on le trouve par exemple employé par distiques dans la poésie de Guillevic, tels ces vers de *Carnac* (Gallimard) :

*Tu n'as pour te couvrir*
*Que le ciel évasé,*

*Les nuages sans poids*
*Que du vent fait changer*

*Tu rêvais de bien plus,*
*Tu rêvais plus précis.*

Le rythme de l'hexasyllabe est du même modèle que celui de l'hémistiche d'alexandrin.

▷ *Alexandrin, vers.*

**hiatus.** L'hiatus (du latin *hiare*, « être béant, mal joint ») est la rencontre sans élision de deux voyelles prononcées distinctement, soit à l'intérieur d'un mot, soit dans une suite de deux vocables. L'hiatus interne n'a jamais posé problème, et a toujours été toléré ; il n'en va pas de même dans l'autre cas.

Le Moyen Age et la Renaissance admettent l'hiatus, et les deux voyelles sont prononcées, sauf en cas de synalèphe. Mais au milieu du XVI^e^ siècle, quand commencent à s'imposer des usages euphoniques, comme le *-t-* des interrogations de 3^e^ personne (*va-t-il*) ou encore les liaisons entre les mots, la Pléiade prend conscience du problème que posent les hiatus. Il faut cependant attendre l'époque de Malherbe et de Deimier, au début du XVII^e^ siècle, pour que cela prenne la forme d'une interdiction, qui fut strictement observée par les poètes jusqu'à la fin du XIX^e^ siècle. Mais cette interdiction elle-même était accompagnée d'accommodements qui mettent en valeur l'aspect contradictoire de règles fondées sur la graphie, et où l'hiatus restait sensible à l'oreille : c'est ainsi que la tradition classique considère qu'**il n'y a pas hiatus** :

– **si un -e caduc suit la première voyelle** : on peut trouver *portée à l'amour*, mais pas *porté à l'amour* – vestige du temps où l'*e* se prononçait. Ainsi, ce vers de *Phèdre* respecte la règle classique de l'hiatus, bien que phoniquement les deux voyelles (de plus, semblables) se prononcent en voisinage immédiat [prwa/a] :

*C'est Vénus tout entière à sa proie attachée ;*

– **si le premier mot se termine par une consonne graphique qui reste non prononcée.** Toujours dans la même pièce :

*Et des crimes peut-être inconnus aux enfers !*

Pour éviter l'hiatus, La Fontaine emploie dans sa fable « La Colombe et la Fourmi » une orthographe archaïque de « fourmi » :

*Le long d'un clair ruisseau buvait une Colombe,*
*Quand sur l'eau se penchant une Fourmis y tombe.*

– **si le deuxième mot commence par un *h* aspiré ou exclut traditionnellement la liaison** (*onze, oui, ouate*).

Depuis un siècle, la poésie ne se soucie plus de l'hiatus :

*Dis encore cela patiemment, plus patiemment*
*ou avec fureur, mais dis encore,*
*en défi aux bourreaux, dis cela, essaie,*
*sous l'étrivière du temps.*
(*Philippe Jaccottet, in* A la lumière d'hiver, *Gallimard*)

▷ *Diction, élision, licence (poétique), synalèphe, voyelle.*

**holorime *(vers).*** On parle de vers holorimes (du grec *holos*, « entier », et *rime*) lorsque, dans une suite de deux vers, le second rime entièrement avec le premier, de sorte qu'à l'oreille on a l'impression de dire deux fois le même vers, tandis qu'à la lecture, les signes sont tout à fait différents. C'est une forme extrême du calembour. On connaît l'exemple forgé par Victor Hugo :

*Gal, amant de la reine, alla, tour magnanime,*
*Galamment de la reine à la tour Magne, à Nîmes.*

Edouard Pichon en cite un autre, très réussi, d'Alphonse Allais :

*Par le bois du Djinn où s'entasse de l'effroi,*
*Parle ! Bois du gin ou cent tasses de lait froid.*

Du même, cet autre :

*Aidé, j'adhère au quai. Lâche et rond je m'ébats*
*Et déjà, des roquets lâchés rongent mes bas*

▷ *Ambiguïté, calembour, équivoque, rime.*

**homéotéleute.** Du grec *homoios*, « semblable » et *teleutè*, « la fin », l'homéotéleute est un fait d'homophonie finale entre deux mots qui figurent dans une même phrase ou un même membre de phrase, dans un même vers ou verset également, les rimes étant un cas particulier d'homéotéleute.

Dans le verset suivant de la première des *Cinq grandes odes*, Claudel use d'un cas d'homéotéleute pour passer d'un mot à l'autre, comme le regard passe « d'un point à l'autre » :

*Les abîmes, que le regard sublime*
*Oublie, passant audacieusement d'un point à l'autre.*

L'homéotéleute est ici relayé par des effets phoniques d'allitération : en [b] avant le *-ime(s)* dans *abîmes, sublime* auxquels s'ajoute *oublie* – combiné de plus avec [l] dans les deux derniers.

▷ *Homophonie, répétition, rime.*

**homonymie.** L'homonymie (du grec *homoios*, « semblable », et *onoma*, « nom ») réside dans la totale ressemblance phonique de deux mots différents, qui peuvent être tout à fait dissemblables et par l'orthographe et par le sens. Le procédé est très fréquemment utilisé dans les comptines :

*Il était une* fois
*Un marchand de* foie
*Qui vendait du* foie
*Dans la ville de* Foix.
*Il se dit : « Ma* foi,
*C'est bien la dernière* fois
*Que je vends du* foie
*Dans la ville de* Foix.

La poésie moderne joue beaucoup sur l'homonymie. Ce peut être une homonymie entre des mots explicitement écrits dans le texte, comme entre *et* et *est* dans ces vers extraits de « Je me coucherai sur un divan » de Raymond Queneau :

*Et mon amour*
*qui doit être puni*
*mon amour et mon innocence*
*mon amour et ma patrie*
*mon amour est ma souffrance*
*mon amour est mon paradis.*
(Chêne et chien, *Gallimard)*

L'utilisation du verbe *être* rompt les parallélismes en train de s'établir pour apporter la nouvelle dimension de l'équivalence et de l'antithèse.

L'homonymie peut également établir le rapport entre deux mots par référence implicite. C'est ainsi que l'on peut analyser le choix du terme d'*exocet* – mieux connu sous le nom de « poisson volant » – par Saint-John Perse dans son poème « Sécheresse » (*Chant pour un Équinoxe*, Gallimard) :

*La chair ici nous fut plus près de l'os : chair de locuste ou d'exocet !*

D'une part il y a rappel phonique de *os* dans *exocet* ; d'autre part, – et de manière plus profondément liée au sens général du texte –, *exocet* est l'exact homonyme de *exaucé*. Cette association vient naturellement à l'esprit dans ce verset qui débute comme une prière :

*Sécheresse, ô faveur ! honneur et luxe d'une élite ! dis-nous le choix de tes élus... Sistre de Dieu, sois-nous complice.*

Sera exaucé celui dont « la chair est plus près de l'os », c'est-à-dire chez Saint-John Perse celui qui est à l'écoute de l'esprit.

▷ *Ambiguïté, calembour, cratylisme, équivoque, mot, signifiant.*

**homophonie.** Le terme d'homophonie désigne étymologiquement l'identité sonore (en grec *homoios*, « semblable », et *phônê*, « son, voix »).

En prosodie, il s'agit d'un phénomène de correspondances sonores, par analogie ou identité de phonèmes. Les plus connues et les plus régulières sont les homophonies de fin de vers. Il en existe de trois sortes :

– la plus répandue est la **rime**, qui a été codifiée à l'époque classique ;

– la plus ancienne est l'**assonance**, que l'on retrouve dans le vers moderne ;

– la **contre-assonance**, au lieu de se fonder sur des phonèmes vocaliques, assure l'analogie par les consonnes.

La poésie moderne utilise parfois de manière concomitante différents types d'homophonies. Il en va ainsi dans ce quintil du type ababa de Patrice de La Tour du Pin :

*Nous renoncerons au poème,*
*Le seul rythme parfait qui rôde*
*Parmi tant d'ombres incertaines*
*Et celles qu'on porte aux autres*
*Des hauteurs de l'isolement.*
*(Fragment de « Au delà de la joie »,*
*in* La Quête de joie, *Gallimard)*

Ici la notion de rime est à prendre au sens large, d'homophonie finale, puisque la rime a est fondée sur une contre-assonance en consonnes nasales [m/n/m] avec, accompagnant les deux premières, une assonance en [ɛ], et que la rime b est constituée d'une assonance en [o] suivie de dentale, sonore d'abord, puis sourde.

En poétique, de manière plus large, on appelle également *homophonie* une extension de l'idée d'homonymie, avec identité de prononciation complète sur deux vocables ou plus. L'homophonie peut alors permettre au poète de jouer avec les mots, et de faire exister le texte en épaisseur : il en va ainsi dans cette description par Saint-John Perse dans *Amers* (o.c. la Pléiade/Gallimard) de nuages qui s'accumulent au-dessus de la mer :

*et dans le ciel s'assemblent vers ton erre les nuées filles de ton lit.*

L'*erre* définit en vocabulaire marin l'avancée d'un navire (ici la mer elle-même) sur lequel n'agit plus le propulseur ; mais la menace de l'orage, qu'annonce « dans le ciel s'assemblent les nuées », amène à l'idée du *tonnerre* imminent.

Ce type de jeu est tout à fait parent du calembour (à l'intention comique près), que l'on trouve également à la base de la rime équivoquée.

▷ *Apophonie, assonance, calembour, contre-assonance, cratylisme, équivoque, homéotéleute, homonymie, phonème, poème en prose, prose poétique, répétition, rime.*

**huitain.** Depuis 1548 (Sébillet), le mot huitain désigne soit un poème soit une strophe de huit vers iso- ou hétérométriques. La césure strophique se place généralement entre le quatrième et le cinquième vers. Il existe de nombreuses formules rimiques. La plus connue est celle du huitain dit de Villon, avec deux quatrains à rimes croisées sur trois rimes seulement (ababbcbc), ce qui lui confère une certaine symétrie ; c'est la forme que l'on trouve dans sa ballade dite « des menus propos » :

*Je connais bien mouches en lait,*
*Je connais à la robe l'homme,*
*Je connais le beau temps du laid,*
*Je connais au pommier la pomme,*
*Je connais l'arbre à voir la gomme,*
*Je connais quand tout est de mêmes,*
*Je connais qui besogne ou chomme,*
*Je connais tout, fors que moi mêmes.*

Les quatrains peuvent aussi être fondés sur deux rimes seulement, ce qui fait une alternance régulière (abababab), ou sur quatre (ababcdcd) :

*J'aimais à réveiller la lyre,*
*Et souvent, plein de doux transports,*
*J'osais, ému par le délire,*
*En tirer de tendres accords.*
*Que de fois, en versant des larmes,*
*J'ai chanté tes divins attraits !*
*Mes accents étaient pleins de charmes,*
*Car c'est toi qui les inspirais.*
(*Gérard de Nerval,* Odelettes)

Il peut y avoir insertion d'un rythme quadripartite soit dans les deux quatrains (aaabcccb) – ainsi dans ces « Stances » de Musset, où les vers hétérométriques jouent en contrepoint :

*Vous, des antiques Pyrénées*
*Les aînées,*
*Vieilles églises décharnées,*
*Maigres et tristes monuments,*
*Vous que le temps n'a pu dissoudre,*
*Ni la foudre,*
*De quelques grands monts mis en poudre*
*N'êtes-vous pas les ossements ?*

soit dans le second uniquement, comme c'est le cas dans le huitain romantique (ababcccb) :

*Dans l'alcôve sombre,*
*Près d'un humble autel,*
*L'enfant dort à l'ombre*
*Du lit maternel.*
*Tandis qu'il repose,*
*Sa paupière rose,*
*Pour la terre close,*
*S'ouvre pour le ciel.*
*(Victor Hugo,*
Les Feuilles d'automne*)*

Le huitain peut également être formé d'un sizain à rimes alternées, auquel s'ajoute un distique (abababcc), ou l'inverse, tel le huitain du poème de Théophile de Viau « Contre l'hiver », qui commence par un distique et se poursuit par un sizain (aabccbcb ; on peut dire aussi que cette structure commence par un sizain à rythme tripartite et se termine par une répétition des deux dernières rimes) :

*Le Héron quand il veut pêcher*
*Trouvant l'eau toute de rocher*
*Se paît du vent et de sa plume,*
*Il se cache dans les roseaux,*
*Et contemple au bord des ruisseaux*
*La bise, contre sa coutume,*
*Souffler la neige sur les eaux*
*Où bouillait autrefois l'écume.*

Ces formules sont les plus fréquentes, mais il peut s'en trouver d'autres ; ainsi Patrice de La Tour du Pin adopte un système de huitains faits de deux quatrains à rimes embrassées pour son poème « La chasse à l'ange » :

*Si tu es calme alors, si le moindre frisson*
*D'angoisse ou de rancœur ne rôde sur ta face,*
*Tu peux de tes dix doigts dessiner sur la glace*
*Des jeux irréels, des légendes, des chansons...*
*Regarde-le : il vole lentement tout autour*
*Du miroir ; il va rester fasciné peut-être,*
*Un visage d'enfant derrière une fenêtre,*
*Seul, dans la chambre tranquille de tous les jours.*
*(in* La Quête de joie, *Gallimard)*

Enfin, comme poème à part entière, le huitain peut présenter un système en rimes plates, tel le « Huitain à la Reine, mère du Roi, Catherine de Médicis », de Jean Dorat :

*Si j'ai servi cinq Rois fidèlement,*
*Si quarante ans, lisant publiquement,*
*D'hommes lettrés j'ai rempli toute France,*
*Si l'étranger nous quitte l'excellence*
*Des grecs, latins, et vulgaires écrits,*
*Vous, l'espoir seul de tous les bons esprits,*
*Ne permettrez être dit : Par famine*
*D'Aurat est mort, régente Catherine.*

▷ *Distique, quatrain, quintil, sizain, strophe.*

**hymne.** Le mot hymne (du grec *humnos*, « chant », en particulier « chant en l'honneur d'un dieu ou d'un héros » ou encore « chant de deuil ») a différentes significations, liées au genre même de ce nom.

Au masculin, il désigne, comme en grec, un poème de tonalité élevée et grave, à la gloire d'un dieu ou d'un héros, selon le genre de l'épopée ; ce sens antique se développe à partir du XIVe siècle pour désigner également, vers 1537, un chant célébrant une personne, une idée, etc., et c'est à ce dernier sens que se réfère Ronsard dans ses *Hymnes*, où il choisit l'alexandrin à rimes suivies, sans doute pour se conformer au plus près à la tradition antique de l'hexamètre dactylique, le plus fréquemment employé par les auteurs grecs et latins. Voici l'exemple de quelques-uns de ces vers, adressés à la Mort :

*Que ta puissance, ô Mort, est grande et admirable !*
*Rien au monde par toi ne se dit perdurable ;*
*Mais tout ainsi que l'onde à val des ruisseaux fuit*
*Le pressant coulement de l'autre qui la suit,*
*Ainsi le temps se coule, et le présent fait place*
*Au futur importun qui les talons lui trace.*

Dans un sens plus moderne et plus large, l'hymne est un chant d'éloge qui célèbre aussi bien la nature, les sentiments, que la patrie.

Au féminin, le mot renvoie à un sens beaucoup plus ancien en français (XIIe siècle), et n'est employé que dans la liturgie chrétienne pour désigner des chants à la louange de Dieu.

▷ *Épopée.*

**hypallage.** L'hypallage (féminin, du grec *hupallagè*, « échange ») est une figure de construction selon laquelle un élément de la phrase est lié syntaxiquement à un certain mot tout en se rattachant sémantiquement et logiquement à un autre. On peut en citer un bel exemple de Léopold Sédar Senghor :

*Fidèle, je paîtrai les mugissements blonds de tes troupeaux,* où l'adjectif *blonds* se rapporte logiquement à *troupeaux*, mais grammaticalement à *mugissements*.

▷ *Figure, syntaxe.*

**hyperbate.** L'hyperbate (féminin, du grec *huper*, « sur, de l'autre côté, au delà », et *bainein*, « aller ») est une figure de construction qui met en jeu une forme d'inversion : la phrase paraît terminée, et l'auteur ajoute un élément, mot ou syntagme, qui est ainsi fortement mis en relief. René Char en fournit un exemple dans le premier quatrain de la « Fête des arbres et du chasseur » :

> *Sédentaires aux ailes stridentes*
> *Ou voyageurs du ciel profond,*
> *Oiseaux, nous vous tuons*
> *Pour que l'arbre nous reste* et sa morne patience.
> (*in* Les Matinaux, *o.c. la Pléiade/Gallimard)*

Le groupe *et sa morne patience* ainsi mis en hyperbate au lieu d'être directement coordonné à *l'arbre* en un groupe sujet compact, isole d'une part la personnification de l'arbre par attribution d'un sentiment humain, d'autre part le sujet abstrait dans un contexte concret, enfin, métriquement, un deuxième hémistiche d'alexandrin plus ou moins inattendu après les trois vers brefs qui ouvrent le quatrain.

▷ *Figure, inversion, syntaxe, tmèse.*

**hyperbole.** Une hyperbole (du grec *huper*, « sur, au-dessus, au-delà », et *bolè*, « action de jeter ») est une figure par laquelle on exagère les termes du message pour leur donner plus de portée :

> *Où donc s'arrêtera l'homme séditieux ?*
> *L'espace voit, d'un œil par moment soucieux,*
> *L'empreinte du talon de l'homme dans les nues ;*
> *Il tient l'extrémité des choses inconnues ;*
> *Il épouse l'abîme à son argile uni ;*
> *Le voilà maintenant marcheur de l'infini.*
> *(Victor Hugo)*

▷ *Figure.*

**hypogramme.** Le mot hypogramme, masculin, vient du grec *hupo*, « sous », et *gramma*, « lettre », d'où *hupogramma*, « inscription au-dessous ». Dans son essai sur les *Anagrammes*, Saussure explique qu'« il s'agit bien encore, dans l'"hypogramme", de souligner un nom, un mot, en s'évertuant à en répéter les syllabes, et en lui donnant ainsi une seconde façon d'être, factice, ajoutée pour ainsi dire à l'original du mot» (Jean Starobinski, *Les Mots sous les mots. Les anagrammes de Ferdinand de Saussure*, Gallimard, p. 31). Il suppose que la dissémination de l'hypogramme dans le texte se faisait selon des règles, numériques et phoniques, bien précises, qui donnaient à ce terme caché une valeur mnémotechnique.

▷ *Anagramme.*

**hypotaxe.** L'hypotaxe (féminin, du grec *hupo*, «sous», et *taxis*, «disposition») est le fait de marquer explicitement (par des conjonctions de coordination ou de subordination par exemple) un rapport de dépendance entre deux propositions qui se suivent.

▷ *Parataxe, syntaxe.*

# I

**ïambe.** On appelle ïambe (du grec *iambos*, mêmes sens) deux réalités poétiques différentes :

– En prosodie, un ïambe est un pied composé de deux syllabes, la première brève, l'autre longue.

– Dans l'ordre des genres poétiques, *ïambe* est le nom donné par André Chénier à son dernier recueil complet, poème satirique fondé sur une alternance régulière d'alexandrins et d'octosyllabes, alternance redoublée par celle des rimes et des genres métriques (12 a F – 8 b M – 12 a F – 8 b M – 12 c F – 8 d M – 12 c F – 8 d M – etc.). Il se réclame en cela du modèle du Grec Archiloque, invoqué dès le premier chant :

*« Sa langue est un fer chaud. Dans ses veines brûlées*
*Serpentent des fleuves de fiel. »*
*J'ai douze ans en secret dans les doctes vallées*
*Cueilli le poétique miel.*
*Je veux un jour ouvrir ma ruche tout entière ;*
*Dans tous mes vers on pourra voir*
*Si ma Muse naquit haineuse et meurtrière.*
*Frustré d'un amoureux espoir,*
*Archiloque aux fureurs du belliqueux ïambe*
*Immole un beau-père menteur.*
*Moi, ce n'est point au col d'un perfide Lycambe*
*Que j'apprête un lacet vengeur.*
*Ma foudre n'a jamais tonné pour mes injures.*
*La patrie allume ma voix ;*
*La paix seule aguerrit mes pieuses morsures ;*
*Et mes fureurs servent les lois.*
*Contre les noirs Pythons et les hydres fangeuses*
*Le feu, le fer arment mes mains ;*
*Extirper sans pitié les bêtes venimeuses,*
*C'est donner la vie aux humains.*

C'est également cette forme qu'emprunte un poète plus obscur de la première moitié du XIX^e^ siècle, Auguste Barbier, pour chanter la révolution de Juillet, en 1830 :

*C'était sous des haillons que battaient les cœurs d'hommes,*
*C'étaient alors de sales doigts*
*Qui chargeaient les mousquets et renvoyaient la foudre ;*
*C'était la bouche aux vils jurons*
*Qui mâchait la cartouche, et qui, noire de poudre*
*Criait aux citoyens : Mourons !*

▷ *Lyrisme, pied, satire.*

**idéogramme lyrique.** Voir calligramme.

**idylle.** Une idylle (du grec *eidullion*, « petit tableau », diminutif de *eidos*, « forme ») est un petit poème à thème presque toujours amoureux, dont le cadre est pastoral ou champêtre. Dans le même esprit, l'époque médiévale a connu la *pastourelle*, mais le genre de l'idylle a été emprunté à la littérature antique (Théocrite et Virgile sont les plus connus pour leurs *Idylles*) par les poètes de la Renaissance et il est décrit en 1605 par Vauquelin de la Fresnaye. Il a été régulièrement illustré jusque vers la deuxième moitié du XIXe siècle, par exemple dans ce court poème de Victor Hugo, extrait du deuxième livre des *Contemplations* :

*Viens ! – une flûte invisible*
*Soupire dans les vergers. –*
*La chanson la plus paisible*
*Est la chanson des bergers.*

*Le vent ride, sous l'yeuse,*
*Le sombre miroir des eaux. –*
*La chanson la plus joyeuse*
*Est la chanson des oiseaux.*

*Que nul soin ne te tourmente.*
*Aimons-nous ! aimons toujours ! –*
*La chanson la plus charmante*
*Est la chanson des amours.*

▷ *Pastourelle.*

**image.** Au sens propre, le mot image signifie « représentation », « apparence », « illustration ». En littérature, et particulièrement en poésie, ce mot désigne en général des figures fondées sur la mise en rapport de deux réalités différentes, l'une – *thème, comparé, imagé* – qui désigne proprement ce dont il s'agit, l'autre – *phore, comparant, imageant* – mettant à profit une relation d'analogie ou de proximité avec la première.

Ainsi, quand Apollinaire utilise, dans « La Chanson du Mal-aimé », une image biblique :

*Nous semblions entre les maisons*
*Onde ouverte de la mer Rouge*
*Lui les Hébreux moi Pharaon*

il l'établit sur la relation subjective entre deux réalités différentes : la marche dans la ville de deux hommes – le comparé – (*entre les maisons, Lui, moi*) et la traversée de la mer Rouge dans l'Ancien Testament – le comparant – (*Onde ouverte de la mer Rouge, les Hébreux, Pharaon*) ; les liens entre les deux sont assurés d'une part grâce à une métaphore appositive (*entre les maisons Onde ouverte de la mer Rouge*), d'autre part dans une comparaison dont l'outil est le verbe *sembler*.

Les figures concernées sont, à la base, la comparaison (*similitudo*), la métaphore surtout, l'allégorie, et le symbole ; on peut y ajouter la métonymie et la synecdoque puisqu'elles sont elles aussi figuratives, mais elles ne proposent pas une réalité autre : ce qui diffère, c'est le point de vue ou la manière de voir. Une image peut être également plus ou moins lexicalisée : on se trouve ainsi devant des cas de clichés ou de catachrèses, auxquels le poète peut éventuellement donner un nouveau souffle par déplacement, substitution de termes ou prolongement de la figure.

Le rapport entre les deux réalités mises en présence grâce à l'image peut être variable, et il a beaucoup varié d'une époque à une autre, passant d'un souci de vraisemblance ou de logique à un désir d'étrangeté, comme c'est le cas dans l'image surréaliste :

> *Ma femme aux pieds d'initiales*
> *Aux pieds de trousseaux de clés aux pieds de calfats qui boivent*
> (*André Breton,* L'Union libre, *Gallimard*)

Pierre Reverdy propose une définition de l'image poétique fondée sur la relation entre ces deux pôles :

> « L'image est une création pure de l'esprit.
> Elle ne peut naître d'une comparaison mais du rapprochement de deux réalités plus ou moins éloignées.
> Plus les rapports des deux réalités rapprochées seront lointains et justes, plus l'image sera forte – plus elle aura de puissance émotive et de réalité poétique.
> Deux réalités qui n'ont aucun rapport ne peuvent se rapprocher utilement. Il n'y a pas création d'image. »
> (*Nord-Sud*, Flammarion)

Si éloignées ou si proches soient-elles, les images, lorsqu'elles s'enchaînent, peuvent malgré tout être soumises aux impératifs de la cohérence, au risque d'aboutir à un effet comique involontaire, comme dans ce vers du *Cid* :

> *Quand le bras a failli, l'on en punit la tête.*

Un autre problème se pose à propos de l'image poétique : celui de son statut dans le poème. Il ne s'agit pas, surtout dans la poésie moderne, d'illustrer, d'ajouter un élément externe pour éclairer ou orner le thème. Il s'agit au contraire d'une logique *interne* au texte, au langage de l'œuvre, et par conséquent, comme le dit H. Meschonnic (*Pour la poétique* I) : « L'image est *syntaxe*, et non reflet du réel. » Il ne saurait être question d'interpréter l'image autrement que par rapport à elle-même : « le sens de l'image est l'image même », rappelle Octavio Paz dans *L'Arc et la Lyre*.

Cette relation de l'image et du poème est particulièrement bien mise en évidence par Pierre Reverdy dans *Cette émotion appelée Poésie* (Flammarion) :

> « Un poème n'est pas exclusivement composé d'images, encore qu'en lui-même il constitue finalement une image complexe, inscrite, une fois établie, comme objet autonome dans la réalité. Mais l'image est, par excellence, le moyen d'appropriation du réel, en vue de le réduire à des proportions pleinement assimilables aux facultés de l'homme. Elle est l'acte magique de transmutation du réel extérieur en réel intérieur, sans lequel l'homme n'aurait jamais pu surmonter l'obstacle inconcevable que la nature dressait devant lui. »

▷ *Allégorie, catachrèse, cliché, comparaison, figure, isotopie, métaphore, métonymie, personnification, substitution, syllepse, symbole, synecdoque.*

**implication.** Le terme d'implication est emprunté par Henri Morier (*Dictionnaire de Poétique et de Rhétorique*) au vocabulaire des mathématiques pour désigner une figure de construction par laquelle on remplace un syntagme (substantif abstrait + substantif concret complément déterminatif) par un syntagme où le substantif concret est caractérisé par un adjectif ou un participe qui reprend l'idée contenue dans le substantif abstrait :

> *Jadis, quand, au soir descendant, ses courses*
> *De marcheur solitaire erraient par là, [...]*
> (*Verhaeren,* Les Rythmes souverains)

*au soir descendant* = « à la tombée, à l'approche du soir ».

C'est un tour que l'on trouve beaucoup en latin, sur le modèle *Sicilia amissa*. Le *Vocabulaire de la stylistique* appelle également *implication* le tour inverse, qui, par exemple, au lieu de « la croisée bleue », donne, dans « La Fileuse » de Valéry, le *bleu de la croisée* :

> *Assise, la fileuse au bleu de la croisée,*

proposant, en avant du nom, la qualité qui l'annonce de manière métonymique.

▷ *Syntaxe.*

**intérieure.** Voir **rime**.

**intertextualité.** L'idée que tout énoncé, et partant tout texte, est relié, consciemment ou non, à d'autres énoncés, d'autres textes antérieurs émis par d'autres auteurs, qu'il est ainsi nourri de ce qui l'a précédé, a été mise en évidence par les formalistes russes qui ont les premiers reconnu l'importance de ce trait du langage, tel Bakhtine :

> « Tout membre d'une collectivité parlante trouve non pas des mots neutres "linguistiques", libres des appréciations et des orientations d'autrui, mais les mots habités par des voix autres. [...] Tout mot de son propre contexte provient d'un autre contexte, déjà marqué par l'interprétation d'autrui. Sa pensée ne rencontre que des mots déjà occupés. »
>
> (*Théorie de la littérature*, Paris, éd. du Seuil, 1965, p. 50)

Dans le domaine de la littérature, R. Barthes propose le terme d'*intertexte* : « [...] tout texte est un *intertexte*; d'autres textes sont présents en lui, à des niveaux variables, sous des formes plus ou moins reconnaissables : les textes de la culture antérieure et ceux de la culture environnante ; tout texte est un tissu de citations révolues » (*Encyclopædia universalis*, article « Texte »).

M. Riffaterre (« La trace de l'intertexte », *La Pensée*, « Approches actuelles de la littérature », n° 215, oct. 1980) distingue une « intertextualité aléatoire » (simple relation qu'établit le lecteur entre des textes que sa mémoire et sa culture lui présentent à l'esprit) et une « intertextualité obligatoire » (celle qui laisse dans le texte « une trace indélébile », dont l'évocation est nécessaire pour la lecture). Ce second mode d'intertextualité peut poser le problème du plagiat ou de l'emprunt, comme le rappelle J.-J. Thomas (*La Langue, la poésie*) à propos de *L'Enchanteur pourrissant* d'Apollinaire, et de sa source, un *Lancelot du Lac* de 1533 ; mais il peut y avoir aussi rapprochement ludique et volontaire, comme dans cette réfection sans -*e* muet que Georges Perec a composée à partir de « Recueillement » de Baudelaire et qui ne peut se goûter sans cette référence :

CHANSON
PAR UN FILS ADOPTIF DU COMMANDANT AUPICK

*Sois soumis, mon chagrin, puis dans ton coin sois sourd*
*Tu la voulais, la nuit, la voilà, la voici*
*Un air tout obscurci a chu sur nos faubourgs*
*Ici portant la paix, là-bas donnant souci*

*Tandis qu'un vil magma d'humains, oh, trop banals,*
*Sous l'aiguillon Plaisir, guillotin sans amour,*
*Va puisant son poison aux puants carnavals,*
*Mon chagrin, saisis-moi la main ; là, pour toujours*

*Loin d'ici. Vois s'offrir sur un balcon d'oubli,*
*Aux habits pourrissants, nos ans qui sont partis ;*
*Surgir du fond marin un guignon souriant ;*

*Apollon moribond s'assoupir sous un arc*
*Puis ainsi qu'un drap noir traînant au clair ponant*
*Ouïs, Amour, ouïs la Nuit qui sourd du parc.*

(*Georges Perec, in* La Disparition, *éd. Denoël*)

▷ *Glose.*

**inverse *(rime)*.** Voir strophe.

**inversée.** Voir rime.

**inversion.** L'inversion est une figure de construction qui affecte l'ordre canonique des mots. Il faut distinguer l'**inversion grammaticale**, due à une règle syntaxique (par exemple, l'inversion du sujet après certains adverbes en tête de phrase : *Il est en retard. Sans doute a-t-il raté son train.*), qui n'est pas une figure, de l'**inversion stylistique**, due à une volonté de mise en valeur de la part de l'écrivain. C'est le cas de *mourants*, isolé par l'inversion du sujet dans ces vers d'Apollinaire :

*Mais tandis que mourants roulaient vers l'estuaire*
*Tous les regards tous les regards de tous les yeux*

(*« Le Voyageur », in* Alcools)

L'inversion du sujet permet de maintenir dans tout le vers une ambiguïté sur le sens de *mourants*, d'abord le plus fort à cause du quatrain précédent qui suggère une connotation plus ou moins funèbre, puis tout à fait atténué dans l'expression « un regard mourant ».

L'inversion peut être liée, en poésie, à des nécessités prosodiques, rythmiques, structurelles. Ph. Martinon (*Dictionnaire des rimes françaises*) la considère comme « la principale de toutes les licences poétiques». C'est une des marques du langage poétique, et pourtant elle semble liée étroitement aux règles de la versification, car l'abandon des contraintes métriques a coïncidé avec un recours de plus en plus rare à l'inversion dans la poésie contemporaine.

▷ *Chiasme, concordance, hyperbate, licence (poétique), syntaxe.*

**isométrie.** L'isométrie (mot féminin, du grec *isos*, «égal en nombre», et *metron*, «mètre») est l'utilisation, dans un même poème ou dans une même strophe, d'un seul et même type de vers ou de mètre.

▷ *Hétérométrie, strophe.*

**isopet.** Au Moyen Age, on appelle isopets (terme dérivé du nom d'Ésope, le fabuliste grec) des apologues de toutes provenances, rédigés en français, avec pour source principale le poète latin Phèdre. Le genre est celui de la fable. Voici la première strophe d'un isopet dit «de Paris» sur la fable du Corbeau et du Renard :

*Un Corbel si estoit*
*En un arbre et mangeoit*
*Un petitet froumage.*
*Renart l'a avisé*
*Qui tost fu apensé*
*De faire li damage.*

▷ *Fable.*

**isotopie.** Le terme (en grec, *isos* = «égal en nombre, semblable», et *topos* = «lieu, situation») a été introduit en sémantique par A.-J. Greimas. En matière d'analyse stylistique ou poétique, il désigne un réseau de signifiés beaucoup plus large qu'un champ sémantique, puisqu'il rassemble toutes les unités qui, dans un texte, renvoient, par dénotation, connotation, ou analogie, à un certain domaine de réalité, à une certaine «totalité de signification» (Greimas, *Sémantique structurale*). Il faut que les catégories sémantiques soient redondantes pour que puisse être définie une isotopie.

En cas d'ambiguïté, un même mot peut appartenir à deux isotopies différentes. Une image met en présence au moins deux isotopies. Dans les deux derniers quatrains du poème «Elévation» de Baudelaire se rencontrent ainsi une isotopie de l'oiseau (*aile, alouettes, essor, planer*) et une isotopie de la vie spirituelle (*les pensers, comprend*) :

*Derrière les ennuis et les vastes chagrins*
*Qui chargent de leur poids l'existence brumeuse,*
*Heureux celui qui peut d'une aile vigoureuse*
*S'élancer vers les champs lumineux et sereins ;*
*Celui dont les pensers, comme des alouettes,*
*Vers les cieux le matin prennent un libre essor,*
*– Qui plane sur la vie, et comprend sans effort*
*Le langage des fleurs et des choses muettes !*

▷ *Champ, connotation, dénotation, image, mot, polysémie, sème, signifié.*

# J

**jeu-parti.** Le jeu-parti est un genre médiéval fondé sur un dialogue strophique entre deux poètes sur un sujet particulier, souvent en rapport avec l'amour, devant des arbitres à qui s'adresse chacun des envois qui achèvent l'ensemble. Voici les deux premières strophes d'un jeu-parti attribué à Jean Bretel, l'interlocuteur est censé être Adam de la Halle :

*Adam, d'amour vous demant*
*Que m'en dichiés sans cheler*
*Dou quel pueent plus trouver*
*En amour li fin amant,*
*Ou du bien ou du mal ; vous le devés*
*Mout bien savoir, car esprouvé l'avés.*

*– Sire, je voi l'un dolant,*
*L'autre lié de bien amer ;*
*Mais je ne m'en doi blasmer,*
*Car j'en go, et nepourquant,*
*Comment que faite en soi me volentés,*
*Li maus plus que li biens i est trouvés.*

▷ *Envoi, tenson.*

**juxtaposition.** La simple mise en présence d'éléments linguistiques plus ou moins élaborés, qui vont de la lettre à la proposition, sans liens syntaxiques ou logiques énoncés, peut être une des manières qu'a la poésie moderne de se manifester comme non-prose. C'est alors ce rapprochement, organisé ou non dans l'espace de la page, qui tient lieu de syntaxe.

Exemples :

– de propositions en parallèle par paires, dans ce poème d'André Frénaud, intitulé « Comme si quoi » :

*Comme si la mort savait conclure.*
*Comme si la vie pouvait gagner.*

*Comme si la fierté était la réplique.*
*Comme si l'amour était en renfort.*

*Comme si l'échec était une épreuve.*
*Comme si la chance était un aveu.*

*Comme si l'aubépine était un présage.*
*Comme si les dieux nous avaient aimés.*

(*in* Il n'y a pas de paradis, *Gallimard*)

– de syntagmes typographiquement distribués en décrochements, dans ce poème de Lorand Gaspar :

TERRE ET PEAU
BRÛLÉES
la bouche et les yeux
dépossédés
dépouillés

espace d'un cri
entouré d'
espace
entouré de
rien

(in *Sol absolu et autres textes*, Gallimard)

La juxtaposition va souvent de pair avec la nominalisation dans la poésie contemporaine.

▷ *Asyndète, binaire, blanc, calligramme, écriture, ellipse, mise en page, mot, parallélisme, parataxe, ponctuation, syntaxe, typographie.*

# K

**kakemphaton.** On appelle kakemphaton (en grec, *kakemphatos* = « malsonnant, qui sonne mal à l'oreille », d'où « inconvenant, indécent ») une suite de sons malencontreuse qui aboutit à une équivoque involontaire, comme dans la première édition d'*Horace* :

> *Je suis Romaine, hélas, puisque* mon époux l'est ;
> *L'hymen me fait de Rome embrasser l'intérêt,*

Pour éviter cet effet indésirable, Corneille, dans l'édition de 1656, avait corrigé en une version définitive :

> *Je suis Romaine, hélas, puisqu'Horace est Romain ;*
> *J'en ai reçu le titre en recevant sa main.*

▷ *Équivoque.*

**kyrielle.** La rime dite kyrielle (du début de la litanie en grec *Kyrie eleison*) consiste dans la répétition d'un même vers à la fin de chaque couplet ou de chaque strophe.

▷ *Refrain, strophe.*

# L

**lai.** Le mot lai, d'un terme emprunté au celtique et ayant la même origine que l'irlandais *laid*, « chant, poème », désigne plusieurs types de formes poétiques médiévales, toujours chantées au son d'instruments à cordes.

Dans sa plus ancienne acception, il peut être :

– soit **narratif** (c'est alors une courte composition avec pour thème préférentiel une aventure chevaleresque, ou un épisode du cycle de la Table ronde, le plus souvent en octosyllabes à rimes suivies, tels les *Lais* de Marie de France),

– soit **lyrique** (c'est alors un poème hétérométrique formé de couplets souvent tous différents, en nombre variable, dont le système des rimes et celui des mètres ne coïncident pas, et dont chacun se chantait sur une mélodie propre). La nature hétérométrique du lai lyrique, avec des vers plus courts que les autres lui confère une forme que les anciens traités de poétique et de rhétorique appellent ***arbre fourchu***.

Tel ce lai attribué à Colin Muset (XIIIe siècle), dont les quatre couplets présentent tous des schémas différents (I : 8 vers de 4 et 7 syllabes, sur 2 rimes alternées ; II : 4 quatrains – 4 5 5 5 – sur 2 autres rimes aaab, avec inversion du système des rimes par rapport à celui des mètres ; III : 6 vers – 5 5 5 7 5 7 – sur 2 nouvelles rimes alternées ; IV : 12 décasyllabes monorimes, le dernier faisant exception, puisqu'il rime avec la rime b du troisième couplet) :

*Bel m'est li tans*
*Que la saisons renovele,*
*Que ses douz chans*
*Rencomence l'alouele.*
*Con fins amanz*
*Chanterai por la plus bele*
*Qui soit mananz*
*Desci q'as murs de Tudele.*

*Por li sospire*
*Mes cuers et empire,*
*Mais ne li os dire*
*Ne mostrer ma plaie.*
*S'or seüst lire*
*En fuelle ou en cire,*
*Veïst mon martire*
*Vers moi fust veraie.*

*Las ! Tant puis dire*
*N'os juer ne rire :*
*Mon cors fait defrire*
*Celle qui l'essaie.*
*Deus ne fist mire*
*Qui poïst descrire*
*Mon cruel martire*
*S'ele ne l'apaie,*
*Que tant l'ai amée*
*K'ensi a sosprise*
*S'amors ma pensée,*
*Qui dou tout s'est en li mise,*
*Car bien l'ai visée,*
*K'ele est trop bele a devise.*

*Ele ot brun poil, s'est plus blanche que fée,*
*Droit nés, blans danz con est la flors en prée*
*Vairs euz rianz, boichette encolorée,*
*Front blanc et cler, tendre come rosée ;*
*Gente de cors, de membres acemée ;*
*Ainz plus bele ne fu de mère née.*
*Mais or ne sai por coi l'ai si loée,*
*Se ne li di tout de fi ma pensée ;*
*Non ferai voir, ne l'en dirai denrée :*
*J'aim mieuz morir k'avoir sa refusée.*
*Seus amerai, telx iert ma destinée,*
*Ne ja par moi n'iert mais d'amors requise.*

Le lai est donc une forme variée, très souple, dont la caractéristique principale est l'hétérométrie. D'après Thomas Sébillet, en 1548, le lai est peu utilisé par ses contemporains.

▷ *Dit, fabliau, hétérométrie, layé.*

**laisse.** On appelle laisse (mot féminin, déverbal de *laisser*) depuis le XIII^e siècle dans la littérature médiévale, un groupement isométrique de vers en nombre variable (de 4 à 30), reliés par une même voyelle en assonance : l'assonance changeait à la laisse suivante. Voici un exemple de deux laisses successives de la *Chanson de Roland*, la première avec assonance en [a], la seconde avec assonance en [i] :

*Quant Rollant veit que la bataille serat*
*Plus se fait fiers que leon ne leupart.*
*Franceis escriet, Oliver apelat :*
*« Sire cumpainz, amis, nel dire ja !*
*Li empere, ki Franceis nos laisat,*
*Itels.XX. milie en mist a une part ;*
*Sun escientre n'en i out un cuard.*

*Pur sun seignur deit hom susfrir granz mals*
*E endurer e forz freiz e granz chalz,*
*Sin deit hom perdre del sanc e de la char.*
*Fier de lance e jo de Durandal,*
*Ma bone espee, que li reis me dunat.*
*Se jo i moerc, dire poet ki l'avrat*
*.....Que ele fut a noble vassal.*

*D'altre part est li ercevesques Turpin ;*
*Sun cheval broche e muntet un lariz,*
*Franceis apelet, un sermun lur a dit :*
*« Seignurs baruns, Carles nus laissat ci ;*
*Pur nostre rei devum nus ben murir.*
*Crestientet aidez a sustenir !*
*Bataille avrez, vos en estes tuz fiz,*
*Kar a voz oilz veez les Sarrazins.*
*Clamez voz culpes, si preiez Deu mercit !*
*Asoldrai vos pur voz anmes guarir. [...]*

La très grande souplesse formelle de la laisse a permis l'utilisation de ce nom pour désigner, dans la poésie moderne en vers libres ou en versets, un ensemble ayant une unité de thème, de ton, et séparé d'un autre ensemble semblable par un blanc typographique. On peut préférer, dans la mesure où la laisse médiévale est une forme néanmoins bien définie, un terme plus neutre comme celui de séquence pour ces groupements nouveaux.

Le terme de ***laisse douzaine*** est employé pour désigner une suite de douze alexandrins monorimes, comme on en trouve dans l'audengière.

▷ *Assonance, audengière, séquence, strophe.*

**layé.** Dire d'une forme poétique qu'elle est « layée » revient à dire qu'elle comporte des vers courts, mélangés à des vers longs, les vers courts étant caractéristiques du lai.

▷ *Hétérométrie, lai.*

**lecture.** Contrairement à ce qui était un usage courant dans les siècles passés, on ne lit plus guère la poésie à haute voix. La lecture a changé elle aussi de statut.

Ainsi certains poètes, comme Saint-John Perse, ont pu affirmer leur répugnance devant toute lecture autre qu'à voix intérieure. Il y a par ailleurs, avec les options de la poésie contemporaine, des difficultés de diction qui tiennent à l'aspect même du texte : ce sont par exemple les calligrammes, les logogrammes, les poèmes dont l'ordre de lecture relève du choix du lecteur, etc.

Chez la plupart des critiques désormais, le terme de *lecture* renvoie à l'idée d'un contact silencieux, intime avec le texte, d'un décryptage individuel.

La lecture d'un poème contemporain ne peut être cursive : elle se rapproche plutôt de la contemplation d'un tableau ou de l'analyse d'une œuvre musicale. Il s'agit non pas de recevoir un certain message verbal et de s'en tenir là, mais d'apprécier une mise en forme signifiante, le jeu de ce que certains appellent la « signifiance ».

La lecture devient donc une analyse du système de l'œuvre, un travail de totalisation ou de choix des différentes voix (ou voies) du texte. Elle se trouve par conséquent être l'envers même de l'acte d'écriture, requérant presque autant de créativité, dans une relation de réciprocité que met en évidence G. Genette dans *Figures* II et qu'il compare à l'anneau de Möbius, dans lequel, grâce à une torsion de la bande qui le constitue, l'endroit et l'envers ne font qu'un.

▷ *Diction, écriture, équivoque, linéarité, signifiance.*

**léonin *(vers)*.** Le vers léonin est un vers dans lequel les deux hémistiches riment ensemble :

*Que fais-tu, hérissée, et cette main glacée.*

▷ *Rime.*

**léonine *(rime)*.** On appelle rime léonine une rime dans laquelle le phénomène d'homophonie finale s'étend sur deux syllabes (rime dissyllabique), telle la rime *adorer/redorer* dans ces vers de « Bénédiction » de Baudelaire :

*Sa femme va criant sur les places publiques :*
*« Puisqu'il me trouve assez belle pour m'**adorer**,*
*Je ferai le métier des idoles antiques,*
*Et comme elles je veux me faire **redorer** [...].*

▷ *Rime.*

**lettrisme.** Voir **phonème.**

**liaisons.** La liaison consiste dans la sonorisation d'une consonne muette finale de mot au contact de la voyelle initiale du mot suivant. La prononciation des liaisons entre les mots pose d'importants problèmes dans la diction des vers. On peut regrouper les remarques qu'attire une telle question en deux règles générales qui veulent que :

1 – aucune liaison ne se fasse d'un vers à l'autre. C'est un principe qui est toujours respecté, même dans la poésie moderne, mais on peut noter que son éventualité n'en est pas

moins présente de manière implicite, ne serait-ce que dans la règle classique de la liaison supposée. De plus, il est d'usage de ne faire sentir aucune liaison en cas d'interruption, de changement d'interlocuteur, et devant les interjections ;

2 – toutes les liaisons se fassent à l'intérieur du vers. Cela va sans dire pour des liaisons qui se feraient de toute façon, même dans un texte en prose, ainsi dans ces vers de *Phèdre* :

*Dans le doute mortel dont je suis agité,*
*Je commence à rougir de mon oisiveté.*

Dans ce cas, comme le remarque Henri Morier (*Le Rythme du vers libre symboliste*), « le français rattache la consonne à la voyelle qui suit *sans s'occuper des limites du mot* : d'où cette profonde unité, cette continuité de notre langue qui s'écoule, sans heurt ni hiatus, fondant les mots les uns dans les autres en une masse verbale parfaitement homogène. » Mais il est plus difficile d'envisager la liaison quand les mots sont séparés par un signe de ponctuation :

*Tu disais ; et nos cœurs unissaient leurs soupirs.*
*(Lamartine)*

Quand la liaison paraît peu euphonique ou artificielle, comme dans ce vers de *Phèdre :*

*Objet infortuné des vengeances célestes,*

J.-C. Milner et F. Régnault (*Dire le vers*) proposent de prononcer la consonne de liaison avec la syllabe précédente, dont la voyelle est alors allongée (obje[t] infortuné). Le comédien J.-L. Barrault, lui, confiant ses réflexions pour une mise en scène de *Phèdre*, pense que « l'abus des liaisons fausse la musicalité du vers ».

Dans la poésie contemporaine, si la diction est en principe soignée, ce type de problème peut être néanmoins résolu parfois par l'absence de liaison. Ainsi, dans « Guadalupe de Alcaraz » (in *Le Deuil des primevères*, Mercure de France), Francis Jammes parle :

*des fleurs de grenadier suspendues aux oreilles*

de la jeune fille. Pour éviter une disgracieuse répétition en [zozo], la liaison n'est pas faite entre *suspendues* et *aux*, mais elle reste indispensable entre *aux* et *oreilles*.

▷ *Diction, hiatus, rime.*

**liaison supposée.** Voir rime.

**libéré.** Voir vers libéré.

**libre.** Voir vers libre.

**licence *(poétique)*.** On appelle licence poétique la liberté que donne l'expression poétique de transgresser les normes dans certaines conditions.

Ce peuvent être des normes orthographiques, comme la faculté d'écrire *encor* au lieu de *encore* afin de satisfaire au nombre des syllabes du vers, fait qui se trouve toujours dans la poésie moderne. Ainsi Yves Bonnefoy (*Hier régnant désert*, Mercure de France) :

> *La voix de ce qui a détruit*
> *Sonne* encor *dans l'arbre de pierre,*

On peut également rencontrer ainsi des finales de verbe archaïques pour respecter la pureté de la rime, tel l'emploi d'une forme ancienne du subjonctif dans ces vers de La Fontaine :

> *« Gardez-vous, sur votre vie,*
> *D'ouvrir que l'on ne vous* die
> *Pour enseigne et mot du guet :*
> *Foin du loup et de sa race ! »*
> *(« Le Loup, la Chèvre et le Chevreau »)*

Le recours à la dérivation impropre permet éventuellement de contourner des règles de la prosodie classique : puisque la suite V + e + C est interdite à l'intérieur du vers en fin de mot, on trouvera *pensers* à la place de *pensées* :

> *Heureux [...]*
> *Celui dont les* pensers, *comme des alouettes,*
> *Vers les cieux le matin prennent un libre essor.*
> *(Baudelaire, « Élévation »)*

Dans l'ordre des licences grammaticales et syntaxiques, on trouve particulièrement l'inversion et l'ellipse.

▷ *E caduc, ellipse, hiatus, inversion, rime, syntaxe.*

**linéarité.** Le caractère linéaire du signifiant est le second des principes qui s'appliquent au signe, dans le *Cours* de Ferdinand de Saussure :

> « Le signifiant, étant de nature auditive, se déroule dans le temps seul et a les caractères qu'il emprunte au temps : a) *il représente une étendue*, et b) cette étendue est mesurable dans une seule dimension : c'est une ligne. »

Alors que la poésie dite « discursive » vit à l'aise avec cette fatalité qui s'applique par extension à cette chaîne de signes qu'est un texte, la poésie moderne tend à essayer d'y échapper. Les moyens diffèrent selon les poètes.

La pratique visuelle de la poésie, par exemple dans le calligramme, propose une représentation globale du poème, avant même toute lecture.

La mise en avant du signifiant, l'exploitation de ses possibilités, sont aussi un moyen poétique d'échapper à la linéarité : un même signifiant, sur une seule occurrence, peut rayonner sur plusieurs plans à la fois, soit en évoquant, par paronomase, homonymie, anagramme ou autre, un autre signifiant non écrit (et par là même un ou plusieurs autres signifiés), soit parce qu'il renvoie en même temps à plusieurs des signifiés qui lui correspondent, par polysémie, jeu étymologique, etc. Ainsi se manifeste avec éclat la nature active du signifiant, qui se déploie en virtualités beaucoup plus diverses que celles du signifié.

▷ *Ambiguïté, anagramme, axes, équivoque, homonymie, homophonie, lecture, paronomase, polysémie, sélection.*

**logogramme.** Un logogramme (mot récent, daté de 1958, fabriqué à partir du grec *logos*, « parole », et *gramma*, « lettre ») est un poème calligraphié de façon telle que l'écriture elle-même, très libre, très dessinée, est illisible : Christian Dotremont fait figurer le texte en clair au-dessous du logogramme.

Le logogramme reproduit ci-contre, est analysé par J.-L. Joubert dans *La Poésie* (Armand Colin, p. 79).

▷ *Calligramme.*

**lyrique.** Voir césure, coupe.

**lyrisme.** Par son étymologie même (le mot vient de *lyre*, instrument de musique à cordes), le lyrisme est en rapport étroit avec l'idée de musique, de chant. C'est le premier sens qu'ait eu l'expression de *poésie lyrique* : poésie chantée, accompagnée à l'origine à la lyre, puis par tout autre instrument. En quelque sorte, la poésie française jusqu'au XV^e^ siècle peut être dite « lyrique » dans la mesure où la musique y occupe une place très importante, aussi bien dans la poésie courtoise, de langue d'oc ou de langue d'oïl, que dans les formes populaires, les *chansons*, *complaintes*, *dits*, *pastourelles*, etc. Ce sens précis s'est longtemps conservé seul, jusqu'au XVIII^e^ siècle, bien que la très grande majorité des poèmes ne fussent plus écrits pour être

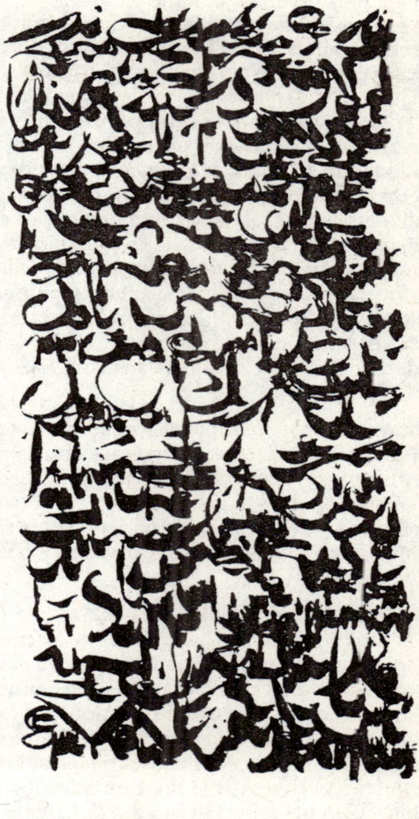

*si désolé que soit dans l'Extrême-Nord l'hiver et si sombre que soit la nuit que nous venions ajouter encore à cette nuit, nous y trouvions énormément de luminosités, moins dans les éclats du ciel, réel, proche, ou de la terre infiniment neigeuse, ou d'une brusque aurore boréale, que dans la sensation probablement indéfinissable de vivre tout ce que nous voyions et plus*

*(Logogramme cité dans Max Loreau, Dotremont, Logogrammes, éd. G. Fall, 1975)*

chantés ni simplement accompagnés de musique. C'est ainsi qu'appartiennent à la poésie lyrique les genres hérités de l'Antique comme l'*ode*, l'*élégie*, l'*ïambe*; on peut y ajouter des compositions diverses plus récentes comme le *sonnet*, la *sextine*, qui ne se réclament pas du lyrisme au sens originel du terme, mais recherchent des qualités formelles mélodiques particulièrement bien illustrées par un poète comme Ronsard, par exemple dans *Les Amours*.

A la fin du XVIIIe siècle, se développe un autre sens, lié au premier par une tonalité que l'on trouve dès la poésie grecque, et, dans le domaine français, surtout à la Renaissance : c'est l'expression du sentiment personnel, sens que la vague romantique et l'individualisme croissant vont développer particulièrement. Le lyrisme est désormais attaché, sans plus de référence directe à la musique, à des caractéristiques comme la sensibilité traduite par l'image, l'émotion personnelle – amoureuse, nostalgique, religieuse, suscitée par le spectacle de la nature, etc. –, la subjectivité, et l'importance qu'y prend le «moi»; c'est ainsi que Hegel définit la poésie lyrique dans son *Esthétique*, en la comparant à l'épopée :

> «Ce qui forme le contenu de la poésie lyrique, ce n'est pas le déroulement d'une action objective s'élargissant jusqu'aux limites du monde, dans toute sa richesse, mais le sujet individuel et, par conséquent, les situations et les objets particuliers, ainsi que la manière dont l'âme, avec ses jugements subjectifs, ses joies, ses admirations, ses douleurs et ses sensations, prend conscience d'elle-même au sein de ce contenu.»

C'est ainsi que, d'après R. Jakobson (*Essais de linguistique générale*), «la poésie lyrique, orientée vers la première personne, est intimement liée à la fonction émotive», et donc à la modalité exclamative plus particulièrement, à quoi s'ajoute un certain bouleversement dans l'ordre des mots.

L'aspect mélodique n'est pas tout à fait abandonné : si le poème n'est plus chanté ni accompagné (ou du moins n'est plus écrit dans cette perspective, car la mise en musique peut suivre la composition), certains aspects rappellent l'origine mélodique par un travail approfondi du signifiant, en particulier dans le rythme métrique, dans la concentration des phénomènes sonores d'allitérations et d'assonances, dans la rime, dans la structure très souvent strophique.

▷ *Chanson, élégie, épopée, fonctions, ïambe, ode, rythme, stance, sujet.*

# M

**madrigal.** Le madrigal (emprunté à l'italien *madrigale* au milieu du XVI^e^ siècle; pour l'origine du mot lui-même, on hésite entre *materialis*, « matériel » – opposé à « spirituel » –, et *matricalis*, « venu de la matrice », c'est-à-dire sans élaboration) est un poème de genre et non une forme fixe. C'est une petite pièce de vers au tour galant ou tendre. Le madrigal est fondé sur un trait d'esprit, ce qui le rend proche, en plus de sa brièveté, de l'épigramme. Du XVI^e^ au XVIII^e^ siècle, nombreux sont les auteurs qui se sont essayés à ces poèmes courts, tel Voltaire :

*Pompadour, ton crayon divin*
*Devrait dessiner ton visage ;*
*Jamais une plus belle main*
*N'aurait fait un plus bel ouvrage.*

Dans son recueil *Encoches* (Éditeurs Français Réunis, 1971), Guillevic nomme « madrigaux » un ensemble de huit poèmes courts.

▷ *Épigramme, valentin.*

**majeure.** Voir cadence.

**masculine *(rime)*.** Voir alternance, rime.

**mêlées *(rimes)*.** Voir rime, vers mêlés.

**mêlés *(vers)*.** Voir vers mêlés.

**mesure.** L'emploi du mot mesure en versification date du XVI^e^ siècle. La métrique appelle traditionnellement *mesures* les groupes syllabiques qui se trouvent entre deux accents. Un alexandrin est ainsi généralement formé de quatre mesures, chacune pouvant compter de 1 à 5 syllabes ; le vers de Phèdre :

*VAI/nes précautiONS ! //FaTA/le destiNÉE !*

est fait de quatre mesures comptant respectivement 1, 5, 2 et 4 syllabes. On note traditionnellement ce découpage rythmique de la manière suivante : 1/5//2/4.

Les vers courts peuvent également être détaillés en mesures :

*Échos/ des grands soirs primitifs !*
*Couchants/ aux flambantes usines,*
*Rude paix/ des sols en gésine,*
*Cri jailli là-bas/ d'un massif,*
*Violuptés/ à vif !*
*(Jules Laforgue,* Les Complaintes, *1885)*

Les quatre octosyllabes peuvent être décomposés en 2/6, 2/6, 3/5, 5/3, et l'hexasyllabe en 4/2.

La succession des mesures est ce qui, traditionnellement, fait le rythme interne du vers, fondé sur le rapport syllabique de segments voisins.

▷ *Césure, coupe, groupe rythmique, hémistiche, mètre, rythme, ternaire, tétramètre, trimètre.*

**mesurés *(vers)*.** Voir pied.

**métagramme.** Le métagramme (du grec *meta*, « en remplaçant », et *gramma*, « lettre ») est une forme d'apophonie par laquelle la variation paronomastique se fait sur un seul phonème, à une place identique (*femme/fane)* :

*Vous gardez ce lieu forclos à tout rire de femme,*
*à tout sourire qui se fane.*
*(Senghor,* Chants d'ombre, *éd. du Seuil)*

C'est également ce qui rapproche *délace* et *délices* dans ce verset de Robert Desnos :

*Tu t'en iras quand tu voudras*
*Le lit se ferme et se* délace *avec* délices *comme*
*un corset de velours noir [...].*
*(Fragment de « Il fait nuit », in* Corps et biens,
*Gallimard)*

▷ *Apophonie, contre-assonance, métaplasme, paronomase.*

**métaphore**. Le terme de métaphore vient du verbe grec *metaphorein*, « transporter », et c'est bien sur l'idée de transport que s'établit la définition d'Aristote dans *La Poétique* :

« La métaphore est l'application à une chose d'un nom qui lui est étranger. » (1457 b 6, trad. par M. Magnien, Le Livre de Poche)

Fontanier reprend aussi cette notion. Après avoir précisé que les métaphores « consistent à présenter une idée sous le signe d'une autre idée plus frappante ou plus connue, qui, d'ailleurs, ne tient à la première par aucun autre lien que celui d'une certaine conformité ou analogie », il paraphrase Aristote et dit :

> « On transporte, pour ainsi dire, un mot d'une idée à laquelle il est affecté, à une autre idée dont il est propre à faire ressortir la ressemblance avec la première. »

La métaphore revient donc à un raisonnement par analogie dont on a abrégé la forme en passant sous silence, pour ce qu'ils ont d'implicite :

– les sèmes communs aux deux pôles de l'image, et qui permettent que métaphore il y ait : le poète peut dire que la mer est un miroir parce que ces deux réalités ont en commun d'être, par exemple, des surfaces planes, d'avoir la capacité de refléter les choses, etc. ;

– l'outil même de l'analogie, qui est en revanche exprimé dans la comparaison. C'est d'ailleurs sur cet aspect-là que Quintilien fonde sa définition de la métaphore : une comparaison sans outil comparant. Au lieu de dire que « Pierre est fort comme un lion », on dit « Pierre est un lion ».

Pour simpliste que soit cette définition de la métaphore, elle n'en souligne pas moins une parenté réelle entre métaphore et comparaison. Baudelaire, dans un passage du « poème du hachisch » (*Les Paradis artificiels*) où il décrit les effets de la drogue sur l'appréhension du réel, donne en même temps une idée précise de l'évolution subjective qu'il y a de l'une à l'autre, de la simple analogie à l'identification qui crée une autre réalité :

> « Votre œil se fixe sur un arbre harmonieux, courbé par le vent ; dans quelques secondes, ce qui ne serait dans le cerveau d'un poète qu'une comparaison fort naturelle deviendra dans le vôtre une réalité. Vous prêtez d'abord à l'arbre vos passions, votre désir et votre mélancolie, ses gémissements et ses oscillations deviennent les vôtres, et bientôt vous êtes l'arbre. »

Quand le comparé et le comparant sont tous deux présents dans la phrase, on parle de **métaphore *in præsentia***. Elle peut se manifester selon différents types de construction, dont voici les plus courants :

– un *est* d'équivalence :

*En Flandres*
Le soleil est un fameux quinquet
(*Blaise Cendrars,* Du monde entier)

– une apposition, avec ou sans démonstratif :

> Des rayons *qu'on ne voit pas vibrent,* clairons rauques.
> (*Jules Romains,* La Vie unanime)

> – *Et* l'orgueil, ce trésor de toute gueuserie,
> *Qui nous rend triomphants et semblables aux Dieux !*
> *(Baudelaire, « Le vin du solitaire »)*

– un rapport substantif/verbe :

> *Les beaux jambages que* la mer écrit*!*
> *(Max Jacob,* Le Laboratoire central*)*

– un rapport de détermination :

> *...et je levais tremblant* la palme de mon corps *vers cette grande Voix qui rythme l'Univers.*
> *(Paul Fort,* Ballades françaises*)*

Dans la **métaphore *in absentia***, le comparant figure seul. Ainsi, parlant implicitement de ses poèmes, Saint-John Perse écrit, dans le premier verset de « Nocturne » (*Chant pour un Équinoxe*, o.c., la Pléiade/Gallimard) :

> *« Les voici* mûrs, ces fruits *d'un ombrageux destin. De notre songe issus, de notre sang nourris, et qui hantaient la pourpre de nos nuits, ils sont les* fruits *du long souci, ils sont les* fruits *du long désir, ils furent nos plus secrets complices et, souvent proches de l'aveu, nous tiraient à leurs fins hors de l'abîme de nos nuits... »*

Une métaphore qui s'est particulièrement répétée, qui a été très employée, peut facilement se lexicaliser : c'est l'origine de la plupart des catachrèses.

Enfin, une métaphore peut s'étendre plus ou moins : si elle se poursuit sur plusieurs lignes ou plusieurs vers, avec une certaine exploration de la logique comparative, on parle de ***métaphore filée***.

Ainsi Francis Ponge établit dans la première séquence du poème en prose intitulé « Les Mûres » une identité telle entre les fruits sombres et l'écriture du poème qu'une confusion s'établit et que le lecteur ne sait plus où est le thème (ou imagé), et où est le phore (ou imageant) :

> *« Aux buissons* typographiques constitués par le poème *sur une route qui ne mène hors des choses ni à* l'esprit, *certains fruits sont formés d'une agglomération de sphères qu'*une goutte d'encre *remplit. »*
> *(in* Le Parti pris des choses, *Gallimard)*

▷ *Allégorie, axes, catachrèse, cliché, comparaison, figure, image, métonymie, personnification, sélection, substitution, syllepse, symbole, synecdoque, trope.*

**métaplasme.** On désigne par le terme générique de métaplasme (mot masculin, du grec *metaplassein*, « modeler autrement, transformer ») toutes les opérations qui, dans le mot, affectent phonèmes et graphèmes par suppression (aphérèse, apocope, syncope, élision), adjonction (prosthèse, paragoge, épenthèse), permutation (métathèse), division (diérèse), fusion (synérèse).

▷ *Anagramme, aphérèse, apocope, apophonie, diérèse, élision, épenthèse, métagramme, métathèse, paragoge, paronomase, phonème, prosthèse, syncope, synérèse.*

**métathèse.** La métathèse (du grec *metathesis*, « transposition ») est un métaplasme qui consiste dans une permutation de phonèmes ou de syllabes à l'intérieur d'un mot. C'est un phénomène fréquent dans la langue, aussi bien dans l'histoire des mots (f*or*ma/f*ro*mage) que dans le langage populaire (inf*rac*tus pour inf*arc*tus).

La poésie l'utilise aussi dans le passage d'un mot à l'autre : dans le vers suivant du poème « Les Grenades » (in *Charmes*, o.c., la Pléiade/Gallimard) :

*Et que si l'or sec de l'écorce*

c'est par une métathèse syllabique que Valéry passe de [ɔrsɛk] à [ekɔrs].

▷ *Anagramme, métaplasme.*

**métonymie.** La métonymie (du grec *metonumia*, « changement de nom ») est une figure de contiguïté, radicalement opposée, dans la perspective jakobsonnienne, à la métaphore. Elle désigne un objet par le nom d'un autre objet autonome par rapport au premier, mais qui a avec lui un lien nécessaire, soit existentiel, soit de voisinage.

Le fait que les deux réalités soient absolument autonomes l'une par rapport à l'autre est ce qui permet de distinguer nettement la métonymie de la synecdoque, dans laquelle le rapport est d'inclusion. Comme le remarque H. Bonnard dans les *Procédés annexes d'expression*, si l'on dit « boire une bonne bouteille », « bouteille » est une métonymie pour le vin, puisque, évidemment, on ne boit pas la bouteille elle-même ; en revanche, si l'on dit « acheter une bonne bouteille », « bouteille » est une synecdoque pour le vin, parce que, même si c'est le vin seul qui peut être dit « bon », on achète l'ensemble, contenu et contenant.

On définit différentes sortes de métonymies :

- du contenu pour le contenant, ou l'inverse.

*Voilà de cette cour la plus grande vertu*
*(Du Bellay,* Les Regrets, XVI)

[*cour* = les gens qui la peuplent, les courtisans.]

- de l'effet pour la cause, ou l'inverse.

*Où les pastels plaintifs et les pâles Boucher,*
*Seuls respirent l'odeur d'un flacon débouché.*
*(Baudelaire, « Spleen »)*

[*les pâles Boucher* = les pâles (tableaux de) Boucher (cause active).]

- du lieu d'origine pour un objet ou pour une personne.

*Ce que n'a pu jamais Aragon ni Grenade,*
*Ni tous vos ennemis ni tous mes envieux,*
*Le Comte en votre cour l'a fait presque à vos yeux,*
*(Corneille,* Le Cid)

[*Aragon, Grenade* : les toponymes pour les chefs et les armées de ces provinces.]

- de l'abstrait pour le concret, ou l'inverse.

*Par ce dizain clairement je m'accuse*
*De ne savoir tes vertus honorer*
*(Pernette du Guillet)*

[*tes vertus* = toi, qui as de si belles qualités.]

- de la partie du corps pour le sentiment qui y est attaché.

*Les yeux qui me surent prendre*
*Sont si doux et rigoureux*
*Que mon cœur n'ose entreprendre*
*De s'en montrer langoureux.*
*(Mellin de Saint-Gelais, « Chanson »)*

[*mon cœur* = l'amour que j'éprouve pour elle.]

On peut encore citer bien d'autres formes de la métonymie, dans la mesure où c'est un procédé très courant de la langue, telle celle qui emploie le nom de l'instrument pour désigner celui qui s'en sert (*un trompette* pour un joueur de trompette).

Le mécanisme de la métonymie est souvent fondé sur l'ellipse : on dit « du cachemire » pour « du (tissu de) Cachemire ».

▷ *Antonomase, axes, catachrèse, ellipse, figure, image, métaphore, personnification, symbole, synecdoque, trope.*

**mètre.** On appelle mètre (du grec *metron*, « mesure ») la mesure donnée par le nombre de syllabes prononcées dans le vers (mètre de 7 syllabes pour l'heptasyllabe) ; comme tel, *mètre* équivaut presque à « type de vers » ; il est structuré ou non, selon la nature du vers, par césure, coupes, effets rythmiques liés à l'accent et aux récurrences phoniques. On peut appliquer la notion de mètre à la prose cadencée ou à la poésie non versifiée ; mais certains préfèrent recourir alors au terme de « groupe rythmique ».

▷ *Accent, césure, coupe, groupe rythmique, mesure, métrique, nombre, rythme, scansion, syllabe, tétramètre, trimètre, vers, verset, vers libre.*

**métrique.** Le mot apparaît dans les traités à la fin du XVe siècle. La métrique étudie les systèmes récurrents propres aux techniques de la poésie versifiée : mesures fixes qui définissent l'organisation interne du vers, mais aussi régularité rythmique, groupement des vers en strophes ou en formes fixes.

L'adjectif *métrique* est employé au sens strict pour ce qui concerne des groupements fondés sur le mètre ou la mesure syllabique ; dans un sens plus large, il s'applique en général au système du vers.

▷ *Mètre, prosodie, scansion, strophe, vers, versification.*

**mineure.** Voir **cadence.**

**mise en page.** Si l'on met à part la tradition des vers rhopaliques, la poésie a longtemps suivi des règles très précises de présentation, neutres par rapport au sens du poème. La poésie traditionnelle règle la mise en page selon des codes bien définis, mais c'est avec la poésie moderne qu'apparaît le plus visiblement l'organisation de l'espace dans la page. On peut considérer que Victor Hugo, avec son poème « Les Djinns » où les strophes croissent puis décroissent suivant l'approche puis l'éloignement du danger, est un précurseur du recours à l'espace comme signifiant. Mais c'est Mallarmé qui introduit un phénomène véritablement nouveau avec le *Coup de dés* en 1897. Apollinaire poursuit dans cette voie avec les *Calligrammes*, et les formes que prend la visualisation de la poésie sont depuis sans cesse renouvelées, jusqu'à l'éclatement même de la langue.

Dans les poèmes qui se fondent ainsi sur le visuel, la mise en rapport spatiale entre les mots ou les syntagmes est, comme le dit Michel Butor, une autre forme de syntaxe : « La façon dont on dispose les mots sur une page doit être considérée comme une autre grammaire. » Et cette nouvelle occupation de l'espace poétique donne aussi une nouvelle dimension au temps, puisque le poème sur la page forme avec elle un objet total, à saisir d'emblée et d'un seul coup d'œil ; équilibre de blanc et de texte, il offre une perspective de signes, de mots, de phrases à parcourir ensuite de manière non cursive.

La mise en évidence de l'espace poétique comme signifiant coïncide avec le moment où la poésie prend ses distances avec les règles traditionnelles, manière, sans doute, comme le montre J. Cohen avec l'exemple qu'il forge à partir d'un fait divers (*Structure du langage poétique*), de manifester le rôle toujours puissant du blanc dans la langue poétique.

▷ *Blanc, calligramme, écriture, juxtaposition, lecture, ponctuation, syntaxe, typographie.*

**modalité.** On désigne par le terme de modalités les éléments qui expriment l'attitude qu'adopte le locuteur à l'égard de l'énoncé qu'il produit.

Cela concerne :

– d'une part, **la tonalité de la phrase** : on parle ainsi de modalité déclarative, interrogative, impérative, exclamative, emphatique, négative, passive ;

– d'autre part, **les modes du verbe** qui traduisent l'attitude du locuteur devant sa propre énonciation : adhésion (indicatif), doute, hypothèse, attitude subjective (conditionnel en phrases directe ou indirecte, subjonctif en phrase directe), exhortation, adresse à l'autre (impératif, parfois relayé par le subjonctif).

▷ *Énonciation.*

**monorime.** On qualifie de monorimes (du grec *monos*, « seul », et *rime*) des groupements de vers, strophiques ou non, liés par une rime unique, telle la ***laisse douzaine***.

L'« Adieu » d'Apollinaire dans les *Poèmes à Lou* est fait de tercets monorimes (tous avec Lou en acrostiche) dont voici le premier :

> L 'amour est libre il n'est jamais soumis au sort
> O Lou le mien est plus fort encor que la mort
> U n cœur le mien te suit dans ton voyage au Nord

▷ *Rime, strophe.*

**monostiche.** On dit aussi *monostique* (du grec *monos*, « seul », et *stikhos*, « vers »). Il s'agit d'un vers qui se trouve à l'état isolé ; c'est un vers blanc dans la mesure où il ne rime avec rien, mais il en diffère puisqu'il constitue à lui seul le poème, comme le fameux alexandrin d'Apollinaire :

*Et l'unique cordeau des trompettes marines.*

▷ *Vers, vers blanc.*

**monosyllabe.** On appelle vers monosyllabe un vers qui ne comporte qu'une syllabe (en grec, *monos* = « seul »). Il se trouve très rarement en isométrie, sauf cas de prouesse technique, tel le sonnet de Jules de Rességuier « Sur la mort d'une jeune fille » :

*Fort*
*Belle*
*Elle*
*Dort*

*Sort*
*Frêle !*
*Quelle*
*Mort !*

*Rose*
*Close,*
*La*

*Brise*
*L'a*
*Prise.*

Il est la plupart du temps employé en hétérométrie, comme dans le vers-écho, où la reprise instantanée de la rime reproduit un effet semblable à celui de la rime couronnée.

Le terme de *vers monosyllabe* ne doit pas être confondu avec celui de *vers monosyllabique* qui désigne un vers composé de mots monosyllabiques, tel le vers de *Phèdre* :

*Le jour n'est pas plus pur que le fond de mon cœur,*

usage dont l'esthétique est en principe condamnée par les classiques.

▷ *Rime, vers, vers-écho.*

**mot.** Jusqu'aux travaux de Ferdinand de Saussure, le concept de mot a été défini par les théoriciens de manière assez continue comme le signe unitaire de base, symbole le plus petit doué de signification. Il suffit, pour s'en convaincre, de comparer ce qu'en dit Aristote (*De l'interprétation* 16 a : « Les sons émis par la voix sont les symboles des états d'âme, et les mots écrits, les symboles des mots émis par la voix »), à la définition d'Arnault et Nicole (*La Logique ou l'art de penser*, II, ch. 1) : « Les mots sont des sons distincts et articulés dont les hommes ont fait des signes pour marquer ce qui se passe dans leur esprit » ; Condillac, un siècle plus tard, ne dira pas autrement.

A la correspondance entre une idée et un mot, Saussure substitue la notion de signe linguistique, représenté non plus par un segment graphique discernable par des « blancs », mais par une image acoustique à isoler dans une chaîne continue de sons. L'unité linguistique de base n'est plus le mot mais le signe qui a deux faces indissociables – le signifié (concept) et le signifiant (image acoustique) – et qui désigne, comme le rappelle Tullio de Mauro dans son Introduction au *Cours de linguistique générale* de Saussure, aussi bien « des unités minimums (que Frei [et Martinet] ont ensuite appelées *monèmes* : aim-, -ont, parl-, -er, etc.) » que des « unités complexes, que Saussure appelle *syntagmes* (chien ; il parle ; par ici s'il vous plaît, etc.) ». La délimitation de cette entité linguistique ne correspond donc pas au mot : « La langue, dit Saussure, présente ce caractère étrange et frappant de ne pas offrir d'entités perceptibles de prime abord, sans qu'on puisse douter cependant qu'elles existent, et que c'est leur jeu qui la constitue. » A partir de là, les linguistes remplacent la notion de mot, devenue trop relative, par celle, plus souple et plus neuve, de « syntagme autonome ».

Mais le vieux concept a la vie dure, et, s'il est vrai que, pour ceux qui se penchent sur le langage en tant qu'entité abstraite, le mot échappe à toute tentative pour le définir et le délimiter comme unité à valeur universelle, il est difficilement contournable quand il s'agit d'étudier les réalisations d'une langue particulière, surtout celles qui sont écrites. C'est pourquoi, sans pour autant en revenir à la doctrine classique, on peut définir le mot comme un signe (même si tout signe n'est pas un mot), et donc une entité formée d'un signifié et d'un signifiant (représenté à la fois par une image acoustique et par une image graphique) ; de plus, il est, comme le dit Benveniste (*Problèmes de linguistique générale* 1), « la plus petite unité signifiante libre », puisque, en réalisation concrète, le mot est la manifestation minimale du fait de langue.

Le mot est donc le point focal unitaire où s'opère la fusion du signifiant et du signifié. Il se situe à la croisée entre les deux axes fondamentaux du langage, tels que les a définis Jakobson. La question est alors de savoir quelle place a le mot choisi par le poète par rapport aux autres mots, d'une part ceux qui ont été écartés par la sélection, et qui, bien souvent, en poésie moderne en particulier, figurent dans ce que Saint-John Perse appelle les « grandes marges du poème », d'autre part ceux qui forment son contexte, pour contribuer à élaborer ce tout qu'est l'œuvre.

La poésie moderne, avec son désir d'échapper à la linéarité du discours, tend à restituer le mot dans sa plénitude, en ne le limitant pas au seul plan des signifiés et d'une avancée syntagmatique qui va, selon la logique rationnelle classique, d'idée en idée sans que le mot y soit valorisé dans sa totalité et pour lui-même. A présent, le signifiant n'est plus regardé seulement comme la base musicale du poème. La poésie moderne, retrouvant en cela une recherche poétique qui date de la fin du XV^e^ siècle et bien avant, n'hésite pas à jouer sur les mots et à pratiquer des rencontres inattendues de signifiants, que l'ordre du discours ne reconnaît qu'à un usage trivial du langage. Par ailleurs, le jeu des signifiés est toujours mis à profit, et les deux composantes temporelles, la durée (diachronie) et le moment (synchronie) donnent lieu également à une utilisation multiple et savante du mot, évoquant étymon et polysémie. Grâce à cette liberté, la poésie moderne privilégie beaucoup plus que la poésie classique la dimension « verticale » du mot, ce qui donne à celui-ci une valeur particulière, que le poète module à son gré : le mot poétique, note R. Barthes dans *Le degré zéro de l'écriture* (éd. du Seuil), « brille d'une liberté infinie et s'apprête à rayonner vers mille rapports incertains et possibles. Les rapports fixes abolis, le mot n'a plus qu'un projet vertical, il est comme un bloc, un pilier qui plonge dans un total de sens, de réflexes et de rémanences : il est un signe debout ».

Cependant, et malgré la profonde justesse de cette remarque, on peut y relever ce que Henri Meschonnic, dans *Pour la Poétique* 1, appelle un certain « déni de syntaxe », qui tendrait à isoler le mot du contexte. Au contraire, le mot entretient avec ses entours, écrits et non écrits, des rapports réciproques et nécessaires dans la cohérence de ce tout qu'est une œuvre poétique où « le mot n'est plus mot, mais contexte », où « de même que la phrase fait le sens du mot dans l'œuvre, c'est l'œuvre qui fait le style et non le style l'œuvre » : le mot participe à la fabrication d'un tout qui porte sens, d'un système qui a ses lois et ses structures autonomes, une « forme-sens ».

Tout est alors lié, une juxtaposition de signifiants amenant une rencontre de signifiés, un mot en appelant un autre par des affinités même formelles : A. Kibédi Varga dit à ce propos la poésie moderne « convaincue du pouvoir magique du verbe », cherchant « à appréhender la réalité par un rapprochement de verbes qui crée l'image (*Les Constantes du poème*, éd. Picard, p. 262). Le mot n'est plus alors un signe-information mais une valeur dans l'œuvre et par l'œuvre. C'est sans doute ce qui pousse Jakobson à dire dans *Questions de poétique*, que « la poésie est la mise en forme du mot à valeur autonome ».

L'autonomie, la mise en valeur multiple du mot dans la poésie moderne – et cette relation réciproque entre le mot et le tout qu'il forme, informe et qui le forme – sont des virtualités parfaitement présentes et repérables au sein de la langue : l'utilisation qu'en fait la psychanalyse peut suffire à en témoigner ; et elles servent cette même langue par la restauration, la redécouverte de certains vocables enfouis soit dans l'oubli, soit dans la rareté ou le figement, soit encore dans le galvaudage : c'est ainsi que, selon le vers célèbre de Mallarmé, le poète donne « un sens plus pur aux mots de la tribu », est plus près de la vérité que portent les mots. Dans la logique également de cette confiance accordée à la capacité qu'ont les mots de faire surgir la vérité de l'homme, Mallarmé parle de leur céder « l'initiative ».

Le propre du mot poétique n'est donc pas toujours dans sa rareté ou dans son appartenance à un type de lexique particulier comme autrefois *onde*, *azur*, *coursier*, *courroux*, *songe*, *trépas*, etc. (bien que, comme le remarquent J. Molino et J. Gardes-Tamine, *Introduction à l'analyse de la poésie* I, ce vocabulaire soit « beaucoup plus résistant qu'on ne croit » et que la plupart de ces termes, « impossibles à trouver hors poésie », se retrouvent sous la plume des poètes contemporains), mais bien plutôt dans la valeur que lui accorde un certain poète selon une certaine orientation qui relève du système propre de l'œuvre, de ce que H. Meschonnic appelle l'« intention de poésie ». Par conséquent, tout mot peut être poétique *a priori*, et son poids dans l'œuvre, sa poétisation, ne dépendent que du choix du poète.

▷ *Associations (verbales), autonomie, axes, champ, connotation, cratylisme, dénotation, étymologie, figé (tour), fonctions, hapax, isotopie, mot-valise, néologisme, nom propre, polysémie, référent, sélection, sème, signe, signifiant, signifié, substitution, syllepse, trope.*

**motet.** Dérivé de *mot*, le motet est un genre médiéval qui appartient avant tout au domaine musical : c'est un chant pour deux voix, d'abord en latin, puis, à partir du début du XIIIᵉ siècle, en français. La pièce poétique qui correspond est en vers hétérométriques, sur deux rimes. Voici un motet d'Adam de la Halle :

(Première voix)

*J'os bien a m'amie parler*
*Les son mari,*
*Et baisier et acoler*
*D'encoste li ;*
*Et lui ort jalous clamer*
*Wibot aussi*
*Et hors de sa maison enfremer*
*Et tous mes bons de m'amiette achever,*
*Et li vilains faire muser.*

(Deuxième voix)

*Je n'os a m'amie aler*
*Pour son mari*
*Que il ne se peüst de mi*
*Garde doner.*
*Car je ne me puis garder*
*D'encoste li*
*De son bel viaire regarder.*
*Car entre amie et ami*
*An jeux sont a celer*
*Li mal d'amer.*

**mot-valise.** On appelle mot-valise un mot fabriqué en rattachant par leurs éléments communs deux mots différents (phénomène dit de « télescopage »). C'est un fait que le lapsus illustre par une expérience courante et involontaire : Freud en donne un exemple particulièrement savoureux dans *Le Mot d'esprit et ses rapports avec l'inconscient*, avec le cas de l'homme qui se vante d'avoir été traité par Rothschild « de façon toute *famillionnaire* » (*familière* contaminé par l'idée de l'argent, *millionnaire*).

La littérature en général, et la poésie en particulier, dans ce qu'elle peut avoir de ludique, a volontiers recours aux mots-valises.

Ainsi, Francis Ponge a appelé *Proêmes* un de ses recueils, rassemblant le début de *prose* et la fin de *poème*, avec ce facteur supplémentaire d'à-propos que les deux mots commencent par la même lettre, ce qui fait que les *proêmes* sont des *poèmes* à un *r* près.

Ce type de fabrication de mot est à la base de nombreux néologismes.

▷ *Cliché, néologisme, télescopage.*

# N

**néologisme.** Aristote inclut le néologisme (du grec *neos*, « nouveau », et *logos* « parole, mot ») parmi les catégories du nom qui sont propres à la poésie, juste après avoir parlé de la métaphore :

> « Est un nom inventé celui qui n'est employé par absolument personne et que le poète établit de son propre chef. »
>
> (*Poétique* 1457 b 33, trad. par M. Magnien, Le Livre de Poche)

Quel est le rôle du néologisme en poésie ?

Pour Jakobson (*Questions de poétique*), le néologisme enrichit la poésie de trois manières :

– il surprend l'oreille par sa nouveauté, par un nouvel assemblage phonique ;

– il oblige en quelque sorte le lecteur à arrêter son attention sur sa forme même, sur la création verbale dont il est l'objet, alors que la perception du langage quotidien est à peine consciente ;

– il incite à réfléchir sur le sens du mot, à se référer au contexte ou au sens des étymons repérables (type de réflexion que Jakobson appelle « pensée étymologique »).

Dans la poésie française, la création de néologismes ne s'est pas faite de manière continue. On connaît les innovations de la Pléiade, insérées dans la langue avec plus ou moins de bonheur ; elles ont été suivies par trois siècles de respect scrupuleux, puisqu'il faut attendre le symbolisme pour que le néologisme soit de nouveau utilisé, et il continue de l'être dans la poésie contemporaine. On remarquera que dans tous les cas, le mot ainsi façonné respecte le génie de la langue, aussi bien dans sa prononciation que dans sa formation (dérivation avec le plus souvent des affixes bien connus, composition à partir de termes déjà existants). Dans « Le Grand Combat » (in *Qui je fus*, Gallimard), particulièrement riche en néologismes puisque le poème est fondé sur leur valeur suggestive, Henri Michaux invente par exemple le verbe *emparouiller* qui est composé du verbe *s'emparer* sans son réfléchi et du suffixe fréquentatif *-ouiller*, ou encore *endosquer*, où l'on reconnaît le substantif *dos* affecté du préfixe *en-* ; mais toutes ces créations ne sont pas aussi directement compréhensibles : c'est le contexte, et surtout le titre, qui permettent de se faire une idée de :

*Il le* pratèle *et le* libucque *et lui* barufle *les* ouillais.

Dans le néologisme de sens, qui emploie un mot dans un sens nouveau, la jouissance de créer entièrement du langage ne se fait pas sentir aussi pleinement.

▷ *Cratylisme, étymologie, mot, mot-valise.*

**neuvain.** Le sens actuel de « strophe ou poème de neuf vers » existe depuis 1548. Le neuvain est par nature une strophe composée. Les plus fréquents allient un quintil et un quatrain, quel qu'en soit l'ordre.

• Avec trois rimes seulement, la combinaison ababbcbbc présente deux possibilités de structuration : soit, avec cadence majeure, quatrain abab + quintil bcbbc, soit, avec cadence mineure, quintil ababb + quatrain cbbc :

*Le temps est changé grandement*
*Si chacun bien y considère*
*Et nul ne sait plus bonnement*
*Comme il se pourra contrefaire ;*
*On ne vit oncq telle misère ;*
*(Dieu nous veuille de pis garder !)*
*Car nul n'est qui craigne à méfaire*
*Contre Dieu ni ses père et mère*
*Chacun veut chacun gourmander.*
*(Eustorg de Beaulieu)*

• Avec quatre rimes, l'ordre des deux éléments de composition de la strophe apparaît nettement, soit quintil + quatrain, avec ababa/cdcd, soit l'inverse, avec abab/cdccd, ordre choisi par Musset pour les neuvains hétérométriques de la « Nuit de décembre » :

*Ce soir encore je t'ai vu m'apparaître.*
*C'était par une triste nuit.*
*L'aile des vents battait à ma fenêtre ;*
*J'étais seul, courbé sur mon lit.*
*J'y regardais une place chérie,*
*Tiède encor d'un baiser brûlant ;*
*Et je songeais comme la femme oublie,*
*Et je sentais un lambeau de ma vie*
*Qui se déchirait lentement.*

On trouve également des neuvains à structure ternaire avec rythme tripartite aab/ccb/ddb, tels ceux qui composent la huitième section du poème de Victor Hugo intitulé « Le Feu du Ciel » :

*Gomorrhe ! Sodome !*
*De quel brûlant dôme*
*Vos murs sont couverts !*
*L'ardente nuée*
*Sur vous s'est ruée,*
*O peuple pervers !*
*Et ses larges gueules*
*Sur vos têtes seules*
*Soufflent leurs éclairs !*

▷ *Quatrain, quintil, strophe, tercet.*

**nombre.** La notion de nombre est une notion centrale en poétique : on la retrouve dans tous les domaines de la versification, elle est à la base même du rythme, et de tout ce qui nous attache par les sens au signifiant.

« Grâce au *nombre*, écrit Claudel dans *Positions et propositions* (Gallimard), le sens parvient à l'intelligence par l'oreille avec une plénitude délicieuse qui satisfait à la fois l'âme et le corps. »

Dans la poésie moderne, même si les lois du décompte sont variables, le nombre reste souverain.

C'est d'ailleurs à partir de la constatation de ce rôle du nombre que les recherches poétiques de Jacques Roubaud et de l'équipe de l'Oulipo se fondent largement sur des axiomes logiques et mathématiques, selon deux conjectures réciproques :

1. L'arithmétique s'occupant du langage suscite des textes.
2. Le langage produisant des textes suscite l'arithmétique.

(in *Oulipo :* La Littérature potentielle, Gallimard)

Mais les procédés d'engendrement mécanique de textes, s'ils produisent certaines formes très réussies tel le sonnet « 3,1415 » de J. Bens, montrent bien que la fonction du nombre dans la poésie a aussi ses limites, au-delà desquelles la place même du sujet humain peut se perdre jusqu'à un pénible sentiment de systématisation scientifique à tout prix.

▷ *Comptine, mètre, répétition, rythme, sonnet, strophe, vers.*

**nom propre.** Le nom propre fait partie des embrayeurs parce qu'il est nécessairement en lien avec un référent précis. O. Ducrot et T. Todorov notent dans le *Dictionnaire encyclopédique des sciences du langage*, (éd. du Seuil, p. 321), qu'« il est anormal d'employer un nom propre si l'on ne pense pas que ce nom "dit quelque chose" à l'interlocuteur, si donc l'interlocuteur n'est pas censé avoir quelques connaissances sur le porteur de ce nom ». Le nom propre a donc une fonction très précise de désignation et d'individuation. Il sert à fixer, à identifier de manière bien déterminée, et en même temps il est par nature contingent et éphémère, lié à tout un contexte personnel, culturel, historique et géographique, d'où sa très grande charge connotative qui a toujours été fortement mise à contribution par les poètes. Ces facultés d'évocation et d'invocation sont particulièrement sensibles dans ces vers de Nerval extraits de « El Desdichado » :

*Rends-moi le Pausilippe et la mer d'Italie, [...]*

*Suis-je Amour ou Phébus, Lusignan ou Biron ? [...]*

*Et j'ai deux fois vainqueur traversé l'Achéron,*
*Modulant tour à tour sur la lyre d'Orphée*
*Les soupirs de la sainte et les cris de la fée.*

La liberté de création à volonté de nouveaux noms propres est elle aussi mise à profit :

*Garinettes et Farfalouves devisaient allégrement.*
*S'éboulissant de groupe en groupe, un beau Ballus de la famille des Bormulacés rencontra Zanicovette. Zanicovette sourit, ensuite Zanicovette, pudique, se détourna.*

*(Henri Michaux, « Dimanche à la campagne »,*
*in* Lointain intérieur, *Gallimard)*

Le nom remplit également une double fonction phatique puisqu'il permet à la fois d'apostropher, d'attirer à soi l'attention d'autrui, et d'invoquer ; il peut encore se substituer à la chose ou à l'être et par là évoquer l'absent. « Le mot est l'âme de ce qu'il nomme, nous semble-t-il, son âme toujours intacte », écrit Yves Bonnefoy dans son essai sur *L'acte et le lieu de la poésie* (Mercure de France) ; et il poursuit :

« Ainsi Dante qui l'a perdue va-t-il *nommer* Béatrice. Il appelle en ce seul mot son idée et demande aux rythmes, aux rimes, à tous les moyens de solennité du langage de dresser pour elle une terrasse, de construire pour elle un château de présence, d'immortalité, de retour. »

Le nom propre mobilise particulièrement l'intérêt cratylien pour le langage, dans la mesure où il est *a priori* vide de sens : la remotivation du nom donne lieu à paronomases, anagrammes, calembours, jeux étymologiques particulièrement prisés à l'époque des Rhétoriqueurs, comme le montre l'ouvrage de François Rigolot sur *Poétique et onomastique*.

Par ailleurs, dans la poésie en général, mais surtout dans la poésie moderne, le traitement poétique du nom, même commun, tend à lui donner un statut de nom propre, selon un type de réflexion linguistique qui intéresse aussi bien les lointains les plus archaïques de la pensée humaine que les données les plus récentes de la psychanalyse.

Le nom a en effet ceci de particulier que, s'il est un mot parmi d'autres, c'est un mot habité, un mot qui porte la substance – un « substantif ». Le mot en général est un élément à valeur marchande, unité linguistique donnée objectivement qui fait partie de la langue de base, d'échange, sur laquelle s'exerce le consensus d'une certaine société humaine. Le nom, et surtout le nom propre, est, lui, investi d'une part de création individuelle qui existe dans toute nomination par l'instauration d'un rapport de nature essentielle entre la chose (ou la créature) et celui qui la nomme. La nomination est d'ailleurs étroitement liée à de nombreux mythes de la Création. On peut citer, bien sûr, la Genèse (II, 19-20) :

> « Dieu façonna du sol toutes les bêtes des champs et tous les oiseaux du ciel, et il les amena à l'homme pour voir comment il les appellerait : le nom que l'homme donnerait à tout être vivant serait son nom. »

Le nom, habité par le désir humain, par l'intention qui fait qu'on le donne et qu'on le prononce, établit le rapport du moi au monde, reflète le degré de réel qu'il représente en soi et pour chaque sujet. Grévisse, dans *Le Bon Usage*, note ce rôle essentiel du nom en le définissant ainsi : « Tout mot du langage peut devenir *nom* dès que l'on considère ontologiquement, en la faisant passer sur le plan de l'"être", la notion qu'il exprime. »

Dans son apprentissage du langage, l'enfant commence toujours par enregistrer presque uniquement des noms, les intégrant à la fois dans leur signifiant (plaisir de le dire, de le répéter, de l'entendre), mais aussi dans une structure très complexe autour de leur signifié propre : c'est que cette assimilation se fait dans un certain contexte affectif et chargé de signification. De plus, la nomination s'allie à la sensation de maîtrise : de la confusion du chaos innommé émerge une organisation progressive du monde. L'image du *Cratyle* se justifie alors pleinement :

> « Le nom est donc un instrument propre à enseigner et à distinguer la réalité, comme la navette à démêler les fils. »
>
> (388c, trad. par E. Chambry, Garnier-Flammarion)

En matière de poésie, et en particulier de poésie moderne, il faut reconsidérer la définition usuelle du nom propre, pour en retenir la notion de *propriété* du nom, et de tout nom chargé d'une valorisation (on peut considérer la majuscule qui affecte les noms propres comme la matérialisation de cette valeur).

S'approprier un nom peut être, au sens usuel, le faire entrer dans son univers à soi, en faire sa propriété : un processus de valorisation d'ordre personnel l'aura assimilé dans un rapport particulièrement serré entre soi et le monde, l'aura chargé spécialement de signification. C'est ainsi que Pierre Guiraud a pu dégager cette valorisation du mot *gouffre* dans l'œuvre de Baudelaire, en suivant l'itinéraire poétique qu'il trace par rencontres, associations, analogies. Cette valorisation est un choix du poète, lié à des nécessités d'ordre contextuel et phonique, aux impératifs de l'unité du sens.

Parler de propriété du nom, c'est aussi évoquer la qualité qui en fait le nom propre, c'est-à-dire parfaitement adapté à ce qu'il nomme : d'où pour le poète le souci d'une exigence éthique par rapport au langage.

On peut ainsi élargir la définition du nom propre en disant « propre » tout nom qui ne soit pas *un* nom pouvant à peu près représenter la chose, mais *le* nom, celui qui, pour le sujet, porte quelque chose de son être propre. On sait que la pensée archaïque estimait que tout être a deux noms : un nom usuel, et le *vrai* nom, tenu caché, en rapport avec le divin. Cette idée est également exprimée par Socrate dans le *Cratyle*; parlant d'Homère, il affirme :

> « Les (passages) les plus importants et les plus beaux sont ceux où il distingue à propos des mêmes objets les noms que lui donnent les hommes et ceux que lui donnent les dieux. [...] en ces endroits, il dit quelque chose de grand et de merveilleux sur la justesse des noms ; car il est clair que les dieux emploient avec justesse les noms naturels des choses. »

Le nom de remplacement était chargé d'une fonction propitiatoire, destinée à cacher la vraie nature de la chose, l'horreur qu'elle inspire : pensons à l'océan Pacifique. L'autre nom, celui qu'il est interdit de prononcer, est *sacer*, à la fois sacré et maudit, objet de transgression possible, et donc de désir.

Saint-John Perse remarque, dans *Vents*, que la seule possibilité, pour atteindre le vrai du nom, le nom propre, c'est d'en parler, d'en faire le tour, manière en quelque sorte de tourner autour du mot. C'est alors à la circonlocution, au récit, de restituer la charge de réel, l'expérience vécue, intime, et vraie. La poésie moderne est fondée sur ce postulat.

Au terme de cette circonlocution autour du Nom, tout se passe comme si le Nom avait été dit. En effet, le Nom est alors celui que forme le poème, le texte ou le récit, structure chargée de nommer de la réalité, et fonctionnant dans son ensemble comme signifiant pour s'allier avec le réel dans la totalité, les deux faces indissociables d'un signe.

▷ *Cratylisme, embrayeur, étymologie, mot, périphrase.*

**normande.** Voir rime.

# O

**octosyllabe.** L'octosyllabe est le vers de huit syllabes (en grec, *oktô* = « huit »). C'est le plus ancien des vers français. Il date du Xe siècle, et sa vogue ne s'est pas démentie durant tout le Moyen Age, aussi bien dans les grands genres narratifs, que dans les fabliaux et le théâtre. A partir du milieu du XVIe siècle, il est plutôt dévolu aux genres dits « mineurs », et on ne le retrouve dans la grande poésie lyrique qu'avec Chénier, puis les poètes du XIXe siècle, souvent en hétérométrie. Apollinaire l'a également prisé, et de nos jours il est toujours le vers réglé le plus utilisé après l'alexandrin.

Dans son ouvrage *Théorie du vers*, B. de Cornulier développe ce qu'il appelle la ***loi des 8 syllabes***, selon laquelle la limite supérieure où peut être appréhendé un système d'équivalence syllabique entre des expressions successives est de 8 syllabes. C'est ce qui expliquerait le découpage en hémistiches des vers de plus de 8 syllabes, et le fait que l'octosyllabe ne comporte pas de césure fixe. On trouve par conséquent des systèmes divers :

– 4//4 :

*Pique du sein // la gourde belle,*
*Sur qui l'Amour // meurt ou sommeille,*
*(Valéry)*

– 5//3 :

*Au tour des baisers // de s'entendre*
*(Eluard)*

– 3//5 :

*Dilatant // l'iris noir de l'eau*
*(Aragon)*

L'octosyllabe peut, éventuellement, être analysé en trois mesures, avec deux coupes ; ainsi, pour le premier de ces deux vers de La Fontaine (2/3/3) :

*Ni loups/ ni renards/ n'épiaient*
*La douce et l'innocente proie.*

▷ *Vers.*

**ode.** Théorisée par Thomas Sébillet en 1548 comme « poème divisé en strophes semblables par le nombre et la mesure des vers », l'ode (du grec *ôdè*, chant) est alors d'introduction très récente. Le mot se rencontre dès 1488 pour décrire le poème lyrique de l'Antiquité, mais le genre poétique ne sera illustré en français qu'en 1550, par la première publication de Ronsard, le recueil *Les Odes*. Elle est appelée aussi *chant lyrique*, proche de ce qu'on appelait jusqu'alors *chanson*. Elle fait partie de ces genres à l'antique que la Renaissance – et en particulier la Pléiade – a aimé cultiver. On peut distinguer deux sortes d'odes, aussi bien selon le sujet que d'après la forme :

– l'**ode pindarique**, ou héroïque, est composée de **triades** récurrentes, dont les trois éléments sont la strophe, l'antistrophe sur le même schéma formel, puis l'épode de structure différente. Dans l'Antiquité, cette division correspondait à un accompagnement de danses et de chants. C'est à ce modèle que Ronsard s'est référé dans le premier livre de ses *Odes*, dont la plus connue est peut-être l'*Ode à L'Hospital*. C'est également ainsi qu'André Chénier compose la dernière de son recueil d'*Odes*, dont voici la première triade :

STROPHE PREMIÈRE

*O mon esprit ! au sein des cieux,*
*Loin de tes noirs chagrins, une ardente allégresse*
*Te transporte au banquet des dieux,*
*Lorsque ta haine vengeresse,*
*Rallumée à l'aspect et du meurtre et du sang,*
*Ouvre de ton carquois l'inépuisable flanc.*
*De là vole aux méchants ta flèche redoutée,*
*D'un fiel vertueux humectée,*
*Qu'au défaut de la foudre, esclave du plus fort,*
*Sur tous ces pontifes du crime,*
*Par qui la France, aveugle et stupide victime,*
*Palpite et se débat contre une longue mort,*
*Lance ta fureur magnanime.*

ANTISTROPHE PREMIÈRE

*Tu crois, d'un éternel flambeau*
*Éclairant les forfaits d'une horde ennemie,*
*Défendre à la nuit du tombeau*
*D'ensevelir leur infamie.*
*Déjà tu penses voir, des bouts de l'univers,*
*Sur la foi de ma lyre, au nom de ces pervers,*
*Frémir l'horreur publique ; et d'honneur et de gloire*
*Fleurir ma tombe et ta mémoire ;*
*Comme autrefois tes Grecs accouraient à des jeux,*
*Quand l'amoureux fleuve d'Élide*
*Eut de traîtres punis vu triompher Alcide ;*
*Ou quand l'arc Pythien d'un reptile fangeux*
*Eut purgé les champs de Phocide.*

ÉPODE PREMIÈRE

*Vain espoir ! inutile soin !*
*Ramper est des humains l'ambition commune ;*
*C'est leur plaisir, c'est leur besoin.*
*Voir fatigue les yeux ; juger les importune ;*
*Ils laissent juger la fortune,*
*Qui fait juste celui qu'elle fait tout-puissant.*
*Ce n'est point la vertu, c'est la seule victoire*
*Qui donne et l'honneur et la gloire :*
*Teint du sang des vaincus, tout glaive est innocent.*

Les autres odes de ce recueil sont composées selon le type anacréontique.

– l'**ode anacréontique**, d'inspiration lyrique, a une forme moins rigoureusement codifiée : de longueur variable, elle est divisée en strophes, et Thomas Sébillet affirme que « les plus courts et petits vers y sont plus souvent usités et mieux séants, à cause du Luth ou autre instrument semblable sur lequel l'Ode se doit chanter ». Ainsi, parmi les odes de Ronsard, celle qui est intitulée « A un aubépin » comporte cinq sizains hétérométriques avec des vers de sept et de trois syllabes :

*Bel aubépin verdissant,*
*Fleurissant,*
*Le long de ce beau rivage,*
*Tu es vêtu jusqu'au bas*
*Des longs bras*
*D'une lambrunche sauvage.*

*Deux camps drillants de fourmis*
*Se sont mis*
*En garnison sous ta souche ;*
*Et dans ton tronc mi-mangé*
*Arrangé*
*Les avettes ont leur couche.*

*Le gentil rossignolet*
*Nouvelet,*
*Avecques sa bien-aimée,*
*Pour ses amours alléger*
*Vient loger*
*Tous les ans en ta ramée.*

*Sur ta cime il fait son nid*
*Bien garni*
*De laine et de fine soie,*
*Où ses petits écloront,*
*Qui seront*
*De mes mains la douce proie.*

*Or, vis, gentil aubépin,*
*Vis sans fin,*
*Vis sans que jamais tonnerre*
*Ou la cognée, ou les vents*
*Ou les temps*
*Te puissent ruer par terre.*

Dans ses *Odes et ballades*, Victor Hugo revient à l'ode, en lui donnant des formes très variées ; il en fait le poème lyrique par excellence, le poème originel, comme il l'explique dans sa préface de 1822 :

« C'était sous cette forme que les inspirations des premiers poètes apparaissaient jadis aux premiers peuples. »

C'est également à cette tonalité essentiellement lyrique que se réfère Claudel pour ses *Cinq Grandes Odes*, qui sont, elles, entièrement en versets.

▷ *Lyrisme, strophe.*

**odelette.** L'odelette est une petite ode d'une strophe, qui peut être un douzain ou un dizain, tel ce poème de Charles de Sainte-Marthe sur la Fontaine de Vaucluse :

*Quiconque voit de la Sorgue profonde*
*L'étrange lieu, et plus étrange source,*
*La dit soudain grand merveille du monde,*
*Tant pour ses eaux que pour sa raide course.*
*Je tiens le lieu fort admirable, pour ce*
*Qu'on voit tant d'eaux d'un seul pertuis sortir,*
*Et en longs bras divers se départir ;*
*Mais encor plus, du gouffre qui bruit là,*
*Qu'oncques ne peut éteindre et amortir*
*Le feu d'amour qui Pétrarque brûla.*

Nerval a intitulé un des ses recueils *Odelettes* : ce sont des poèmes courts, de formes variées, toujours composés de plusieurs strophes.

▷ *Formes fixes, ode.*

**onzain.** L'emploi du terme onzain en versification pour désigner la strophe de onze vers ne date que du début de notre siècle, mais la strophe elle-même est beaucoup plus ancienne. Ainsi, tel virelai d'Eustache Deschamps comporte, outre le refrain, trois onzains d'heptasyllabes, sur deux rimes organisées en trois éléments tripartites auxquels succède un retournement de l'ordre en ba (aab/aab/aab/ba) :

*Du cloistre me suy retraitte,*
*Ou l'en doit rentre contrette*
*Ou corps de rude façon*
*Femme borgne ou contrefette,*
*Non pas fille joliete*
*Qui scet baler du talon.*
*Quant je dance a la musette*
*Du biau Robin qui chevrette*
*Pour moy d'un si joly son,*
*Quanqu'il fait me semble bon :*
*Si veil estre s'amiette.*

Dans la « Ballade contre les ennemis de la France » de Villon, chaque onzain est composé sur cinq rimes selon la formule abab/cc/ddede, soit un quatrain à rimes croisées, un distique et un quintil :

*Rencontré soit de bêtes feu jetants,*
*Que Jason vit, quérant la Toison d'or ;*
*Ou transmué d'homme en bête sept ans*
*Ainsi que fut Nabugodonosor ;*
*Ou perte il ait et guerre aussi vilaine*
*Que les Troyens pour la prise d'Hélène ;*
*Ou avalé soit avec Tantalus*
*Et Proserpine aux infernaux palus ;*
*Ou plus que Job soit en griève souffrance,*
*Tenant prison en la tour Dédalus,*
*Qui mal voudrait au royaume de France !*

Quelle que soit la formule adoptée, le onzain est, par sa longueur, une strophe composée.

▷ *Distique, quatrain, quintil, septain, sizain, strophe.*

**orpheline.** Voir rime.

**oxymore.** L'oxymore (ou *oxymoron* ; du grec *oxus*, « pointu, fin, intelligent », et *môros*, « émoussé, sot », d'où l'adjectif *oxumôros*, « fin sous une apparence de niaiserie », et la création du nom *oxumôron* en rhétorique pour désigner une « ingénieuse alliance de mots contradictoires ») est une forme d'antithèse qui unit en un syntagme deux termes en principe contradictoires. L'exemple le plus connu est de Corneille (*Le Cid*) :

*Cette* obscure clarté *qui tombe des étoiles.*

Mais le recours à l'oxymore est très fréquent d'une manière générale, sans doute à cause de son pouvoir de mise en relief dû au paradoxe qu'il contient. Il rend ainsi plus saisissantes les oppositions de couleurs dans ces vers de Victor Hugo :

> *Une goutte de sang se détachait de l'ombre,*
> *Implacable, et tombait sur cette blancheur sombre.*

On appelle ***alliance de mots*** le fait d'assembler des mots qui ne sont pas absolument contraires, comme c'est le cas dans l'oxymore au sens strict, mais qui ne sont pas compatibles logiquement, ou dont la rencontre est inattendue. Ainsi, dans « Le Flacon », Baudelaire emploie de nombreuses alliances de mots qui tendent à l'oxymore : *chrysalides funèbres, charmant et sépulcral, aimable pestilence, Cher poison préparé par les anges* ; jusqu'à l'oxymore final : *ô la vie et la mort de mon cœur !*

▷ *Antithèse.*

# P

**palindrome.** Voir rétrograde.

**pantoum** *ou* **pantoun.** L'orthographe « pantoum » serait due à une coquille non corrigée par Victor Hugo dans une longue note du manuscrit des *Orientales.* Le poète y évoque cette forme fixe malaise, « d'une délicieuse originalité », que lui avait fait connaître l'orientaliste Ernest Fouinet, auteur, en 1830, d'un *Choix de poésies orientales.* Elle est fondée sur un système de reprises et d'alternances aussi bien thématiques que formelles : les strophes (d'octo- ou de décasyllabes en principe), en nombre libre, sont des quatrains à rimes croisées, dont le deuxième et le quatrième vers deviennent respectivement le premier et le troisième du quatrain suivant, le premier vers du poème entier étant répété comme dernier vers ; enfin, il y a également un entrecroisement thématique : le poème parle de deux sujets, l'un descriptif, l'autre sentimental, en alternance, par demi-quatrains.

Cette forme fixe, appréciée des amateurs d'exotisme et de virtuosité technique, a été en définitive assez peu utilisée par les poètes français. Victor Hugo est le premier à l'évoquer, mais il ne l'a pas employée. Théodore de Banville et Leconte de Lisle en ont donné les exemples les plus proches du modèle original ; le poème que Théophile Gautier sous-titre « pantoum » et qui s'intitule « Les Papillons » n'a absolument rien, formellement, d'un pantoum. Mais le plus célèbre est celui de Baudelaire, « Harmonie du soir » :

*Voici venir les temps où vibrant sur sa tige*
*Chaque fleur s'évapore ainsi qu'un encensoir ;*
*Les sons et les parfums tournent dans l'air du soir ;*
*Valse mélancolique et langoureux vertige !*

*Chaque fleur s'évapore ainsi qu'un encensoir ;*
*Le violon frémit comme un cœur qu'on afflige ;*
*Valse mélancolique et langoureux vertige !*
*Le ciel est triste et beau comme un grand reposoir.*

*Le violon frémit comme un cœur qu'on afflige,*
*Un cœur tendre, qui hait le néant vaste et noir !*
*Le ciel est triste et beau comme un grand reposoir ;*
*Le soleil s'est noyé dans son sang qui se fige.*

*Un cœur tendre, qui hait le néant vaste et noir,*
*Du passé lumineux recueille tout vestige !*
*Le soleil s'est noyé dans son sang qui se fige.*
*Ton souvenir en moi luit comme un ostensoir !*

La forme, outre l'emploi de l'alexandrin, est ici irrégulière : le dernier vers ne répète pas le premier, les deux rimes sont embrassées et non croisées (avec cependant inversion du système de strophe en strophe, pour suivre la rotation des vers : abba baab), et l'entrecroisement thématique n'est pas vraiment respecté. Frédéric Deloffre (*Stylistique et poétique françaises*, SEDES, p. 161) n'y voit « qu'une légère différence de tonalité, les premières demi-strophes semblant plus sentimentales, les secondes plus sensuelles et plus mystiques ».

On trouve également, sous la plume de Verlaine, ce qu'il appelle lui-même « Pantoum négligé », dans lequel le système de répétition est beaucoup plus fantaisiste, sans doute en lien avec l'intention parodique du poème :

*Trois petits pâtés, ma chemise brûle.*
*Monsieur le curé n'aime pas les os.*
*Ma cousine est blonde, elle a nom Ursule,*
*Que n'émigrons-nous vers les Palaiseaux.*

*Ma cousine est blonde, elle a nom Ursule.*
*On dirait d'un cher glaïeul sur les eaux*
*Vivent le muguet et la campanule !*
*Dodo, l'enfant do, chantez, doux fuseaux.*

*Que n'émigrons-nous vers les Palaiseaux.*
*Trois petits pâtés, un point et virgule ;*
*On dirait d'un cher glaïeul sur les eaux ;*
*Vivent le muguet et la campanule.*

*Trois petits pâtés, un point et virgule*
*Dodo, l'enfant do, chantez, doux fuseaux.*
*La libellule erre emmi des roseaux.*
*Monsieur le Curé, ma chemise brûle.*

Les répétitions se font selon un schéma qui n'a en rien la régularité récurrente qui caractérise le pantoum dans sa forme codifiée et, de plus, elles se font aussi bien sur un vers entier (v. 3/5, 4/9, 6/11, 7/12, 8/14, 10/13) que sur un demi-vers, avec trois demi-vers qui se répètent : *Trois petits pâtés, ma chemise brûle*, et *Monsieur le curé*. Au lieu de reprendre au dernier vers le premier en entier, Verlaine en fait un nouveau, composé du premier hémistiche du v. 2 et du second hémistiche du v. 1. Enfin, le poème est en décasyllabes, comme le veut en principe la norme ; mais il n'y a en rien entrecroisement thématique : c'est plutôt ici le chantonnement plus ou moins absurde de la comptine.

▷ *Répétition, villanelle.*

**paragoge.** La paragoge (du grec *paragôgè*, « action d'amener, de dévier, de prolonger », d'où en grammaire « addition d'une lettre ou d'une syllabe à la fin d'un mot ») est un métaplasme qui repose sur l'adjonction d'un phonème ou d'une syllabe à la fin d'un mot : une licence poétique permet, par exemple, d'écrire *avecque* au lieu de *avec* pour gagner une syllabe dans le décompte métrique.

▷ *Licence (poétique), métaplasme.*

**parallélisme.** Le parallélisme, qui, selon Jakobson, joue un rôle fondamental en poésie, est fondé sur une répétition de structure entre deux énoncés.

Il peut être observé à des niveaux très divers :

– **sonore** : dans ce vers de P.-J. Toulet ;

*La* per*vench*e *trop* p*é*ri*ssable*

– **prosodique** : par exemple dans l'organisation des rimes croisées, ab/ab ;

– **métrique** : ainsi dans ce verset des *Ballades françaises* de Paul Fort :

> *Du coteau, qu'illumine l'or tremblant des genêts, j'ai vu jusqu'au lointain, le bercement du monde, j'ai vu ce peu de terre infiniment rythmée me donner le vertige des distances profondes.*

La répétition de *j'ai vu* accompagne le parallélisme de deux alexandrins, *j'ai vu jusqu'au lointain le bercement du monde,* et *j'ai vu ce peu de terre infiniment rythmée.*

– **lexical et grammatical** : il est fréquent que la stichomythie soit liée à de tels effets de parallélisme, comme dans cet échange de *Polyeucte* où l'emploi de rimes suivies apparie de manière encore plus nette les répliques :

PAULINE

*Au nom de cet amour ne m'abandonnez pas.*

POLYEUCTE

*Au nom de cet amour daignez suivre mes pas.*

PAULINE

*C'est peu de me quitter, tu dois donc me séduire ?*

POLYEUCTE

*C'est peu d'aller au Ciel, je vous y veux conduire.*

PAULINE

*Imaginations !*

POLYEUCTE
*Célestes vérités !*
PAULINE
*Étrange aveuglement !*
POLYEUCTE
*Éternelles clartés !*
PAULINE
*Tu préfères la mort à l'amour de Pauline !*
POLYEUCTE
*Vous préférez le monde à la bonté divine !*

Le parallélisme permet de mettre en valeur des effets d'antithèses comme de rapprochements.

▷ *Accumulation, antithèse, binaire, chiasme gradation, juxtaposition, rapportés (vers), répétition, stichomythie, structure, symétrie.*

**parataxe.** On appelle parataxe (féminin, du grec *para*, « à côté », et *taxis*, « disposition »), par opposition à l'hypotaxe, le fait que des propositions, dépendantes l'une de l'autre par le sens, soient juxtaposées sans qu'apparaisse aucune marque explicite (conjonction de coordination ou de subordination par exemple) de leur lien.

Le cas est relativement fréquent dans la poésie moderne. Ces deux vers de Paul Eluard :

*Tu te lèves l'eau se déplie*
*Tu te couches l'eau s'épanouit*

présentent en parallèle des phrases dont les propositions sont dans un rapport de parataxe. On aurait pu avoir, pour le premier vers par exemple :

Tu te lèves *et* l'eau se déplie ;
*Lorsque* tu te lèves, l'eau se déplie ;
*Si* tu te lèves, l'eau se déplie.

▷ *Asyndète, ellipse, hypotaxe, juxtaposition, syntaxe.*

**paronomase.** La paronomase (du grec *para*, « à côté de », et *onoma*, « nom ») est une figure qui consiste à rapprocher des mots offrant des sonorités analogues avec des sens différents.

La paronomase peut ne pas se borner à une différence d'un seul phonème : ainsi dans un verset de la première des *Cinq grandes odes* (Gallimard) de Claudel, entre *raisonnable* et *résonne* :

*Quand l'homme est à la fois l'instrument et l'archet,*
*Et que l'animal raisonnable résonne dans la modulation de son cri.*

L'effet de résonance de la paronomase justifie l'emploi de la périphrase *animal raisonnable*, pour « l'homme », le terme générique figurant à la même place de sujet dans le verset précédent.

Dans l'exemple suivant d'Aragon, la paronomase se trouve aussi bien à l'intérieur du vers qu'à la rime, assurant ainsi un lien à la fois horizontal et vertical :

*Aucun* murmure *de* mémoire *aucun* bronchement *de* branche
*Ton pas est doux comme un crayon gris sur la page très* blanche.

Chez ce même auteur, la paronomase peut aussi organiser un poème entier en renvoyant de vers à vers et de mot à mot par ce type d'enchaînement qui remplace en quelque sorte, bien qu'il ne soit pas en fin de vers, l'enchaînement par la rime, telle cette « Poésie » :

*Semeur*
*La poudre aux* yeux *n'est que* le sable du sommeil
Le sabre du soleil *comme c'est déjà* vieux
*Tu prends ton* cœur *pour un instrument de musique*
Délicat corps *du* délit
*Poids* mort
*Qu'ai-je à faire de ce* fardeau
Fard des *senti*ments
Je mens *et* je mange
*La vie courante et le ciel pur*
*On ne sait pas d'où* vient *le* vent
*Quel charme*
*Je n'ai pas de tête*
*Le* temps *me sert de pis aller.*

*(Louis Aragon, « Poésie »,*
*in* Le Mouvement perpétuel, *Gallimard)*

On suit les liens entre *yeux* et *vieux*, entre *le sable du sommeil* et *Le sabre du soleil*, entre *cœur*, *corps* et *mort*, entre *délicat* et *délit*, entre *fardeau* et *fard des*, entre la finale de *sentiments* et *je mens*, *je mange*, entre *vient*, *vent* et *temps* à la finale, qui connaît un espacement dans ce recours constant à la paronomase.

On pourrait appeler « paronomase in absentia », un phénomène de paronomase dont ne figure qu'un élément dans la phrase, mais dont l'autre (et même parfois les autres) est absent mais suggéré par le contexte. Le cas est relativement fréquent dans la poésie moderne. Saint-John Perse utilise beaucoup ce procédé pour démultiplier le sens. Ainsi, dans ce verset de la dernière séquence de *Vents* III,5 (o.c., la Pléiade/Gallimard) :

> *Au fronton de nos veilles soient vingt figures nouvelles arrachées à l'ennui, comme Vierges enchâssées au bourbier des falaises !*

Références concrètes et abstraites s'entremêlent ici totalement. L'*ennui* est concrétisé par *arrachées* et appartient au même champ abstrait que *veilles* ; en même temps, *veilles* suggère « la nuit », par paronomase, derrière *l'ennui*. D'autre part, derrière *falaises*, associé à l'image concrète de statues sculptées dans la masse inerte et *a priori* dénuée de sens (*bourbier*), se profile, par métagramme, à la consonne près, et dans la ligne sémantique de *ennui*, le terme abstrait de « *fadaises* ». Ainsi s'enlacent deux images : d'une part l'émergence, pour le poète, de figures de style, *de figures nouvelles* dans une *veille* créative qui sinon serait livrée à l'*ennui* des fadaises ; et d'autre part la comparaison de cette émergence avec celle de statues qui transforment la matière informe et sans signification et, tout d'un coup, par la grâce de l'art, lui donnent sens.

▷ *Ambiguïté, anagramme, antanaclase, apophonie, calembour, cratylisme, équivoque, figure, métagramme, métaplasme, répétition, sélection, signifiant, substitution.*

**pastourelle.** La pastourelle est une forme poétique de langue d'oïl, plus particulièrement picarde, répandue aux XII^e^ et XIII^e^ siècles. Fondée sur une alternance de couplets et de refrains, accompagnée d'une mélodie, la pastourelle raconte la séduction d'une bergère par un chevalier. Voici les trois premiers couplets d'une pastourelle de Jean de Braine (ou de Brienne), intitulée « La Tousette » (c'est-à-dire la jeune fille) :

*Par dessous l'ombre d'un bois*
*Trovai pastore à mon chois.*
*Contre hiver ert bien garnie*
*La tosete o les crins blois*
*Quant la vi senz compaignie,*
*Mon chemin lais, vers li vais.*
*Aé !*

*La tose n'ot compaignon*
*Fors son chien et son baston ;*
*Por le froit en sa chapete*
*Se tapist lez un buisson.*
*En sa fleüte regrete*
*Garinet et Robeçon.*
*Aé !*

*Quant la vi sotainement,*
*Vers li tor et si descent.*
*Si li dis : « Pastore amie,*
*De bon cuer a vos me rent :*
*Faisons de fueille cortine,*
*S'amerons mignotement. »*
*Aé !*

▷ *Formes fixes, idylle.*

**pauvre.** Voir **rime**.

**pentasyllabe.** Le pentasyllabe est le vers de cinq syllabes (en grec, *pente* = « cinq »). Comme tous les vers courts, il est surtout employé en hétérométrie. Dans « La Musique » par exemple (voir le poème cité en entier à l'article **strophe**), Baudelaire l'utilise en alternance avec l'alexandrin, de telle sorte qu'il reçoive les rimes féminines : avec cette syllabe surnuméraire, le pentasyllabe figure presque comme un hémistiche supplémentaire, et l'effet du dernier vers du poème, le seul pentasyllabe à rime masculine, n'en est que plus fort : *De mon désespoir !*

Cette valeur de clausule du pentasyllabe est également mise à profit par Milosz dans le poème « H » de *Adramandoni* : il termine les dix quatrains en vers libres par un quatrain de pentasyllabes :

*Année, Lémuel.*
*Le temps pauvre et long.*
*Une eau chaude et grise.*
*Un jardin brûlé.*

En isométrie, il est plus rare, mais on le trouve dans la chanson (ainsi dans « Au Clair de la Lune »), et chez des poètes de toutes époques. En voici un exemple extrait de « Le long pour l'un pour l'autre est court » d'Aragon :

*La barque à l'amarre*
*Dort au mort des mares*
*Dans l'ombre qui mue*

*Feuillards et ramures*
*La fraîcheur murmure*
*Et rien ne remue*

*Sauf qu'une main lasse*
*Un instant déplace*
*Un instant pas plus*

*La rame qui glisse*
*Sur les cailloux lisses*
*Comme un roman lu.*
*(Louis Aragon,*
*in* Le roman inachevé, *Gallimard)*

Dans la majorité des pentasyllabes, le rythme est 2/3 (ici, v. 1, 3, 4, 6, 10), mais il peut aussi s'inverser en 3/2 (v. 5, 8, 9), on trouve également 1/4 (v. 7), 4/1 (v. 11, 12), et un éventuel rythme ternaire (v. 2) : Dort/ au mort/ des mares.

▷ *Vers.*

**périphrase.** Une périphrase (du grec *peri*, « autour », et *phrasis*, « expression ») est une désignation par circonlocution : elle consiste à donner, au lieu du nom seul, un syntagme descriptif, parfois imagé, parfois en forme d'énigme. Ainsi dans le poème intitulé « La Grenouille », Francis Ponge n'écrit jamais *grenouille*, mais la désigne par toutes sortes de périphrases qui sont comme de petites énigmes :

> *Lorsque la pluie en courtes aiguillettes rebondit aux prés saturés,* une naine amphibie, une Ophélie manchote, *grosse à peine comme le poing, jaillit parfois sous les pas du poète et se jette au prochain étang.*
>
> *(Francis Ponge, « La grenouille », in* Pièces, *Gallimard)*

La périphrase est parfois aussi un cliché culturel : *l'oiseau de Minerve* pour la chouette, *l'aigle de Pathmos* pour saint Jean l'Évangéliste, etc.

▷ *Antonomase, cliché, nom propre.*

**personnification.** On appelle personnification le fait de donner, par une image, à des êtres non humains ou non animés, ou même à des abstractions, des sentiments et des comportements humains, comme le fait par exemple Benjamin Péret pour la forêt dans ce début des « Jeunes filles torturées » *(Le Grand Jeu)* :

> *Près d'une maison de soleil et de cheveux blancs une forêt se découvre des facultés de tendresse et un esprit sceptique.*

Quand l'auteur fait parler le personnage fictif, le discours est alors appelé ***prosopopée***.

▷ *Allégorie, image, métaphore, métonymie, symbole, synecdoque.*

**phonème.** On appelle phonème (du grec *phônè*, « son, voix ») la plus petite unité discrète d'articulation, dépourvue de sens propre, et impossible à diviser en unités distinctes successives : en revanche, le phonème permet de différencier des mots (*peine* [pɛn] / *veine* [vɛn]). Il est possible de décrire un phonème par traits distinctifs simultanés qui lui donnent son caractère propre (sourde/sonore, orale/nasale, labiale/labio-dentale/dentale, etc. pour les consonnes, par exemple).

On étudie les phonèmes par leur point d'articulation. Pour produire la voix, la colonne d'air venue des poumons suit un itinéraire dont la description anatomique est extrêmement complexe : retenons simplement qu'elle rencontre d'abord le système lié au larynx, où se trouvent les cordes vocales et la glotte qui, par ouverture et fermeture successives, produisent les ondes sonores, ensuite le pharynx, dont les contractions interviennent non seulement pour la déglutition, mais aussi pour la phonation, et enfin la cavité buccale et les lèvres, ainsi que la cavité nasale. C'est là que se situent les points d'articulation : la *langue*, très mobile, y joue un rôle primordial, aussi bien par sa pointe (*apex*) que par la partie appelée dos (*dorsum*). Le dos de la langue peut se soulever vers la *voûte du palais* ou entrer en contact avec lui, soit dans sa moitié postérieure, dite *palais mou* ou encore *voile du palais* (*velum*), soit dans sa moitié antérieure, dite *palais dur* (*palatum*). Le palais mou est prolongé par la *luette* (*uvula*) qui est abaissée pour les consonnes et voyelles nasales (l'air passe alors aussi dans la *fosse nasale*), relevée pour les orales, bouchant ainsi la fosse nasale. La pointe de la langue, elle, peut entrer en contact avec la partie située juste en arrière des dents (*alvéoles*). Restent enfin les deux éléments les plus visibles de l'appareil phonatoire : les *lèvres* (*labiae*) et les *dents*.

**L'appareil phonatoire**

1 – Lèvres.
2 – Dents.
3 – Alvéoles.
4 – Apex.
5 – Dos de la langue.
6 – Palais dur.
7 – Palais mou.
8 – Luette.
9 – Fosse nasale.
10 – Pharynx.
11 – Larynx.

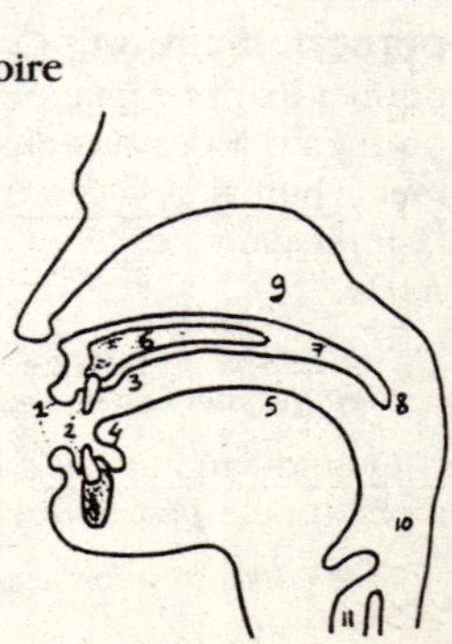

Les phonèmes sont classés en deux grandes catégories :

– les **consonnes** : l'air qui sort par la bouche rencontre un obstacle, qui peut être total (occlusives ou explosives) ou partiel (continues : fricatives et vibrantes) ;

– les **voyelles** : l'air passe librement ; leur formation dépend de quatre facteurs : le lieu de la bouche vers lequel la langue se dirige (*antérieures/postérieures*), le degré d'aperture entre la langue et le palais (*ouvertes/fermées*), l'arrondissement des lèvres (*arrondies/non arrondies*) – phénomène qui n'est pas primordial – et enfin la nasalisation (*nasales/orales*).

A ces deux classes de phonèmes s'en ajoute une, intermédiaire : celle des **semi-voyelles** qu'on appelle aussi **semi-consonnes**.

**Tableau des consonnes**

| | | point d'articulation | sourdes | sonores | |
|---|---|---|---|---|---|
| | | | | orales | nasales |
| OCCLUSIVES | | bilabiales | [p] | [b] | [m] |
| | | dentales | [t] | [d] | [n] |
| | | palatale | | | [ɲ] |
| | | palato-vélaires | [k] | [g] | [ŋ] |
| CONTINUES | FRICATIVES | labio-dentales | | [f] | [v] |
| | | alvéolaires | | [s] | [z] |
| | | post-alvéolaires | | [ʃ] | [ʒ] |
| | VIBRANTES (ou LIQUIDES) | alvéolaire | | | [l] |
| | | dorso-vélaire | | | [r] |

Les **voyelles** sont plus complexes, et plusieurs tableaux sont nécessaires pour en rendre compte de manière claire :

**• Il y a 3 catégories de voyelles :**

– voyelles *simples* : [i,e,ɛ,a,ɑ,ɔ,o,u],
divisibles en une série antérieure non labialisée [i,e,ɛ,a] et une série postérieure [ɑ,ɔ,o,u]
– voyelles *composées* : [y,ø,œ]
(série antérieure labialisée)
– voyelles *nasales* : [ɛ̃,ɑ̃,ɔ̃,œ̃]
auxquelles s'ajoute le *e* caduc noté [ə], dont la réalisation est proche du [ø].

**• Tableau des voyelles composées :**

| LANGUE | LÈVRES | RÉSULTAT |
|---|---|---|
| [i] | [u] | [y] |
| [e] | [o] | [ø] |
| [ɛ] | [ɔ] | [œ] |

**• Tableau des voyelles par leurs caractères articulatoires :**

| | ANTÉRIEURES | | | POSTÉRIEURES | |
|---|---|---|---|---|---|
| | orales | | nasales | nasales | orales |
| labialisation : | – | + | | + | + |
| fermées | [i] | | | | [u] |
| mi-fermées | [e] | [y] | | | [o] |
| mi-ouvertes | [ɛ] | [ø] | [ɛ̃] | [ɔ̃] | [ɔ] |
| ouvertes | [a] | [œ] | [œ̃] | [ɑ̃] | [ɑ] |

Les **semi-voyelles** (ou semi-consonnes) relèvent des deux catégories :

– ce sont des variantes des voyelles [i], [y], [u] :
à [i] correspond [j]
à [y] correspond [ɥ]
à [u] correspond [w]
– mais les critères utilisés pour les décrire sur le plan articulatoire sont ceux des consonnes :
[j] est une continue dorso-palatale sonore non labialisée ;
[ɥ] est une continue dorso-palatale sonore labialisée ;
[w] est une continue dorso-vélaire sonore labialisée.

Il est important, pour une analyse des effets de sonorités, de savoir reconnaître la parenté entre des phonèmes, car les phénomènes d'allitération et d'assonance peuvent se faire sur des éléments qui ne sont pas strictement identiques.

Dans le vers d'« Harmonie du soir » :

*Valse mélancolique //et langoureux vertige*
[val] [elɑ̃k] [li] [elɑ̃g] [r] [vɛr i]

outre l'assonance en [i] qui figure à la fin de chaque hémistiche, la structuration des phonèmes suit le chiasme grammatical où les deux substantifs encadrent les deux adjectifs : le groupe des deux adjectifs est souligné par un écho presque parfait entre les sons [elɑ̃k] et [elɑ̃g], et les deux substantifs commencent également par le phonème [v], mais par ailleurs, de légères nuances distinguent les deux hémistiches, avec des sonorités très proches, le [a] de *valse* dans le premier, et le [ɛ] de *vertige* dans le second, suivis l'un et l'autre d'une vibrante, [l] pour le premier hémistiche et [r] pour le second.

Les combinaisons récurrentes de phonèmes peuvent également jouer un rôle organisateur du vers. Ainsi, dans ces vers de *Pierre écrite* de Yves Bonnefoy (Mercure de France) :

*Imagine que la lumière soit victime*
*Pour le salut d'un **lieu** mortel et sous un **dieu***
*Certes distant et noir.*

Le premier est encadré par le son [im] répété au début et à la fin du vers, le second est scandé, en syllabe de césure et en syllabe de fin de vers par une paronomase qui répète, en un vers dit léonin, le son [jø]. L'effet d'encadrement se retrouve quelques vers plus loin :

***A mûri** ses fruits clairs en d'absentes **ramures**.*

Les effets esthétiques, harmoniques et stylistiques de tels rapprochements de phonèmes ou de combinaisons de phonèmes semblent déjà largement propres à satisfaire l'analyse. Cependant, certains théoriciens posent le problème de la valeur symbolique des phonèmes, avec des remarques qui touchent à la fois au cratylisme et à l'investissement psychique des sons.

Maurice Grammont y emploie une grande partie de son ouvrage, et Henri Morier de longs développements accompagnés de diagrammes dans les articles « Consonne » et « Voyelle » de son *Dictionnaire de poétique et de rhétorique*, avec, dans celui qui est intitulé « Correspondances », des considérations très détaillées sur la valeur symbolique des sons. Dans un article intitulé « Peut-on dire d'une langue qu'elle est belle ? », le linguiste André Martinet affirme que « les équations symboliques [i] = petitesse et [u] = grosseur ont un fondement physiologique évident » (« Peut-on dire d'une langue qu'elle est belle ? », *Revue d'Esthétique*, 1965, p. 231, cité par D. Delas, *Guide méthodologique pour la poésie*, Nathan, p. 70).

Pour R. Jakobson, « le symbolisme des sons est une relation indéniablement objective, fondée sur une connexion phénoménale entre différents modes sensoriels, en particulier entre les sensations visuelles et auditives » (*Essais de linguistique générale*, éd. de Minuit, p. 241) ; il revient en cela sur ses affirmations précédentes (*Six leçons sur le son et le sens*). Le linguiste Ivan Fonagy poursuit ses recherches dans ce sens, afin de définir des universaux où des sensations premières à fort impact psychique seraient liées à des phonèmes précis, et ce dans un très grand nombre de langues ; il en fait état dans *La vive voix*. J. Molino et J. Tamine (*Introduction à l'analyse de la poésie* t. I) citent également à ce propos les travaux de J.-M. Perterfalvi, qui montre par exemple que les voyelles [a o u] sont associées à des formes rondes, et [i y e] au contraire à des formes anguleuses, ou encore que les voyelles ouvertes disent la grandeur, alors que les plus fermées évoquent la petitesse. Mais les deux auteurs notent les limites de telles conclusions, puisque « l'adéquation des mots dépend de leur catégorie sémantique et notamment du fait qu'ils désignent ou non des expériences sensorielles » ; de plus, la langue elle-même contredit toute cohérence de ce type, comme le constate Mallarmé :

> « A côté d'*ombre*, opaque, *ténèbres* se fonce peu ; quelle déception, devant la perversité conférant à *jour* comme à *nuit*, contradictoirement, des timbres obscur ici, là clair. »

Plus fécondes sont les remarques sur la constitution cratylienne du vocabulaire et des sons dans l'apprentissage individuel du langage. Dans *Mimologiques*, Gérard Genette évoque et analyse les différentes étapes de la prise de conscience qu'il existe entre chacun de nous et les phonèmes mêmes de la langue un tissu d'affects et d'expériences purement personnels, et qui colorent ainsi, de manière synesthésique, et les sons et les mots selon une motivation intimement liée à soi et à son expérience propre. C'est ainsi que les voyelles n'ont pas une couleur en soi, mais que tous nous leur en accordons (tous de manière différente, bien sûr, et avec la même conviction), et que Rimbaud les énumère, assorties d'associations et d'images, dans son célèbre sonnet des « Voyelles » :

> *A noir, E blanc, I rouge, U vert, O bleu : voyelles,*
> *Je dirai quelque jour vos naissances latentes :*
> *A, noir corset velu des mouches éclatantes*
> *Qui bombinent autour des puanteurs cruelles,*

*Golfes d'ombre ; E, candeurs des vapeurs et des tentes,*
*Lances des glaciers fiers, rois blancs, frissons d'ombelles ;*
*I, pourpres, sang craché, rire des lèvres belles*
*Dans la colère ou les ivresses pénitentes ;*

*U, cycles, vibrements divins des mers virides,*
*Paix des pâtis semés d'animaux, paix des rides*
*Que l'alchimie imprime aux grands fronts studieux ;*

*O, suprême Clairon plein des strideurs étranges,*
*Silences traversés des Mondes et des Anges :*
*– O l'Oméga, rayon violet de Ses Yeux !*

La couleur des lettres aurait été motivée par un abécédaire de son enfance.

Certains poètes ont essayé de proposer une poésie entièrement fondée sur des suites libres, ressenties comme expressives, de lettres ou de phonèmes (de même qu'en musique contemporaine le chant peut s'appuyer non sur un texte mais sur de simples phonèmes isolés). Cela a été expérimenté notamment à la période Dada, mais aussi par les poètes **lettristes**, dans l'immédiate après-guerre. Voici un extrait d'un poème d'Isidore Isou, « Je te suis dans tes îles, Gauguin » :

*Hioké ! Kioké ! rkiolé*
*Koklikokette !*
*Haîhaîîarar*
*Gui ! Tahitiha tapapaoula !*
*Tapapaoula ! tahitipé !*

L'échec de ce mouvement suffit à démontrer que le jeu poétique avec les sonorités, avec du pur signifiant, comporte des limites au-delà desquelles la poésie même disparaît.

▷ *Allitération, apophonie, assonance, consonne, cratylisme, e caduc, métaplasme, semi-consonne, syllabe, voyelle.*

**pied.** Terme de métrique applicable seulement aux systèmes qui reconnaissent une opposition formelle entre voyelles brèves et voyelles longues (exemple : latin et grec), ou entre syllabes accentuées et syllabes inaccentuées (exemple : anglais et allemand). Un pied est un groupement de syllabes, dont l'une est marquée d'un temps fort. On distingue principalement : le trochée (—∪), l'ïambe (∪—), le tribraque (∪∪∪), le dactyle (—∪∪), le pyrrhique (∪∪), l'anapeste (∪∪—), le spondée (— —), le molosse (— — —), le crétique (—∪—), l'amphibraque (∪—∪).

La poésie française s'est à diverses reprises essayée à un système à l'antique fondé sur des alternances de pieds, tels ces vers anapestiques de Nicolas Rapin :

*Chevaliers/ généreux,/ qui avez/ le coura/ge François,*
*Accourez,/ accourez/ secourir/ l'héritier/ de vos Rois.*

Cet exemple date du XVI^e siècle, époque où J.-A. de Baïf invente le vers français **mesuré** selon la métrique gréco-latine. Ses poèmes sont accompagnés de musique, telles ses *Chansonnettes mesurées.* Il a été suivi au XVII^e siècle par Louys du Gardin, au XVIII^e siècle par J. Turgot, au début du XX^e siècle par P.-J. Toulet, mais toutes ces tentatives se heurtèrent à la difficulté du français à faire sentir des oppositions vocaliques fondées sur la quantité.

Longtemps, le mot « pied » a été pris au sens de « syllabe » en versification française ; mais, dans un souci d'exactitude terminologique, les métriciens s'accordent désormais à ne lui donner que son sens strict.

▷ *Prosodie, scansion, structure, syllabe, vers.*

**pindarique.** Voir **ode**.

**planh.** Le planh est un poème de deuil des troubadours, une complainte composée pour déplorer la mort d'un ami ou d'un haut personnage.

▷ *Épitaphe.*

**plate.** Voir **rime**.

**poème.** Du grec *poïèma*, « ce que l'on fait », d'où « œuvre, création », et en particulier « œuvre de poésie » (dérivé du verbe *poïein*, faire), c'est le terme générique qui, de tout temps, a désigné aussi bien une courte composition qu'une œuvre de long souffle ayant une unité d'inspiration. Le poème est une structure autonome qui peut être aussi bien fondée sur un ensemble de règles (formes fixes) que sur une tonalité (poèmes de genre).

Depuis un siècle environ, une nouvelle conception du poème se fait jour, ce que H. Meschonnic appelle le « poème libre », en relation avec la notion de « vers libre ». Le poète invente lui-même la forme qu'il veut donner à son poème, non pas une absence de forme, mais celle qui à ses yeux convient le mieux au poème, à son souffle propre et à l'idée originelle. Cela ne signifie pas que le poète contemporain se refuse systématiquement à tout recours à des modèles plus ou moins traditionnels : la poésie a connu une véritable révolution, mais elle ne s'est pas pour autant coupée de son héritage.

> ▷ *Ballade, blason, calligramme, canso, carole, chanson, chantefable, chant royal, comptine, dit, dizain, douzain, églogue, élégie, épigramme, épître, épopée, fable, fabliau, fatras, fatrasie, formes fixes, glose, huitain, idylle, lai, logogramme, madrigal, monostiche, neuvain, ode, pantoum, poème en prose, rondeau, rondel, rondet, satire, sextine, sonnet, treizain, triolet, villanelle, virelai.*

**poème en prose.** L'expression, oxymorique pour les catégories de M. Jourdain, date de la fin du XVIII^e^ siècle, mais elle est alors plutôt employée pour parler d'une prose poétique. C'est avec l'œuvre d'Aloysius Bertrand qu'elle sert désormais à définir une structure poétique autonome bien particulière. On appelle poème en prose une composition fondée (en dehors de tout souci de rimes ou de vers, puisque la présentation typographique est effectivement celle de la prose), sur des structures récurrentes formant une unité, avec des recherches de cadence, de sonorités, d'images, selon un langage que Baudelaire définit comme :

> « [...] une prose poétique, musicale, sans rythme et sans rime, assez souple et assez heurtée pour s'adapter aux mouvements lyriques de l'âme, aux ondulations de la rêverie, aux soubresauts de la conscience. »

La tradition de la prose cadencée ou poétique est très ancienne, puisqu'on peut la faire remonter à l'Antiquité, comme le montre H. Morier dans le *Dictionnaire de poétique et de rhétorique*, mais la rédaction de petits poèmes en prose a été inspirée à Baudelaire par l'exemple d'Aloysius Bertrand, et après lui à de nombreux poètes que cite M. Parent dans ses *Études sur le poème en prose* : Rimbaud, Francis Jammes, André Gide, Paul Fort, Paul Claudel, Cendrars, Léon-Paul Fargue, André Breton, René Char, Francis Ponge, Saint-John Perse.

Mallarmé, dans *La Musique et les Lettres*, voit dans le poème en prose une autre forme du vers :

> « [...] le vers est tout, dès qu'on écrit. Style, versification, s'il y a cadence et c'est pourquoi toute prose d'écrivain fastueux, soustraite à ce laisser-aller en usage, ornementale, vaut en tant qu'un vers rompu, jouant avec ses timbres et encore les rimes dissimulées : selon un thyrse plus complexe. Bien l'épanouissement de ce qui naguères obtint le titre de *poème en prose*. »

En effet, le langage des poèmes en prose présente bien souvent des caractères qui ne relèvent pas vraiment de la prose, malgré les apparences ; il en va ainsi du poème de F. Ponge :

LES MÛRES

*Aux buissons typographiques constitués par le poème sur une route qui ne mène hors des choses ni à l'esprit, certains fruits sont formés d'une agglomération de sphères qu'une goutte d'encre remplit.*

*

*Noirs, roses et kakis ensemble sur la grappe, ils offrent plutôt le spectacle d'une famille rogue à ses âges divers, qu'une tentation très vive à la cueillette.*

*Vue la disproportion des pépins à la pulpe les oiseaux les apprécient peu, si peu de chose au fond leur reste quand du bec à l'anus ils en sont traversés.*

*

*Mais le poète au cours de sa promenade professionnelle, en prend de la graine à raison : « Ainsi donc, se dit-il, réussissent en grand nombre les efforts patients d'une fleur très fragile quoique par un rébarbatif enchevêtrement de ronces défendue. Sans beaucoup d'autres qualités, –* mûres, *parfaitement elles sont mûres – comme aussi ce poème est fait. »*

(*in* Le Parti pris des choses, *Gallimard*)

On peut, très brièvement, noter :

– la disposition typographique : fréquence des alinéas, et partition du texte en trois éléments (appelés « séquences ») séparés par des astérisques.

– l'omniprésence de l'image, enchevêtrée dans le tissu textuel au point qu'on ne sait plus où est le comparé ni où est le comparant. Le titre n'est plus qu'un point de départ : le poète parle-t-il des mûres, comme il semble l'indiquer, ou de la fabrication de son poème qui lui aussi devient *mûr* jusqu'à ce qu'il soit *fait*?

– la syntaxe particulière fondée sur l'asyndète, mis à part le *Mais* conclusif qui ouvre la troisième et dernière séquence, sur l'ellipse (*qui ne mène hors des choses ni à l'esprit – si peu de chose au fond leur reste – elles sont mûres, comme aussi ce poème est fait*), l'inversion (*réussissent en grand nombre les efforts patients d'une fleur très fragile – par un rébarbatif enchevêtrement de ronces défendue*).

– le jeu sur plusieurs sens : par exemple *en prend de la graine à raison* renvoie d'une part à l'idée, concrète, de cueillette, d'autre part à l'idée, abstraite, fondée sur le cliché, de tirer la leçon de cet exemple de la mûre, ce que fait le petit discours qui suit ; enfin l'expression *à raison* elle-même peut être reliée de deux manières à ce qui la précède : soit comme complément de manière, avec le sens de « comme il faut le faire, comme de juste », soit comme complément déterminatif de *graine* : les mûres seraient alors *de la graine à raison*. On voit vite les réseaux de signification se multiplier.

– le rythme fondé sur des groupes reconnaissables ; ainsi dans la première séquence, on a :

> *Aux buissons typographiques (7) constitués par le poème (8) sur une route qui ne mène (8) hors des choses ni à l'esprit (8) certains fruits sont formés (6) d'une agglomération de sphères (8) qu'une goutte d'encre remplit (8).*

Avec une sorte de « césure strophique » qui définit deux ensembles, 7/8/8/8//6/8/8, on pourra noter l'assonance en [i] à la fin de certains groupes rythmiques (*typographiques, esprit, remplit*) et l'assonance en [ɛ] ou [e] à la fin des autres (*poème, mène, formés, sphères*).

▷ *Figure, groupe rythmique, homophonie, image, prose poétique, séquence, syntaxe, vers blanc, verset.*

**polyptote.** Le polyptote (du grec *polus*, « nombreux », et *ptôtos*, « tombé » d'où, en grammaire *poluptôtos*, « à plusieurs cas ») consiste à employer dans des groupes verbaux rapprochés plusieurs formes grammaticales d'un même mot ; il en est ainsi du verbe *pleurer* dans cette phrase de la « Chanson du masque » d'Aloysius Bertrand (*Gaspard de la nuit*) :

> *Chantons et dansons, nous qui sommes joyeux, tandis que ces mélancoliques descendent le canal sur le banc des gondoliers, et* pleurent *en voyant* pleurer *les étoiles.*

▷ *Dérivation, répétition.*

**polysémie.** Le champ sémantique d'un mot constitue la totalité des sens, tous les emplois possibles de ce mot, sa polysémie (du grec *polus*, « nombreux », et *sèma*, « signe, caractère distinctif »).

Une même occurrence peut ainsi être lue de plusieurs manières différentes.

Cet usage est inhérent à la poésie elle-même, où les mots, comme les images, « ne cèdent pas leur mystère dans un sens unique » (A. Kibédi Varga).

Ainsi, le poème « Élévation » de Baudelaire rassemble les différents sens du titre lui-même, et concrets, et abstraits. En effet, il s'agit aussi bien de s'élever le plus haut possible dans les airs :

*Au-dessus des étangs, au-dessus des vallées,*
*Des montagnes, des bois, des nuages, des mers,*
*Par-delà le soleil, par-delà les éthers,*
*Par-delà les confins des sphères étoilées*

que d'élévation morale et même religieuse (*se purifier, pure et divine, les pensers, comprend*) en particulier dans ces vers :

*Va te purifier dans l'air supérieur*
*Et bois, comme une pure et divine liqueur,*
*Le feu clair qui remplit les espaces limpides.*
*[...]*
*Celui dont les pensers, comme des alouettes,*
*Vers les cieux le matin prennent un libre essor,*
*– Qui plane sur la vie et comprend sans effort*
*Le langage des fleurs et des choses muettes !*

Ces différents sens conjointement possibles peuvent être le propre et le figuré : c'est alors la figure de la syllepse qui met à profit la polysémie du mot. Il en va ainsi du terme de *rétrograde* qu'emploie Saint-John Perse dans ce verset de la « Strophe IX », VI, 2 :

*« Amants ! Amants ! où sont nos pairs ? Nous avançons, face à la nuit, avec un astre sur l'épaule comme l'épervier des Rois ! Derrière nous tout ce sillage qui s'accroît et qui s'allaite encore à notre poupe, mémoire en fuite et voie sacrée. Et nous tournant encore vers la terre* rétrograde *et vers son peuple de balustres, nous lui crions, ô terre, notre peu de foi dans sa coutume et dans son aise ; et qu'il n'est point pour nous sur mer poudre ni cendre aux mains de l'usager. »*

*(« Strophe IX », in* Amers*, o.c., la Pléiade/Gallimard)*

Ici, *rétrograde* est pris dans son sens propre « qui recule au loin », puisque la terre semble s'éloigner, vue du bateau sur lequel ont pris place les Amants et qui s'en va vers la haute mer, mais aussi dans le sens figuré de « réactionnaire » : telle est la terre par rapport à la mer, elle qui s'installe *dans sa coutume et dans son aise.*

Beaucoup plus rares sont les cas où la superposition polysémique dépasse deux sens. C'est pourtant ce qui arrive autour du mot *laisse* dans ce verset de *Vents* :

*Et la terre à longs traits, sur ses plus longues* laisses*, courant, de mer à mer, à de plus hautes écritures, dans le déroulement lointain des plus beaux textes de ce monde.*

*(Saint-John Perse,* Vents*, II, 1, o.c., la Pléiade/Gallimard)*

Ici, *laisse* désigne d'une part l'attache d'un chien, puisque la terre court comme un animal qui semble suivre une piste, d'autre part l'espace que la mer laisse à découvert à chaque marée, enfin une unité poétique semblable à la strophe, sens lié à toute la thématique de l'écriture qui est relayée dans ce verset par *écritures, textes.*

▷ *Ambiguïté, champ, connotation, dénotation, équivoque, étymologie, isotopie, mot, sélection, sème, signifié, substitution, syllepse.*

**polysyndète.** La polysyndète (du grec *polus*, « nombreux », et *sundein*, « joindre »), à l'inverse de l'asyndète, multiplie les mots de liaison, conjonctions ou adverbes, entre les groupes syntaxiques ; il en va ainsi dans ce vers de Victor Segalen :

*Tu es riche* et *lourd* et *suave* et *frais, pourtant.*

▷ *Asyndète.*

**ponctuation.** Outre sa valeur d'indication sur les rapports de sens et sur les pauses entre les mots, les groupes de mots et les propositions à l'écrit, qu'il soit en prose ou en vers, la ponctuation marque aussi l'expression de l'émotion ou de l'affectivité. Ces effets sont utilisés et même multipliés chez certains poètes modernes, comme des marques supplémentaires de lyrisme :

*Mais toi, mon âme, dis : Je ne suis pas née en vain et celui qui est appelé à me cueillir existe !*

*Ah, qu'il reste un peu à l'écart ! je le veux, qu'il reste encore un peu de temps à l'écart !*

*Puisque où serait la foi, s'il était là ? où serait le temps ? où le risque ? où serait le désir ? et comment devenir pleinement, s'il était là, une rose ?*

(*Paul Claudel, fragment de « Cantique de la rose »,*
*in* La Cantate à trois voix, *Gallimard*)

A l'inverse, la suppression dans un poème de toute ponctuation rapproche des éléments autrement séparés, supprime *a priori* les marques de tonalité. C'est une innovation de Mallarmé, confirmée par Apollinaire : le poème, allégé, « d'un seul trait, poursuit sa course ailée. Évidemment, on ne comprend pas, mais, n'est-ce pas, cela n'a aucune importance » (cité par J. Cohen, *Structure du langage poétique*, Flammarion).

Cette absence de ponctuation permet de jouer sur l'ambiguïté syntaxique, mais elle est la plupart du temps palliée par la coïncidence fréquente, dans les vers libres, entre le rythme syntaxique et le passage à la ligne (comme si le naturel classique revenait au galop). Dans un texte de 1917, Pierre Reverdy lie de manière étroite suppression de la ponctuation et importance de la disposition typographique :

> «On a assez parlé de la suppression de la ponctuation. Il a aussi été question des dispositions typographiques nouvelles. Pourquoi n'est-il venu à l'esprit de personne d'expliquer la disparition de celle-là par des raisons qui ont amené l'emploi de celles-ci?
> N'est-il pas naturel en effet que dans la création d'œuvres d'une structure nouvelle on se serve de moyens nouveaux appropriés?
> La ponctuation est un moyen infiniment utile pour guider le lecteur et rendre plus facile la lecture des œuvres de forme ancienne et de composition compacte. Aujourd'hui chaque œuvre porte, liée à sa forme spéciale, toutes les indications utiles à l'esprit du lecteur.
> Chaque chose est à sa place et aucune confusion n'est possible qui exigerait l'emploi d'un signe quelconque pour la dissiper. Chaque élément ainsi placé prend plus rapidement et même plus nettement dans l'esprit du lecteur l'importance que lui a donnée l'esprit de l'auteur.
> Ce n'est donc pas une liberté, c'est au contraire un ordre supérieur qui apporte une clarté nouvelle et ne peut se concilier qu'à des œuvres simples et d'une grande pureté.»
>
> (Pierre Reverdy, *Nord-Sud* n° 8, Flammarion)

▷ *Ambiguïté, blanc, juxtaposition, mise en page, syntaxe, typographie.*

**prolongée.** Voir **strophe**.

**prose poétique.** On appelle prose poétique un type d'écriture interne à des ouvrages en prose, mais qui emprunte à la poésie non seulement une thématique (description de la nature, des sentiments, etc.) mais aussi des procédés caractéristiques. Il s'agit alors de passages de tonalité plus lyrique, mais l'œuvre tout entière, elle, n'a pas en soi de visée purement poétique. Le genre a connu une mode particulière à la fin du XVIII^e siècle et au XIX^e siècle.

Prenons comme exemple ce passage des *Mémoires d'Outre-Tombe* de Chateaubriand :

> «Inutilement je vieillis; je rêve encore mille chimères. L'énergie de ma nature s'est resserrée au fond de mon cœur; les ans au lieu de m'assagir, n'ont réussi qu'à chasser ma jeunesse extérieure, à la faire rentrer dans mon sein. Quelles caresses l'attireront maintenant au dehors, pour l'empêcher de m'étouffer? Quelle rosée descendra sur moi? Quelle brise émanée des fleurs, me pénétrera de sa tiède

haleine ? Le vent qui souffle sur une tête à demi dépouillée, ne vient d'aucun rivage heureux ! »

On notera ainsi la fréquence des groupes de 8 syllabes :

Inutilement je vieillis
Je rêve encor(e) mille chimères
les ans au lieu de m'assagir
Quelles caress(es) l'attireront
pour l'empêcher de m'étouffer
Quell(e) rosée descendra sur moi ?
Quelle brise émanée des fleurs
ne vient d'aucun rivage heureux.

Le passage commence par deux groupes de seize syllabes : de « Inutilement » à « chimères », et de « L'énergie » à « cœur ». On remarquera l'anaphore de *quelle(s)*, les effets de sonorités, en particulier, dans la première phrase, les assonances en [i] et [ɛ] et les allitérations en [v] et [r], mais aussi les homéotéleutes (*cœur*, *extérieure*, *fleurs*, d'une part, *jeunesse* et *caresses* d'autre part). Le vocabulaire est largement puisé dans le répertoire de la poésie : *chimères*, *sein*, *rosée*, *brise*, *fleurs*, *rivage*. Un fait d'inversion à signaler en syntaxe, qui marque le début du passage : « Inutilement je vieillis » (prolepse de l'adverbe). Enfin, les images, en particulier les métaphores, sont extrêmement nombreuses.

▷ *Allitération, assonance, figure, groupe rythmique, homéotéleute, homophonie, image, poème en prose, syntaxe, vers blanc.*

**prosodie.** Le mot prosodie vient du grec *prosodia*, qui désignait le chant pour accompagner la lyre, puis tout ce qui sert à accentuer le langage : aspiration, accent syllabique, apostrophe. H. Meschonnic la définit (*Pour la poétique* I, Gallimard, p. 65) comme « l'organisation vocalique et consonantique d'un texte ; élément du rythme, essentiellement par le consonantisme ; élément du sens, par les figures du signifiant ».

▷ *Accent, allitération, assonance, homophonie, métrique, pied, rythme, scansion, signifiant, syllabe, versification.*

**prosopopée.** Voir personnification.

**prosthèse.** La prosthèse (du grec *prosthesis*, « action de poser sur, de placer avant ») est un métaplasme qui consiste dans l'addition d'une lettre ou d'une syllabe en début de mot sans en changer le sens : *Rrose Sélavy* (Robert Desnos).

▷ *Métaplasme.*

# Q

**quadripartite.** Voir rime.

**quartier.** En métrique, on appelle quartier un groupement de vers interne à une strophe ou à un couplet, et qui reproduit sa structure quatre fois. Ainsi, dans l'unité de la strophe, se dessine une autre unité, plus petite, et moins autonome sur le plan syntaxique. C'est une division strophique qui se trouve dans la poésie médiévale, le lai, la rotrouenge par exemple, et parfois dans la chanson traditionnelle.

▷ *Chanson, douzain, formes fixes, lai, strophe.*

**quatrain.** Le premier emploi de ce mot serait dû à Clément Marot, en 1543, dans les *Épîtres*. Un quatrain est une strophe de quatre vers. C'est le type strophique le plus fréquemment utilisé dans la poésie française. On trouve des quatrains à rimes soit embrassées, tel celui-ci, qui ouvre le sonnet « Les Chats » de Baudelaire :

*Les amoureux fervents et les savants austères*
*Aiment également, dans leur mûre saison,*
*Les chats puissants et doux, orgueil de la maison,*
*Qui comme eux sont frileux et comme eux sédentaires.*

soit croisées, comme celui-ci, de Maynard, où l'alternance des rimes est en concordance avec l'alternance des mètres :

*Mon Âme, il faut partir. Ma vigueur est passée,*
*Mon dernier jour est dessus l'horizon.*
*Tu crains ta liberté. Quoi ? n'es-tu pas lassée*
*D'avoir souffert soixante ans de prison ?*

Si l'on veut s'en tenir au sens strict, seuls peuvent être considérés comme des quatrains les groupements de quatre vers :

– en isométrie, soit à rimes embrassées, soit à rimes croisées, compte tenu des nécessités de l'alternance. Et donc, pour le poème « Le Flacon » de Baudelaire, dans lequel les vers sont organisés selon des rimes suivies, et typographiquement disposés quatre par quatre (aabb), on ne devrait pas parler de « quatrains ». Même chose pour des quatrains monorimes, comme il s'en rencontre dans la poésie contemporaine, ou encore pour la disposition aaab ou abbb (à moins de correspondance par rime disjointe de quatrain à quatrain), que l'on trouve par exemple chez Segalen :

*Lève, voix antique, et profond Vent des Royaumes.*
*Relent du passé ; odeur des moments défunts.*
*Long écho sans mur et goût salé des embruns*
*Des âges ; reflux assaillant comme les Huns.*
(Odes)

– en hétérométrie, ceux qui présentent, avec une liberté plus grande dans l'organisation des rimes, une structure des mètres :

• soit interne à la strophe, comme dans ce quatrain de Rimbaud où la structure croisée de mètres de 6 et de 5 syllabes fait système à l'encontre de l'ouverture due aux rimes suivies :

*Éternelles Ondines*
*Divisez l'eau fine.*
*Vénus, sœur de l'azur,*
*Émeus le flot pur.*
(Comédie de la soif)

• soit externe par récurrence, ainsi dans « A une mendiante rousse » de Baudelaire, où les rimes suivies ne permettraient pas de parler au sens strict de quatrain, mais où la répétition d'une structure métrique 7-7-7-4 instaure un système strophique :

*Blanche fille aux cheveux roux,*
*Dont la robe par ses trous*
*Laisse voir la pauvreté*
*Et la beauté,*

*Pour moi, poète chétif,*
*Ton jeune corps maladif,*
*Plein de taches de rousseur,*
*A sa douceur.*

▷ *Alternance, rime, strophe.*

**quintil.** L'emploi de ce terme (du latin *quintus*, « cinquième ») en matière de versification date de 1749, où on le trouve dans les *Essais sur l'Histoire des Belles-Lettres* de Juvenel de Carlencas pour désigner une strophe iso- ou hétérométrique de cinq vers. L'usage de ce type strophique est pourtant ancien, puisqu'on le rencontre couramment à l'époque médiévale (il est aussi appelé **cinquain**).

Le quintil ne comporte que deux rimes, dont l'une est forcément redoublée. Leur disposition permet de définir deux catégories de quintils :

– à formule simple, c'est-à-dire close uniquement au dernier vers, comme c'est le cas pour la combinaison abaab (intérêt de cette structure : la rime a centrale est entourée de deux éléments semblables ab : ab-a-ab ; de plus, elle peut être analysée également comme vers + quatrain à rimes embrassées : a-baab), très fréquente en particulier chez les romantiques. En voici un exemple, extrait de « La Sultane favorite » de Victor Hugo :

*Repose-toi, jeune maîtresse.*
*Fais grâce au troupeau qui me suit.*
*Je te fais sultane et princesse :*
*Laisse en paix tes compagnes, cesse*
*D'implorer leur mort chaque nuit.*

La combinaison aabab, moins riche structurellement (vers + quatrain à rimes croisées : a-abab), est moins répandue. On la trouve par exemple dans un poème de Pontus de Tyard, « Chant non mesuré » :

*Que me sert la connaissance*
*D'amour et de sa puissance*
*Et du mal qu'il fait sentir :*
*Si je n'ai pas la résistance,*
*Pour m'en savoir garantir ?*

On rencontre également, mais de manière plus rare, la formule abbba. D'après H. Morier, les Rhétoriqueurs donnaient le nom de *chinquain* à des quintils de formule aabba.

– à formule prolongée, c'est-à-dire à la combinaison complète et close au bout de quatre vers, mais où s'ajoute une reprise de rime finale. Il s'agit donc de quintils qui se fondent sur les deux dispositions fondamentales : rimes croisées, rimes embrassées. C'est ainsi que l'on pourra avoir alternance parfaite si à un système à rimes croisées s'ajoute une rime qui reprend la première, en ababa (la rime a centrale opère alors comme un axe de symétrie : ab-a-ba ; ce qui évite tout groupement de rimes plates) :

*Nous renoncerons au poème,*
*Le seul rythme parfait qui rôde*
*Parmi tant d'ombres incertaines*
*Et celles qu'on porte aux autres*
*Des hauteurs de l'isolement.*
*(Patrice de La Tour du Pin,*
*fragment de « Au-delà de la joie »,*
*in* La Quête de joie, *Gallimard)*

C'est la forme la plus courante, adoptée également par Baudelaire pour la plupart de ses poèmes en quintils, et par Apollinaire pour la « Chanson du Mal-Aimé ». La formule ababb est beaucoup moins employée.

Si, à des rimes embrassées, s'en ajoute une qui redouble la

seconde, on a un système abbab (avec répétition de ab autour de b : ab-b-ab), tel qu'on le trouve dans «Le Poison» de Baudelaire, ou dans les «Strophes pour se souvenir» d'Aragon :

*Vous n'avez réclamé la gloire ni les larmes*
*Ni l'orgue ni la prière aux agonisants*
*Onze ans déjà que cela passe vite onze ans*
*Vous vous étiez servi simplement de vos armes*
*La mort n'éblouit pas les yeux des Partisans.*
(*in* Le Roman inachevé, *Gallimard*)

À l'inverse, dans «Elsa au miroir», le même Aragon préfère répéter la rime première en un système abbaa – combinaison dénuée de centre – (avec, dans chaque strophe suivante, inversion «en miroir» baabb de la combinaison, dans ce poème qui ne comporte que deux rimes) :

*C'était au beau milieu de notre tragédie*
*Et pendant un long jour assise à son miroir*
*Elle peignait ses cheveux d'or Je croyais voir*
*Ses patientes mains calmer un incendie*
*C'était au beau milieu de notre tragédie*

*Et pendant un long jour assise à son miroir*
*Elle peignait ses cheveux d'or et j'aurais dit*
*C'était au beau milieu de notre tragédie*
*Qu'elle jouait un air de harpe sans y croire*
*Pendant tout ce long jour assise à son miroir.*
(La Diane française, *Seghers*)

▷ *Strophe.*

# R

**rapportés *(vers)*.** L'usage des vers dits rapportés ou encore de sonnets en vers rapportés appartient, dans le domaine français, à l'esthétique du XVIe siècle. On appelle ainsi un mode de composition qui tient à la fois de l'énumération et du parallélisme : au lieu d'énumérer des syntagmes divers, on en disjoint les éléments en les regroupant par fonctions ou catégories. Ainsi dans le sonnet XVII des *Amours* de Ronsard, sont énoncées trois grâces de la bien-aimée (l'œil, la main, le crin, c'est-à-dire la chevelure), auxquelles sont liées respectivement trois tortures sur son amant (brûler, enserrer, attacher), et cette logique se poursuit tout au long du poème dont voici les quatrains :

*Par un destin dedans mon cœur demeure,*
*L'œil, et la main, et le crin délié,*
*Qui m'ont si fort, brûlé, serré, lié*
*Qu'ars, pris, lacé, par eux faut que je meure.*

*Le feu, la serre, et le rets à toute heure,*
*Ardant, pressant, nouant mon amitié,*
*Occise aux pieds de ma fière moitié*
*Font par sa mort ma vie être meilleure.*

Un tableau pourra permettre de se faire une idée très nette de cette répartition et de ces correspondances isotopiques :

| | | |
|---|---|---|
| œil | main | crin |
| brûlé | serré | lié |
| ars (= brûlé) | pris | lacé |
| le feu | la serre | le rets |
| ardant | pressant | nouant |

On peut considérer de la même manière ce sonnet de Jean de Sponde :

*Tout s'enfle contre moi, tout m'assaut, tout me tente,*
*Et le Monde, et la Chair, et l'Ange révolté,*
*Dont l'onde, dont l'effort, dont le charme inventé*
*Et m'abîme, Seigneur, et m'ébranle, et m'enchante*

*Quelle nef, quel appui, quelle oreille dormante,*
*Sans péril, sans tomber, et sans être enchanté,*
*Me donras-tu ? Ton Temple où vit ta Sainteté,*
*Ton invincible main, et ta voix si constante ?*

*Et quoi ? Mon Dieu, je sens combattre maintes fois*
*Encor avec ton Temple, et ta main, et ta voix,*
*Cet Ange révolté, cette Chair, et ce Monde.*

> *Mais ton Temple pourtant, ta main, ta voix sera*
> *La nef, l'appui, l'oreille, où ce charme perdra,*
> *Où mourra cet effort, où se rompra cette onde.*

Ce poème est fondé également sur la répétition, dans les tercets, des mêmes termes que dans les quatrains, dans un ordre différent.

▷ *Parallélisme, répétition.*

**rebriche.** Le vers qui sert de refrain dans la ballade et dans le chant royal s'appelle la rebriche (forme ancienne du mot *rubrique*, il vient de *rubrica*, désignant l'« ocre rouge qui servait à écrire les titres des lois de l'État », puis le titre lui-même).

▷ *Ballade, chant royal, refrain.*

**redoublé.** Voir **contre-rejet, rejet, rime.**

**référent.** On appelle référent en linguistique l'objet spécifique ou l'être nommément désigné pris dans la réalité concrète et auxquels un énoncé fait clairement allusion dans une situation précise.

Dans la poésie moderne, le référent est souvent démultiplié par les jeux sur l'ambiguïté et l'implicite. C'est pourquoi il apparaît utile de distinguer une référence *externe* (monde extra-linguistique, réel ou imaginaire), et une référence *interne* au texte, lui-même se prenant comme son propre référent. A la référence externe est liée ce que H. Meschonnic (*Pour la poétique* I, Gallimard, p. 173) appelle l'« information », « rapport référentiel univoque avec ce qui n'est pas l'œuvre, indépendamment du système ». Le référent interne est en revanche quelque chose qui se construit à mesure qu'avance l'œuvre.

Ainsi, l'élaboration de la référence interne est un fait particulièrement frappant dans l'œuvre entière d'un poète comme Saint-John Perse qui se caractérise par une grande continuité. Elle peut établir un lien logique entre deux passages, et même entre deux œuvres, et éclairer éventuellement une métaphore. Par exemple, c'est le début d'un verset de *Chronique* III (o.c., la Pléiade/Gallimard) :

> *Et sur la terre de latérite rouge où courent les cantharides vertes, nous entendions un soir tinter les premières gouttes de pluie tiède [...]*

qui permet d'expliquer l'image d'une *terre tatouée de rouge* dans tel verset de « Sécheresse » (in *Chant pour un Équinoxe*, Gallimard) où l'on retrouve la même évocation, en couleurs complémentaires, d'une « terre rouge » et de « cantharides vertes » :

> *La Cantharide verte et le Lycène bleu nous ramèneront l'accent et la couleur; et la terre tatouée de rouge recouvrera ses grandes roses mécréantes.*

En effet, quelle est cette terre rouge, si ce n'est la même que celle de *Chronique* III, qui nous dit son nom : la latérite est, de fait, une roche volcanique, dont l'aspect jaspé et la couleur rouge brique justifient tout à fait l'emploi d'un terme comme *tatouée*.

▷ *Déictique, dénotation, embrayeur, énonciation, fonctions, mot, signifié, sujet.*

**refrain.** Le terme générique refrain (altération, sous l'influence de l'infinitif, de l'ancien participe passé de *refraindre*, *refrait*, de *refractus*, il désigne, au XIIIe siècle, le « retour d'un motif qui brise le cours de la chanson ») est employé pour désigner toute répétition, complète ou avec légère variation, de mot, de syntagme, de vers à la fin de chaque strophe d'un poème ou de chaque couplet d'une chanson. Le refrain peut être ou non intégré grammaticalement et métriquement à la strophe ou au couplet. Dans les chansons médiévales, le soliste chantait les couplets et donnait le refrain, qui ensuite était repris par le chœur à la fin de chaque couplet. L'esthétique du refrain, outre son rôle cyclique, consiste dans la manière dont il s'inscrit à chaque fois dans un nouveau contexte, ce qui nuance son jeu de significations.

▷ *Chanson, couplet, épanalepse, épiphore, kyrielle, rebriche, rentrement, répétition, rondel, rotrouenge, triolet, virelai.*

**rejet.** On appelle rejet le phénomène grâce auquel, selon la définition qu'en donne Jean Mazaleyrat, « un élément verbal bref, placé au début d'un vers ou d'un hémistiche, se trouve étroitement lié par la construction au vers ou à l'hémistiche précédent, et prend de par sa position une valeur particulière » (*Éléments de métrique française*, Armand Colin, $U_2$, p. 119). Le décalage de la syntaxe par rapport aux limites fixes du vers crée ainsi un effet rythmique puissant.

Le rejet peut être *interne* ou *externe*, selon que la limite métrique ainsi outrepassée est la césure ou la fin de vers.

> *Ainsi quand je serai //* perdu *dans la mémoire*
> Des hommes, *dans le coin d'une sinistre armoire*
> *Quand on m'aura jeté [...]*

Ces vers extraits du « Flacon » de Baudelaire, poème très riche en décalages, présentent, le premier un cas de ***rejet interne*** sur *perdu* (mot qui, dans le poème, appartient à une isotopie bien représentée de l'isolement et de l'abandon), et le second un cas de ***rejet externe*** sur *Des hommes*, désarticulant le syntagme « la mémoire des hommes ». Dans un tel cas, on parle de ***rejets redoublés***, puisque les rejets apparaissent successivement dans les deux positions.

On peut également trouver des ***rejets strophiques***, dans lesquels la limite outrepassée par la syntaxe est celle de la strophe. Ainsi dans *La Maison du berger* de Vigny :

*Mais, à moins qu'un ami menacé dans sa vie*
*Ne jette, en appelant, le cri du désespoir,*
*Ou qu'avec son clairon la France nous convie*
*Aux fêtes du combat, aux luttes du savoir ;*
*À moins qu'au lit de mort une mère éplorée*
*Ne veuille encor poser sur sa race adorée*
*Ces yeux tristes et doux qu'on ne doit plus revoir,*

Évitons ces chemins. – *Leur voyage est sans grâces,*
*Puisqu'il est aussi prompt, sur ses lignes de fer,*
*Que la flèche élancée à travers les espaces*
*Qui va de l'arc au but en faisant siffler l'air.*

▷ *Accent, césure, contre-accent, contre-rejet, discordance, enjambement, rythme, strophe.*

**rentrement.** Le rentrement est le refrain du rondeau, lorsque, tiré du début du premier vers, il s'ajoute, isolé, à la fin des deux autres strophes. Dans ce rondeau de Lemaire de Belges, le rentrement consiste dans un seul mot, l'adjectif *grande* :

*Grande concorde et petite avarice,*
*Cœurs adonnés à louable exercice,*
*Audace en guerre et en paix équité*
*Haussèrent Rome en telle autorité*
*Que tout le monde était pour son service.*

*Là fut assis le trône de justice*
*Faisant si bien envers tous son office*
*Qu'on n'estimait autre félicité*
*Grande.*

*Mais quand vertu céda son lieu à vice*
*Que ambition et pécune nourrice*
*De tous maux eut crédit en la cité,*
*En peu de jours sa ruine a été,*
*Et le rabat de son los et police,*
*Grande.*

▷ *Refrain, rondeau, rondel.*

**renversée.** Voir **rime**.

**répétition.** La répétition est un des phénomènes essentiels de la poésie, ce que R. Jakobson souligne en ces termes, dans *Questions de poétique* (éd. du Seuil, p. 234) :

> « À tous les niveaux de la langue l'essence, en poésie, de la technique artistique réside en des retours réitérés. »

Elle peut prendre de nombreuses formes :
– répétition de sons ou de lettres (allitérations, assonances, homéotéleutes, rimes et homophonies diverses, tautogramme) ;
– répétition de mètres (vers, constantes rythmiques) ;
– répétition de mots, totale (épizeuxe, antanaclase, gémination) ou partielle (paronomase, dérivation, polyptote) ;
– répétition de mots ou de syntagmes à certaines places (anaphore, anadiplose, épiphore, symploque) ;
– répétition de vers (refrain, antépiphore). Certaines formes fixes, comme la villanelle, le pantoum, le rondeau, le triolet, le virelai sont fondées sur la répétition des vers ;
– répétition de structures (chiasme, parallélisme, strophe).

▷ *Allitération, anadiplose, anaphore, antanaclase, antépiphore, assonance, chiasme, constante rythmique, dérivation, épanalepse, épiphore, épizeuxe, figure, gémination, homéoteleute, homophonie, nombre, pantoum, parallélisme, paronomase, polyptote, rapportés (vers), refrain, rime, rondeau, rythme, stichomythie, strophe, structure, symétrie, symploque, tautogramme, triolet, villanelle, virelai.*

**rétrograde.** On appelle rimes rétrogrades ou encore vers rétrogrades des vers qui peuvent se lire dans les deux sens ; il peut s'agir aussi bien de l'ordre des lettres (on dit aussi **palindrome**) que de l'ordre des mots.

La littérature latine pratiquait déjà le palindrome. En voici un exemple classique :

*Roma tibi subito motibus ibit amor.*

L'ordre des mots peut être inversé sur tout un groupe de vers. Ainsi :

*Triomphamment cherchez honneurs et prix,*
*Désolés, cœurs méchants, infortunés,*
*Terriblement êtes moqués et pris.*

peut être lu :

*Pris et moqués êtes terriblement,*
*Infortunés, méchants, cœurs désolés,*
*Prix et honneurs cherchez triomphamment.*

C'est un procédé de la fin du Moyen Age.

▷ *Rime, strophe, vers.*

**reverdie.** Poème médiéval célébrant sur le mode lyrique le retour du printemps. Voici le premier douzain d'une reverdie sur deux rimes en heptasyllabes de Colin Muset :

*Ancontre le tens novel*
*Ai le cuer gai et inel*
*Au termine de pascor ;*
*Lors veul faire un triboudel,*
*Car j'aim moult tribu martel,*
*Bruit et barnage et baudor,*
*Et quant je sui en chastel*
*Plain de joie et de revel,*
*La veul estre et nuit et jor.*
*Triboudaine et triboudel !*
*Deus confonde le musel*
*Ki n'aime joie et baudor !*

▷ *Lyrisme.*

**rhopaliques *(vers)*.** Voir calligramme.

**riche.** Voir rime.

**rime.** Le mot rime a longtemps désigné la forme versifiée en général (s'opposant à la prose) ; ce n'est qu'au XIV^e^ siècle que le sens moderne précis se serait imposé, et c'est au XVI^e^ siècle que l'on distingue nettement *rime* et *rythme* : les deux mots ont longtemps été considérés comme formant un doublet sur l'étymologie de *rythme* ; or *rime*, attesté à la fin du XII^e^ siècle, viendrait du francique **rim*, « série, nombre ».

La rime, en versification française, est fondée sur l'identité, entre deux ou plusieurs mots situés en principe en fin de vers, de leur voyelle finale accentuée, « ainsi que des phonèmes qui éventuellement la suivent » (H. Morier, *Dictionnaire de poétique et de rhétorique*). Les phonèmes en amont peuvent également entrer dans le phénomène de rime ; dans ces deux vers de Baudelaire :

*Fruits purs de tout outrage et vierges de gerçures*
*Dont la chair lisse et ferme appelait les morsures !*

la stricte homophonie de rime porte sur [yr], mais aussi s'enrichit des deux phonèmes qui précèdent ([rs]), la rime est donc en [rsyr].

En général, la rime se trouve en fin de vers, ou, plus occasionnellement, à la césure ; dans d'autres structures, comme celle de la poésie chinoise, elle marque le début du vers. Certains poètes français – les Grands Rhétoriqueurs, ou encore des poètes modernes comme Aragon – ont pu tenter de faire déborder la rime sur les premières syllabes du vers suivant.

Dans la versification française, la rime a un rôle de structuration aussi bien du vers que du poème entier. De nombreux théoriciens s'accordent à dire qu'elle marque la fin du vers, mais l'unanimité n'est pas faite sur ce point. En revanche, chacun lui reconnaît une réelle fonction organisatrice dans l'ensemble du poème (voir **strophe**, et les différentes formes fixes, comme **rondeau**, **triolet**, **villanelle**, **virelai**, etc.).

La rime a également un rôle associatif. Elle souligne la structure sémantique du poème par des répétitions fondées sur les signifiants, qui permettent de rapprocher des signifiés autrement étrangers l'un à l'autre : il est fréquent que les mots-clés d'un poème se trouvent à la rime. L'effet de ces rapprochements est d'autant plus fort que les deux mots ainsi mis en présence sont différents : ni opposés, ni synonymes, ni associés dans des clichés, mais tels que leur contact soit une surprise.

Le système des rimes est la forme la plus régulière de récurrence phonique dans les vers français. Du XIII$^{e}$ au XIX$^{e}$ siècle, il a été constamment observé, à quelques nuances près ; depuis un siècle, la rime a pu être sérieusement remise en question, en particulier dans les règles complexes de pureté qui ont marqué la période classique, mais elle n'a pas pour autant disparu de la poésie française.

L'usage de la rime n'est pas un phénomène universel en matière poétique : on ne la trouve pas, ou à titre exceptionnel, dans les poésies grecque et latine ; dans la poésie anglaise, elle est due à l'influence française. On a même pu se demander s'il n'y avait pas un lien de cause à effet entre le caractère syllabique de notre versification et l'apparition d'un système d'homophonies en fin de vers. C'est en effet la poésie latine chrétienne qui institue le système des homophonies finales ; des inscriptions sémitiques et des poèmes hébraïques rimés auraient inspiré cette nouveauté, introduite dans le domaine latin grâce aux Chrétiens d'Afrique. Tout d'abord, c'est l'**assonance** qui prédomine, puis au VIIIe siècle, la rime apparaît de manière régulière, et il faut encore attendre trois siècles pour la trouver sur deux syllabes. En langue vulgaire, elle ne commence à prendre sa place qu'au début du XIIe siècle, et ne l'emporte sur l'assonance qu'au XIIIe siècle, d'abord dans les grands genres, puis dans la poésie populaire. G. Lote remarque que le développement de la rime s'est fait au moment où commençait à régresser l'accompagnement mélodique des vers.

Très tôt s'est posé le problème des **rimes féminines**, car l'*e* atone final ne constituait pas un appel phonique suffisant ; c'est pourquoi on se trouve d'abord plutôt en présence de **rimes masculines** et d'assonances. Puis la rime féminine (le nom est dû à l'analogie avec la terminaison la plus fréquente des mots féminins) s'impose peu à peu, entraînant l'usage du principe de l'**alternance**, à partir des XIIe-XIIIe siècles.

On ne cherche à enrichir les rimes qu'à partir du XVe siècle, et l'on répète volontiers les mêmes dans un même poème, comme en témoignent les formes fixes en vogue à cette époque (voir **rondeau, virelai, ballade**).

Les Grands Rhétoriqueurs sont particulièrement connus pour leur ingéniosité à orner et à enrichir la rime. Ils ont inventé quantité de procédés formels fondés sur des jeux de signifiants, dont la plupart ont été dédaignés par la Pléiade et la période classique, mais la tradition en a été reprise par certains poètes depuis un siècle.

Voici les principaux de ces jeux de rimes.

**1 – Procédés d'enrichissement en fin de vers :**

– **rime léonine** : l'homophonie s'étend sur deux syllabes, ou plutôt englobe deux voyelles prononcées (v*olant*/cons*olant*). On la trouve aussi dans la poésie classique, ainsi dans *Phèdre* :

> *Je pressai son exil, et mes cris é*ternels
> *L'arrachèrent du sein et des bras pa*ternels.

– **rime équivoquée** : elle peut se présenter de deux manières, soit fondée sur l'homonymie entre deux vocables de sens différents (*nuit*, nom / *nuit*, verbe), soit sous la forme d'un calembour lorsqu'elle englobe plusieurs mots.

> *Sur moi ne faut telle rigueur* étendre,
> *Car de pécune un peu ma bourse* est tendre.
> *(Clément Marot)*

– **rime dérivative** : elle fait rimer des mots de même racine. Toujours de Marot :

*Et pourquoi non ? Ce serait grand* diffame,
*Si vous perdiez jeunesse, bruit, et* fame.

– **vers holorimes** : le phénomène d'homophonie s'étend sur le vers entier, et donc, à l'oreille, on a l'impression de deux vers semblables (voir **holorime**).

– **rime couronnée** : la syllabe de rime est redoublée.

*O Mort très ra*bice bice,
*Tu n'es pas ge*nice nice,
*Mais de deuil nou*rrice rice.
*(Jean Molinet)*

On parle de ***double couronne*** lorsque le phénomène se produit à la césure et à la fin du vers :

*Moli*net n'est *sans bruit, ni sans* nom non,
*Il a* son son *et comme tu* vois, voix.

Et on dit que la rime est ***emperière*** quand la syllabe de rime est triplée, comme dans cet exemple anonyme donné par Thomas Sébillet :

*En grand re*mord, mort, mord,
*Ceux qui par*fais, fais, fais
*Ont par ef*fort, fort, fort
*De clers et f*rais, rais, rés.

**2 – Procédés qui débordent sur le vers suivant :**

– **rime annexée** : la dernière syllabe de la rime est reprise au début du vers suivant.

*Plaisir n'ai plus, mais vis en décon*fort.
Fort*une m'a remis en grand dou*leur :
L'heur *que j'avais est tourné en* malheur
Malheu*reux est, qui n'a aucun con*fort.

Fort *suis dolent, et regret me re*mord,
Mort *m'a ôté ma Dame de va*leur.
L'heur *que j'avais est tourné en* malheur :
Malheur*eux est, qui n'a aucun confort.*
*(Clément Marot)*

– **rime fratrisée** : elle est à la fois annexée et fondée sur un calembour comme pour la rime équivoquée.

*Cour est un périlleux* passage
Pas sage *n'est qui va en Cour,*
*(Tabourot)*

- **rime enchaînée** : à la fois annexée et dérivative.

*Maint ennemi se rend notre hôte,*
*Combien que Gennes dans sa* côte
Côtoie *un périlleux fatras [...]*
*(Marot)*

**3 – Procédés d'enrichissement à l'intérieur du vers :**

- **vers léonin** : les deux hémistiches riment ensemble.

*Ô temps per*du, *ô peines dépen*dues !
*(Louise Labé)*

- **rime batelée** : la fin du vers rime avec le mot qui est à la césure du vers suivant.

*Comme on voit sur la branche, au mois de mai, la rose*
*[...]*
*Rendre le ciel jaloux de sa vive cou*leur,
*Quand l'aube de ses p*leurs *au point du jour l'arrose ;*
*(Ronsard)*

Dans ces vers, outre la rime batelée, Ronsard utilise également la rime équivoquée (entre *la rose* et *l'arrose*).

- **rime brisée** : les vers riment non seulement par la fin, mais aussi par la césure.

*Après ma mo*rt, *je te ferai la gu*erre,
*Et quand mon c*orps *sera remis en t*erre
*J'en soufflerai la cendre sur tes yeux.*
*(Germain-Colin Bucher)*

On trouve également ce procédé dans la poésie romantique :

*Ces globes, qu'en pris*ons, *Seigneur, vous transfor*mâtes,
*Ces planètes pont*ons, *ces mondes case*mates.
*(Victor Hugo)*

- **rime senée** : cas extrême d'allitération où tous les mots commencent par la même lettre. On appelle ce type de vers également vers **tautogramme**. Jean Molinet a composé une oraison à Marie entièrement fondée sur l'utilisation de rimes senées, à quoi se joint la technique de l'acrostiche : chaque strophe est fondée successivement sur chacune des lettres de Marie. Voici le premier vers de chacune des strophes :

M*arie, mère merveilleuse,*
*[...]*
A*rdant amour, a*r*che aornée*
*[...]*
R*ubis raiant, rose ramée,*
*[...]*
J*ardin joli, joie internelle,*
*[...]*
É*toile errant, encontre eureuse,*
*[...]*

On notera qu'il existe une forme de rime dite également « senée » mais au sens large, et qui consiste dans l'identité des phonèmes initiaux de deux vers successifs :

*De là naissent ces sympathies*
*Aux impérieuses douceurs,*
Par *qui les âmes averties*
Par*tout se reconnaissent sœurs.*
*(Théophile Gautier)*

Au milieu du XVI^e^ siècle, Du Bellay réagit contre une virtuosité où la prouesse verbale risquait de devenir une fin en soi, et demande que la rime soit travaillée, mais sans dommage pour le sens. Malherbe continue ce combat, privilégiant l'exactitude phonique contre les excès de la recherche. Différentes règles sont alors mises au point pour brider cette liberté et assurer qualité et pureté de la rime. Désormais, le signifiant est pour longtemps en retrait sur le signifié, et la logique poétique plus proche de la logique discursive.

La **rime classique** répond à différents critères :

**1 – La qualité ou la richesse de la rime** (limitée à un mot). Elle se mesure traditionnellement au nombre de phonèmes répétés. Jean Mazaleyrat propose un classement très clair

(tous les exemples proposés sont tirés des *Fables* de La Fontaine) :

– La **rime pauvre** ne comporte qu'une homophonie (la dernière voyelle accentuée en syllabe ouverte) : [y] dans

*Se trouva fort dépourv*ue
*Quand la bise fut ven*ue.

– La **rime suffisante** porte sur deux homophonies, soit V + C (syllabe fermée) : [in] dans

*Elle alla crier fam*ine
*Chez la fourmi sa vois*ine,

soit C + V (syllabe ouverte) : [te] dans

*La cigale ayant chan*té
*Tout l'*été.

Les anciens métriciens parlaient, dans ce dernier cas, de rime « riche », à cause de la présence de la consonne d'appui.

– La **rime riche** est fondée sur trois homophonies, soit C + V + C : [tøz] dans

*La fourmi n'est pas prê*teuse ;
*C'est là son moindre défaut :*
*Que faisiez-vous au temps chaud ?*
*Dit-elle à cette emprun*teuse.

soit V + C + C : [ɔrt] dans

*Attaché ! dit le loup : vous ne courez donc pas*
*Où vous voulez ? – Pas toujours ; mais qu'imp*orte *?*
*Il importe si bien que de tous vos repas*
*Je ne veux en aucune* sorte.

soit C + C + V : [pri] dans

*La louange chatouille et gagne les es*prits .
*Les faveurs d'une belle en sont souvent le* prix.

soit V + C + V : [ase] dans

*J'étais dans un lieu sûr, lorsque je vis p*asser
*Les cent têtes d'une hydre au travers d'une haie*
*Mon sang commence à se gl*acer.

Cette dernière combinaison, qui inclut deux voyelles, est appelée rime **double** ou **léonine**.

Il peut arriver que ces deux voyelles, prononcées distinctement, se trouvent en contact : Jean Mazaleyrat propose de parler alors de rime « dissyllabique ».

On peut trouver, dans la rime classique, des phénomènes d'**enrichissement** :

- enrichissement par identité graphique (f*aune*/j*aune*) ;
- enrichissement phonique en amont de la rime, par des ressemblances de sons soit totales (*femme*/*fl*amme : enrichissement par le *f* initial), soit partielles (*lampe*/*rampe* : enrichissement par initiale liquide, l'une apicale, l'autre dorsale).

**2 – La pureté** est une exigence liée au désir classique de rimes qui satisfassent aussi bien l'oreille que l'œil. Les règles liées à la pureté concernent donc aussi bien la prononciation que l'orthographe.

La **règle de la liaison supposée** (appelée aussi, à tort, « rime pour l'œil ») interdit de faire rimer entre eux deux mots, soit terminés l'un par une voyelle l'autre par une consonne même muette, soit terminés par des consonnes qui ne feraient pas leur liaison éventuelle par le même son. Cette règle est à mettre en rapport avec la prononciation effective de la consonne finale à la pause, au XVIe siècle.

*Quel remords agite le fl*anc,
*Tourmente le sommeil du tribunal impie*
*Qui mange, boit, rote du* sang ?

Dans ces vers d'André Chénier, la rime *flanc/sang* satisfait à cette règle dans la mesure où *-c* et *-g* font chacune leur liaison éventuelle par le [k] ; il en va de même pour *-d* et *-t*, pour *-s*, *-x*, *-z*, etc.

En conséquence, on ne peut faire rimer un pluriel avec un mot singulier qui ne se terminerait pas par *-s*, *-x*, ou *-z*, ni une rime masculine avec une rime féminine.

La **rime normande** permet de faire rimer deux mots de même orthographe, mais dans lesquels une consonne est muette chez l'un et prononcée chez l'autre, comme dans ces vers de *Phèdre* :

*Et lorsqu'avec transport je pense m'appro*cher
*De tout ce que les Dieux m'ont laissé de plus* cher
[...]
*Je n'ai pour tout accueil que des frémissements.*

Ce type de rencontre pose à la diction un problème dont les solutions sont toutes les deux également insatisfaisantes : soit prononcer « m'ont laissé de plus ché », ce qui résonne étrangement, soit ne pas faire entendre le même son dans deux vers qui pourtant riment.

Ces règles ont été respectées jusqu'au milieu du XIXe siècle ; elles correspondent à des faits de prononciation vite vieillis. Certaines rimes admises par les classiques sont plus rapidement sorties de l'usage, comme les **rimes gasconnes** (*-deur/-dur*), les rimes *-aigne/-agne*, *-aige/-age*, ou *-er/-ar*, il en va de même pour l'interdiction de faire rimer *an* avec *en*. Quand, dans *Le Misanthrope*, Molière fait dire à Alceste :

*Non, l'amour que je sens pour cette jeune veuve*
*Ne ferme point mes yeux aux défauts qu'on lui* treuve,

une telle prononciation de *treuve* était déjà considérée comme archaïque à la Cour.

**3 – Facilité et banalité** sont déconseillées dans le choix des mots à la rime. On évite donc :

– **la rime du même au même** (c'est-à-dire d'un mot avec lui-même), sauf en cas d'homonymie (cas de *tête nue/sous la nue*). Elle est d'ailleurs exclue dès le Moyen Age ;

– la rime entre mots de la même famille ;

– la rime entre mots terminés par la même désinence ou par le même suffixe – fait très fréquent, même chez les puristes :

> *Il vous comble partout d'éloges fas*tueux...
> *La vérité n'a point cet air impé*tueux.
> (*Boileau*)

De même, on considère comme faibles des rimes entre mots parents morphologiquement (*vous/ nous*), entre termes trop souvent associés soit par des clichés (*amours/ toujours*), soit par des oppositions faciles (*montagne/ campagne*).

D'une manière générale, la rime est considérée comme d'autant plus réussie qu'elle unit des mots très dissemblables, selon le principe édicté par Banville :

> « Vous ferez rimer ensemble, autant qu'il se pourra, des mots très semblables entre eux comme sons, et très différents entre eux comme sens. »

La règle classique veut que la fin du vers coïncide avec une syllabe accentuée qui corresponde à une articulation grammaticale (fin de proposition ou de groupe syntaxique) : elle impose donc à la rime un certain type de mots (substantifs, adjectifs, verbes, pronoms à la forme tonique, verbes et la plupart des adverbes) et en exclut tous les mots non accentués. Les romantiques oseront en fin de vers séparer l'épithète du nom, mais, du moins dans la grande poésie lyrique, il faudra attendre Rimbaud et « le Dormeur du Val » pour voir un mot outil à la rime :

> *Les pieds dans les glaïeuls, il dort. Souriant* comme
> *Sourirait un enfant malade, il fait un somme.*

**4 – La disposition** détermine les possibilités de structuration verticale de la rime. Les modes de combinaison les plus fréquents sont :

– les **rimes plates** (ou **suivies**, ou encore **consonantes**), qui forment une suite ouverte : aa bb cc etc. Comme elles ne délimitent pas une structure récurrente, on les trouve beaucoup dans les genres suivis : théâtre en vers (excepté les passages en stances), épîtres, longs poèmes lyriques, didactiques ou épiques, tel ce début de la XXVI$^{e}$ des *Bucoliques* d'André Chénier :

*« Dieu dont l'arc est d'argent, dieu de Claros, é*coute,
*O Sminthée-Apollon, je périrai sans d*oute,
*Si tu ne sers de guide à cet aveugle e*rrant. »
*C'est ainsi qu'achevait l'aveugle en soupi*rant,
*Et près des bois marchait, faible, et sur une pi*erre
*S'asseyait. Trois pasteurs, enfants de cette t*erre,
*Le suivaient, accourus aux abois turbu*lents
*Des molosses, gardiens de leurs troupeaux bê*lants.

– les **rimes croisées** (ou **alternées**) forment, sur deux rimes, une structure de répétition et d'entrecroisement, abab : alternance entre a et b, mais aussi reprise du groupe ab (ab/ab) :

*Un soldat jeune, bouche ouverte, tête* nue,
*Et la nuque baignant dans le frais cresson b*leu,
*Dort ; il est étendu dans l'herbe, sous la* nue,
*Pâle dans son lit vert où la lumière p*leut.
*(Rimbaud, « Le Dormeur du val »)*

– les **rimes embrassées**, sur le même couple de base ab, réalisent un chiasme, abba :

*Tu demandes pourquoi j'ai tant de rage au* cœur
*Et sur un col flexible une tête indomptée ;*
*C'est que je suis issu de la race d'An*tée,
*Je retourne les dards contre le dieu vain*queur.
*(Nerval, « Antéros »)*

Ces deux dernières combinaisons, par leur structure fermée, forment la base du système strophique. Mais on peut également trouver ces trois types de disposition conjointement dans des ensembles où ils se succèdent librement, comme c'est le cas dans les *Fables* de La Fontaine : on parle alors de **rimes mêlées**.

D'autres organisations de rimes peuvent se rencontrer, mais elles sont beaucoup plus rares :

– le **rythme tripartite** est fondé sur une suite où une même rime se répète tous les trois vers, après un distique : aabccb... C'est la forme qu'affectent la plupart des sizains de Victor Hugo :

*Ces globes, qu'en prisons, Seigneur, vous transfor*mâtes,
*Ces planètes pontons, ces mondes case*mates,
*Flottes noires du châti*ment,
*Errent, et sur les flots tortueux et fu*nèbres,
*Leurs mâts de nuit, portant des voiles de té*nèbres
*Frissonnent éternelle*ment.
*(« Inferi »)*

– le **rythme quadripartite** répète ce système, mais tous les quatre vers : aaabcccb...

*Vous, des antiques Pyré*nées
*Les aî*nées,
*Vieilles églises déchar*nées,
*Maigres et tristes monu*ments,
*Vous que le temps n'a pu diss*oudre,
*Ni la f*oudre,
*De quelques grands monts mis en p*oudre
*N'êtes-vous pas les osse*ments ?
*(Musset, « Stances »)*

– la **rime serpentine** est un système de reprise d'une même rime de strophe à strophe, soit toujours la même à la même place (ex. : aabb ccbb ddbb...), soit avec reprise de la dernière en début de strophe suivante (ex. : aabb bbcc ccdd ddee...), soit avec déplacement alterné et changement toutes les deux strophes (ex. : aabb bbaa aacc ccaa aadd ddaa...). Bonaventure Des Périers adopte le premier de ces systèmes, lié à la présence du refrain, dans le poème suivant :

*Si chose aimée est toujours belle,*
*Si la beauté est éternelle,*
*Dont le désir n'est à blâmer,*
*On ne saurait que bien aimer.*

*Si le cœur humain qui désire*
*En choisissant n'a l'œil au pire,*
*Quand le meilleur sait estimer,*
*On ne saurait que bien aimer.*

*Si l'estimer naît de prudence,*
*Laquelle connaît l'indigence,*
*Qui fait l'amour plaindre et pâmer,*
*On ne saurait que bien aimer.*

*Si le bien est chose plaisante,*
*Si le bien est chose duisante,*
*Si au bien se faut conformer,*
*On ne saurait que bien aimer.*

*Bref, puisque la bonté bénigne*
*De la sapience divine*
*Se fait charité surnommer,*
*On ne saurait que bien aimer.*

– la **rime continue** est une suite de rimes toutes semblables, selon un système que l'on peut comparer à celui des assonances dans les laisses (voir **monorime**).

La rime peut prendre encore d'autres formes :

– la **rime orpheline** est une rime sans répondant ; si le répondant se trouve dans la strophe suivante, on se trouve dans un cas particulier de liaison entre les strophes, et on a alors affaire à ce qu'on appelle **rime disjointe**.

– la **rime redoublée** est une rime dont le son se répète plus de deux fois :

*Non point chargé d'eau, tu n'as pas désalté*ré
*Des gens au désert : tu vas sans but, igno*ré
*Du pôle, ignorant le méridien do*ré
*Et ne passes point sur les palmes et les baumes.*

Dans ces quatre vers de Victor Segalen la rime en [re] est redoublée, et la rime en [om] serait orpheline si elle ne répondait à une rime en [om] également (*Vents des Royaumes*) deux quatrains avant celui-ci, ce qui réalise la rime disjointe.

– la **rime dominante** est celle qui, pour assurer l'unité d'une combinaison de plus de quatre vers, se trouvera éventuellement répétée à distance, cas par exemple de la rime a dans les quintils ababa.

**5 – L'alternance** des rimes féminines et des rimes masculines (voir **alternance**).

Cet ensemble de règles forme un tout suffisamment cohérent et harmonieux pour avoir satisfait les poètes pendant plus de deux siècles. Cependant, depuis une centaine d'années, le statut de la rime n'est plus du tout le même. Nombreux sont les poètes modernes qui y ont totalement renoncé depuis le symbolisme ; et ceux qui la pratiquent s'écartent en quantité de points de la règle classique, réalisant ce qu'on appelle la **rime approximative** :

– les règles liées à la graphie sont obsolètes : un singulier peut rimer avec un pluriel, une terminaison masculine avec une terminaison féminine ; les deux cas se présentent dans ce quatrain d'Apollinaire :

*Debout chantez plus haut en dansant une ronde*
*Que je n'entende plus le chant du batelier*
*Et mettez près de moi toutes les filles blondes*
*Au regard immobile aux nattes repliées*

(*« Nuit rhénane »*)

où la rime *ronde/blondes* rapproche un singulier et un pluriel, la rime *batelier/repliées* une terminaison masculine et une terminaison féminine. La règle de la liaison supposée n'a plus cours.

– l'obligation de faire alterner rimes féminines et rimes masculines est elle aussi caduque, ou rare, parfois remplacée (ou doublée) par une alternance de rimes **consonantiques** (terminées par une consonne phonique) et de rimes **vocaliques** (terminées par une voyelle phonique). Dans le quatrain cité précédemment, il n'y a pas d'alternance entre rimes féminines et rimes masculines, mais une alternance entre rimes consonantiques ([d]) et rimes vocaliques ([e]).

– les exigences concernant la nature du mot à la rime sont abandonnées progressivement : la fin de vers peut passer après un mot grammatical. On connaît l'audace de Rimbaud dans « Le Dormeur du val » et sa rime sur *comme*. On la trouve aussi après *et*, sous la plume de Francis Jammes :

*et des vanneaux [...]*
*ont embrouillé ainsi que des fils de filet*
*leur vol qu'ils ont essayé de rétablir,* et
*s'en sont allés vers les roseaux boueux.*
(De l'Angélus de l'aube à l'Angélus du soir)

Verlaine, Apollinaire l'insèrent aussi entre déterminant et nom ; plus récemment, on la trouve à l'intérieur du mot, comme jadis chez certains troubadours (rime dite **coupée**) :

*Et soit le murmure des péchés récents un cheval soudain qu'on [des*sangle
*Et pleure la pierre à son gré sorte le* sangl-
Ot *de sa gangue*
*(Aragon, « L'An deux mille n'aura pas lieu », inédit, Seghers)*

– on invente de nouveaux modèles : **rime inversée** (ou **renversée**) qui intervertit les consonnes autour de la voyelle homophone (*niche/Chine*, *roc/encore...*), **rime augmentée** où le second mot de rime ajoute un ou plusieurs sons à celui qui réalise l'homophonie :

*En haut du boulevard le crépuscule hu*main
*Se cristallise en arc électrique. Un bruit* mince
*Frétille. Le courant, qui s'acharne à pa*sser
*Et s'accroche aux buissons des molécules,* saigne.
*Les frissons de l'éther partent en trépign*ant.
*La foule du trottoir a repris confi*ance.
*(Jules Romains, fragment de « Dynamisme »,*
*in* La Vie unanime, *Gallimard)*

On notera que dans le passage d'une rime à l'autre, J. Romains joue de plus des phonèmes consonantiques (min*ce*/pa*ss*er, sai*gne*/trépig*n*ant).

– de nombreux poètes reviennent à des traditions anciennes, à l'*assonance*, diversement enrichie en amont, à la *contre-assonance*, aux rimes travaillées des Grands Rhétoriqueurs : Hugo avait déjà joué sur la **rime-écho** qui rappelle la rime couronnée (voir **vers-écho**). Verlaine pratique la rime équivoquée dans *Parallèlement* :

*Et tout le train, tout l'entrain d'un ma*nège
*Qui par malheur devint notre mé*nage.
*Que n'avez-vous en ces jours-là, que* n'ai-je
*Compris les torts de votre et de mo*n âge.

À quoi s'ajoute le passage d'une rime à l'autre par simple métathèse (*manège/ménage*).

On trouve également, en particulier chez Mallarmé et Valéry, puis plus tard chez Aragon, des exemples de vers léonins, de rimes équivoquées, batelées, brisées, ou encore fratrisées.

Aragon est lui-même l'initiateur de formes originales :

– la **rime enjambée** : les phonèmes se répartissent sur la fin du vers et sur le début du suivant.

*Ah parlez-moi d'amour ondes petites* ondes
*Le cœur dans l'ombre encore a ses chants et ses cris*
*Ah parlez-moi d'amour voici les jours où l'*on
Doute *où l'on redoute où l'on est seul on s'écrit*
*Ah parlez-moi d'amour Les lettres que c'est l*ong
De *ce bled à venir et retour de Paris*
(*Louis Aragon, fragment de « Petite suite sans fil »,*
*in* Le Crève-Cœur, *Gallimard*)

– **rime complexe** : l'homophonie se répartit sur plusieurs mots, sans qu'il y ait calembour.

*Ils t'ont dit Tue et sois tué peuple admi*r*a*ble
*Et comme tu croyais ce qu'ils t'avaient app*ris
*Tu n'as pas d'eux refusé le chemin te*rrible.

– **rime semi-équivoquée** : elle associe des paronymes.

*Aucun murmure de mémoire aucun bronchement de* branche
*Ton pas est doux comme un crayon gris sur la page très* blanche

– **rimes** ou **vers biocatz**, repris à la métrique des troubadours : un double réseau de rimes permet de répartir les vers selon deux schémas métriques différents. Par un jeu systématique de rimes intérieures, quatre vers de seize syllabes contiennent également un huitain d'octosyllabes. Soit le quatrain suivant, tiré de *Il ne m'est Paris que d'Elsa* (Seghers) :

*Je n'ai de rien gardé mémoire ombre dans moi me semble-t-*il
*Que tu n'y viennes t'y asseoir et longtemps m'y parler tout* bas
*Ta main me touche et c'est le soir le bruit y meurt le cœur y* bat
*Il n'est quartier que tu n'y sois reine à jamais de cette v*ille

On peut également le transférer en huitain :

*Je n'ai de rien gardé mém*oire
*Ombre dans moi me semble-t-*il
*Que tu n'y viennes t'y a*sseoir
*Et longtemps m'y parler tout* bas
*Ta main me touche et c'est le* soir
*Le bruit y meurt le cœur y* bat
*Il n'est quartier que tu n'y* sois
R*eine à jamais de cette v*ille.

L'emploi de la rime ne se confond plus aujourd'hui avec la notion de poésie : les poètes contemporains, comme l'attestent les anthologies les plus récentes, choisissent librement d'y avoir recours ou de la laisser de côté. Néanmoins, elle reste un élément fondamental de référence pour la poétique ; et si elle n'est plus de rigueur, son absence est largement compensée par tous les procédés qui mettent en place les possibilités d'associations verbales, qui aujourd'hui jouent beaucoup plus librement du signifiant, soit par échos sonores entre mots écrits (homéotéleutes, paronomases, etc.), soit par évocation sur une seule occurrence, qui met en jeu l'épaisseur signifiante du texte (ambiguïté).

▷ *Alternance, apocope, apophonie, associations (verbales), assonance, calembour, contre-assonance, diction, e caduc, holorime, homéotéleute, homophonie, licence (poétique), monorime, monosyllabe, phonème, répétition, rythme, semi-consonne, sonnet, strophe, structure, tautogramme, vers, vers-écho, vers libéré, vers libre, vers mêlés.*

**riqueraque.** La riqueraque (étymologie inconnue) est un poème médiéval en vers de six ou sept syllabes, groupés en quatrain à rimes croisées qui sont joints deux à deux en faux huitains. Le nombre des strophes est libre.

▷ *Formes fixes.*

**rondeau.** Le rondeau (à l'origine, même mot que *rondel*) doit son nom à la *ronde* que l'on dansait en le chantant à l'origine ; au XVe siècle, il n'est plus chanté. On le date du XIVe siècle, moment où il se différencie du rondet de carole ; la mise au point de cette nouvelle forme est attribuée à Guillaume de

Machaut. Il y a eu beaucoup de variations du rondeau, aussi bien dans le nombre des vers que dans le statut du refrain. La formule la plus fréquente est celle qu'ont fixée les Grands Rhétoriqueurs et Marot : trois strophes en octosyllabes ou en décasyllabes de 5, 3 et encore 5 vers, sur deux rimes seulement, avec un refrain (appelé *rentrement*) tiré du premier hémistiche du premier vers, qui s'ajoute, isolé, à la fin des deux dernières strophes, hors rime. C'est ce que Thomas Sébillet appelle « rondeau double », par opposition au « rondeau simple », de 10 vers (4/2/4). Voici l'exemple d'un rondeau d'Antoine Heroët dont le rentrement est *Cœur prisonnier* :

Cœur prisonnier, *je vous le disais bien,*
*Qu'en la voyant vous ne seriez plus mien :*
*Si j'eusse eu lors le sens de vous entendre...*
*Mais qui eût pu deviner ni attendre*
*Qu'un si grand mal advînt d'un si grand bien ?*

*Puisqu'ainsi est, bienheureux je vous tien*
*D'être arrêté à si noble lien,*
*Pourvu aussi qu'elle vous veuille prendre*
Cœur prisonnier.

*Mais si vous laisse, aussi ne vous retien,*
*Et si sais bien qu'ailleurs n'aimerez rien ;*
*Ainsi mourrez n'ayant à qui vous rendre ;*
*Dont elle et moi serons trop à reprendre,*
*Mais elle plus, que plus vous êtes sien,*
Cœur prisonnier.

Très en vogue jusque vers la première moitié du XVIe siècle, le rondeau a été délaissé par la Pléiade, mais on le retrouve au XVIIe siècle sous la plume de Voiture, qui en donne en même temps les règles :

Ma foi, c'est fait *de moi, car Isabeau*
*M'a conjuré de lui faire un rondeau.*
*Cela me met dans une peine extrême.*
*Quoi ! treize vers, huit en* eau, *cinq en* ême *!*
*Je lui ferais aussi tôt un bateau.*

*En voilà cinq pourtant en un monceau.*
*Faisons-en sept en invoquant Brodeau,*
*Et puis mettons, par quelque stratagème :*
Ma foi, c'est fait.

*Si je pouvais encor de mon cerveau*
*Tirer cinq vers, l'ouvrage serait beau.*
*Mais cependant me voilà dans l'onzième,*
*Et si je crois que je fais le douzième,*
*En voilà treize ajustés de niveau.*
Ma foi, c'est fait.

L'esprit du rondeau réside en bonne partie dans la manière dont l'auteur rattache le rentrement à de nouveaux contextes.

Au XIX^e^ siècle, on le trouve chez Musset, dans des poèmes légers :

Fut-il jamais *douceur de cœur pareille*
*A voir Manon dans mes bras sommeiller ?*
*Son front coquet parfume l'oreiller ;*
*Dans son beau sein j'entends son cœur qui veille.*
*Un songe passe, et s'en vient l'égayer.*

*Ainsi s'endort une fleur d'églantier,*
*Dans son calice enfermant une abeille.*
*Moi, je la berce ; un plus charmant métier*
Fut-il jamais ?

*Mais le jour vient, et l'Aurore vermeille*
*Effeuille au vent son bouquet printanier.*
*Le peigne en main et la perle à l'oreille,*
*A son miroir Manon court m'oublier.*
*Hélas ! l'amour sans lendemain ni veille*
Fut-il jamais ?

On remarquera qu'ici, contrairement à Heroët et à Voiture, Musset ne pratique pas la rime plate.

Il peut exister diverses variations sur la forme du rondeau, comme l'emploi de vers hétérométriques (rondeau *layé*), ou celui de quatrains dans le rondeau *redoublé*, ou *rondeau parfait* (six quatrains, les quatre vers du premier fournissant respectivement le vers final des quatrains 2, 3, 4 et 5, le sixième et dernier quatrain ayant pour refrain le rentrement tiré du premier vers du poème). Voici un exemple de rondeau dit « parfait », composé par Clément Marot (on ne connaît guère que celui-là) :

En liberté maintenant me promène,
Mais en prison pourtant je fus cloué ;
Voilà comment Fortune me demaine :
C'est bien et mal. Dieu soit du tout loué.

*Les envieux ont dit que de Noué*
*N'en sortirais ; que la mort les emmène !*
*Malgré leurs dents le nœud est dénoué :*
En liberté maintenant me promène.

*Pourtant, si j'ai fâché la Cour Romaine,*
*Entre méchants ne fus oncq alloué :*
*De bien famés j'ai hanté le domaine,*
Mais en prison pourtant je fus cloué.

*Car aussitôt que fus désavoué*
*De celle-là qui me fut tant humaine,*
*Bien tôt après à saint Pris fus voué ;*
Voilà comment Fortune me demaine.

*J'eus à Paris prison fort inhumaine ;*
*À Chartres fus doucement encloué ;*
*Maintenant vais où mon plaisir me mène :*
C'est bien et mal. Dieu soit du tout loué.

*Au fort, amis, c'est à vous bien joué,*
*Quand votre main hors du parc me ramène*
*Ecrit et fait d'un cœur bien enjoué,*
*Le premier jour de la verte semaine,*
En liberté.

▷ *Refrain, rentrement, répétition, rondel, rondet, triolet.*

**rondel.** Le mot rondel est, dans l'ancienne langue, une autre forme du mot *rondeau*, et ils désignaient à l'origine le même type de poème. Le premier modèle du rondel, ou *rondel simple*, a pris ensuite le nom de *triolet*. Le terme de rondel est désormais utilisé pour désigner un poème très semblable au rondeau, toujours sur deux rimes, où la reprise se fait non par un rentrement ou partie de vers, mais par la répétition des deux premiers au milieu, puis du premier seulement à la finale du poème, lui-même divisé en deux quatrains (le premier à rimes embrassées, le second à rimes croisées) suivis d'un quintil. Le vers est l'octosyllabe ou le décasyllabe, et la disposition des rimes la plus fréquente est ABba abAB abbaA. C'est à cette forme-là que se réfère Mallarmé pour ceux qu'il a écrits :

Rien au réveil que vous n'ayez
Envisagé de quelque moue
*Pire si le rire secoue*
*Votre aile sur les oreillers*

*Indifféremment sommeillez*
*Sans crainte qu'une haleine avoue*
Rien au réveil que vous n'ayez
Envisagé de quelque moue

*Tous les rêves émerveillés*
*Quand cette beauté les déjoue*
*Ne produisent fleur sur la joue*
*Dans l'œil diamants impayés*
Rien au réveil que vous n'ayez.

Dans d'autres rondels, la finale du poème répète les deux vers de refrain, ce qui fait de la troisième strophe un sizain. A cet égard, le plus célèbre est sans doute celui de Charles d'Orléans :

Le temps a laissé son manteau
De vent, de froidure et de pluie,
*Et s'est vêtu de broderie,*
*De soleil raiant, clair et beau.*

*Il n'y a bête ni oiseau*
*Qu'en son jargon ne chante ou crie :*
Le temps a laissé son manteau
De vent, de froidure et de pluie.

*Rivière, fontaine et ruisseau*
*Portent, en livrée jolie,*
*Gouttes d'argent d'orfèvrerie,*
*Chacun s'habille de nouveau.*
Le temps a laissé son manteau
De vent, de froidure et de pluie.

Il existe une autre variante du rondel, le ***rondel double***. Il est fondé sur seize vers répartis en quatre quatrains dont le premier et le dernier sont identiques, avec également répétition des deux premiers vers à la finale du second quatrain, ce qui donne le schéma ABB'A'abAB abba ABB'A'.

▷ *Refrain, répétition, rondeau, rondet, triolet.*

**rondet.** Le mot rondet est au Moyen Age synonyme de « rondeau » ; au XIII^e^ siècle, le *rondet de carole* était une chanson de quelques vers qui accompagnait une ronde, la *carole*, et qui était insérée dans une autre composition. D'après Jean Dufournet (*Anthologie de la poésie lyrique française des XII^e^ et XIII^e^ siècles*), il ne reste que des fragments que l'on trouve dans des romans courtois comme *Guillaume de Dole* de Jean Renart, *Le Roman de la Violette* de Gerbert de Montreuil, dans des chansons ou des motets au sein desquels ils étaient utilisés comme refrains. Cette forme, très ancienne, serait à l'origine du triolet, du rondeau et du rondel.

▷ *Rondeau, rondel, triolet.*

**rotrouenge** *(ou* ***retrouenge, rotrouange*****).** La rotrouenge (étymologie discutée) est une forme mal définie, dont les exemples sont assez divers. Elle est généralement composée d'une série de strophes monorimes qui se terminent toutes par un refrain indépendant : c'est le cas de la plus célèbre, celle de Richard Cœur de Lion, que cite H. Morier ; mais l'auteur du poème qui suit, Jacques de Cambrai, parle de « rotrouange » pour une forme assez différente puisque les strophes ne sont pas monorimes et ne comportent pas de refrain :

*Retowange novelle*
*Dirai et bonne et belle*
*De la virge pucelle*
*Ke meire est et ancelle*
*Celui ki de sa chair belle*
*Nos ait raicheteit,*
*Et Ki trestout nos apelle*
*A sa grant clairteit.*

*Se nos dist Isaïe*
*En une profesie :*
*D'une verge delgie,*
*De Jessé espanie,*
*Istroit flors, per signorie,*
*De tres grant biaulteit.*
*Or est bien la profesie*
*Torneie a verteit.*

*Celle verge delgie*
*Est la virge Marie ;*
*La flors nos senefie,*
*De ceu ne douteis mie,*
*Jhesucrist ki la haichie*
*En la croix souffri,*
*Tout por randre ceaus en vie*
*Ki ierent peri.*

▷ *Formes fixes.*

**rythme.** Le mot *rime* et le mot *rythme* ont longtemps été confondus par fausse étymologie du premier que l'on pensait être, comme l'autre, issu du latin *rythmus*, lui-même venu du grec *rhuthmos*, « mouvement réglé et mesuré », par analogie « proportions régulières », puis « manière d'être ». L'expression « sans rime ni raison », dont l'origine est médiévale, ne parle pas de la rime au sens où nous l'entendons aujourd'hui, mais du *rythmus* en tant que *modulatio sine ratione*, fondée sur l'accent, et qui s'oppose alors au *metrum*, fondé sur la quantité, et qui est *ratio cum modulatione*. Bien que la confusion entre les deux termes ait été dissipée depuis le XVI^e siècle, il semble que Baudelaire, sans confondre l'un et l'autre, soit néanmoins sensible à un caractère commun profond, quand il écrit, dans sa préface à la deuxième édition des *Fleurs du Mal* :

> « Le rythme et la rime répondent dans l'homme aux immortels besoins de monotonie, de symétrie et de surprise. »

Si le rythme est en soi une évidence pratique pour chacun, en revanche la notion de rythme est fuyante et difficile à définir de manière théorique ; on la fonde le plus souvent sur le retour plus ou moins régulier d'un repère constant, quelle que soit sa nature, qu'il s'agisse du battement du sang, de la respiration, pour ce qui nous touche au plus près, ou de la musique la plus élaborée. Il s'agit donc d'une expérience première, en rapport existentiel avec le sujet.

C'est pourquoi, aux définitions purement formelles du rythme, H. Meschonnic ajoute la notion de subjectivité : le rythme inscrit la *voix* même du *sujet* dans le poème, il est « organisation subjective du discours ». Cette idée du rapport entre le rythme et le corps avait déjà été évoquée par l'abbé Rousselot, que cite A. Spire dans *Plaisir poétique et plaisir musculaire* :

> « Le rythme est l'image, gravée dans la parole, de l'homme tout entier, corps et âme, muscles et esprit. »

Par ailleurs, dans son article sur « La notion de “rythme” dans son expression linguistique » (*Problèmes de linguistique générale* 1, Tel Gallimard), E. Benveniste démontre que la notion grecque de rythme est liée aux idées de forme, de proportion : elle « désigne la forme dans l'instant qu'elle est assumée, par ce qui est mouvant, mobile, la forme de ce qui n'a pas consistance organique [...]. C'est la forme improvisée, momentanée, modifiable » (p. 333). Le rythme donc *structure* ce qui peut être fuyant : le temps, le langage, le mouvement, la matière informe, les sons, etc. Benveniste conclut en insistant sur le caractère très culturel de cette notion, le rythme étant en effet une forme donnée de l'extérieur : elle n'appartient pas en soi à la matière à laquelle elle s'applique, mais elle est en rapport avec la loi des nombres, et avec « tout ce qui suppose une activité continue décomposée par le mètre en temps alternés » (p. 335).

Le lien avec le nombre est également évoqué par Claudel dans sa propre définition du rythme :

« Il consiste en un élan mesuré de l'âme répondant à un nombre toujours le même qui nous obsède et nous entraîne. »

Dans la poésie antique, le rythme du vers dépend de la répartition des longues et des brèves en « pieds » que Paul Fraisse (*Psychologie du rythme*, PUF, p. 124) définit chacun comme « groupement de syllabes formant une unité marquée par le battement du pied du chanteur ou de l'aulète qui dirigeait le chœur ». Le rythme, dans la versification antique, est donç plutôt calqué sur celui de la danse ou de la musique qu'il ne dépend de critères linguistiques à proprement parler. Il arrive d'ailleurs très souvent que la limite entre deux pieds passe à l'intérieur d'un mot :

*Lauda/tis u/tilio/ra // quae / contem/pseris*

Par la suite, la disparition des quantités vocaliques au profit de l'isosyllabisme change, bien sûr, la nature du rythme en poésie, dans la mesure où le système des pieds n'est plus de mise, mais l'aspect musical, lui, demeure : le retour régulier du mètre, soutenu par la musique, exige l'autonomie de chaque vers en général, et, pour les vers longs, de chaque hémistiche en particulier. Cela explique que les décasyllabes médiévaux ignorent pratiquement l'enjambement, et aussi que la césure médiévale soit traitée de la même façon qu'une fin de vers.

Cette situation se maintient tant que dure la tradition d'un accompagnement musical ; mais à partir du moment où la poésie n'est plus soutenue par la mélodie, la structure linguistique apparaît plus nettement, et avec elle ses relations avec la structure métrique, soutenue par le retour régulier de la rime : pour Pierre Guiraud (*Essais de stylistique*), il s'agit d'un conflit. Ce conflit, les classiques, l'ayant constaté, ont pu tenter de le résoudre par la concordance, qui veut que les groupements syntaxiques correspondent aux limites métriques.

C'est ainsi que, traditionnellement, on fonde l'analyse rythmique du vers français sur ces deux éléments principaux :

- *les positions métriques fixes*, qui, dans le cas des vers de plus de 8 syllabes, correspondent à la fin de chaque hémistiche : la césure marque l'articulation entre les deux (structuration interne), et la fin du second hémistiche correspond à celle du vers (structuration externe). Pour les vers de moins de 8 syllabes, seule la fin de vers est une position métrique stable.
- *l'organisation syntaxique*, soumise, elle, peu ou prou, à la logique discursive, n'est pas fixe comme la précédente : c'est d'elle que dépend la répartition des *accents* mobiles, et par conséquent des *coupes* et des *mesures*, toutes notions dont la

pertinence pour l'analyse est contestée par certains théoriciens comme B. de Cornulier, pour qui le rythme est à rapporter au domaine exclusif du mètre. Pour lui, le rythme linguistique n'est pas à prendre en compte, et les notions de coupe, de mesure et d'accent grammatical, de nature linguistique et non métrique, n'ont rien à voir avec la versification : « l'accent grammatical ne joue aucun rôle dans ce système ».

À l'inverse, J. Molino et J. Tamine établissent une différence fondamentale entre le mètre et le rythme « fondé sur des éléments contrastés ». Jacques Roubaud rassemble ces éléments en une « théorie du rythme abstrait » (TRA), « théorie de la combinatoire séquentielle hiérarchisée d'événements discrets considérés sous le seul aspect du même et du différent ». Le même, c'est ce qui concerne la métrique ; le différent, lui, concerne la convergence de toutes sortes de faits : rythme des sonorités, rythme syntaxique, rythme sémantique et rhétorique, etc.

En quelque sorte, la régularité métrique fournit le rythme de base, et les autres éléments la modulation. Dans un sens large, donc, le rythme de la poésie peut être marqué de plusieurs manières :

– par la succession des mètres (régulière en cas d'isométrie, structurée ou non, en cas d'hétérométrie) ;

– par le rapport des mesures entre elles ;

– par le décalage entre les positions métriques, fixes, et la syntaxe.

À quoi s'ajoutent les différents phénomènes de répétition, soit rhétoriques (anaphores, par exemple), soit formels (refrain, strophe), soit phoniques.

Les mesures sont des groupements syllabiques relativement réguliers, puisque la plupart oscillent entre deux et quatre syllabes, celles d'une ou de cinq à sept étant beaucoup plus rares. Les rapports rythmiques se fondent alors sur le nombre syllabique de segments voisins. C'est ainsi qu'il peut y avoir égalité entre les mesures, comme dans l'alexandrin tétramètre de Baudelaire :

*Mais le vert/ paradis // des amours/ enfantines,*

mais on peut trouver quantité de variations possibles, de la progression, par mesures croissantes, à la cadence mineure, par mesures décroissantes. Ce qui, d'un hémistiche à l'autre peut donner :

– un effet de symétrie ou de chiasme, comme dans le premier vers de ce même poème de Baudelaire :

*Dis-moi,/ ton cœur parfois // s'envole-t-il,/ Agathe ?*

rythme 2/4//4/2, avec mesures croissantes, puis décroissantes ;

– un effet de parallélisme, deux strophes plus loin :

*Emporte-moi,/ wagon ! // enlève-moi,/ frégate !*

rythme 4/2//4/2, dont le parallélisme redouble celui que marque la syntaxe.

D'un vers à l'autre, le rythme des mesures permet de mettre en valeur les choix du poète et la dynamique même du poème. Dans le quatrain qui ouvre « Élévation » de Baudelaire :

*Au-dessus/ des étangs, // au-dessus/ des vallées*
*Des monta/gnes, des bois, //des nua/ges, des mers*
*Par-delà/ le soleil, // par-delà/ les éthers,*
*Par-delà/ les confins // des sphè/res étoilées,*

la succession d'hémistiches mesurés 3/3, qui se répètent dans les trois premiers vers (l'option pour la coupe enjambante, au v. 2, est confirmée par H. Morier) et au début du quatrième, berce l'attention dans la régularité de tétramètres qui, sémantiquement, indiquent tous des lieux de plus en plus élevés. Le tout dernier hémistiche fait rupture, avec un nouveau rythme, 2/4, et annonce ainsi la fin de l'énumération et le développement du thème lui-même. Ajoutons que le vers suivant, premier du deuxième quatrain, est fondé sur le même rythme : 3/3//2/4.

L'effet des décalages est lié à la force, même virtuelle, des positions métriques. Selon celle par rapport à laquelle se fait la discordance, on parle de phénomène *interne* (d'hémistiche à hémistiche) ou de phénomène *externe* (de vers à vers) : il y a par conséquent des *enjambements* internes ou externes, des *rejets* internes ou externes, des *contre-rejets* internes ou externes (voir les articles correspondants).

La combinaison du rythme des mesures et des effets de discordance permet parfois de faire surgir d'autres structures, comme c'est le cas dans les trois vers suivants, tirés d'une *Odelette* de Nerval intitulée « Le Réveil en voiture » :

*Et les monts/ enivrés //* chancelaient :/la rivière
*Comme un serpent/boa, // sur la vallée/ entière*
Étendu,/ s'élançait *// pour les en/tortiller...*

Ces trois vers présentent un ensemble remarquable par sa régularité : deux tétramètres (3/3 // 3/3) encadrent un vers dont les deux hémistiches sont parallèles, tous deux mesurés 4/2. Par ailleurs, la répartition des décalages est elle aussi remarquable : au premier vers, rejet interne de *chancelaient*, contre-rejet externe de *la rivière*, le vers central est, lui, tout à fait binaire et par son rythme et par sa construction, enfin, dans le troisième vers, rejet externe de *Étendu* suivi du contre-rejet interne de *s'élançait*. On constate que tous les phénomènes de décalage sont symétriques par rapport à la césure du deuxième vers, ce qui donne, dans la logique des groupements syntaxiques, quatre unités de neuf syllabes :

Et les monts enivrés chancelaient :
la rivièr(e) Comme un serpent boa,
sur la vallée entière Étendu,
s'élançait pour les entortiller...

Ainsi, le déséquilibre ménagé par les décalages aboutit à un autre rythme, impair.

S'ajoutent à ces données métriques et syntaxiques du rythme des *phénomènes phoniques* mis en évidence par Michel Gauthier dans son ouvrage *Système euphonique et rythmique du vers français* (Klincksieck).

C'est ainsi que des phonèmes consonantiques peuvent se répartir dans le vers suivant des séries organisées selon des structures variées. Dans ce vers de Baudelaire (cité p. 139), les phonèmes se répondent selon un parallélisme qui les répartit dans chaque hémistiche :

*La haine est un ivrogne au fond d'une taverne*
[n t n vr] // [n t v rn]

Cette répartition ne se fait pas toujours en coïncidence avec le rythme métrique, tel est le cas dans cet autre exemple, de Hugo (cité p. 140) :

*Suit les mille détours d'un fil d'or florentin*
[d t r//d f l][d r/fl r t]

Ici, le rythme marqué par les séries de timbres semblables est en discordance avec celui et de la métrique et de la syntaxe.

Le même type d'analyse vaut pour les phonèmes vocaliques. Dans le vers de Racine (cité p. 141), les mêmes voyelles se retrouvent de part et d'autre de la césure :

*Laissez-moi relever ces voiles détachés*
[ e a e]//[ a e a e]

En revanche, dans l'exemple suivant, de Mallarmé (cité p. 127), la structure vocalique se fait à l'encontre des limites du mètre, de la syntaxe, et même du mot :

*Dans leurs éclairs cruels et dans leurs pâleurs mortes*
[ã œ e ɛ] [ɛ //e ã œ]

Mise à part la structure particulière du vers, l'analyse rythmique de la prose, qu'elle soit prose poétique ou poème en prose, met également en jeu les rapports entre groupes délimités par des accents grammaticaux (groupes rythmiques), les répétitions d'ordre rhétorique, ainsi que la structuration par les récurrences phoniques.

Depuis plus d'un siècle, la poésie évolue vers des schémas plus évidemment individuels, et l'organisation du poème peut être aussi bien fondée sur la typographie que sur des données métriques. Par conséquent, l'analyse du rythme ne peut se faire tout à fait de la même manière pour la poésie moderne non mesurée et pour la poésie traditionnelle ; il est à chercher ailleurs que dans les codes de la versification : dans le nombre et dans la forme, dans le rapport entre la lettre, le phonème, la syllabe, le mot, et l'espace dans lequel ils figurent.

▷ *Accent, allitération, assonance, cadence, césure, concordance, constante rythmique, contre-accent, contre-rejet, coupe, discordance, enjambement, groupe rythmique, hémistiche, mesure, mètre, nombre, rejet, répétition, scansion, structure, syllabe, syncope, ternaire, vers, versification, vers libre.*

# S

**satire.** La satire (du latin *satira*, pièce qui mélangeait vers et prose) est un genre littéraire et non une forme fixe. Elle peut se présenter soit comme un mélange de prose et de vers (sens de l'étymon latin *satira*) : c'est le cas de la *Satire Ménippée*, pamphlet collectif du temps de la Ligue ; soit encore comme une pièce de vers plus ou moins longue, dans laquelle la critique, qu'elle soit morale, religieuse, politique, littéraire ou personnelle, est toujours présente. C'est donc plus un esprit qu'une forme poétique particulière : au Moyen Age, elle se trouve à l'état diffus dans les fabliaux, les farces, les soties, etc. A partir du XVIe siècle, et jusqu'à la deuxième moitié du XIXe, certaines œuvres s'en réclament de manière plus directe : ce sont les *Satires* de Régnier, celles de Boileau, auxquelles on peut ajouter la veine des *Iambes* d'André Chénier, et celle des *Châtiments* de Victor Hugo.

▷ *Épigramme, ïambe.*

**scansion.** En poésie latine ou grecque, on appelle scansion (de *scandere*, en latin des grammairiens, « lever, puis baisser le pied pour battre la mesure ») l'étude de la juste division des vers en pieds pour une prononciation adéquate ; en matière de poésie française, le terme est à transposer à l'étude métrique et prosodique du vers, dans sa distribution en syllabes et dans son rythme propre.

▷ *Diction, mesure, mètre, métrique, pied, prosodie, rythme, syllabe, vers, versification.*

**sélection.** La sélection est, des deux opérations du langage, celle qui se fait par substitution, selon des relations d'équivalence. Elle n'est, d'ordinaire, pas apparente dans le discours.

Dans la sélection, les signes sont liés par des rapports dits de *similarité*. Le langage poétique, contrairement au discours, met en relief les liens de similarité entre les signes, qu'ils soient fondés sur des analogies de signifiant (ambiguïté, paronomase, etc.) ou sur des analogies entre les sèmes (base des liens métaphoriques, par exemple) ; ainsi le texte existe aussi dans une dimension verticale, dans son épaisseur, certains parlent même de son « feuilleté ». C'est ce que Jakobson entend par l'idée d'une projection du principe d'équivalence de l'axe de la sélection sur l'axe de la combinaison.

▷ *Ambiguïté, axes, combinaison, fonctions, linéarité, métaphore, mot, paronomase, polysémie, sème, signe, substitution.*

**sème.** On appelle sème (du grec *sèma*, « signe, marque distinctive ») l'unité minimale de signification ; c'est ainsi que le sens d'un mot peut être décomposé en *traits* qui s'opposent le plus souvent deux à deux (animé/non-animé, humain/non-humain, masculin/féminin, concret/abstrait, etc.), et qui peuvent être détaillés de manière très précise. Ainsi on peut proposer pour le mot *chaise*, outre les caractères de non-animé + concret, la décomposition en sèmes suivante : pour s'asseoir/pour une personne/sur pieds/avec dossier/sans accoudoirs.

Ces sèmes peuvent être aussi bien dénotatifs que connotatifs, et les prendre en compte permet de réunir les éléments d'une isotopie.

▷ *Champ, connotation, dénotation, isotopie, mot, polysémie, sélection, signifié, trope.*

**semi-consonne *(ou semi-voyelle).*** Ces phonèmes sont, malgré leur nom, plus proches de la consonne que de la voyelle, dans la mesure où ils ne sauraient former à eux seuls une syllabe. S'ils sont effectivement proches des trois phonèmes vocaliques [i], [y] et [u], ils ne s'en comportent pas moins comme des consonnes : on les trouve aussi bien en semi-consonne d'appui de la syllabe (le mot *noyé* comporte deux syllabes : [nwa] et [je]) que combinés avec les autres phonèmes. Il y en a trois en français :

[j] appelé *yod*, écrit i, y, il, ill : iode [iɔd], noyé [nwaje], travail [travaj], caille [kaj]
[ɥ] *ué* u + voyelle : nuit [nɥi]
[w] *wé* ou + voyelle : oui [wi]
+ [a] = oi, oî : moi [mwa], boîte [bwat]
+ [ɛ̃] = oin : loin [lwɛ̃]

La semi-consonne est un phonème à part entière, qui doit être considéré comme tel dans la richesse de la rime : la rime *désespoir/savoir* est en [war] et comporte donc trois phonèmes, c'est une rime riche, la rime *essieu/lieu* est en [jø] et c'est une rime suffisante. Cependant, on peut rencontrer des cas où la rime porte sur des mots dont l'un est prononcé en diérèse (donc avec deux voyelles) et l'autre en synérèse (semi-consonne + voyelle), tels ces vers de *Phèdre* :

> *Je vois de votre amour l'effet prodigi* -eux,
> *Tout mort qu'il est, Thésée est présent à vos* yeux.

On pourra alors discuter des phonèmes qui appartiennent réellement à la rime, ou du moins de sa pureté.

▷ *Consonne, diérèse, phonème, rime, syllabe, synérèse, voyelle.*

**senée.** Voir **rime**.

**septain.** Dans son emploi pour la versification, le mot date du début du XVIe siècle. Il désigne la strophe ou le poème de sept vers, iso- ou hétérométrique.

La forme la plus connue est celle du septain dit romantique, qui joint un quatrain à rimes croisées à un quatrain à rimes embrassées, les deux ayant en commun la rime centrale qui sert de pivot à l'ensemble – et qui le clôt : ababccb. C'est la strophe adoptée par Vigny dans *La Maison du berger* :

> *Vivez, froide Nature, et revivez sans cesse*
> *Sous nos pieds, sur nos fronts, puisque c'est votre loi ;*
> *Vivez et dédaignez, si vous êtes déesse,*
> *L'homme, humble passager, qui dut vous être un roi ;*
> *Plus que tout votre règne et que ses splendeurs vaines,*
> *J'aime la majesté des souffrances humaines ;*
> *Vous ne recevrez pas un cri d'amour de moi.*

Patrice de La Tour du Pin a repris ce type de septain dans *La Quête de joie.*

Le septain d'André Chénier dans la première de ses odes « A Fanny » est exactement l'inverse : abbacac, et la rime centrale est la même que celle qui ouvre la strophe :

> *Non, de tous les amants les regards, les soupirs*
>     *Ne sont point des pièges perfides.*
> *Non, à tromper les cœurs délicats et timides*
>     *Tous ne mettent point leurs plaisirs.*
>     *Toujours la feinte mensongère*
> *Ne farde point de pleurs, vains enfants des désirs,*
>     *Une insidieuse prière.*

Notons le contrepoint, que permet l'hétérométrie, entre le système des rimes et celui des mètres (12a – 8b – 12b – 8a – 8c – 12a – 8c) avec reprise de la structure des vers 1 et 5 dans les deux derniers.

On trouve également d'autres formules, telle la combinaison ababbcc (un quintil + un distique : ababb-cc ; ou un quatrain à rimes croisées + un tercet : abab-bcc ; de toute façon les quatre derniers vers sont à rimes plates), que présentent les septains de Simon Bougoing, poète de la Renaissance :

*Les bons amants deux cœurs en un assemblent,*
*Penser, vouloir, mettent en un désir,*
*Un chemin vont, jamais ne se dessemblent ;*
*Ce que l'un veut, l'autre l'a à plaisir.*
*Point ne les vient Jalousie saisir*
*En vrai amour, car de mal n'ont envie :*
*Amour est bonne ; jaloux ont male vie.*

A l'inverse, la combinaison aabcbbc commence, elle, par un distique (distique + quintil : aa-bcbbc ; ou tercet + quatrain à rimes embrassées : aab-cbbc), c'est la strophe qu'adopte le poète baroque La Mesnardière pour les « Aventures énigmatiques d'une dame fort légère » :

*Esprit plus mouvant que les Cieux,*
*J'éprouve en brûlant à vos yeux,*
*Qu'on s'aime quand on se ressemble.*
*Si je trouve en vous tant d'appas,*
*C'est qu'un feu léger nous assemble.*
*Mais puisque nous sommes ensemble,*
*Follette, un petit mot : ne vous envolez pas.*

D'autres formules débutent également par un distique, telles aabcbcb, ou encore aabcccb, avec finale en rythme quadripartite, seule possibilité de strophe simple pour le septain, que l'on trouve par exemple dans « Le Prince fainéant » de Victor Hugo (*Toute la Lyre*) :

*Guy, mon père,*
*N'use point*
*A rien faire*
*Son pourpoint.*
*Pas de fête*
*Qu'il n'apprête,*
*Casque en tête,*
*Dague au poing.*

▷ *Distique, quatrain, quintil, strophe, tercet.*

**séquence.** On peut éventuellement utiliser ce nom (du latin de basse époque *sequentia*, « suite ») pour désigner, dans la poésie moderne en vers libre ou en versets, un ensemble ayant une unité de thème, de ton, une autonomie syntaxique, et séparé d'un autre ensemble semblable par un blanc typographique. Par exemple, ce poème de Saint-John Perse est composé de cinq séquences :

*Le banyan de la pluie prend ses assises sur la Ville,*
*Un polypier hâtif monte à ses noces de corail dans tout ce lait d'eau vive,*
*Et l'Idée nue comme un rétiaire peigne aux jardins du peuple sa crinière de fille.*

*Chante, poème, à la criée des eaux l'imminence du thème,*
*Chante, poème, à la foulée des eaux l'évasion du thème :*
*Une haute licence aux flancs des Vierges prophétiques,*

*Une éclosion d'ovules d'or dans la nuit fauve des vasières*
*Et mon lit fait, ô fraude ! à la lisière d'un tel songe,*
*Là où s'avive et croît et se prend à tourner la rose obscène du poème.*

*Seigneur terrible de mon rire, voici la terre fumante au goût de venaison,*
*L'argile veuve sous l'eau vierge, la terre lavée du pas des hommes insomnieux,*
*Et, flairée de plus près comme un vin, n'est-il pas vrai qu'elle provoque la perte de mémoire ?*

*Seigneur, Seigneur terrible de mon rire ! voici l'envers du songe sur la terre,*
*Comme la réponse des hautes dunes à l'étagement des mers, voici, voici*
*La terre à fin d'usage, l'heure nouvelle dans ses langes, et mon cœur visité d'une étrange voyelle.*

(*« Pluies », I, in* Exil, *o.c., la Pléiade/Gallimard)*

On utilise également le mot *séquence* pour des ensembles métriques qui ne satisfont pas aux strictes définitions de la strophe ou de la laisse, et qui sont cependant séparés les uns des autres par un blanc typographique.

▷ *Blanc, laisse, poème en prose, strophe, verset, vers libre.*

**serpentine.** Voir rime.

**serventois.** Voir sirventès.

**sextine.** L'invention des règles complexes de la sextine (mot dérivé du latin *sextus*, « sixième ») est attribuée au troubadour Arnaut Daniel (1180-1210) ; en 1548, Thomas Sébillet les rappelle dans son *Art poétique*. La sextine est un poème sur deux rimes seulement, composé de six sizains suivis d'un envoi (ou *tornada*) de trois vers, avec reprise des mêmes mots à la rime dans toutes les strophes, mais dans un ordre différent (de l'ordre 1 2 3 4 5 6 on passe à 6 1 5 2 4 3 : la dernière rime est reprise comme première de la strophe suivante, et tout s'enchaîne selon la logique d'une spirale concentrique), et avec inversion dans la disposition des rimes elles-mêmes. D'autre part, les six mots sont répétés à la fin de chaque hémistiche de l'envoi, dans l'ordre où ils se présentent à la première strophe.

Dans l'exemple suivant d'une sextine de Pontus de Tyard, on remarquera plusieurs irrégularités par rapport au modèle de base : le poème est sur trois rimes, et non deux seulement, d'où une complexité plus grande dans les changements qui interviennent d'une strophe à l'autre, de plus l'envoi est un quatrain, et, par conséquent, la reprise des mots ne se fait pas selon une ordonnance rigoureuse, à la fin de chaque hémistiche, enfin ils ne figurent pas dans l'ordre de la première strophe :

*Lorsque Phébus sue le long du* jour
*Je me travaille en tourments et* ennuis *:*
*Et sous Phébé les languissantes* nuits
*Ne me sont rien qu'un pénible* séjour *:*
*Ainsi toujours pour l'amour de la* belle,
*Je vais mourant en douleur* éternelle.

*Bien dois-je, hélas ! en mémoire* éternelle,
*Me souvenir et de l'heure et du* jour,
*Que je fus pris aux beaux yeux de la* belle *:*
*Car oncques puis je n'ai reçu qu'*ennuis,
*Qui m'ont privé du plaisir et* séjour
*Des plaisants jours et reposantes* nuits.

*Heureux amant, vous souhaitez les* nuits
*Avoir durée obscure et* éternelle,
*Pour prolonger votre amoureux* séjour *:*
*Et à moi seul, si rien plaît, plaît le* jour,
*Pour espérer, après mes longs* ennuis,
*Nourrir mes yeux aux beautés de la* belle.

*Mais, rencontrant les soleils de la* belle,
*Tout ébloui, aux ténébreuses* nuits
*De mes travaux je r'entre, et aux* ennuis
*De ma pensée en son cours* éternelle *:*
*Laquelle fait tout moment, nuit et* jour,
*Dans les discours de mon esprit* séjour.

*Las ! je ne puis trouver lieu de* séjour,
*Tant j'ai de maux pour tes cruautés,* belle :
*Car, si je brûle et ards le long du* jour,
*Je me dissous en pleurs toutes les* nuits,
*Te voyant vivre en rigueur* éternelle
*Pour me tuer en éternels* ennuis.

*Inconsolable, ô âme, en tes* ennuis,
*Qui veux sortir de ce mortel* séjour
*Pour t'envoler en la vie* éternelle,
*Peux-tu languir pour une autre plus* belle ?
*Espère encor, espère : car ces* nuits
*S'éclairciront de quelque plaisant* jour.

*Mais hâte-toi, ô* Jour, *que mes* ennuis
*Prendront* séjour *aux faveurs de la* belle :
*Change l'obscur de mes dolentes* nuits
*En la clarté d'une joie* éternelle.

Ce type de poème est relativement rare dans la poésie française.

▷ *Strophe.*

**signe.** La définition linguistique du signe, selon le *Cours* de Ferdinand de Saussure, en fait, au sein d'une langue donnée, la plus petite unité porteuse d'un sens. Dans le signe, le concept (*signifié*, noté Sé) et l'image acoustique qui lui correspond (*signifiant*, noté Sa) ont entre eux une étroite solidarité, comparable à celle du recto et du verso d'une même feuille. On schématise la structure du signe de la manière suivante :

$$S = \frac{Sa}{Sé}$$

Dans la très grande majorité des œuvres en prose, comme aussi dans des formes de la poésie que A. Kibédi Varga appelle « poésie discursive » ou « poésie associative », c'est le plan des signifiés qui porte la progression du sens : même si les rapports logiques peuvent s'y écarter de la communication quotidienne, les analogies s'y font « entre image et image, entre image et pensée, entre connaissance et essence » (*Les Constantes du poème*, éd. Picard, p. 262), et donc les chocs de mots sont des chocs de concepts. Dans la poésie moderne, en revanche, le statut du signe linguistique est différent de celui qui est le sien dans le discours, il est le lieu d'une réactivation qui le libère des contraintes de l'usage et revient sur le déséquilibre du discours qui fait triompher le signifié au détriment du signifiant. C'est ce que D. Delas et J. Filliolet, dans *Linguistique et poétique* appellent « rééquilibrer l'une par l'autre les deux faces du signe saussurien ».

Néanmoins, le fait de privilégier ainsi l'enchaînement par le signifiant ne veut pas dire que tous les rapprochements, toutes les analogies possibles soient réalisés à chaque fois : le signifiant ne prend valeur que dans le contexte sur lequel il s'appuie, comme le rappelle H. Meschonnic dans *Pour la Poétique* 1, Gallimard, p. 97 :

> « La lecture des signifiants a pour garde-fou aux possibles qu'elle construit le texte comme système, non pas énoncé où se lirait n'importe quoi ; construction et non pas nature ; relations et non pas termes ; fonctionnement et non pas substantialisation du mot. »

Alors que dans le discours les signifiants se trouvent mis en présence en quelque sorte par le hasard et l'arbitraire, n'étant liés que par l'enchaînement des signifiés, dans la poésie moderne les liens entre les mots du texte sont doubles : ils existent sur le plan des signifiants et sur le plan des signifiés, rendant ainsi compte de la cohérence du langage et du monde.

C'est ainsi que le glissement de signifiants qui caractérise ce qu'on peut appeler le refrain du dernier poème de Saint-John Perse intitulé « Sécheresse » structure l'avancée elle-même du poème. Dans cette sorte de prière, expression de la recherche entêtée de Dieu par l'homme, exacerbée chez le poète par la conscience qu'approche cette limite humaine qu'est sa propre mort, la répétition par quatre fois d'une même matrice et grammaticale et rythmique :

*Sistre de Dieu, sois-nous complice*
*Ô temps de Dieu, sois-nous comptable*
*Ô temps de Dieu, sois-nous propice*
*Songe de Dieu, sois-nous complice*

*(Saint-John Perse, in* Chant pour un Équinoxe, *Gallimard)*

présente des variations qui contribuent à fonder à la fois la dynamique et l'unité du poème. On notera d'abord le chiasme qui fait se croiser sans jamais se rencontrer les deux demi-octosyllabes *Ô temps de Dieu* et *sois-nous complice* : ils forment l'armature, surtout le second qui entraîne par glissements d'autres signifiants. *Complice* joue au départ le rôle d'un thème musical, dont est d'abord reprise la première moitié « comp- » (phonique *et* graphique) dans *comptable*, puis la finale « -ice » dans *propice*. Le retour de *complice* dans le dernier refrain boucle la boucle et fait l'unité du reste, avant le tout dernier vers du poème (et du poète) :

*Singe de Dieu, trêve à tes ruses.*
*(Ibid.)*

Mais le deuxième *complice* n'est pas sur le même plan que le premier, à cause des changements intervenus dans la première partie de l'octosyllabe et à cause du passage par les deux autres termes. Quand il est demandé au *sistre de Dieu* – la sécheresse qui ramène à l'essentiel et aide à la recherche du divin – d'être *complice*, c'est en manière d'accompagnement dans cette voie. Mais quand il s'agit de la prière adressée au *songe de Dieu*, il y a eu un passage par le *temps de Dieu* – à la fois *comptable* parce qu'il fait le bilan d'une existence d'homme, et *propice* parce qu'il nourrit dans l'avenir une nouvelle charge d'humanité – qui a marqué un élan ascensionnel de la pensée ; elle se tourne alors vers le sentiment du divin, auquel elle demande non plus seulement de guider ou d'accompagner l'homme, mais de se confondre en quelque sorte avec lui, intrication (latin *complex, -icis*, « étroitement uni ») finale que reprend et dénie sur un mode faussement parodique par un nouveau glissement de signifiant (qui est ici une paronomase) le *singe de Dieu* de la fin.

▷ *Arbitraire (du signe), associations (verbales), axes, combinaison, fonctions, mot, sélection, signifiance, signifiant, signifié, substitution, syllepse.*

**signifiance.** On appelle signifiance la capacité qu'a le signe d'entrer en combinaison avec d'autres signes. J. Kristeva (*Semeiotikè*, éd. du Seuil, p. 11) précise qu'elle entend par là « ce *travail* de différenciation, stratification et confrontation qui se pratique dans la langue, et dépose sur la ligne du sujet parlant une chaîne signifiante communicative et grammaticalement structurée ».

H. Meschonnic lie cette notion de signifiance à son analyse du rythme (*Critique du rythme*, éd. Verdier, p. 216) comme « l'organisation des marques par lesquelles les signifiants, linguistiques et extra-linguistiques, produisent une sémantique spécifique, distincte du sens lexical » et c'est cette sémantique qu'il appelle « la signifiance : c'est-à-dire les valeurs, propres à un discours et à un seul. »

**signifiant.** D'après la théorie saussurienne, le signe linguistique unit un concept et une image acoustique. C'est cette image acoustique qui est appelée signifiant. Dans le discours, le signifiant sert presque exclusivement de support, et c'est le signifié qui prime. Dans la poésie, le signifiant est au contraire mis en avant, touchant autant la sensibilité que la compréhension des mots.

Ce statut du signifiant a pu fluctuer selon les époques. On sait combien les Grands Rhétoriqueurs ont pu en jouer ; à l'époque classique et dans la poésie traditionnelle, beaucoup plus dominées par le signifié, c'est la rime seule qui a permis d'associer des mots par le signifiant, en fin de vers, ou parfois à la césure. Puis Mallarmé, dans *Crise de vers*, a su isoler la pureté symbolique de l'image acoustique :

> « Je dis : une fleur ! et hors de l'oubli où ma voix relègue aucun contour, en tant que quelque chose d'autre que les calices sus, musicalement se lève, idée même et suave, l'absente de tous bouquets. »

C'est ce qui a contribué à lancer la poésie moderne sur de nouvelles voies ; la rime y est souvent absente, mais le statut du signifiant est démultiplié par quantité d'autres modes de liaison qui, eux, ne sont pas liés à une place fixe : jeux avec des mots proches par le son (paronomase) ou par les habitudes linguistiques (clichés ou syntagmes figés), parallélisme des constructions grammaticales, etc.

Les liens noués à partir du signifiant contribuent ainsi à former les détails de la trame textuelle. Rencontrant des associations fondées sur le sens, ils établissent des images ou des expressions dont l'effet de surprise est au service de la densité verbale. Ainsi, le fonctionnement des chaînes signifiantes est particulièrement net dans les deux versets suivants de Saint-John Perse :

> *« Tant de hauteur n'épuisera la rive accore de ton seuil, ô Saisisseur de glaives à l'aurore,*
> *« Ô Manieur d'aigles par leurs angles, et Nourrisseur des filles les plus aigres sous la plume de fer !*
>
> *(Fragment de « Exil III », in* Exil, *o.c., la Pléiade/Gallimard)*

Dans l'apostrophe tout entière, on a d'une part une suite de signifiants à l'évidente parenté paronomastique (*glai*ves – *aigles* – an*gles* – *aig*res), d'autre part une image engendrée par une contiguïté de sens : dans *plume de fer*, *fer* est tiré de *glaive*, et *plume* découle de *aigles* et d'un mot que l'on attendait à la place de *angles*, qui est « ailes » ; de plus, cette expression va dans le sens grinçant et anguleux de *glaives*, *angles* et *aigres*. Et, en pensant, par intertextualité, aux vers de Vigny :

> *J'ai mis, sur le cimier doré du gentilhomme*
> *Une plume de fer qui n'est pas sans beauté,*

on comprend mieux que cette plume de fer est à la fois lance (de l'esprit) et plume de poète, image cohérente avec la thématique générale de ce chant : le poète qui crée et se bat contre l'armée en marche de ses mots et avec ses idées, filles de son esprit, rétives, *comme une insurrection de l'âme.*

▷ *Ambiguïté, anagramme, apophonie, arbitraire (du signe), associations (verbales), calembour, cratylisme, équivoque, homonymie, homophonie, mot, paronomase, rime, signifié, substitution, syllepse, trope.*

**signifié.** Alors que le signifiant est l'image acoustique, le signifié est du côté du concept. C'est sur la face signifiée du signe que s'appuient les figures liées à la signification : figures de mots ou figures de pensée ; c'est également cet aspect qui est mis en évidence pour constituer les isotopies textuelles, selon les deux types de rapport à la signification que sont la dénotation et la connotation. Enfin, l'épaisseur du texte peut être sollicitée par des jeux de signifiés sur une seule occurrence du signifiant, par polysémie, homonymie, et les différentes faces de l'ambiguïté.

▷ *Champ, connotation, dénotation, figure, isotopie, mot, polysémie, référent, sème, signe, signifiant, syllepse, trope.*

**silence.** Mallarmé, dans *Crise de vers*, fait entrer le silence dans la définition du vers :

> « Qu'une moyenne étendue de mots, sous la compréhension du regard, se range en traits définitifs, avec quoi le silence. »

Il appartient de fait au langage poétique, à sa diction, à son rythme. C'est la ponctuation du texte lu. Georges Jean le rappelle dans *La Poésie* :

> « Quant aux silences, liés au sens, à la respiration, ils sont une nécessité absolue de la mélodie poétique. »

Le silence est à comparer au rôle du blanc sur la page. Paul Eluard écrit, dans *Donner à voir* :

> « Les poèmes ont toujours de grandes marges blanches, de grandes marges de silence. »

Et Octavio Paz a une très belle formule pour définir le travail du poète :

« Faire du silence avec le langage. »

▷ *Blanc.*

**simple.** En métrique, s'oppose à *composé.*

▷ *Hémistiche, strophe, vers.*

**sirventès.** Le sirventès (mot dérivé du provençal *sirvent,* « serviteur ») est une forme de la poésie de langue d'oc, fondée sur des couplets sans refrain, avec les mêmes rimes dans tous les couplets, et terminée par une sorte d'envoi appelé *tornada.* En langue d'oïl, cette forme s'appelle *serventois* et elle présente quelque analogie avec le chant royal, sur un texte souvent satirique. L'*Histoire des littératures* de la Pléiade indique que le sirventès est « une œuvre presque toujours politique, dans laquelle l'auteur prend violemment fait et cause à propos d'un événement ; il exhorte, menace, invective ; c'est une arme de combat » (p. 29). Voici le premier couplet et la tornada d'un « Serventois au comte de Flandre », du poète médiéval belge Jacques de Cisoing :

*Li nouviaus tans que ge voi repairier*
*M'eüst donné voloir de cançon faire,*
*Mais jou voi si tout le mont empirier*
*Qu'a chascun doit anuier et desplaire ;*
*Car courtois cuer joli et deboinaire*
*Ne veut nus ber a li servir huchier,*
*Par les mauvais ki des bons n'ont mestier ;*
*Car a son per chascun oisiaus s'aaire.*

*[...]*

*Quens de Flandres, por qu'il vos doive plaire,*
*Mon serventois vueill a vous envoier,*
*Mais n'en tenez nul mot en reprovier,*
*Car vos feriez a vostre honor contraire.*

Le poète contemporain Marc Cholodenko se réclame plus du genre que de la forme en intitulant un des poèmes de *Cent chants à l'adresse de ses frères,* « Sirvente II » (Flammarion).

▷ *Formes fixes.*

**sizain.** C'est seulement au XVII^e^ siècle que le mot a été employé dans le domaine de la versification pour désigner la strophe de six vers, iso- ou hétérométrique. Dans la plupart des cas, le sizain (écrit aussi *sixain*) est bâti sur trois rimes, disposées de différentes façons :

– aabccb (avec double structuration possible : en deux moitiés, avec rythme tripartite, aab-ccb ; ou distique + quatrain à rimes embrassées, aa-bccb). C'est la formule choisie par Victor Hugo pour la très grande majorité de ses sizains, tel celui-ci, extrait du poème intitulé « Sara la baigneuse » dans *Les Orientales* :

*L'eau sur son corps qu'elle essuie*
*Roule en pluie*
*Comme sur un peuplier ;*
*Comme si, gouttes à gouttes,*
*Tombaient toutes*
*Les perles de son collier.*

Dans ce cas précis, Victor Hugo joue sur une discordance entre système des mètres (7-3-7/7-3-7) et organisation des rimes ; mais le plus souvent, il pratique, en hétérométrie, une certaine concordance entre les deux (par exemple 12a-12a-8b-12c-12c-8b) selon le principe de la strophe dite ***couée***.

– aabcbc (avec distique + quatrain à rimes croisées : aa-bcbc). C'est, entre autres utilisations, la formule du sizain dans le sonnet classique français :

*J'ai oublié mes tristes passions,*
*J'ai intermis mes occupations,*
*Donnons, donnons quelque lieu à folie.*
*Que malgré nous ne nous vienne saisir,*
*Et en un jour plein de mélancolie,*
*Mêlons au moins une heure de plaisir.*
*(Bonaventure des Périers)*

– la formule inverse, ababcc (avec quatrain à rimes croisées + distique). Le poème de Du Bellay intitulé « Chant du désespéré » est composé de tels sizains, dont voici le premier :

*La Parque si terrible*
*A tous les animaux,*
*Plus ne me semble horrible,*
*Car le moindre des maux*
*Qui m'ont fait si dolent,*
*Est bien plus violent.*

– abbacc présente également un quatrain, mais à rimes embrassées, suivi d'un distique. Dans la « Villanelle d'Hylas », d'Honoré d'Urfé, le distique est le lieu du refrain :

*Ceux qui veulent vivre en servage*
*Peuvent comme esclaves mourir,*
*Hylas jamais n'a pu souffrir*
*Que l'on lui fît un tel outrage*
*Change d'humeur qui s'y plaira,*
*Jamais Hylas ne changera.*

– d'autres formules sur trois rimes peuvent se rencontrer : par simple répétition abcabc, ou encore avec rimes plates aabbcc.

Il arrive aussi que l'on trouve des sizains sur deux rimes, tels ceux du poème « A la mi-carême » de Musset, dont l'organisation change à chaque strophe (I : abbaab – II : abbaba – III : ababba – IV : aabbab – V : ababab – etc.) :

I

*Le carnaval s'en va, les roses vont éclore ;*
*Sur les flancs des coteaux déjà court le gazon.*
*Cependant du plaisir la frileuse saison*
*Sous ses grelots légers rit et voltige encore,*
*Tandis que, soulevant les voiles de l'aurore,*
*Le Printemps inquiet paraît à l'horizon.*

II

*Du pauvre mois de mars il ne faut pas médire,*
*Bien que le laboureur le craigne justement :*
*L'univers y renaît ; il est vrai que le vent,*
*La pluie et le soleil s'y disputent l'empire.*
*Qu'y faire ? Au temps des fleurs, le monde est un enfant ;*
*C'est sa première larme et son premier sourire.*

III

*C'est dans le mois de mars que tente de s'ouvrir*
*L'anémone sauvage aux corolles tremblantes.*
*Les femmes et les fleurs appellent le zéphyr ;*
*Et du fond des boudoirs les belles indolentes,*
*Balançant mollement leurs tailles nonchalantes,*
*Sous les vieux marronniers commencent à venir.*

IV

*C'est alors que les bals, plus joyeux et plus rares,*
*Prolongent plus longtemps leurs dernières fanfares ;*
*A ce bruit qui nous quitte, on court avec ardeur ;*
*La valseuse se livre avec plus de langueur :*
*Les yeux sont plus hardis, les lèvres moins avares,*
*La lassitude enivre, et l'amour vient au cœur.*

V

*S'il est vrai qu'ici-bas l'adieu de ce qu'on aime*
*Soit un si doux chagrin qu'on en voudrait mourir,*
*C'est dans le mois de mars, c'est à la mi-carême,*
*Qu'au sortir d'un souper un enfant du plaisir*
*Sur la valse et l'amour devrait faire un poème,*
*Et saluer gaiement ses dieux prêts à partir.*

▷ *Distique, quatrain, strophe, tercet.*

**sonnet.** Le mot *sonet* (de *sonare*, sonner) signifie, en français du XIIe siècle, « petite chanson ». Certains attribuent l'invention du sonnet sous sa forme fixe aux troubadours, d'autres à l'école italienne, et même sicilienne. Du moins l'engouement pour la poésie de Pétrarque l'a-t-il importé d'Italie vers 1538. L'introduction de cette nouvelle forme en France est attribuée aux poètes de l'École lyonnaise, ainsi qu'à Mellin de Saint-Gelais, et à Clément Marot qui en a codifié les règles pour l'usage français. Thomas Sébillet, dans son *Art poétique français* (1548), rapproche la forme brève du sonnet de cette autre forme brève qu'est l'épigramme.

Le sonnet régulier comprend quatorze vers (d'abord décasyllabes, puis généralement alexandrins) répartis en deux quatrains à rimes embrassées, sur deux rimes, et un sizain correspondant à un distique suivi d'un quatrain à rimes croisées, sizain que la typographie divise artificiellement en deux tercets pour qu'ils répondent structurellement aux deux quatrains. On obtient ainsi la combinaison abba abba ccd ede, que l'on trouve par exemple dans ce sonnet plaisant en décasyllabes de Bonaventure des Périers :

*Hommes pensifs, je ne vous donne à lire*
*Ces miens devis, si vous ne contraignez*
*Le front maintien de vos fronts rechignés ;*
*Ici n'y a seulement que pour rire.*

*Laissez à part votre chagrin, votre ire,*
*Et vos discours de trop loin désignés.*
*Une autre fois vous serez enseignés ;*
*Je me suis bien contraint pour les écrire.*

*J'ai oublié mes tristes passions,*
*J'ai intermis mes occupations,*
*Donnons, donnons quelque lieu à folie.*

*Que malgré nous ne nous vienne saisir,*
*Et en un jour plein de mélancolie,*
*Mêlons au moins une heure de plaisir.*

La même régularité se retrouve dans ce sonnet en alexandrins de Saint-Amant sur « L'hiver des Alpes » :

*Ces atomes de feu qui sur la neige brillent,*
*Ces étincelles d'or, d'azur et de cristal*
*Dont l'hiver, au soleil, d'un lustre oriental*
*Pare ses cheveux blancs que les vents éparpillent ;*

*Ce beau coton du ciel de quoi les monts s'habillent*
*Ce pavé transparent fait du second métal,*
*Et cet air net et sain, propre à l'esprit vital,*
*Sont si doux à mes yeux que d'aise ils en pétillent.*

*Cette saison me plaît, j'en aime la froideur ;*
*Sa robe d'innocence et de pure candeur*
*Couvre en quelque façon les crimes de la terre.*

*Aussi l'Olympien la voit d'un front humain ;*
*Sa colère l'épargne, et jamais le tonnerre*
*Pour désoler ses jours ne partit de sa main.*

On appelle cette forme « sonnet français », par opposition au « sonnet italien » qui, apparu très tôt, comporte un quatrain final à rimes embrassées et non croisées, d'où la combinaison abba abba ccd eed, avec, dans les tercets, les avantages structurels du rythme tripartite ; Ronsard adopte ce type de sonnet dans l'épitaphe de Marie :

*Ci reposent les os de toi, belle Marie,*
*Qui me fis pour Anjou quitter mon Vendômois,*
*Qui m'échauffas le sang au plus vert de mes mois,*
*Qui fus toute mon cœur, mon bien et mon envie.*

*En ta tombe repose honneur et courtoisie,*
*La vertu, la beauté, qu'en l'âme je sentois,*
*La grâce et les amours qu'aux regards tu portois*
*Tels qu'ils eussent d'un mort ressuscité la vie.*

*Tu es, belle Angevine, un bel astre des cieux :*
*Les anges tous ravis se paissent de tes yeux,*
*La terre te regrette, ô beauté sans seconde !*

*Maintenant tu es vive, et je suis mort d'ennui.*
*Ah ! siècle malheureux ! malheureux est celui*
*Qui s'abuse d'amour et qui se fie au monde !*

Dès le début, de nombreuses variantes se sont fait jour, en particulier du côté des tercets ; chez Mellin de Saint-Gelais, on trouve ainsi, après les deux quatrains à rimes embrassées, des tercets sur deux rimes seulement : une disposition alternée en cdc dcd, qui permet, avec la division typographique, d'inverser la rime, ou encore un faux sizain à l'italienne, en ccd ccd, qui permet un redoublement en rythme tripartite. Dans le sizain du sonnet « Je vis, je meurs... », Louise Labé propose une organisation en cdc cdd :

*Ainsi Amour inconstamment me mène ;*
*Et quand je pense avoir plus de douleur,*
*Sans y penser, je me trouve hors de peine.*

*Puis, quand je crois ma joie être certaine,*
*Et être au haut de mon désiré heur,*
*Il me remet en mon premier malheur.*

Le sonnet est la forme fixe qui a eu le succès le plus durable en France. Très en vogue chez les poètes de la Pléiade, il reste largement prisé au XVIIe siècle, puisque, dans son *Art poétique*, Boileau en vante encore l'équilibre et la mesure, l'attribuant au dieu Apollon :

*Surtout, de ce poème, il bannit la licence ;*
*Lui-même en mesura le nombre et la cadence ;*
*Défendit qu'un vers faible y pût jamais entrer,*
*Ni qu'un mot déjà mis osât s'y remontrer.*
*Du reste, il l'enrichit d'une beauté suprême :*
*Un sonnet sans défaut vaut seul un long poème.*

Néanmoins, à la fin du XVIIe siècle, et pendant tout le XVIIIe siècle, le sonnet tombe en désuétude. Ce sont les romantiques qui l'ont remis à l'honneur vers 1835, en particulier Sainte-Beuve et Musset. Baudelaire l'a beaucoup utilisé, aussi bien sous sa forme régulière que selon de très nombreuses variantes : dans l'édition des *Fleurs du Mal* de 1857, sur les cent premiers poèmes, quarante-trois sont des sonnets, ou répondent peu ou prou à sa définition, puisque Baudelaire leur donne trente-quatre formes différentes. On trouve par exemple le sonnet dit « layé » à cause de l'utilisation de vers courts parmi les vers longs, tel le poème intitulé « La Musique » (cité à l'article **strophe**).

L'organisation des rimes de ce poème, contrairement à ce qu'indique la typographie, les répartit en trois quatrains à rimes croisées suivis d'un distique final, schéma du sonnet dit ***élisabéthain*** ou encore « shakespearien ». La disposition typographique correspondante a été rarement employée par les poètes français ; Mallarmé l'adopte cependant pour ses sonnets en vers courts, et pour le sonnet en alexandrins intitulé « La Chevelure » :

*La chevelure vol d'une flamme à l'extrême*
*Occident de désirs pour la tout déployer*
*Se pose (je dirais mourir un diadème)*
*Vers le front couronné son ancien foyer*

*Mais sans or soupirer que cette vive nue*
*L'ignition du feu toujours intérieur*
*Originellement la seule continue*
*Dans le joyau de l'œil véridique ou rieur*

*Une nudité de héros tendre diffame*
*Celle qui ne mouvant astre ni feux au doigt*
*Rien qu'à simplifier avec gloire la femme*
*Accomplit par son chef fulgurante l'exploit*

*De semer de rubis le doute qu'elle écorche*
*Ainsi qu'une joyeuse et tutélaire torche.*

Le grand succès du sonnet est sans doute dû à la fois à son équilibre, à sa souplesse, et à la richesse de ses structurations possibles, que détaille Jakobson dans *Questions de poétique*, (éd. du Seuil, p. 327).

Comparant le groupe des quatrains et celui des tercets à une paire de rimes dans un quatrain, il les fait jouer en concordance ou en opposition, strophe à strophe, selon ces trois dispositions possibles :

– disposition plate (aabb), où s'opposent les quatrains, initiaux, aux tercets, finaux ;

– disposition croisée (abab) où s'affrontent les strophes impaires (1^er^ quatrain, 1^er^ tercet) et les strophes paires (2^e^ quatrain, 2^e^ tercet) ;

– disposition embrassée (abba), qui met en jeu les strophes externes (1^er^ quatrain, 2^e^ tercet) face aux strophes internes (2^e^ quatrain, 1^er^ tercet).

Il constate par ailleurs que le sonnet se fonde sur deux couples cohérents (les quatrains/les tercets), mais asymétriques (un huitain/un sizain), et sur deux autres couples qui, eux, ont la même constitution (un quatrain + un tercet : un septain).

Le sonnet a pris quantité de formes différentes : par inversion du système des strophes (sonnet que H. Morier appelle « renversé »), par encadrement des tercets par les quatrains (sonnet dit « polaire »), par alternance des quatrains et des tercets (sonnet dit « alterné »). Il maintient ainsi son pouvoir structurel de manière toujours vivante. Jacques Roubaud lui consacre un ouvrage entier d'anthologie, *Soleil du soleil*, et invente deux nouvelles formes de sonnets dans son recueil ε (*Poésie*/ Gallimard) :

– le sonnet en prose, fondé sur quatre versets, les deux premiers un peu plus longs que les deux derniers :

> j'ai chassé la première la rose qui plafonne dans les jardins tessonnés des villas par le mai qui s'embarque sur le fil du loir et je suis devenu étanche séparé la couleur verte s'est fondue dans la couleur rouge j'ai chassé le roux le bourgeonnement bourdon des marronniers
>
> j'ai mutilé la trame serrée des choses j'ai renversé les statues verdoyantes de l'an que le temps soit sans repères que rien n'indique ni sel dans l'air ni ciel liège ni boutiques décorées j'ai tracé la frontière au cercle épais de la lampe
>
> j'ai bâillonné la joie avec la mort j'ai encapuchonné non les objets mais leur vue qu'il n'y ait plus à voir caché qu'il n'y ait rien désirer voir j'ai condamné jusqu'à l'idée de sons
>
> je m'étais donné cette tâche arracher les peaux mortes du présent j'ai voulu être libre de ne plus voir j'ai voulu prendre distance surveiller tenir loin être ordre être calme devenu

– le sonnet de sonnets, c'est-à-dire un ensemble formé de sonnets (en l'occurrence des sonnets en prose) ainsi organisés : une suite de quatre sonnets, puis un blanc (le mot « blanc » étant écrit au milieu de la page), à nouveau quatre sonnets, un blanc, trois sonnets, un blanc, puis à nouveau trois sonnets.

Au sein de l'équipe d'Oulipo, Jacques Bens invente encore une nouvelle forme, le « sonnet irrationnel », qu'il définit ainsi :

> « Nous appelons *Sonnet irrationnel* un poème à forme fixe, de quatorze vers (d'où le substantif *sonnet*), dont la structure s'appuie sur le nombre π (d'où l'adjectif *irrationnel*). Ce poème est, en effet, divisé en cinq strophes successivement et respectivement composées de : 3 – 1 – 4 – 1 – 5 vers, nombres qui sont, dans l'ordre, les cinq premiers chiffres significatifs de π 3,1415. [...] »
>
> (*Oulipo : La littérature potentielle*, Gallimard)

En voici un exemple :

*Le presbytère n'a rien perdu de son charme,*
*Ni le jardin de cet éclat qui vous désarme,*
*Rendant la main aux chiens, la bride à l'étalon :*

*Mais cette explication ne vaut pas ce mystère.*

*Foin des lumières qui vous brisent le talon,*
*Des raisonnements qui dissipaient votre alarme,*
*Se coiffent bêtement d'un chapeau de gendarme,*
*Désignant là le juste, et ici le félon.*

*Aucune explication ne rachète un mystère.*

*J'aime mieux les charmes passés du presbytère*
*Et l'éclat emprunté d'un célèbre jardin ;*
*J'aime mieux les frissons (c'est dans mon caractère)*
*De tel petit larron que la crainte oblitère,*
*Qu'évidentes et sues les lampes d'Aladin.*

*(Ibid.)*

▷ *Formes fixes, layé, nombre, quatrain, sizain, structure, tercet.*

**sotie.** La sotie (mot dérivé de *sot*), outre son sens de bouffonnerie théâtrale du Moyen Age, désigne également une forme fixe de onze vers sur cinq rimes. L'originalité de ces rimes est qu'elles varient successivement selon les cinq voyelles de l'alphabet, tout en gardant les mêmes consonnes.

▷ *Contre-assonance, formes fixes.*

**sourd.** Voir **e caduc**.

**spatialisation.** Voir **blanc, calligramme, lecture, mise en page, typographie**.

**stance.** Emprunté à l'italien *stanza*, le mot stance, équivalent de l'ancien français *estance*, est introduit dans notre langue au XVIe siècle, avec à peu près le même sens que le terme de *strophe*, qui a d'abord été réservé à l'ode. On a employé *stance* de préférence à *strophe* jusqu'au XIXe siècle. Mais le sens a pu également se spécialiser. Au XVIIe siècle, on désigne ainsi de manière spécifique les passages lyriques des pièces classiques : pensons aux stances de Rodrigue dans *Le Cid* ou à celles d'Antigone dans *La Thébaïde*, dont la facture hétérométrique, la disposition des rimes contrastent avec le reste de la pièce, en alexandrins à rimes plates. C'est le terme qu'a choisi le symboliste Jean Moréas comme titre d'une de ses œuvres les plus lyriques.

Entre « stance » et « strophe », le *Vocabulaire de la stylistique* de J. Mazaleyrat et G. Molinié propose une légère distinction : la stance « forme un système clos dans sa structure métrique, sa construction grammaticale, son organisation stylistique et son sens ; la "strophe", elle, peut prolonger son mouvement phrastique, oratoire et sémantique d'un groupement métrique au suivant ».

▷ *Couplet, lyrisme, strophe.*

**stichomythie.** On appelle stichomythie (du grec *stikhos*, « vers » et *muthos*, « parole ») un dialogue dont chaque réplique ne compte qu'un vers. L'emploi du terme est étendu à un échange par hémistiches. Le théâtre classique, dans les tragédies comme dans les comédies, comporte de nombreux exemples de stichomythie, tel celui-ci, tiré de *Polyeucte* :

PAULINE
*Au nom de cet amour ne m'abandonnez pas.*
POLYEUCTE
*Au nom de cet amour daignez suivre mes pas.*
PAULINE
*C'est peu de me quitter, tu dois donc me séduire ?*
POLYEUCTE
*C'est peu d'aller au Ciel, je vous y veux conduire.*
PAULINE
*Imaginations !*
POLYEUCTE
*Célestes vérités !*
PAULINE
*Étrange aveuglement !*
POLYEUCTE
*Éternelles clartés !*
PAULINE
*Tu préfères la mort à l'amour de Pauline !*
POLYEUCTE
*Vous préférez le monde à la bonté divine !*

La stichomythie s'accompagne souvent d'effets de structure (parallélisme, chiasme), liés à des effets de sens (antithèse, répétition).

▷ *Antithèse, chiasme, parallélisme, répétition.*

**strophe.** Le mot strophe (du grec *strophè*, « action de tourner, tour ») désignait à l'origine le tour d'autel effectué par le chœur dans le théâtre grec. Cette marche, cadencée ou dansée, se faisait au rythme du chant que le chœur exécutait, et qui se terminait en même temps que le tour. A la strophe correspondait l'antistrophe, sur le même schéma, qui accompagnait le tour inverse.

C'est Ronsard qui a introduit le mot dans le vocabulaire de la versification française au milieu du XVIe siècle, en l'appliquant à l'ode, les termes de *stance* et de *couplet* étant réservés d'abord à d'autres formes. Par la suite, le mot a pris un sens plus général pour désigner, dans la poésie traditionnelle, des éléments de composition qui forment en quelque sorte une unité immédiatement supérieure au vers. Une strophe présente en principe une cohérence, une unité et grammaticale et sémantique ; cette cohérence est renforcée également par une structure complète et récurrente, système clos et déterminé d'homophonies finales et, éventuellement, de mètres.

La strophe se définit par des caractères qui lui donnent un contour précis. Sa structuration dépend de trois facteurs : le système des homophonies finales, celui des mètres en cas d'hétérométrie, et la place éventuelle de la césure strophique. Certains faits sont à retenir :

**1** – *La présence d'un blanc typographique entre des groupements de vers ne suffit pas à déterminer une strophe* : il arrive très souvent qu'un poète ménage des intervalles de ce type à l'intérieur du poème sans que pour autant on puisse parler de strophes ; c'est le cas par exemple dans le poème des *Fleurs du Mal* intitulé « Le Masque ». C'est ainsi également que, dans les sonnets, la séparation du sizain en deux tercets ne détermine en rien deux strophes, mais permet simplement de répondre formellement, et même visuellement, aux deux quatrains initiaux.

Inversement, on peut rencontrer des poèmes dans lesquels la division strophique *n'est pas* indiquée typographiquement par un blanc, et c'est le système des rimes, celui des mètres, l'unité syntaxique qui servent de repères. Au XVIe siècle, les sonnets étaient transcrits d'un seul tenant, avec simplement un alinéa à la place de l'intervalle typographique.

**2** – *Une succession de rimes plates, formule ouverte, ne permet pas de définir une structure autonome* : on ne saurait donc parler de « strophes » quand des groupements de vers en rimes plates sont séparés par des blancs typographiques. Ne sont donc pas à strictement parler des strophes les quatrains de poèmes de Baudelaire comme « Le Flacon » ou « Ciel brouillé », dont voici le premier :

*On dirait ton regard d'une vapeur couvert ;*
*Ton œil mystérieux (est-il bleu, gris ou vert ?)*
*Alternativement tendre, rêveur, cruel,*
*Réfléchit l'indolence et la pâleur du ciel.*

La disposition des rimes ne fait pas sentir une clôture du système. Cependant, en cas d'hétérométrie, une disposition récurrente des mètres permet de parler de strophe même avec des rimes plates.

**3** – *Le système des rimes devant être complet, chacune avec son répondant à l'intérieur de l'ensemble, une strophe doit compter un minimum de quatre vers* : on ne peut donc logiquement parler de « strophes » pour des distiques ou des tercets.

À la stricte définition de la strophe, on peut apporter quelques nuances. C'est ainsi que dans l'article « Strophe » du *Grand Larousse de la langue française*, Jean Mazaleyrat propose de ne pas en exclure tous les tercets, en particulier la forme appelée *terza rima* où « par la reprise dans le tercet suivant de la rime laissée en suspens, le tercet entre dans une structure d'enchaînement, [...] prend place dans une organisation d'ensemble et reçoit qualité strophique non par ses caractères internes, mais par la fonction qu'il exerce dans cette organisation ». De son côté, W.T. Elwert considère que l'on peut parler de strophe si les trois vers riment ensemble.

On peut distinguer trois types de strophes selon la complexité des combinaisons de rimes :

- la **strophe simple**, quand le système, sur deux rimes, est complet et clos par le dernier vers ; ce seront des quatrains à rimes embrassées ou croisées, ou des quintils du type très répandu en abaab, comme ceux de la quinzième des *Nouvelles Méditations poétiques* de Lamartine :

*Ah ! laisse le zéphyr avide*
*A leur source arrêter tes pleurs ;*
*Jouissons de l'heure rapide :*
*Le temps fuit, mais son flot limpide*
*Du ciel réfléchit les couleurs.*

• la **strophe prolongée**, si, à la structure complète, s'ajoute la reprise d'une rime – dite alors ***dominante*** – qui clôt l'ensemble (ex. : quintil ababb), ou bien relance une nouvelle combinaison en lien avec la première ; c'est le cas du septain romantique, utilisé par Vigny, et repris par Patrice de la Tour du Pin dans « Le Jeu du Seul » :

*Il fallait bien chercher une raison de vivre ;*
*Personne n'en vendait, nul n'en expirait plus.*
*Les hommes de ce temps étaient des falots ivres,*
*On aurait composé leur danse à pas perdus*
*De sons désespérants à force d'être exsangues,*
*Le seul thème commun que rejoignaient leurs langues*
*Était l'aveu de n'être jamais entendus.*
(Petite Somme de poésie, *Gallimard)*

Dans le septain ainsi conçu, un quatrain à rimes croisées (abab) voit se greffer sur sa dernière rime un quatrain à rimes embrassées (bccb), et cette rime commune et centrale ménage au quatrième vers un rôle de pivot qui sert l'équilibre de l'ensemble.

• la **strophe composée**, en cas d'association de plusieurs systèmes complets. Dans le huitain qu'adopte Victor Hugo pour son poème « Les Bleuets », deux quatrains à rimes embrassées sont associés, chacun avec ses propres homophonies (abbacddc) :

*La ville était lointaine et sombre ;*
*Et la lune, douce aux amours,*
*Se levant derrière les tours*
*Et les clochers perdus dans l'ombre,*
*Des édifices dentelés*
*Découpait en noir les aiguilles...*
*Allez, allez, ô jeunes filles,*
*Cueillir des bleuets dans les blés !*

Dans un poème isométrique, seule compte l'organisation des rimes, mais, dans les cas d'hétérométrie, il faut faire également entrer en ligne de compte le système des mètres. Cette structuration est plus libre que celle des rimes dans la mesure où c'est la récurrence d'une strophe à l'autre, et non plus le réseau de correspondances internes qui régit l'organisation strophique des mètres. Ainsi, la strophe de Lamartine est souvent close par un vers plus court : il n'a pas de répondant dans la strophe elle-même, mais son rôle organisateur est sensible dans le fait que cela se répète de strophe en strophe. Dans le poème « Le Lac », de tels quatrains à clausule en vers courts sont réservés au récit, alors que le discours de la bien-aimée est, lui, en quatrains à alternance de vers longs et de vers courts :

*Un soir, t'en souvient-il ? nous voguions en silence ;*
*On n'entendait au loin, sur l'onde et sous les cieux,*
*Que le bruit des rameurs qui frappaient en cadence*
*Tes flots harmonieux.*

*Tout à coup des accents inconnus à la terre*
*Du rivage charmé frappèrent les échos :*
*Le flot fut attentif, et la voix qui m'est chère*
*Laissa tomber ces mots :*

*« Ô temps ! suspends ton vol ; et vous, heures propices !*
*Suspendez votre cours :*
*Laissez-nous savourer les rapides délices*
*Des plus beaux de nos jours !*

*Assez de malheureux ici-bas vous implorent,*
*Coulez, coulez pour eux ;*
*Prenez avec leurs jours les soins qui les dévorent ;*
*Oubliez les heureux ;*

Dans cet extrait du « Lac », les deux quatrains du discours présentent une concordance dans l'alternance des mètres et des rimes ; une telle concordance peut ne pas être systématique. Dans le poème « La Musique », Baudelaire utilise stylistiquement l'effet d'une concordance de rimes et de mètres, suivie d'une brusque discordance :

*La musique souvent me prend comme une mer !*
*Vers ma pâle étoile,*
*Sous un plafond de brume ou dans un vaste éther,*
*Je mets à la voile ;*

*La poitrine en avant et les poumons gonflés*
*Comme de la toile,*
*J'escalade le dos des flots amoncelés*
*Que la nuit me voile ;*

*Je sens vibrer en moi toutes les passions*
*D'un vaisseau qui souffre ;*
*Le bon vent, la tempête et ses convulsions*

*Sur l'immense gouffre*
*Me bercent. D'autres fois, calme plat, grand miroir*
*De mon désespoir !*

Malgré les indications de la disposition typographique, il apparaît clairement que ce poème est composé de trois quatrains à rimes croisées (les deux premiers ayant la rime b en commun), et d'un distique. Sur les trois quatrains se poursuit une double alternance : de mètres (alexandrins/5 syllabes) et de rimes (a masculines/b féminines). La concordance a 12 – b 5 semble se poursuivre encore au vers 13, et c'est le tout dernier vers qui, dans la logique du distique, rime avec le précédent et vient rompre cette continuité : il est le seul vers de 5 syllabes à rime masculine du poème, ce qui souligne l'effet de clausule de *De mon désespoir !*

On a pu également exploiter l'effet poétique d'une discordance entre le système des rimes et celui des mètres en hétérométrie ; c'est ce que fait Paul-Jean Toulet avec les *contrerimes.*

Enfin, une strophe peut se définir également par le **rapport entre le nombre des vers et le nombre de syllabes** des mètres qui la composent. On parlera donc, en isométrie, de :

- **strophe carrée** si les deux chiffres sont égaux, comme c'est le cas pour un huitain d'octosyllabes ou un dizain de décasyllabes. On trouve souvent ce type de strophes dans les ballades. Par ailleurs, cette dénomination n'a rien de rigoureusement géométrique : il est bien entendu qu'une syllabe écrite ne correspond pas, dans l'espace, à un passage à la ligne.
- **strophe verticale** si le nombre de syllabes est très inférieur au nombre de vers : pensons aux premières strophes des « Djinns » de Victor Hugo.
- **strophe horizontale** dans le cas inverse (qui est aussi le cas majoritaire, puisque le vers le plus employé est l'alexandrin et que les strophes – la plus fréquente étant le quatrain – font le plus souvent moins de dix vers).

L'existence d'une *césure strophique* permet de faire jouer les uns par rapport aux autres le système des rimes, le système des mètres, ainsi que l'organisation syntaxique et/ou thématique de l'ensemble.

On peut également rencontrer, surtout dans la poésie romantique et post-romantique, des cas d'enchaînement syntaxique, par rejet, contre-rejet ou enjambement strophique, mettant stylistiquement en valeur l'élément phrastique ainsi détaché du système particulièrement autonome de la strophe.

**L'enchaînement entre les strophes** se fait dans la très grande majorité des cas sur le principe de la récurrence du système, avec de plus respect de la loi d'alternance des rimes masculines et des rimes féminines.

Il peut y avoir parfois des alternances entre deux systèmes différents, tel le deuxième chant de « *Magnitudo Parvi* », dans *Les Contemplations*, où Victor Hugo fait alterner onze fois un douzain d'octosyllabes avec un sizain d'alexandrins. Il existe également des cas particuliers de liaison de strophe à strophe, fondés sur la rime ou sur la répétition de vers :

– la **rime inverse** reprend les mêmes rimes dans un autre ordre. La sextine exploite ce procédé avec virtuosité ; on le trouve également dans un poème d'Aragon, « Elsa au miroir ». Composé de quatre quintils suivis de cinq distiques, il est fondé sur deux rimes, [di] et [war], et un système très complexe de reprises (approximatives) de vers qui tient de l'antépiphore et de l'épanalepse, mais aussi de l'art du pantoum, avec un progressif éclatement qui accompagne la dramatisation du texte :

*C'était au beau milieu de notre tragédie*
*Et pendant un long jour assise à son miroir*
*Elle peignait ses cheveux d'or Je croyais voir*
*Ses patientes mains calmer un incendie*
*C'était au beau milieu de notre tragédie*

*Et pendant un long jour assise à son miroir*
*Elle peignait ses cheveux d'or et j'aurais dit*
*C'était au beau milieu de notre tragédie*
*Qu'elle jouait un air de harpe sans y croire*
*Pendant tout ce long jour assise à son miroir*

*Elle peignait ses cheveux d'or et j'aurais dit*
*Qu'elle martyrisait à plaisir sa mémoire*
*Pendant tout ce long jour assise à son miroir*
*A ranimer les fleurs sans fin de l'incendie*
*Sans dire ce qu'une autre à sa place aurait dit*

*Elle martyrisait à plaisir sa mémoire*
*C'était au beau milieu de notre tragédie*
*Le monde ressemblait à ce miroir maudit*
*Le peigne partageait les feux de cette moire*
*Et ces feux éclairaient des coins de ma mémoire*

*C'était au beau milieu de notre tragédie*
*Comme dans la semaine est assis le jeudi*

*Et pendant un long jour assise à sa mémoire*
*Elle voyait au loin mourir dans son miroir*

*Un à un les acteurs de notre tragédie*
*Et qui sont les meilleurs de ce monde maudit*

*Et vous savez leurs noms sans que je les aie dits*
*Et ce que signifient les flammes des longs soirs*

*Et ses cheveux dorés quand elle vient s'asseoir*
*Et peigner sans rien dire un reflet d'incendie.*

*(Louis Aragon,*
*in* La Diane française, *Seghers)*

– la **rime concaténée** répète en début de strophe le dernier vers de la précédente, phénomène fréquent dans les couplets des chansons populaires ;

– la **rime kyrielle** répète le même vers en fin de chaque strophe, tel le refrain de la ballade ;

– la **rime disjointe** est une rime qui ne trouve son répondant que dans la strophe suivante (procédé utilisé dans la *terza rima*).

**Les noms des strophes** sont liés au nombre de vers qu'elles contiennent : les plus employées sont le *quatrain* (4 vers), le *quintil* (5 vers), le *sizain* (6 vers), le *septain* (7 vers), le *huitain* (8 vers), le *neuvain* (9 vers), le *dizain* (10 vers), le *onzain* (11 vers), le *douzain* (12 vers) ; quant aux *treizain*, *quatorzain*, *quinzain* et *seizain*, ils sont d'un emploi plutôt rare.

▷ *Alternance, blanc, césure, antistrophe, contre-rejet, contre-rime, couplet, discordance, distique, dizain, dominante, douzain, enjambement, épode, hétérométrie, huitain, isométrie, kyrielle, laisse, monorime, neuvain, nombre, ode, onzain, pantoum, quartier, quatrain, quintil, rejet, rétrograde, rime, septain, séquence, sextine, sizain, sonnet, stance, structure, tercet, treizain, vers, villanelle.*

**structure.** La notion de structure est fondamentale dans l'étude de la poésie, et particulièrement du langage poétique. Se référant au titre choisi par J. Cohen pour son ouvrage, G. Genette en souligne le bien-fondé (*Figures* II, éd. du Seuil, coll. « Points », p. 15) :

> « Toute étude des grandes créations poétiques devrait commencer par considérer ce que l'on a appelé récemment la *structure du langage poétique.* »

Il s'agit de définir par là l'organisation interne d'un tout autonome, l'agencement de ses parties, qui elles-mêmes peuvent se constituer selon une forme reconnaissable. Que ce soit au niveau des faits les plus élémentaires (phonèmes, accents, quantités syllabiques, etc.), ou à celui des groupements les plus importants du poème, le recours à l'idée de structure permet d'analyser clairement des schémas ou des types de disposition. Trois de ces modes de structuration sont prépondérants, et H. Suhamy, dans *La Poétique* (PUF, « Que sais-je ? », p. 69) les illustre en prenant l'exemple rythmique des pieds :

• la **répétition** :
de longues : — — (spondée) ; — — — (molosse)
de brèves : ∪ ∪ (pyrrhique) ; ∪ ∪ ∪ (tribraque)

• la **gradation** :
croissante : ∪ — (ïambe) ; ∪ ∪ — (anapeste)
décroissante : — ∪ (trochée) ; — ∪ ∪ (dactyle)

- la **symétrie** : — U — (crétique) ; U — U (amphibraque)

Le parallélisme est un cas particulier de la répétition, qu'illustre par exemple la disposition croisée des rimes (abab = ab/ab), disposition qui est également fondée sur l'alternance – dans les rimes plates, la répétition est immédiate et successive (aa bb cc etc.) ; la symétrie est le plus souvent appelée chiasme, lorsque ses éléments sont isolables, comme dans les rimes embrassées (abba), il y a alors un phénomène d'encadrement. Quant à la gradation, elle fait entrer en jeu des notions quantitatives, décelables soit dans le rythme (nombre des syllabes par exemple), soit dans la thématique (rapport entre les signifiés).

▷ *Alternance, cadence, chiasme, clausule, écriture, figure, gradation, parallélisme, pied, répétition, rime, rythme, sonnet, strophe, symétrie, vers.*

**substitution.** La substitution est le processus qui règle ce que Jakobson appelle l'axe de la sélection. Dans le discours ordinaire, cette substitution se fait entre termes qui peuvent s'équivaloir par le sens, soit par synonymie (*maison/logis*), soit par passage du général au particulier, et inversement (*arbre/chêne*). En poésie, les opérations de substitution peuvent être multiples, fondées sur une substitution complète, du style « un mot pour un autre » comme l'a fait Jean Tardieu, et c'est ce qui permet le renouvellement des clichés, groupes figés et autres blocs tout faits du langage ; elles peuvent aussi se faire d'un signifiant à un autre signifiant qui lui est proche, par paronomase.

Enfin, la substitution est ce qui permet nombre d'effets de densité en poésie, par le jeu des images, des ambiguïtés et des équivalences que le texte permet.

▷ *Ambiguïté, associations (verbales), axes, cliché, équivoque, figé (tour), figure, image, métaphore, mot, paronomase, polysémie, sélection, signifiant.*

**suffisante.** Voir rime.

**suivie.** Voir rime.

**sujet.** Nombreux sont les poèmes où intervient la première personne du singulier. Il peut arriver, dans des circonstances très précises que ce *je* se confonde avec la personne propre du poète, comme c'est le cas dans les derniers poèmes des *Ïambes* de Chénier qui proteste contre sa mort imminente et injuste de manière particulièrement déchirante :

*Allons, étouffe tes clameurs ;*
*Souffre, ô cœur gros de haine, affamé de justice*
*Toi, vertu, pleure si je meurs.*

Le *je* peut également représenter un être fictif, comme dans la prosopopée. Mais ce qui caractérise le *je* poétique dans la très grande majorité des cas, c'est plutôt sa dilution dans l'universel, que l'on reconnaît dans le fameux « JE est un autre » de Rimbaud. C'est le pur *je* de l'écriture :

*Écrire. Parler par l'écriture*
*Pour tout l'autre.*

*Et qu'on m'entende*
*Sans savoir que c'est moi*
*Qui parle.*

*Sans savoir même*
*Que quelqu'un parle.*

*M'entendre*
*Comme on entend les pierres.*

*(Eugène Guillevic, in* Inclus, *Gallimard)*

Telle est bien l'étrangeté de la situation poétique : un contexte soit implicite, soit absent, une situation qui déjoue toute communication – qui parle à qui ? se demande sans cesse Valéry dans ses *Cahiers* (et c'est bien la question fondamentale) ; enfin, un discours hors de l'usage commun, qui s'autorise ce que refuse le discours socialisé.

▷ *Fonctions, lyrisme.*

**syllabe.** En se référant à l'étymologie (grec *sun*, « avec », et *lambanein*, « prendre » d'où « prendre ensemble »), on peut définir la syllabe comme un groupe minimal de phonèmes *pris ensemble*, qui s'organisent autour d'*un unique phonème vocalique*. La syllabe peut même être réduite à une voyelle (par exemple le mot *abri* comporte deux syllabes, [a] et [bri]).

La perception de la syllabe en français est particulièrement nette grâce à l'absence de tons et de longueurs différents, et à la stabilité que favorise la prépondérance des structures *ouvertes* (c'est-à-dire terminées par un phonème vocalique : ce peut être C + V comme pour les trois syllabes de *fantaisie* – [fɑ̃] [tɛ] [zi] –, ou C + C + V comme pour la dernière syllabe de *abri*, la consonne en combinaison pouvant être [r], [l], ou une semi-consonne), par opposition aux syllabes dites *fermées* (terminées par un phonème consonantique, comme c'est le cas pour [fɛr] dans « fermée », on a alors une structure C + V + C : on peut aussi trouver V + C, comme dans la dernière syllabe de *s'épanouir*, [ir]). La consonne qui ouvre la syllabe s'appelle *consonne d'appui*.

La syllabe est l'unité de base du vers français. Longtemps, la terminologie a accepté que l'on parlât indifféremment de « pieds » ou de « syllabes » en prosodie française, mais il est désormais reconnu que seul le terme de *syllabe* est employé à bon escient.

Dans le vers, à une syllabe comptée prosodiquement correspond une voyelle prononcée. Si la syllabe de fin de vers contient un *e* atone, elle ne peut être comprise dans la mesure du vers : on l'appelle syllabe « surnuméraire », et cette terminaison est dite « féminine ».

On isole les syllabes des vers, tels ceux-ci, qui terminent « Recueillement » de Baudelaire, de la manière suivante :

Et, -co-mm(e) un -long -lin-ceul -traî-nan-t à -l'O-ri-ent,
En-tends, -ma -chè-r(e), en-tends -la -dou-ce -Nuit -qui -march(e).

Cela donne, en transcription phonétique :

| 1 | 2 | 3 | 4 | 5 | 6 | 7 | 8 | 9 | 10 | 11 | 12 |
|---|---|---|---|---|---|---|---|---|---|---|---|
| e | kɔ | mœ̃ | lɔ̃ | lɛ̃ | sœl | trɛ | nɑ̃ | ta | lɔ | ri | ɑ̃ |
| ɑ̃ | tɑ̃ | ma | ʃɛ | rɑ̃ | tɑ̃ | la | lɔ̃ | gə | nɥi | ki | marʃ |

Le décompte des syllabes était lié, dans la versification traditionnelle, à tout un ensemble de règles (cas d'élision, d'apocope du *e* caduc, diérèse et synérèse). Depuis un siècle environ, ces règles, autrefois rigoureusement suivies, sont souplement adoptées selon le poète. Néanmoins, le système traditionnel demeure la base de référence de la plupart des formes adoptées par la poésie contemporaine, et la syllabation reste fondamentale dans l'usage du vers, ainsi que dans toute forme poétique qui utilise des groupes rythmiques reconnaissables.

▷ *Apocope, consonne, diérèse, e caduc, élision, groupe rythmique, mètre, pied, phonème, prosodie, rythme, scansion, semi-consonne, syncope, synérèse, vers, voyelle.*

**syllepse.** La syllepse (avec les mêmes étymons que *syllabe*, mais selon une autre forme, le grec a fait *sullèpsis*, « action de prendre ensemble, compréhension ») est une figure qui joue sur un seul signifiant renvoyant simultanément à deux signifiés différents, tous deux soutenus par le contexte, le plus souvent le propre et le figuré, mais ce peuvent être deux sens différents en général dans la polysémie du signe envisagé. Grâce à ses caractéristiques, la syllepse peut concentrer sur une seule occurrence les deux pôles d'une image.

Jakobson, dans *Questions de poétique*, (éd. du Seuil, p. 22) en fait une des opérations principales de la poésie moderne :

> « Le procédé favori des poètes contemporains est d'utiliser le mot simultanément dans son sens littéral et métaphorique. »

C'est ainsi que Jean Tortel, à l'occasion d'un poème sur le feu dans *Des corps attaqués* (Flammarion), utilise largement le procédé de la syllepse qui contribue à l'extrême densité du texte :

*On fait le feu (mais non*
*L'eau l'air la terre*
*Ou les nuits, l'orage, le jour).*

*Plutôt : on le fait*
*Sortir du bois.*

*On met le feu (où détruire*
*Ou purifier).*

*Il prend (n'importe*
*Quel objet dans sa langue).*

Les syllepses portent sur :
1) *bois* qui désigne d'une part la matière (on a besoin de bois pour faire du feu), d'autre part la forêt (par référence implicite au cliché « faire sortir le loup du bois », ce qui implique la métaphore animale que confirme le dernier vers avec la *langue*) ;
2) *prend* qui indique, dans son emploi absolu, le fait que le feu démarre, et, avec l'adjonction d'un complément d'objet direct dans la parenthèse, le fait de saisir. Par cette double construction, la syllepse se double d'un zeugme ;
3) *langue* est d'une part ici une synecdoque pour la gueule de l'animal (en l'occurrence, le loup du cliché analysé en 1), et d'autre part la métaphore usuelle qui désigne la flamme à cause de sa forme qui ressemble à celle d'une langue.

▷ *Ambiguïté, antanaclase, énallage, équivoque, figure, image, métaphore, mot, polysémie, signifiant, signifié, trope, zeugme.*

**symbole.** Le symbole (du grec *sumbolon*, « signe de reconnaissance », en particulier, dans le code de l'hospitalité, cet objet coupé en deux dont les deux hôtes conservaient chacun la moitié qu'ils pouvaient transmettre à leurs descendants, et qui leur permettait de se faire reconnaître en rapprochant les deux parties) est une image qui tient de toutes les autres images : de l'allégorie en ce qu'il peut être développé, de la métonymie et de la synecdoque par extraction d'une qualité ou d'un élément constitutif, mais surtout de la métaphore, avec une fréquente confusion entre les deux. Il ne peut y avoir confusion lorsqu'il s'agit des symboles que H. Morier dit « conventionnels » et dont il donne une longue liste, symboles hérités d'une longue tradition culturelle, comme l'Agneau pour « douceur, innocence, naïveté, Jésus », les trois premières qualités étant largement illustrées dans la fable de La Fontaine, « Le Loup et l'Agneau ».

En revanche, la création de symboles nouveaux est beaucoup plus susceptible de confusion avec la métaphore, et M. Le Guern, dans *Sémantique de la métaphore et de la métonymie*, (Larousse, p. 96) précise :

> « Le passage de la métaphore au symbole est souvent imperceptible ; il intervient au moment où l'analogie n'est plus sentie par l'intuition mais perçue par l'intellect. »

Alors que la métaphore repose sur des sèmes communs qui ne recouvrent pas obligatoirement tout le concept représenté par le comparant, le symbole, lui, engage *toute* la représentation du mot. Autrement dit, « dans l'expression symbolique, ce signifié devient à son tour le signifiant d'un autre signifié [...]. On pourra donc dire qu'il y a symbole quand le signifié normal du mot employé fonctionne comme signifiant d'un second signifié qui sera l'objet symbolisé » (p. 40).

Tel le cygne de Mallarmé, pris au piège de glace :

> *Tout son col secouera cette blanche agonie*
> *Par l'espace infligée à l'oiseau qui le nie,*
> *Mais non l'horreur du sol où le plumage est pris.*
>
> *Fantôme qu'à ce lieu son pur éclat assigne,*
> *Il s'immobilise au songe froid de mépris*
> *Que vêt parmi l'exil inutile le Cygne.*

Alors que dans le symbolisme conventionnel, il signifie la pureté, la chasteté, toutes qualités d'élévation morale, il prend dans l'univers mallarméen une place nouvelle, en raison, écrit J.-P. Richard dans *L'Univers imaginaire de Mallarmé* (éd. du Seuil, coll. « Pierres vives »), « de qualités beaucoup plus immédiatement saisies en lui par l'imagination des couleurs et des formes ». Ainsi, dans sa blancheur liée à la blancheur du lac, dans son col mince vainement tendu vers le ciel, « à la fois piège et effort pour s'extraire du piège, le cygne figure en un seul objet vivant la douleur d'un moi qui n'a pu réussir son "hyperbole" ».

▷ *Allégorie, figure, image, métonymie, métaphore, personnification, synecdoque.*

**symétrie.** La symétrie est un mode de structuration qui relève à la fois de la répétition et de l'inversion. Toute symétrie suppose un point ou un axe : dans un vers, ce peut être la césure. On distingue alors le *vers symétrique* – dont les deux hémistiches comportent un nombre égal de syllabes, et qui s'oppose au vers *asymétrique* (par exemple le décasyllabe 4//6) dont les hémistiches ne sont pas égaux –, du *vers à structure symétrique*, c'est-à-dire dont les mesures s'inversent dans le second hémistiche (par exemple l'alexandrin 2/4//4/2). C'est alors que la notion de symétrie renvoie à celle de chiasme, et s'oppose au parallélisme.

▷ *Alexandrin, antithèse, binaire, chiasme, parallélisme, répétition, structure, vers libéré.*

**symploque.** La symploque (du grec *sumplokè*, « entrelacement, combinaison ») est une figure de répétition qui emploie simultanément l'anaphore et l'épiphore. Elle est relativement rare en poésie, car son effet est plutôt oratoire, mais on la trouve, par exemple dans la *Prose du Transsibérien* de Blaise Cendrars (Denoël), où elle est même redoublée :

> Je *suis* en route
> J'*ai toujours été* en route
> Je *suis* en route *avec la petite Jehanne de France*
> Le train *fait un saut périlleux et retombe sur toutes* ses roues
> Le train *retombe sur* ses roues
> Le train *retombe sur toutes* ses roues.

On peut aussi, pour ce type de figure, employer le terme de ***complexion***.

▷ *Anaphore, antépiphore, épanalepse, épiphore, figure, répétition.*

**synalèphe.** Le terme (féminin, du grec *sunaloiphè*, « fusion, union ») a été emprunté à Quintilien par les auteurs des traités de poétique, au milieu du XVIe siècle, et désigne un phénomène de diction qui consiste à ne pas prononcer une voyelle bien qu'elle soit écrite, soit parce qu'elle en suit une autre, et c'est le cas du *-e* final de mot qui n'a plus été prononcé au XVIe siècle dans le vers, ou encore, plus couramment, l'élision du *-e* en finale absolue de mot quand le suivant commence par une voyelle. On peut garder cette désignation pour une prononciation relâchée qui opère une fusion entre deux voyelles (« qui a » prononcé [ka]) ou entre deux syllabes (« il y a » prononcé [ja]), dont on peut trouver l'utilisation dans des chansons populaires, aujourd'hui encore.

▷ *Apocope, élision, hiatus, synérèse.*

**syncope.** On appelle syncope (féminin, du grec *sunkopè*, « raccourcissement », spécialement « retranchement de syllabes ou de lettres au milieu d'un mot ») l'annulation prosodique d'un *e* caduc à l'intérieur d'un mot, ce qui entraîne la disparition d'une syllabe dans le décompte. C'est un phénomène relativement courant dans la poésie depuis l'apparition du vers libéré, ainsi dans cet alexandrin d'Apollinaire :

*Ô belle Loreley aux yeux pleins de pierr(e)ries.*

La proximité des phonèmes [r] rend cette syncope d'autant plus aisée, avec une prononciation en [pjɛrri].

Le phénomène de la syncope est souvent lié à un effet de connotation populaire ; il peut alors être intégré dans la graphie des mots, comme *tellment* et *curdent* dans ce quatrain d'alexandrins de Raymond Queneau, fragment de « Je crains ça pas tellement », où ils vont dans le même sens que l'emploi de la négation seule dans *je crains pas* et la tonalité générale de désinvolture affichée face à l'angoisse de la mort :

*Mais je crains pas tellment ce lugubre imbécile*
*qui viendra me cueillir au bout de son curdent*
*lorsque vaincu j'aurai d'un œil vague et placide*
*cédé tout mon courage aux rongeurs du présent.*

*(Raymond Queneau,*
*in* L'Instant fatal, *Gallimard)*

Plus généralement, on appelle également syncope un métaplasme qui supprime un phonème ou une syllabe à l'intérieur d'un mot, phénomène lui aussi fréquent dans la langue populaire et que reproduit Jean Tardieu en écrivant *rin* [rɛ̃] au lieu de *rien* [rjɛ̃] dans le poème « La Môme Néant ».

Dans la chanson, la syncope est très fréquemment indiquée par des apostrophes :

*Et s'app'lait les Copains d'abord*
*Les Copains d'abord.*

*(G. Brassens, éd. Tchou)*

H. Morier donne le nom de syncope à l'effet de décalage de l'accent et du rythme qui découle de la coupe de la césure lyrique, se référant en cela à l'emploi musical du terme.

▷ *Apocope, césure, connotation, coupe, diction, e caduc, métaplasme, rythme, syllabe, vers libéré.*

**synecdoque.** La synecdoque (du grec *sunekdokhè*, « inclusion, compréhension » au sens logique du terme) est, comme la métonymie, une figure de contiguïté, mais qui, elle, est fondée sur un rapport d'inclusion. Toutes les définitions tiennent compte de cette notion d'inclusion ; Fontanier dit qu'elle désigne « un objet par le nom d'un autre objet avec lequel il forme un ensemble, un tout [...], l'existence ou l'idée de l'un se trouvant comprise dans celle de l'autre ».

L'exemple classique de la synecdoque est celui de *voile* pour *navire* ou *vaisseau* dans ces vers du *Cid* :

*Cette obscure clarté qui tombe des étoiles*
*Enfin avec le flux nous fait voir trente voiles.*

La voile est bien un constituant du navire, et l'emploi du mot *voile* dans le trope ne désigne pas la seule voilure, mais l'ensemble du bateau. On remarquera d'ailleurs que la synecdoque opère un choix qui n'est pas sans signification dans les éléments du tout à désigner : on dit *voile*, on ne dirait pas *coque* dans un tel contexte. Le terme de *coque* peut s'employer comme synecdoque pour le bateau avec une connotation de dérision à laquelle s'ajoute une métaphore : on trouvera ainsi « une coque de noix ».

Le processus de la synecdoque peut s'inverser, et désigner non l'ensemble par l'un de ses éléments (*synecdoque particularisante*), mais un élément par le nom de l'ensemble (*synecdoque généralisante*) ; c'est le cas lorsque Georges Brassens dans « Le Gorille » emploie le terme de *quadrumane*, nom générique des singes, pour désigner l'animal.

On distingue plusieurs types de synecdoques selon le mode d'inclusion, qui peut s'abstraire en lien de nécessité ; on a vu le rapport partie/tout, le rapport genre/espèce, il existe aussi le rapport matière/objet (*le fer* pour *l'épée*), le rapport qualité/objet (*un rond* pour *une pièce de monnaie*), singulier/pluriel, ainsi *les ruisseaux* pour *le ruisseau*, dans ces vers d'Aragon, extraits du *Mouvement perpétuel* (Gallimard) :

*Elle s'arrête au bord des ruisseaux Elle chante*
*Elle court Elle pousse un long cri vers le ciel*
*Sa robe est ouverte sur le paradis [...]*

▷ *Antonomase, figure, image, métaphore, métonymie, personnification, symbole, trope.*

**synérèse.** Le terme de synérèse est un mot d'origine grecque : *sunairesis* signifie « rapprochement ». On désigne ainsi le fait de prononcer (et donc de compter prosodiquement) en une seule syllabe une succession de deux voyelles dont la première est *i*, *u*, ou *ou*. Cette prononciation correspond de plus en plus à la prononciation usuelle qui réduit alors le groupe voyelle + voyelle au groupe semi-consonne + voyelle c'est ainsi que *attention* donne [atɑ̃sjɔ̃], *fruit* [frɥi] et *Louis* [lwi].

Cependant, cette tendance à la synérèse n'est pas un phénomène général : des cas inverses peuvent se trouver. Jusqu'au XVIIe siècle, des mots en *-lier* ou *-rier* après consonne étaient prononcés en synérèse, ce qui nous paraît aujourd'hui difficile même à articuler. Par ailleurs, des prononciations régionales peuvent préférer la diérèse à la synérèse, ainsi le français du Sud-Ouest a tendance à dire [uɛst] pour *Ouest*, là où d'autres diraient [wɛst].

Des règles codifiaient dans la prosodie l'usage des diérèses et des synérèses : la possibilité d'une diérèse n'apparaît que dans des mots où, aux origines, les voyelles étaient déjà distinctes. En revanche, ne peuvent être prononcées qu'en synérèse des successions de voyelles qui résultent soit de la diphtongaison d'une voyelle (*miel* vient du latin *mel*, et la suite *i* + *e* de la diphtongaison de l'*e* bref), soit de la vocalisation d'une consonne originelle, comme c'est le cas pour *fruit* qui en latin se dit *fructus*. Enfin, des phénomènes d'analogie ont pu modifier certaines prononciations : la synérèse des désinences du subjonctif en *-ions*, *-iez* a entraîné celle des désinences d'imparfait en *-ions*, *-iez*, d'abord prononcées en diérèse.

Les lois qui régissaient diérèses et synérèses sont restées prépondérantes jusqu'à la fin du XIXe siècle, et les symbolistes eux aussi les ont le plus souvent suivies. C'est depuis le début du XXe siècle que le choix est devenu beaucoup plus libre : une poésie qui veut se rapprocher de la langue telle qu'elle est parlée peut pencher pour la synérèse, alors qu'une poésie qui désire maintenir l'écart opte plutôt pour la diérèse ; mais les choix ne sont pas aussi tranchés, le poète obéit aussi à des considérations propres, rythmiques et prosodiques.

▷ *Diérèse, métaplasme, semi-consonne, syllabe, synalèphe.*

**syntaxe.** L'existence d'une syntaxe particulière à la poésie est un des éléments qui fait la spécificité du langage poétique. La poésie classique versifiée, en moyenne beaucoup plus proche, grammaticalement, de la prose que ne le sont nombre de poèmes contemporains, a néanmoins des caractères propres bien reconnaissables : fréquence des inversions (et en général d'un certain bouleversement dans l'ordre des mots), des ellipses en particulier, mais aussi des tournures archaïsantes. Tel vers de La Fontaine :

*Un brin d'herbe dans l'eau par elle étant jeté,*

pratique l'antéposition par rapport au verbe et du complément de lieu, et du complément d'agent. L'ellipse souligne la force de l'amour, dans *Phèdre*, et concentre l'effet du vers :

*Présente, je vous fuis ; absente, je vous trouve.*

Baudelaire, au début du poème « Le Flacon », emploie le relatif *qui* après préposition pour représenter un non-animé, ce qui est un archaïsme (avec, de plus, l'amorce d'une personnification) :

*Il est de forts parfums pour qui toute matière*
*Est poreuse. On dirait qu'ils traversent le verre.*

Dans la poésie moderne, outre ces caractéristiques qui perdurent, deux tendances coexistent :

• d'une part, une syntaxe plus ou moins semblable à celle de la prose, avec cependant une présence presque constante de l'asyndète et de la parataxe. Ainsi, le poème « Les Lichens » de René Char :

*Je marchais parmi les bosses d'une terre écurée, les baleines secrètes, les plantes sans mémoire. La montagne se levait, flacon empli d'ombre qu'étreignait par instant le geste de la soif. Ma trace, mon existence se perdaient. Ton visage glissait à reculons devant moi. Ce n'était qu'une tache à la recherche de l'abeille qui la ferait fleur et la dirait vivante. Nous allions nous séparer. Tu demeurerais sur le plateau des arômes et je pénétrerais dans le jardin du vide. Là, sous la sauvegarde des rochers, dans la plénitude du vent, je demanderais à la nuit véritable de disposer de mon sommeil pour accroître ton bonheur. Et tous les fruits t'appartiendraient.*

*(René Char, in* Les Matinaux, *o.c., la Pléiade/Gallimard)*

• d'autre part, une certaine agrammaticalité, dont le point de départ est sans doute la savante désarticulation syntaxique inaugurée par Mallarmé.

Cette agrammaticalité se rencontre sous des formes diverses :

– soit avec recours systématique à l'anacoluthe, à la suspension de la phrase, ou encore au pur et simple assemblage, tel cet extrait de *Décimale blanche* de Jean Daive, où certaines phrases sont entières, d'autres semblent n'être écrites que partiellement, comme des bribes de paroles saisies au vol et entrecoupées de silence :

*il est dit que la transparence vient du haut*
*la sienne venait du sel*

*apparut*
*à la lumière des quatre décimales du nom*

*vu appelé malgré*

*puis*
*le bleu le bleu et la descente dans la spirale du nom*
*par le contrepoids du cri.*

(*Jean Daive,* Décimale blanche, *Mercure de France)*

– soit aussi, suivant une tendance à préférer un certain nominalisme, le poème se présente comme la mise en relation parfois purement spatiale entre phrases nominales, ou groupes de mots, mots isolés, ou encore, à l'extrême, lettres isolées. Ainsi se présente ce poème de *Sol absolu*, de Lorand Gaspar :

TERRE ET PEAU
BRÛLÉES
la bouche et les yeux
dépossédés
dépouillés

espace d'un cri
entouré d'
espace
entouré de
rien

(in *Sol absolu et autres textes*, Gallimard)

▷ *Ambiguïté, ellipse, énallage, hyperbate, hypotaxe, implication, inversion, juxtaposition, licence (poétique), mise en page, parataxe, poème en prose, ponctuation, prose poétique, tmèse, typographie, zeugme.*

Autels
stèles
dolmens
cromlechs
cistes

(gros blocs de pierre qui recouvrent de
leurs masses cubiques d'anciennes sépultures)
ou simple M o n c e a u d e p i e r r e s en témoignage
d'un accord
d'un accident
d'un crime
d'un mort

SUPPLICE de la LAPIDATION

fermeture d'un puits
d'une bouche de citerne
mur de pierre
tour de vigne

t o m b e a u x r o s e s d e P é t r a .

(Lorand Gaspar, « Terre et peau brûlées »,
in *Sol absolu et autres textes*, Gallimard)

# T

**tautogramme.** Un tautogramme (du grec *tauto*, « le même », et *gramma*, « la lettre ») est une phrase, une proposition ou un vers dont tous les mots commencent par la même consonne, phonique ou graphique ; c'est le cas pour la consonne [s] dans le troisième de ces vers de Jean Tardieu :

*Comme si tu vivais pour renaître ô ma vie*
*sans fin autour de toi-même à la façon*
*du cycle des saisons des songes du sommeil,*
(*Fragment de* Une voix sans personne,
*Gallimard*)

ou encore pour le [ʒ] dans ce vers de René de Obaldia, où la répétition a une valeur nettement parodique :

*Le geai gélatineux geignait dans le jasmin.*

C'est donc un cas particulier de l'allitération, de même que, dans le vers traditionnel, la rime dite ***senée***.

▷ *Allitération, répétition, rime.*

**télescopage.** Le télescopage est la condensation de deux syntagmes ou de deux mots ayant un élément identique pour aboutir à un seul syntagme ou à un nouveau mot. C'est un procédé fécond pour le renouvellement des clichés et pour la création de mots-valises. Les surréalistes et les poètes de l'Oulipo ont beaucoup utilisé le télescopage, qui est une sorte de collage verbal.

▷ *Cliché, mot-valise.*

**tenson.** La tenson est un poème médiéval de langue d'oc. Il se présente sous forme dialoguée, et porte sur des questions soit d'amour soit de littérature : divers interlocuteurs donnent leur avis et exposent leurs arguments. Deux troubadours peuvent y être en présence, chacun répondant au précédent en couplets alternés.

▷ *Jeu-parti.*

**tercet.** Emprunté à l'italien *terzetto* vers 1500, le mot a longtemps existé sous la forme *tiercet*, que l'on trouve encore dans *Les Femmes savantes* :

*Enfin les quatrains sont admirables tous deux.*
*Venons-en promptement aux tiercets, je vous prie.*

Groupement de trois vers, le tercet n'est souvent pas considéré comme une strophe à part entière car, soit ses trois vers riment ensemble, soit, sur ses deux rimes, il en reste toujours une sans répondant, « orpheline ». Cependant, on peut parler de « strophe » pour le tercet lorsque cette rime orpheline trouve son répondant dans le tercet suivant (on parle alors de ***rime disjointe***) : elle peut se répéter tout au long du poème, comme dans une organisation en aba cbc dbd... ou aab ccb ddb..., ou lancer une tresse, comme dans la formule dite de la ***terza rima*** (ou *tierce rime*), adoptée par Dante dans *La Divine Comédie* et par la suite empruntée à l'Italie par les poètes français (tel Lemaire de Belges, au XVI^e^ siècle) : aba bcb cdc... Les tercets ainsi composés sont clos par un vers isolé typographiquement, dont la rime reprend celle de l'avant-dernier vers (yzy z). C'est ce modèle que suivent Valéry dans « La Fileuse », ainsi que Mallarmé dans un poème de jeunesse intitulé « Le Guignon ». Leconte de Lisle adopte cette disposition pour les quatre séquences des « Spectres » dans les *Poèmes barbares*, le dernier vers, isolé, reprenant exactement le premier. Voici la première séquence :

*Trois spectres familiers hantent mes heures sombres.*
*Sans relâche, à jamais, perpétuellement,*
*Du rêve de ma vie ils traversent les ombres.*

*Je les regarde avec angoisse et tremblement.*
*Ils se suivent, muets comme il convient aux âmes,*
*Et mon cœur se contracte et saigne en les nommant.*

*Ces magnétiques yeux, plus aigus que des lames,*
*Me blessent fibre à fibre et filtrent dans ma chair ;*
*La moelle de mes os gèle à leurs mornes flammes.*

*Sur ces lèvres sans voix éclate un rire amer.*
*Ils m'entraînent, parmi la ronce et les décombres,*
*Très loin, par un ciel lourd et terne de l'hiver.*

*Trois spectres familiers hantent mes heures sombres.*

La définition du tercet comme strophe est donc, comme le remarque Jean Mazaleyrat, « non interne, mais externe », dans l'organisation dynamique d'un poème.

▷ *Sonnet, strophe, villanelle.*

**ternaire.** Le terme de ternaire qualifie toute structure linguistique ou poétique à trois éléments comparables et visiblement solidaires, quel que soit le rapport établi.

On parle spécialement de vers ternaires pour les alexandrins dans lesquels l'accent de césure médiane est moins marqué que ceux des coupes, ce qui définit trois groupes syllabiques, égaux en 4/4/4 dans le cas du trimètre :

*Là Caïus pleur(e),/ Achab frémit,/ Commode rêve,*
*(Victor Hugo)*

ou inégaux, par exemple 4/5/3 dans le cas du vers qu'on appelle alors *semi-ternaire* :

*Qui pleure là,/ sinon le vent simpl(e),/ à cette heure*
*(Paul Valéry)*

On parle aussi de groupements ternaires pour des mots, des syntagmes, des propositions qui vont par trois : ainsi, le rythme ternaire est récurrent dans ces deux quatrains du « Lac » de Lamartine :

*Qu'il soit* dans le zéphyr *qui frémit et qui passe,*
Dans les bruits *de tes bords par tes bords répétés,*
Dans l'astre *au front d'argent qui blanchit ta surface*
*De ses molles clartés.*

Que le vent *qui gémit, le roseau qui soupire,*
Que les parfums légers *de ton air embaumé,*
Que tout *ce qu'*on entend, *l'*on voit *ou l'*on respire,
*Tout dise : ils ont aimé !*

Il est très fréquent que, comme dans cet exemple, des anaphores soulignent le mouvement ternaire.

▷ *Alexandrin, binaire, mesure, rythme, trimètre.*

**terza rima** *ou* **tierce rime.** Voir tercet.

**tétramètre.** On appelle tétramètre (du grec *tettares*, « quatre », et *metron*, « mesure ») l'alexandrin avec césure après la 6ᵉ syllabe, et découpé en quatre mesures qui peuvent être égales, en 3/3//3/3, tel ce vers de Nerval :

*Les soupirs/ de la Saint(e) // et les cris/ de la Fée.*

ou inégales, par exemple 3/3//2/4, dans ce vers des *Stances* de Jean Moréas :

*Sur les grands/ marronniers // qui per/dent leur couronne.*

Le terme est contestable, puisque la versification française a pour usage d'appeler « mètre » d'un vers le nombre des syllabes prononcées dans ce vers.

▷ *Alexandrin, mesure, mètre, trimètre.*

**tétrasyllabe.** Le tétrasyllabe (en grec, *tettares* = « quatre ») est le vers de quatre syllabes. Il est dans la très grande majorité des cas employé en hétérométrie, et ce à toutes époques, par exemple dans la complainte de Rutebeuf où il accompagne des octosyllabes :

> – *Que sont mi ami devenu*
> *que j'avoie si près tenu*
> *et tant amé ?*
> *Je cuit qu'il sont trop cler semé ;*
> *il ne furent pas bien femé,*
> *si sont failli.*
> *[...]*

ou dans les *Contrerimes* de Paul-Jean Toulet, alternant avec des hexasyllabes :

> *Tout ainsi que ces pommes*
> *De pourpre et d'or*
> *Qui mûrissent aux bords*
> *Où fut Sodome ;*
>
> *Comme ces fruits encore*
> *Que Tantalus,*
> *Dans les sombres palus,*
> *Crache, et dévore ;*
>
> *Mon cœur, si doux à prendre*
> *Entre tes mains,*
> *Ouvre-le, ce n'est rien*
> *Qu'un peu de cendre.*

Le vers libre l'emploie beaucoup, comme tous les vers courts, en contrepoint :

> *Pourquoi s'étendre si longtemps dans les plumes de la lumière*
> *Pourquoi s'éteindre lentement dans l'épaisseur froide de la carrière*
> *Pourquoi courir*
> *Pourquoi pleurer*
> *Pourquoi tendre sa chair sensible et hésitante*
> *A la torture de l'orage avorté*
> (*Pierre Reverdy,* Ferraille, *Mercure de France*)

L'emploi du tétrasyllabe en isométrie est beaucoup plus rare. Outre l'exemple des troisième et antépénultième strophes des « Djinns » de Victor Hugo, on peut citer la très parodique « Fête galante » de l'*Album zutique* que Rimbaud dédie à Verlaine :

> *Rêveur, Scapin*
> *Gratte un lapin*
> *Sous sa capote.*

*Colombina,*
*– Que l'on pina !–*
*– Do, mi, – tapote*
*L'œil du lapin*
*Qui tôt, tapin,*
*Est en ribote...*

▷ *Hétérométrie, isométrie, strophe, vers, vers libre.*

**tmèse.** La tmèse (du grec *tmêsis*, « coupure ») est une figure de construction par laquelle un élément verbal (ou plusieurs) s'intercale entre les termes d'un mot composé ou d'une locution ; ainsi dans ce quatrain de la « Prose pour des Esseintes », de Mallarmé :

Telles, *immenses,* que *chacune*
*Ordinairement se para*
*D'un lucide contour, lacune,*
*Qui des jardins la sépara.*

▷ *Figure, hyperbate, syntaxe.*

**tonique.** Voir **accent.**

**tornada.** Voir **canso.**

**treizain.** Le mot treizain désigne en versification un poème ou une strophe iso- ou hétérométrique de treize vers (dans les dictionnaires généraux, il n'est appliqué qu'à une monnaie médiévale). Le nombre des vers permet beaucoup de formules possibles en strophe composée. Dans le treizain suivant de Marot, sur quatre rimes, un septain formé d'un sizain à rythme tripartite avec redoublement final de la rime b est suivi d'un sizain à rythme tripartite : aabaabb-ccdccd (le vers 7 est alors véritablement central, et divise nettement la strophe en deux ensembles parallèles) ; à quoi s'ajoute l'assonance en [ɔ̃] entre b et d qui fait le lien entre les deux composantes :

*Par l'ample mer, loin des ports et arènes*
*S'en vont nageant les lascives sirènes*
*En déployant leur chevelure blonde,*
*Et de leurs voix plaisantes et sereines*
*Les plus hauts mâts et plus basses carènes*
*Font arrêter aux plus mobiles ondes,*
*Et souvent perdre en tempêtes profondes ;*
*Ainsi la vie, à nous si délectable,*
*Comme sirène affectée et muable,*

*En ses douceurs nous enveloppe et plonge,*
*Tant que la Mort rompe aviron et câble,*
*Et puis de nous ne reste qu'une fable,*
*Un moins que vent, ombre, fumée et songe.*

Comme les autres strophes de plus de douze vers, le treizain est rarement employé.

▷ *Septain, sizain, strophe.*

**triade.** Voir **antistrophe, épode, ode, strophe.**

**trimètre.** On appelle spécifiquement trimètre (du grec *treis*, « trois » et *metron*, « mesure ») l'alexandrin de forme ternaire (4/4/4), dans lequel l'accent de césure est moins sensible, au profit d'accents grammaticaux de part et d'autre. Le terme de *trimètre* mérite les mêmes réserves que celui de tétramètre.

On trouve un exemple fameux de trimètre dès le XVII^e siècle avec le vers de *Suréna* :

*Toujours aimer, toujours souffrir, toujours mourir !*

mais ce sont bien les romantiques qui lui ont donné son essor, et l'ont utilisé pour accompagner le vers binaire en créant un effet de rupture : c'est pourquoi on l'appelle souvent « trimètre romantique ». L'originalité des romantiques, et surtout de Victor Hugo, a été d'imposer des enjambements de plus en plus hardis à la césure.

On appelle « semi-ternaires » des alexandrins découpés en trois morceaux inégaux, tel ce vers de Mallarmé dans lequel la césure, dépourvue de tout appui linguistique, passe à l'intérieur du mot, et dont le découpage (avec coupe lyrique sur *accable*) est 3/5/4 :

*Accable,/ belle indolemment/ comme les fleurs.*

▷ *Alexandrin, mesure, mètre, ternaire, tétramètre.*

**triolet.** Forme fixe médiévale, le triolet (mot de la même famille que *trèfle*, par analogie entre la feuille tripartie du trèfle et le fait que dans le poème trois vers soient répétés) est, au XIII^e siècle, l'ancêtre du rondeau. Appelé aussi *rondel simple*, il est fondé sur un système de répétition de vers entiers ; sur ses 8 vers, les deux premiers sont repris tels quels en finale, le tout premier revenant aussi comme quatrième vers, schéma que l'on peut indiquer ainsi, en désignant par des majuscules les vers intégralement répétés : ABaAabAB. C'est la formule que présente ce triolet en décasyllabes de Guillaume de Machaut :

*Blanche com lis, plus que rose vermeille,*
*Resplendissant com rubis d'Oriant,*
*En remirant vo biauté nompareille,*
*Blanche com lis, plus que rose vermeille,*
*Suis si ravis que mes cuers toudis veille*
*A fin que serve a loy de fin amant.*
*Blanche com lis, plus que rose vermeille,*
*Resplendissant com rubis d'Oriant.*

À l'époque de la Fronde, le triolet a été utilisé à des fins satiriques. Mallarmé a écrit quelques triolets de genre plaisant, tel celui-ci :

*Avec le soleil nous partons*
*Pour revenir au temps des roses*
*Sans or, ô Gilles et Martons,*
*Avec le soleil nous partons.*
*Mais il reste dans nos cartons*
*De quoi chasser les jours moroses*
*Avec le soleil nous partons*
*Pour revenir au temps des roses.*

▷ *Refrain, répétition, rondeau, rondel, rondet.*

**tripartite.** Voir rime.

**trisyllabe.** Le trisyllabe est le vers de trois syllabes (*treis*, en grec = « trois »). Comme tous les vers courts, on le trouve beaucoup plus souvent en hétérométrie – où il joue un rôle de contrepoint – qu'en isométrie.

Dans telle ballette de Guillaume de Machaut, le trisyllabe est associé à l'heptasyllabe dans une structure strophique en quartier. Voici le premier douzain :

*En aimer ha douce vie*
*Et jolie,*
*Qui bien la scet maintenir,*
*Car tant plaît la maladie,*
*Quant nourrie*
*Est en amoureus désir,*
*Que l'amant fait esbaudir*
*Et quérir*
*Comment elle monteplie.*
*C'est doux mal à soutenir,*
*Qu'esjouir*
*Fait cuer d'ami et d'amie.*

En isométrie, le trisyllabe est plutôt lié à un effet soit satirique, soit plaisant, comme dans cette strophe de Victor Hugo dans « Le Prince fainéant » (*Toute la Lyre*) :

*Même aux belles*
*J'ai mépris,*
*Et loin d'elles*
*Mon cœur pris*
*Laisse, en somme,*
*Faire un somme*
*Aux cerfs, comme*
*Aux maris.*

Dans le vers libre, comme en hétérométrie, c'est l'effet de contraste rythmique, et éventuellement thématique, qui est mis à profit :

*Au seuil auguste de la mer,*
*la prairie.*
*Mille oiseaux passent lentement.*
*(André Frénaud, fragment de « Au seuil auguste »,*
*in* Depuis toujours déjà, *Gallimard)*

▷ *Hétérométrie, isométrie, vers, vers libre.*

**trobar.** Le mot signifie « trouver » en provençal. C'est le nom donné à leur recherche poétique par les poètes de langue d'oc (d'où leur nom de *troubadours*). Ils ont ainsi travaillé sur la rime, sur les types de vers, mis au point une grande variété de formes fixes, aussi bien en matière de strophes que de poèmes. Guilhem Molinier, dans les *Leys d'Amors*, traité de poétique paru à Toulouse au milieu du XIVe siècle, décrit « 43 sortes de rimes, 10 types de mètres, 12 types de poèmes à forme fixe et 82 types de strophes » (P. Guiraud, *Essais de stylistique*, Klincksieck, p. 236).

Trois systèmes sont à distinguer dans le trobar : le *trobar clus* (poésie hermétique, pratiquée par certains troubadours afin de créer un langage poétique fondé sur l'énigme, sur des métaphores et un vocabulaire inhabituels, qui ne serait pas accessible au vulgaire), le *trobar ric* (poésie brillante par la recherche formelle), et le *trobar plan* ou *leu* (poésie simple).

▷ *Formes fixes.*

**trope.** On appelle trope (masculin, du grec *tropos*, « tour, manière », correspondant au verbe *trepein*, « tourner ») en général l'ensemble des figures de signification qui donnent à un signifiant non pas son sens propre, mais, par un glissement des sèmes, un signifié qui appartient à un autre : il en va ainsi pour *tête* quand le mot désigne non pas la partie supérieure du corps, mais, par exemple, par métaphore le meilleur ou le premier (*la tête de classe*) ou par synecdoque l'animal (*un troupeau de mille têtes*). Les tropes les plus importants sont la métaphore d'un côté, et la métonymie et la synecdoque de l'autre.

▷ *Catachrèse, figure, métaphore, métonymie, mot, sème, signifiant, signifié, synecdoque.*

**typographie.** La disposition typographique occupe dans la poésie écrite une place tout à fait spéciale, puisqu'elle contribue à distinguer très nettement texte en prose et texte en vers. Dans la poésie traditionnelle, elle ménage en avant des vers des alinéas qui, en cas d'isométrie, forment un blanc vertical régulier, et, en cas d'hétérométrie, des alternances qui suivent la nature du vers, ce qui donne une figure d'ensemble globalement symétrique, la marge ainsi ménagée à gauche étant plus étroite pour les mètres longs, plus large pour les mètres courts. Les initiales majuscules de vers suivent les limites de ces alinéas, comme on le fait pour la prose en début de paragraphe. A droite du poème, la marge est déterminée par les passages à la ligne ; elle est moins régulière que celle de gauche, dans la mesure où chaque vers, même en isométrie, ne se termine pas au même endroit. Enfin, un blanc typographique horizontal peut déterminer des séparations de strophes, ou tout au moins de groupements de vers que le poète entend distinguer.

Tel est l'aspect d'ensemble d'un poème écrit, selon les règles traditionnelles. Dans la poésie contemporaine, la typographie du poème est beaucoup plus diverse : par exemple, dans le vers libre, tous les mètres commencent contre la même marge gauche.

La possibilité de jouer poétiquement de la typographie est apparue à la fin du XIXᵉ siècle, comme une dimension nouvelle offerte au champ poétique : avec le *Coup de dés*, en 1897, Mallarmé en donne un exemple particulièrement réussi. Il y avait déjà eu, dès la période alexandrine, puis dans le domaine français au XVIᵉ siècle, le cas des vers rhopaliques, mais, dans les vers français du moins, ils n'étaient employés que dans une intention plaisante.

Apollinaire célèbre ainsi cette innovation :

> « Les artifices typographiques, poussés très loin, avec une grande audace, ont l'avantage de faire naître un lyrisme visuel qui était à peu près inconnu avant notre époque. »

Francis Ponge se montre plus réticent :

> « Voilà ce que je pense des artifices typographiques [...] : je pense que ce doit être un peu caché. »

Néanmoins, il est loin pour autant de les mépriser, et affirme, dans « Proclamation et petit four » :

> « Pratiquement, les notions de littérature et de typographie se recouvrent (non du tout, évidemment, que toute typographie soit littérature : mais l'inverse, oui, c'est très sûr). »

Les possibilités de faire varier la présentation typographique sont très nombreuses, et les poètes les utilisent à leur gré : on trouve ainsi, par exemple, l'abolition de toute ponctuation, ou encore de la majuscule en début de vers, ou même de toute majuscule, le jeu avec la mise en page et la répartition du blanc, le calligramme. Il faut y ajouter le choix des caractères ; certains poètes sont très attentifs aux types de lettres utilisés dans la composition du poème : par exemple, Saint-John Perse affirmait une nette préférence pour l'italique.

Le problème à la limite se pose de la lisibilité de poèmes fondés presque entièrement sur des jeux typographiques. Les *Mille milliards de poèmes* de Raymond Queneau, inscrits sur des bandes de texte découpées vers par vers, indiquent un infini de la lecture, à l'élaboration pratique de laquelle est convoqué le lecteur lui-même.

▷ *Acrostiche, blanc, calligramme, juxtaposition, lecture, mise en page, ponctuation.*

# V

**valentin.** Un valentin (nom sans doute dû à la fête des amoureux, le 14 février, sous le patronage de saint Valentin) est un petit poème de forme libre, souvent du genre de l'épigramme ou du madrigal, écrit par un amoureux à son amoureuse, ou l'inverse.

▷ *Épigramme, madrigal.*

**vaudeville.** Au XVIe siècle, on appelle vaudeville (mot composé, d'après P. Guiraud, de **vauder*, variante *voûter* – du latin *volutare* – et de *virer* – latin vulgaire **virare* –, tous deux signifiant « tourner » ; *vaudevire* ayant été altéré, sous l'influence de *ville*, en *vaudeville*) une chanson populaire gaie, d'abord bachique, puis satirique et malicieuse, qui peut recevoir également les noms de *pasquin* ou de *lardon*. Le tour en est souvent leste et même parfois grossier, comme le laisse entendre Boileau :

*La liberté française en ses vers se déploie :*
*Cet enfant du plaisir veut naître dans la joie.*
*[...]*
*Mais pourtant on a vu le vin et le hasard*
*Inspirer quelquefois une Muse grossière [...]*

C'est seulement à la toute fin du XVIIe siècle que le terme s'applique à une pièce de théâtre mêlée de chansons et de ballets, puis, à partir du début du XIXe siècle, il prend son sens moderne et désigne une comédie légère, fondée sur les péripéties d'une intrigue à rebondissements.

▷ *Chanson.*

**vers.** Le mot vers vient du latin *versus* (de *vertere*, « tourner ») qui a désigné le fait de tourner la charrue au bout du sillon, puis le sillon lui-même, ensuite, de façon métaphorique, la ligne d'écriture, et enfin le vers lui-même. Ainsi, ne serait-ce que par son étymologie, le vers s'oppose à la prose qui, elle, va tout droit (*prorsum*).

Un vers s'écrit sur une seule ligne, sans pour autant l'occuper nécessairement tout entière : ses limites sont déterminées par des critères récurrents qui varient selon la langue et la tradition (nombre fixe de syllabes, nombre et répartition de voyelles longues et de voyelles brèves, ou encore de toniques et d'atones, ensembles syntaxiques, systèmes d'homophonies, etc.). Dans certains manuscrits très anciens, comme les chansonniers des XIII$^{e}$ et XIV$^{e}$ siècles, on peut constater que les vers sont écrits les uns à la suite des autres, sans passage à la ligne ; ils sont simplement séparés par un point.

En principe, le vers fait partie d'un ensemble dans lequel il s'intègre de manières diverses (dans la poésie traditionnelle, ce sont par exemple la rime et, éventuellement, la nature de la strophe, qui peuvent lui donner sa place) : il est très rare que l'on trouve un vers isolé (on l'appelle alors *monostiche*). Néanmoins, chacun a une certaine autonomie, avec, en particulier dans le vers classique, des limites bien marquées (alinéa, majuscule, blanc typographique en fin de vers, rimes), et une structure interne reconnaissable (en versification française, nombre des syllabes, et, pour les vers de plus de huit syllabes, présence de la césure, à quoi s'ajoute le rapport des mesures du vers entre elles).

Le vers français vient du vers latin : c'est la transformation du système des voyelles qui a fait la différence. En effet, la prosodie latine (comme celle de la poésie grecque) était fondée sur l'opposition des longues (—) et des brèves (∪), groupées en pieds. A cause de la convention qui voulait qu'une longue pût être équivalente à deux brèves, le vers latin, fondé sur un nombre fixe de pieds, pouvait faire considérablement varier le nombre de ses syllabes. Le pentamètre, vers de cinq pieds à dominante dactylique, peut compter de douze à quatorze syllabes ; la différence est encore plus forte avec le très classique hexamètre dactylique qui peut varier de treize à dix-sept syllabes.

| | | | | | |
|---|---|---|---|---|---|
| — ∪∪ | — ∪∪ | — ∪∪ | — ∪∪ | — ∪∪ | — ∪ |
| 1 | 2 | 3 | 4 | 5 (toujours pur) | 6 |

Mais, dès le IV$^{e}$ siècle après Jésus-Christ, la population de langue latine, dans sa très grande majorité, n'était plus sensible à ces oppositions de quantités vocaliques : le système s'est donc peu à peu modifié, en particulier dans les hymnes latines chrétiennes qui avaient à être perçues également par des assemblées populaires.

C'est ainsi que le nombre de syllabes est devenu stable (la loi d'équivalence entre longues et brèves étant de fait tombée), et que s'est instauré un accent fixe de fin de vers. A partir de la même période, s'établissent la césure, puis le système des homophonies.

On appelle ***vers simples*** les vers qui ne sont pas divisés en hémistiches : ce sont des vers de moins de huit syllabes ; et ***vers composés*** ceux que la présence d'une césure coupe en deux hémistiches.

Les vers prépondérants en poésie française sont l'*alexandrin* (12 syllabes), l'*octosyllabe* (8 syllabes) et le *décasyllabe* (10 syllabes). D'après les statistiques établies par Henri Morier sur le vers libre symboliste, et particulièrement dans l'œuvre de Verhaeren, plus de 90 % des vers sont soit des alexandrins, soit des décasyllabes, soit des octosyllabes. Moins fréquents sont l'*heptasyllabe* (7 syllabes), l'*ennéasyllabe* (9 syllabes) et l'*hendécasyllabe* (11 syllabes). Les vers plus courts ou plus longs que ces six modèles se trouvent plus rarement, et la plupart du temps en hétérométrie. Aragon a écrit des poèmes entiers, isométriques, de vers très longs. Voici l'exemple d'un quatrain qui ouvre un long poème en vers de vingt syllabes :

*Je me tiens sur le seuil de la vie et de la mort les yeux baissés les [mains vides*
*Et la mer dont j'entends le bruit est une mer qui ne rend jamais ses [noyés*
*Et l'on va disperser mon âme après moi vendre à l'encan mes rêves [broyés*
*Voilà déjà que mes paroles sèchent comme une feuille à ma lèvre [humide.*
*(Louis Aragon, fragment de « Épilogue », in* Les Poètes, *Gallimard)*

Dans la mesure où la versification, et particulièrement le traitement du vers, ont connu des changements importants depuis un siècle, on peut s'accorder avec J.-L. Backès (dans *Introduction à la poésie moderne et contemporaine* de D. Leuwers, Bordas, p. 165) pour parler, à propos des vers traditionnels, de « vers réglés » plutôt que de « vers réguliers », parce que l'expression « évite l'ambiguïté du mot "régulier" qui désigne aussi bien la conformité à une norme que l'égalité des durées qui séparent le retour d'un phénomène ».

▷ *Accent, alexandrin, alternance, apocope, assonance, binaire, blanc, césure, concordance, contre-accent, contre-assonance, contre-rejet, coupe, coupe, décasyllabe, diérèse, discordance, dissyllabe, e caduc, ennéasyllabe, hémistiche, hendécasyllabe, heptasyllabe, hétérométrie, hexasyllabe, hiatus, holorime (vers), isométrie, mesure, mètre, métrique, monostiche, monosyllabe, nombre, octosyllabe, pentasyllabe, pied, prosodie, rapportés (vers), rejet, répétition, rétrograde, rime, rythme, scansion, strophe, structure, syllabe, symétrie, syncope, synérèse, ternaire, tétramètre, tétrasyllabe, trimètre, trisyllabe, typographie, vers blanc, vers-écho, verset, versification, vers libéré, vers libre.*

**vers blanc.** Les vers blancs sont des vers qui ne sont liés à aucun autre par la rime, mais qui sont conformes aux normes internes, métriques et rythmiques. Ils peuvent se trouver :

- soit dans un ensemble versifié. Cet ensemble peut être entièrement dépourvu d'homophonies finales, et tous les vers sont alors des vers blancs (cas fréquent dans le vers libre), ou bien, à l'intérieur d'un système d'homophonies finales, le vers blanc peut figurer isolément, tel le vers 13 de ce poème d'Eluard :

> *La courbe de tes yeux fait le tour de mon cœur,*
> *Un rond de danse et de douceur,*
> *Auréole du temps, berceau nocturne et sûr,*
> *Et si je ne sais plus tout ce que j'ai vécu*
> *C'est que tes yeux ne m'ont pas toujours vu.*
>
> *Feuilles de jour et mousse de rosée,*
> *Roseaux du vent, sourires parfumés,*
> *Ailes couvrant le monde de lumière,*
> *Bateaux chargés du ciel et de la mer,*
> *Chasseurs des bruits et sources des couleurs,*
>
> *Parfums éclos d'une couvée d'aurores*
> *Qui gît toujours sur la paille des astres,*
> *Comme le jour dépend de l'innocence*
> *Le monde entier dépend de tes yeux purs*
> *Et tout mon sang coule dans leurs regards.*
>
> *(Paul Eluard, in* Capitale de la douleur,
> *Gallimard)*

Ce vers 13 est un décasyllabe parfaitement classique, en 4/6, et sa finale en *innocence* est totalement isolée dans un poème où tous les autres vers sont liés les uns aux autres par des liens divers d'homophonie, citons par exemple la contre-assonance en [r] dans dix vers sur quinze, et les assonances en [y] et [e], qui marquent l'une la fin de la première séquence, l'autre le début de la seconde. Reste à refléchir aux raisons stylistiques qui ont pu amener Eluard à donner ce statut particulier à la seule comparaison du poème.

- soit dans une structure de prose, qu'il s'agisse de versets, de poème en prose, ou de prose tout court. Ainsi, dans ce poème de F. Ponge, le troisième paragraphe commence par trois alexandrins binaires :

> Ce lâche et froid sous-sol/ que l'on nomme la mie (12) a son tissu pareil/ à celui des éponges (12) : feuilles ou fleurs y sont/ comme des sœurs siamoises (12) *soudées par tous les coudes à la fois.*

*Lorsque le pain rassit ces fleurs fanent et se rétrécissent : elles se détachent alors les unes des autres, et la masse en devient friable...*
*(Francis Ponge, fragment de « Le pain »,*
*in* Le Parti pris des choses, *Gallimard)*

▷ *Poème en prose, prose poétique, vers, verset, vers libre.*

**vers-écho.** On appelle ainsi un vers très court (mono-, dis-, ou trisyllabique) qui suit un vers long et rime avec lui : l'effet d'écho est produit par la proche répétition des phonèmes de rime. Le phénomène est particulièrement illustré dans la ballade de Victor Hugo intitulée « La Chasse du Burgrave », composée de 50 quatrains qui font alterner octosyllabes et vers monosyllabes. En voici le début :

*« Daigne protéger notre chasse,*
*Châsse*
*De monseigneur saint Godefroi,*
*Roi !*

*« Si tu fais ce que je désire,*
*Sire,*
*Nous t'édifierons un tombeau,*
*Beau :*

*« Puis je te donne un cor d'ivoire,*
*Voire*
*Un dais neuf à pans de velours,*
*Lourds,*

*« Avec dix chandelles de cire,*
*Sire !*
*Donc, te prions à deux genoux,*
*Nous,*

*« Nous qui, nés de bons gentilshommes,*
*Sommes*
*Le seigneur burgrave Alexis*
*Six. »*

L'intention liée à l'emploi du vers-écho n'est pas toujours purement plaisante comme ici : Henri Morier cite de nombreux cas dans l'œuvre de Verhaeren, tel celui-ci, qui, dans *Les Forces tumultueuses,* souligne une tonalité plutôt épique :

*Le cheval fou qu'aucun bond d'audace*
*Ne lasse*
*D'un plus géant coup d'aile encor, grandit son vol.*

▷ *Monosyllabe, rime.*

**verset.** Le nom de verset (dérivé de *vers*) a d'abord été dévolu, dès le XIII$^{e}$ siècle, aux unités généralement présentées en petits paragraphes dans les textes sacrés. Depuis le début du XX$^{e}$ siècle, il est employé pour désigner, dans certains textes poétiques, des ensembles qui excèdent la mesure du vers, et peuvent même compter plusieurs lignes, jusqu'au paragraphe entier. Un verset commence presque toujours par un alinéa, comme un paragraphe ; cependant, il peut arriver qu'il débute contre la marge gauche et se poursuive ensuite par des retraits dès la deuxième ligne.

Un verset ne correspond pas toujours à une unité syntaxique : il peut très bien être découpé selon d'autres critères. C'est le cas par exemple de ces quatre versets extraits de la pièce de Claudel, *L'Otage* (Gallimard), qui constituent une seule phrase, ce qui n'empêche pas chaque verset de commencer par une majuscule, tels les vers classiques :

> *Et je me souviens de ce que disent les moines indiens, que toute cette vie mauvaise*
> *Est une vaine apparence, et qu'elle ne reste avec nous que parce que nous bougeons avec elle,*
> *Et qu'il nous suffirait seulement de nous asseoir et de demeurer*
> *Pour qu'elle se passe de nous.*

On reconnaît traditionnellement trois types de versets :

1 - le verset dit **métrique** se caractérise par un regroupement de cellules rythmiques aisément repérables grâce à leur parenté avec le vers réglé, mais leur succession n'est régie par aucun esprit de système. Prenons pour exemple le verset suivant, extrait des *Ballades françaises* (Flammarion) de Paul Fort :

> *Du coteau, qu'illumine l'or tremblant des genêts, j'ai vu jusqu'au lointain, le bercement du monde, j'ai vu ce peu de terre infiniment rythmée me donner le vertige des distances profondes.*

Ce verset peut être découpé de la manière suivante :

> *Du coteau, (3)*
> *qu'illumine l'or tremblant des genêts, (10)*
> *j'ai vu jusqu'au lointain, le bercement du monde, (12)*
> *j'ai vu ce peu de terre infiniment rythmée (12)*
> *me donner le vertig(e) des distances profondes. (12)*

Le découpage par éléments métriques met également en valeur un système d'homophonies finales (*genêts/rythmée* : consonne nasale + voyelles parentes, l'une ouverte, [ɛ], l'autre fermée, [e] ; *monde/profondes* : rime approximative en [ɔ̃dr]) avec alternance de terminaisons vocaliques et consonantiques.

Il arrive souvent que le lecteur ait le choix entre plusieurs possibilités de découpage rythmique.

2 - le verset dit **cadencé** n'a pas de caractère métrique aussi traditionnellement marqué. Sa cadence, fondée plutôt sur des groupes rythmiques, repose également sur le travail d'une syntaxe lyrique et oratoire, qui joue sur de grands ensembles : ils peuvent aller croissant, décroissant, se répondre en des parallélismes plus ou moins complets. Le verset de Claudel est l'exemple que l'on donne de ce type de versets :

> *Voici celle qui tient la lyre de ses mains, voici celle qui tient la lyre entre ses mains aux beaux doigts,*
> *Pareille à un engin de tisserand, l'instrument complexe de la captivité,*
> *Euterpe à la large ceinture, la sainte flamme de l'esprit, levant la grande harpe insonore !*
>
> *(Paul Claudel, fragment de « Les Muses »,*
> *in* Cinq Grandes Odes, *Gallimard)*

Dans ces trois versets qui forment une phrase, se remarquent différents aspects qui leur donnent leur rythme propre et, parmi eux, le gonflement de la caractérisation (appositions enchaînées), l'effet de prolepse qui retarde la nomination, l'anaphore très fortement marquée dans le premier verset, qui répète *voici celle qui tient la lyre*, avec de légères variations, le fait que chaque verset contienne deux ou trois groupes syntaxiques (2, puis 2, puis 3) : la marque rhétorique de tels versets est évidente. A cela s'ajoute la progression des groupes rythmiques ; ainsi pour le premier de ces versets :

> *Voici (2)/ celle qui tient (4)/ la lyre de ses mains (6),/ voici (2)/ celle qui tient (4)/ la lyre entre ses mains (6)/ aux beaux doigts (4).*

3 - le verset dit **amorphe** n'est pas guidé par un souci de rappels métriques ou syntaxiques : sa facture est plus en rapport direct avec le développement de l'image ou du thème, et ce qui le caractérise est plutôt ce à quoi il s'oppose. Il s'oppose à la prose par la fréquence des alinéas et par l'absence de discursivité :

*Et voici mon berceau*
*Mon berceau*
*Il était toujours près du piano quand ma mère comme Madame Bovary jouait les sonates de Beethoven*
*J'ai passé mon enfance dans les jardins suspendus de Babylone*
*Et l'école buissonnière, dans les gares devant les trains en partance.*
*(Blaise Cendrars,* Du monde entier, *Denoël)*

Cette distinction entre trois types de versets n'est pas exclusive : nombreuses sont les formes de verset qui ne relèvent que partiellement de l'un ou de l'autre.

▷ *Groupe rythmique, mètre, poème en prose, séquence, vers blanc.*

**versification.** Le terme de versification (de *versus*, « vers », et *facere*, « faire ») est un terme générique, dont l'extension risque de masquer la précision.

H. Suhamy, rappelant l'étymologie, précise que le mot désigne d'abord « la fabrication des vers, dans certains cas la mise en vers d'un brouillon ou d'un texte écrit en prose, opération courante aux époques où la poésie avait une fonction sociale, notamment religieuse » (*La Poétique*, PUF, « Que sais-je ? », p. 53).

Moins ancien est le sens exactement symétrique, qui se situe non en amont, mais en aval de l'œuvre, et que J. Molino et J. Tamine, dans *Introduction à l'analyse de la poésie* I (PUF Linguistique nouvelle, p. 26), définissent comme « l'étude de tous les types de structuration du vers, qu'il s'agisse de la structure interne ou de l'arrangement des vers entre eux, qu'il s'agisse des mesures fixes et conventionnelles qui définissent chaque type de vers, comme les deux hémistiches de l'alexandrin, ou des groupements syntaxiques et rythmiques isolés par des coupes ».

▷ *Métrique, prosodie, rythme, scansion.*

**vers libéré.** Le mot a été inventé par les symbolistes. Le vers dit « libéré » garde une référence évidente au modèle traditionnel : nombre fixe de syllabes, système d'homophonies finales ; mais il s'en écarte totalement pour ce qui concerne les lois du décompte, laisse de côté toutes règles sur l'*e* caduc, l'hiatus, la place de la césure, etc. La rime est remplacée par des assonances, des contre-assonances, des échos phoniques, ou subsiste sous forme de rime approximative, l'alternance étant abandonnée ou remplacée plutôt par une alternance de finales vocaliques et de finales consonantiques.

> *Guadalupe de Alcaraz a des mitaines d'or,*
> *des fleurs de grenadier suspendues aux oreilles*
> *et deux accroche-cœur pareils à deux énormes*
> *cédilles plaqués sur son front lisse de vierge.*

Dans ce quatrain de Francis Jammes en alexandrins libérés, on remarquera :
– l'absence de majuscule en début de vers :
– que le premier vers comporte 14 syllabes si l'on ne fait pas l'apocope des deux *e* finaux de *Guadalupe* et de *de* ;
– que la règle interdisant la suite V + e + C à l'intérieur du vers n'est pas respectée au v. 2 (*suspendues aux*) ;
– qu'au v. 4, le rythme le plus évident est 5/7 ;
– que la rime est remplacée par un réseau complexe d'homophonies finales : assonances croisées en [ɔ] (v. 1 et 3) et en [ɛ] (v. 2 et 4), écho phonique en [r] aux v. 1, 2 et 3, renversement du [rɛj] de *oreilles* (v. 2) en [jɛr] de *vierge* (v. 4).

Et cependant, la référence à l'alexandrin et aux formes traditionnelles reste parfaitement perceptible.

▷ *Alexandrin, apocope, assonance, césure, contre-assonance, e caduc, hiatus, homophonie, rime, syncope, vers, vers libre.*

**vers libre.** On a longtemps appelé vers libres les vers mêlés de La Fontaine par exemple : Henri Morier les appelle *vers libres classiques.* Aujourd'hui, pour éviter toute confusion, on s'accorde à n'employer l'expression « vers libre » que pour un type de création poétique qui date de la fin du XIXe siècle.

Le strict respect des règles classiques avait déjà été bousculé par des poètes comme Victor Hugo, puis Verlaine et Rimbaud, avec une véritable rupture marquée par Baudelaire dans les *Petits poèmes en prose*, mais ce sont les symbolistes qui ont institué le vers libre, et c'est Gustave Kahn (1859-1936) qui en est le principal théoricien. En 1888, il prône un vers qui existe « en lui-même par des allitérations, de voyelles et de consonnes parentes ».

Comme l'indique Henri Morier (*Le rythme du vers libre symboliste* 1, Les Presses académiques, p. 13) « les maîtres du vers libre n'ont pas un instant renié la prosodie classique. Seuls quelques principes de tolérance, certains effets nouveaux ont contribué à dérouter la critique ». Si les règles classiques n'ont pas été reniées à l'époque symboliste, cependant, les éléments de novation ne sont pas pour autant négligeables : les vers libres sont des vers de rythmes et de longueurs variables ; ils ne sont pas obligatoirement reliés par la rime, mais obéissent à des appels d'assonances et d'allitérations à l'intérieur du vers, ou optent pour des systèmes divers d'homophonies finales ; ils peuvent être regroupés en ensembles qui sont eux aussi librement constitués, sans structure fixe. Ils restent néanmoins parfaitement identifiables comme vers, ne serait-ce que par les majuscules de début, le fait d'aller à la ligne, et l'unité du décompte qui reste la syllabe, que ce soit à l'intérieur ou en dehors des règles de la prosodie classique ; de plus, les mètres les plus courants dans les poèmes en vers libres restent les mètres pairs : octosyllabe, décasyllabe, alexandrin, avec, souvent, les assouplissements du vers moderne (à la césure par exemple).

Dans cette séquence de vers d'Émile Verhaeren, extraite des *Flammes hautes*, on voit combien, à travers la diversité des mètres (trois alexandrins binaires, un hexasyllabe, deux alexandrins binaires, un dissyllabe, un décasyllabe 4/6 avec césure lyrique, un hexasyllabe puis deux octosyllabes) et le recours à une rime de nature plutôt approximative (en particulier parce que le poète ne tient pas compte de la liaison supposée – rimes *mondes/profonde*, *art/regards* –, mais l'alternance reste parfaitement classique) la référence à la prosodie classique reste forte :

*Et vous cherchiez, là-haut, la plus humble lueur,*
*L'astre le plus perdu qu'entraînaient d'autres mondes*
*Pour lui vouer soudain comme une ardeur profonde*
*Par besoin de ferveur.*
*Je vous ai tant aimés, avec la fierté d'être*
*Toujours avide, ému, tendre et religieux,*
*Mes yeux,*
*Que les siècles se souviendront peut-être,*
*Même en des jours sans art,*
*De tout l'amour que j'ai pu mettre*
*Et conserver en vos regards.*

L'importance et le caractère personnel du découpage amorcent l'orientation vers une poésie de plus en plus visuelle. Mallarmé avait, dès 1894, pris position en faveur du vers libre, et souligné sa fécondité novatrice, dans sa conférence intitulée « La Musique et les Lettres » :

> « Une heureuse trouvaille avec quoi paraît à peu près close la recherche d'hier, aura été le vers *libre*, modulation (dis-je souvent) individuelle, parce que toute âme est un nœud rythmique. »

▷ ***Césure, constante rythmique, e caduc, hétérométrie, mètre, rime, rythme, séquence, vers blanc, vers libéré, vers mêlés.***

**vers mêlés.** On s'accorde désormais à nommer vers mêlés le système adopté en particulier par La Fontaine : une libre succession de vers réglés de types différents (le plus souvent, octosyllabes, décasyllabes et alexandrins), sans principe de récurrence mais unis par des rimes elles aussi librement distribuées, tout en respectant la loi de l'alternance (on parle alors de *rimes mêlées*).

C'est le schéma par exemple de la fable intitulée « Le Soleil et les Grenouilles » :

*Aux noces d'un tyran tout le peuple en liesse*
*Noyait son souci dans les pots.*
*Ésope seul trouvait que les gens étaient sots*
*De témoigner tant d'allégresse.*

*Le Soleil, disait-il, eut dessein autrefois*
*De songer à l'hyménée.*
*Aussitôt on ouït, d'une commune voix,*
*Se plaindre de leur destinée*
*Les citoyennes des étangs.*
*Que ferons-nous, s'il lui vient des enfants ?*
*Dirent-elles au Sort. Un seul Soleil à peine*
*Se peut souffrir ; une demi-douzaine*
*Mettra la mer à sec, et tous ses habitants.*
*Adieu joncs et marais : notre race est détruite ;*
*Bientôt on la verra réduite*
*A l'eau du Styx. Pour un pauvre animal,*
*Grenouilles, à mon sens, ne raisonnaient pas mal.*

Aucune régularité, aucun système ne peuvent être ici repérés : le quatrain qui ouvre la fable et en introduit la narration marque lui-même un contrepoint entre l'organisation des mètres (alternance d'alexandrins et d'octosyllabes), et celle des rimes (embrassées). Le corps de la narration, d'un seul tenant, est tout aussi libre, et comporte de nouveaux mètres ; on compte ainsi en tout 8 alexandrins, 3 décasyllabes, 5 octosyllabes, et un heptasyllabe, et des rimes d'abord embrassées, puis croisées, puis en quintil, puis plates.

| | | | | |
|---|---|---|---|---|
| 12 a | | 12 c | 8 e | 12 g |
| 8 b | blanc | 7 d | 10 e | 8 g |
| 12 b | typo- | 12 c | 12 f | 10 h |
| 8 a | graphique | 8 d | 10 f | 12 h |
| | | | 12 e | |

Ni la narration, ni la syntaxe ne cherchent non plus à coïncider avec les ensembles non récurrents ainsi formés.

Cette présentation a longtemps été appelée « vers libre », ce qui provoquait une confusion avec le vers libre institué à la fin du XIXe siècle par les symbolistes.

▷ *Alternance, fable, hétérométrie, rime, vers libre.*

**villanelle.** C'est seulement à la fin du XVI^e^ siècle que la villanelle (de l'italien *villanella*, chanson ou danse villageoise) voit ses formes fixées sur le modèle de celle qui a été composée par Jean Passerat sous le titre « J'ai perdu ma tourterelle » : c'est une suite (impaire) de tercets d'heptasyllabes sur deux rimes, la première étant féminine ; le premier et le troisième vers du premier tercet sont repris alternativement comme refrains de chaque tercet, puis ensemble à la fin du poème, qui donc se termine par un quatrain. Le schéma de cette pièce est le suivant : $A^1bA^2$ $abA^1$ $abA^2$ $abA^1$ $abA^2$... $abA^1A^2$.

*J'ay perdu ma tourterelle :*
*Est-ce point elle que j'oy ?*
*Je veux aller après elle.*

*Tu regrettes ta femelle,*
*Hélas ! aussi fay-je moy :*
*J'ay perdu ma tourterelle.*

*Si ton amour est fidèle,*
*Aussi est ferme ma foy :*
*Je veux aller après elle.*

[...]

*Mort que tant de fois j'appelle,*
*Prends ce qui se donne à toy*
*J'ay perdu ma tourterelle,*
*Je veux aller après elle.*

Très en vogue au XVI^e^ siècle, la villanelle a été reprise par certains Parnassiens.

Malgré le caractère très précis de la forme fixe, les poètes ont souvent appelé villanelles des poèmes fondés sur la simple répétition d'un refrain de deux vers, tels du Bellay, ou encore Honoré d'Urfé dans sa « Villanelle d'Hylas » :

*Ceux qui veulent vivre en servage,*
*Peuvent comme esclaves mourir,*
*Hylas jamais n'a pu souffrir*
*Que l'on lui fît un tel outrage.*
*Change d'humeur qui s'y plaira,*
*Jamais Hylas ne changera.*

*Il est certain, Hylas vous aime ;*
*Mais vous savez, belle Alexis,*
*De son amour quel est le prix ?*
*Le prix d'amour, c'est l'amour même.*
*Change d'humeur [...]*

*Languir auprès d'une cruelle,*
*C'est un bien maigre passe-temps,*
*Et c'est en quoi je ne m'entends,*
*Il vaut mieux être infidèle.*
*Change d'humeur [...]*

*Mais pour ne le trouver étrange,*
*Qu'égale entre nous soit la loi :*
*Comme je vous aime, aimez-moi,*
*Et me changez si je vous change.*
*Change d'humeur [...]*

*Ainsi d'une si douce vie,*
*Nul de nous ne se lassera,*
*Parce que celui changera*
*Qui premier en aura envie.*
*Change d'humeur [...]*

*Et si jamais je vous en blâme,*
*Que je puisse mourir d'amour,*
*Ou bien que j'aime quelque jour*
*Longuement une laide femme.*
*Change d'humeur [...]*

▷ *Refrain, répétition, tercet.*

**virelai.** Après avoir été le nom d'une danse, le virelai (mot formé au XIII^e siècle sur *virer*) est, au XIV^e siècle, une forme poétique qui a connu plusieurs formules différentes.

C'est, par exemple, une poésie en vers courts, sur deux rimes, composée de trois strophes de structure semblable précédées et suivies d'un refrain qui équivaut à une demi-strophe pour le nombre des vers, leur longueur et la disposition des rimes. Cette forme, cultivée par Machaut, Froissart, Deschamps, tomba vite en désuétude. Voici un virelai d'Eustache Deschamps, qui conte une fête de bergers en heptasyllabes ; les cinq premiers vers forment le refrain, répété à la fin de chacun des trois onzains à rimes aabaabaabba, avec alternance de rimes féminines et de rimes masculines :

Par ma foy, dist Robinette,
Je fu mise trop joenette
Nonnain en religion !
Et pour ce prophession
Ne sera ja par moy faitte.

*Du cloistre me suy retraitte,*
*Où l'en doit rentre contrette*
*Ou corps de rude façon*
*Femme borgne ou contrefette,*
*Non pas fille joliete*
*Qui scet baler du talon.*

*Quant je dance à la musette*
*Du biau Robin qui chevrette*
*Pour moy d'un si joly son,*
*Quanqu'il fait me semble bon :*
*Si veil estre s'amiette.*

Par ma foy, dist Robinette...

*Je vi l'autre jour Marette,*
*Yseut, Margot et Hennette*
*Qui mengoient du maton*
*Dessus l'herbe nouvellette,*
*Et s'i estoit Guillemette,*
*L'amie du grant Hemon,*
*Chantans une chançonnette :*
*Dieux ! j'oy la coquelinette !*
*Dieux ! j'oy le coqueluron !*
*La se print maint bergeron,*
*Dansant, par fine amourette.*

Par ma foy, dist Robinette...

*Chascun portoit sa houlette*
*Et du pain en sa lourette ;*
*Maiz trop fist le compaignon*
*A tout sa menue cornette,*
*Brebiers et pour Marsonnette*
*Qui lui menoit son guaignon.*
*« Adonc, dit Robin la guette,*
*Li leuz noz brebiz aguette ;*
*Ne vez vous pas le larron ?*
*Se je ne ray mon baston*
*La feste sera deffette. »*

Par ma foy, dist Robinette...

Le virelai peut également s'étendre sur plusieurs strophes, avec une répétition irrégulière du refrain, tel le « Virelai de l'orgueillousette » de Froissart :

*On dist que j'ai bien manière*
*D'estre orgueillousette :*
*Bien afiert à estre fière*
*Jeune pucelette.*
*Hui main matin me levai,*
*Droit à l'ajournée ;*
*En un jardinet entrai*
*Dessus la rosée.*

*Je cuidai estre première*
*Au clos, sur l'herbette ;*
*Mais mon doulx ami y ere*
*Cœillant la flourette.*

*On dist que j'ai bien manière*
*D'estre orgueillousette.*

*Un chapelet li donnai*
*Fait de la vesprée ;*
*Il le prist : bon gré l'en sai ;*
*Puis m'a appelée.*

*« Veuillez oïr ma prière*
*Très belle et doulcette ;*
*Un petit plus que n'affiere*
*Vous m'estes durette. »*

*On dist que j'ai bien manière*
*D'estre orgueillousette :*
*Bien affiert à estre fière*
*Jeune pucelette.*

On appelle ***chanson balladée*** un type de virelai qu'Henri Morier décrit de la manière suivante : c'est la répétition cyclique d'une base de 21 vers répartis en 5 couplets :

– 1er couplet : refrain 5 vers A A b B A
7 7 5 7 7
– 2e couplet : 3 vers B b A (7 3 7)
– 3e couplet : 3 vers B b A (7 3 7)
– 4e couplet : 5 vers A A b B A
7 7 5 7 7
– 5e couplet : reprise du refrain.

Il existe également une forme de virelai avec renversement du schéma de la strophe à deux rimes : une strophe en aaabaaab devient, à la suivante, bbbabbba.

Le virelai a pris ainsi des formes extrêmement variées, toujours fondées sur l'usage d'un refrain. Il tombe en désuétude à l'époque de la Pléiade. Le type que cultivèrent, sous le même nom, quelques poètes secondaires des XVIe et XVIIe siècles, n'a de commun avec la formule originelle que la présence du refrain à des places plus ou moins fixes.

▷ *Refrain.*

**vocalique.** Voir alternance, phonème, rime.

**voyelle.** Il n'y a en français que 6 voyelles graphiques ; en revanche, du point de vue des phonèmes, les voyelles françaises sont beaucoup plus nombreuses, puisqu'il y en a 16 en tout. Voici la transcription des phonèmes vocaliques du français telle qu'elle est proposée par l'alphabet phonétique international :

*Voyelles orales* :

| | |
|---|---|
| [i] écrit | i, î, ï, y : nid, épître, naïf, Égypte. |
| [e] | é, er, es, ez, ai, aî : né, user, mes, nez, chantai, aîné. |
| [ɛ] | e, et, è, ê, ë, ai, aî, ay, ei, eî, ey : grec, muet, père, prête, Noël, laid, paître, tramway, neige, reître, poney. |
| [a] | a, e(mm), ao(nn) : patte, femme, paonne. |
| [ɑ] | a, â : pas, pâte. |
| [ɔ] | o, au, u : sotte, Paul, minium. |
| [o] | o, ô, au, eau : sot, rôti, Paule, beau. |
| [u] | ou, où : mou, où. |
| [y] | u, û, eu, eû : nu, dû, il eut, qu'il eût. |
| [œ] | eu, œu, œ : beurre, bœuf, œil. |
| [ø] | eu, œu : peu, bœufs. |
| [ə] | e : cheval, maintenant, le. |

*Voyelles nasales* :

| | |
|---|---|
| [ɛ̃] | in, im, ain, aim, ein, en, yn, ym : pin, imbu, pain, faim, ceint, examen, synthétique, thym. |
| [ɑ̃] | an, en, em, am, aon : enfant, emprunt, ambition, faon. |
| [ɔ̃] | on, om, um : rond, tombe, lumbago. |
| [œ̃] | un, um : lundi, parfum. |

Les voyelles phoniques se classent par leur point d'articulation : voir à l'article **phonème**.

▷ *Assonance, consonne, e caduc, homophonie, phonème, rime, semi-consonne, syllabe.*

# Z

**zeugme** *ou* **zeugma.** Le zeugme (du grec *zeugma*, « joug ») est à rapprocher étymologiquement du terme d'**attelage**, qui, en rhétorique, désigne une figure par laquelle on associe dans une même construction syntaxique deux éléments alors qu'ils diffèrent par leur nature grammaticale. Cette figure est appelée ***zeugme syntaxique*** par H. Morier, qui donne comme exemple dans son dictionnaire cette phrase de Musset :

*Ils savent* compter l'heure *et* que la terre est ronde.

On pourra distinguer un zeugme par construction symétrique et un zeugme par construction asymétrique. Le premier coordonne deux compléments d'un verbe transitif, le second présente une dissymétrie, en superposant un emploi absolu et une construction transitive, dans laquelle le complément se trouve entre parenthèses, comme le fait Jean Tortel à propos du feu quand il écrit :

*Il prend (n'importe*
*Quel objet dans sa langue).*

Un tel exemple peut faire transition vers une autre forme de zeugme, que certains appellent ***zeugme sémantique***, et qui conjoint deux termes dont, dans la majorité des cas, l'un est concret et l'autre abstrait, pour caractériser ou compléter une même expression, comme dans le fameux vers de *Booz endormi* :

*Vêtu de* probité *candide et de* lin *blanc*.

Le terme ainsi complété ou caractérisé est parfois une syllepse de sens (ici *vêtu* a à la fois son sens propre – complété par *de lin blanc* – et son sens figuré – complété par *de probité candide*).

Dans les deux cas, le zeugme est lié à une ellipse.

▷ *Ellipse, figure, syllepse.*

# BIBLIOGRAPHIE

*Anthologies poétiques*


Allem (M.), *Anthologie poétique française, XVIe siècle*, 2 volumes, Paris, Garnier-Flammarion, 1965.

Bergez (D.), *Anthologie. La poésie française du XXe siècle*, Paris, Bordas, collection Univers des Lettres Bordas, 1986.

Bosquet (A.), *Les cent plus beaux poèmes du monde*, Paris, éditions Saint-Germain-des-Prés, Le Cherche Midi éditeur, collection Espaces, 1979.

Chevrier (J.), *Anthologie africaine : poésie*, Paris, Hatier, collection Monde noir poche, 1988.

Decaudin (M.), *Anthologie de la poésie française du XXe siècle, de Paul Claudel à René Char*, Paris, NRF, *Poésie*/Gallimard, 1983.

Delvaille (B.), *La nouvelle poésie française. Anthologie*, 2 volumes, Paris, Seghers, édition de 1977.

Dufournet (J.), *Anthologie de la poésie lyrique française des XIIe et XIIIe siècles*, Paris, NRF, *Poésie*/Gallimard, 1989.

Leuilliot (B.), *Anthologie de la poésie française du XIXe siècle, de Chateaubriand à Baudelaire*, Paris, NRF, *Poésie*/Gallimard, 1984.

Mary (A.), *La Fleur de la poésie française depuis les origines jusqu'à la fin du XVe siècle*, Paris, Garnier, 1951.

Pompidou (G.), *Anthologie de la poésie française*, Le Livre de Poche, 1961.

Roubaud (J.), *Soleil du soleil : le sonnet français de Marot à Malherbe, une anthologie*, Paris, POL, 1990.

Rousset (J.), *Anthologie de la poésie baroque française*, 2 volumes, Paris, José Corti, 1988 (publiée originellement chez Armand Colin en 1961).

Schmidt (A.-M.), *Poètes du XVIe siècle*, Paris, la Pléiade/Gallimard, 1953.

Scott (N.), *Contes pour rire? Fabliaux des* XIIIe *et* XIVe *siècles*, U.G.E., 10/18, 1977.

Wagner (L.), *Textes d'étude (ancien et moyen français)*, Genève et Paris, Librairies Droz et Minard, 1964.

*Les plus beaux manuscrits des poètes français*, Bibliothèque Nationale, sous la direction de Florence de Lussy, Paris, éditions Robert Laffont, 1991.

*Poètes du Moyen Age*, Textes choisis, traduits et présentés par J. Cerquilini, Paris, Librairie Générale Française, le Livre de Poche, 1987.

*Linguistique et poétique*

Barthes (R.), *Le degré zéro de l'écriture*, Paris, éditions du Seuil, 1953.

Benveniste (E.), *Problèmes de linguistique générale*, Paris, Tel Gallimard, t. 1, 1966 ; t. 2, 1974.

Celeyrette-Pietri (N.), *Les Dictionnaires des poètes*, Presses Universitaires de Lille, 1985.

Cohen (J.), *Structure du langage poétique*, Paris, Flammarion, 1966.

Delas (D.) et Filliolet (J.), *Linguistique et poétique*, Paris, Larousse, 1973.

Ducrot (O.) et Todorov (T.), *Dictionnaire encyclopédique des sciences du langage*, Paris, éditions du Seuil, 1972.

Du Marsais (C.), *Des tropes, ou des différents sens dans lesquels on peut prendre un même mot dans une même langue*, première édition, 1729 ; repris par Slatkine, Genève, 1967, sous le titre *Traité des tropes*.

Fonagy (Y.), *La vive voix*, Paris, Payot, 1983.

Fontanier (P.), *Les Figures du discours*, réédition, Paris, Flammarion Champs, 1968.

Genette (G.), *Figures* I, Paris, éditions du Seuil, collection « Points », 1966.

—, *Figures* II, Paris, éditions du Seuil, collection « Points », 1969.

—, *Figures* III, Paris, éditions du Seuil, collection Poétique, 1972.

—, *Mimologiques*, Paris, éditions du Seuil, collection Poétique, 1976.

—, « Avatars du cratylisme », *Poétique* n° 11, 1972, p. 367-394.

Groupe m, *Rhétorique de la poésie*, Paris, éditions du Seuil, collection « Points », 1990 (première édition 1977).

Henry (A.), *Métonymie et métaphore*, Paris, Klincksieck, 1971.

Jakobson (R.), *Essais de linguistique générale*, t. 1, Paris, éditions de Minuit, 1963.
—, *Questions de poétique*, Paris, éditions du Seuil, collection Poétique, 1973.
—, *Six leçons sur le son et le sens*, Paris, éditions de Minuit, 1976.
Kibedi Varga (A.), *Les Constantes du poème*, Paris, Picard, 1977.
—, *Théorie de la littérature*, Paris, Picard, 1981.
Kristeva (J.), *Sèméiotikhè. Recherches pour une sémanalyse (Extraits)*, Paris, éditions du Seuil, collection « Points », 1969.
*Le Langage* sous la direction de Bernard Pottier, Paris, Retz, « Les encyclopédies du savoir moderne », 1973.
Le Guern (M.), *Sémantique de la métaphore et de la métonymie*, Paris, Larousse, 1973.
Meschonnic (H.), *Pour la poétique* I, Paris, Gallimard, 1970.
—, *Les états de la poétique*, Paris, PUF écriture, 1985.
Mounin (G.), *Sept poètes et le langage*, Paris, Tel Gallimard, 1992.
Ricœur (P.), *La Métaphore vive*, Paris, éditions du Seuil, 1975.
Rigolot (F.), *Poétique et onomastique*, Genève, Droz, 1977.
Ruwet (N.), *Langage, musique, poésie*, Paris, éditions du Seuil, collection Poétique, 1972.
Saussure (F. de), *Cours de linguistique générale*, Payot, 1974.
Sauvageot (A.), *Portrait du vocabulaire français*, Paris, Larousse, 1964.
Spire (A.), *Plaisir poétique et plaisir musculaire*, Paris, Corti, 1949.
Starobinski (J.), *Les Mots sous les mots. Les Anagrammes de F. de Saussure*, Paris, NRF Gallimard, Le Chemin, 1978.
Suhamy (H.), *La Poétique*, Paris, PUF, collection « Que sais-je ? », 1986.
Todorov (T.), *Poétique*, Paris, éditions du Seuil, Collection « Points », 1973.
Thomas (J.-J.), *La Langue, la poésie. Essai sur la poésie française contemporaine*, Presses Universitaires de Lille, 1989.

*Étude technique de la poésie. Versification*

Aquien (M.), *La versification*, Paris, PUF, collection « Que sais-je ? », 1990.
Bonnard (H.), *Procédés annexes d'expression*, Paris, Magnard, 1986.
Cornulier (B. de), *Théorie du vers (Rimbaud, Verlaine, Mallarmé)*, Paris, éditions du Seuil, 1982.

—, Chapitre V de *Théorie de la littérature*, Paris, Picard, 1981.
Delas (D.), *Guide méthodique pour la poésie*, Paris, Nathan, 1990.
Deloffre (F.), *Le Vers français*, Paris, SEDES, 1969.
—, *Stylistique et poétique françaises*, Paris, SEDES, 1974.
Dessons (G.), *Introduction à l'analyse du poème*, Paris, Bordas, 1991.
Dupriez (B.), *Gradus. Les procédés littéraires*, U.G.E., 10/18, 1984.
Elwert (W.T.), *Traité de versification française, des origines à nos jours*, Paris, Klincksieck, 1965.
Fraisse (P.), *Psychologie du rythme*, Paris, PUF, 1974.
Fromilhague (C.) et Sancier (A.), *Introduction à l'analyse stylistique*, Paris, Bordas, 1991.
Gauthier (M.), *Système euphonique et rythmique du vers français*, Paris, Klincksieck, 1974.
Grammont (M.), *Le Vers français, ses moyens d'expression, son harmonie*, Paris, Delagrave, 6ᵉ édition 1967.
Guiraud (P.), *Essais de stylistique*, Paris, Klincksieck, 1969.
—, *La Versification*, P.U.F., collection « Que sais-je ? », 1970.
Jaffré (J.), *Le vers et le poème*, Paris, Nathan, 1984.
Joubert (J.-L.), *La Poésie*, Paris, Armand Colin, 1988.
Lote (G.), *Histoire du vers français*, t. 1, Paris, Boivin, 1949 ; t. 2, Paris, Boivin, 1951 ; t. 3, Paris, Hatier, 1955.
Martinon (Ph.), *Dictionnaire des rimes françaises précédé d'un traité de versification*, Paris, Larousse, 1962.
Mazaleyrat (J.), *Eléments de métrique française*, Paris, A. Colin, $U_2$, 1974.
—, planches de versification du *Grand Larousse de la langue française*, Paris, 1978.
Mazaleyrat (J.) et Molinié (G.), *Vocabulaire de la stylistique*, Paris, PUF, 1989.
Meschonnic (H.), *Critique du rythme. Anthropologie historique du langage*, Paris, Verdier, 1982.
Milner (J.-C.) et Regnault (F.), *Dire le vers*, éditions du Seuil, 1987.
Molino (J.) et Gardes-Tamine (J.), *Introduction à l'analyse de la poésie*, Paris, PUF, t. I, *Vers et figures*, 1982, 2ᵉ édition 1987, t. II, *De la strophe à la construction du poème*, 1988.
Moreau (F.), *Six études de métrique*, Paris, SEDES, 1987.
Morier (H.), *Le Rythme du vers libre symboliste et ses relations avec le sens*, t. 1, Genève, Presses académiques, 1943.
—, *Dictionnaire de poétique et de rhétorique*, Paris, PUF, (4ᵉ édition 1989).

Parent (M.), *Saint-John Perse et quelques devanciers. Études sur le poème en prose*, Paris, Klincksieck, 1960.

Pineau (J.), *Le mouvement rythmique en français*, Paris, Klincksieck, 1979.

Roubaud (J.), *La Vieillesse d'Alexandre*, Paris, Maspero, « Action poétique », 1978.

*Le Vers français au XX^e^ siècle*. Recueil de communications faites au Colloque de Strasbourg en avril 1965, Paris, Klincksieck, 1967.

*Ouvrages de réflexion sur le phénomène poétique*

Bellay (J. du), *Défense et illustration de la langue française*, Le Livre de Poche.

Boileau (N.), *L'Art poétique*, Paris, Bordas, Univers des Lettres, édition de 1972.

Bonnefoy (Y.), *L'acte et le lieu de la poésie* (1958), in *Du mouvement et de l'immobilité de Douve*, Paris, Mercure de France, 1953.

Caillois (R.), *Approches de la poésie*, Paris, NRF Gallimard, 1978.

Char (R.), *Recherche de la base et du sommet*, et *Sous ma casquette amarante*, in *Œuvres complètes*, Paris, NRF, la Pléiade/Gallimard, 1983.

Clancier (G.-E.), *La poésie et ses environs*, Paris, NRF Gallimard, 1973.

Claudel (P.), *Réflexions sur la poésie*, Paris, Gallimard, collection « Idées », 1953.

*Encyclopedia of poetry and poetics*, sous la direction de A. Preminger, Princeton University Press, 1965.

Guillevic (E.), *Vivre en poésie*, Paris, Stock, 1980.

Jean (G.), *La Poésie*, Paris, éditions du Seuil, 1966.

Leuwers (D.), *Introduction à la poésie moderne et contemporaine*, Paris, Bordas, 1990.

Mallarmé (S.), *Crise de vers*, Préface au *Coup de dés*, *La Musique et les Lettres*, in *Œuvres complètes*, Paris, NRF, la Pléiade/Gallimard, 1974.

Michaux (H.), *Connaissance par les gouffres*, 1961 ; nouvelle édition : Gallimard, 1978.

Oulipo, *Oulipo : La Littérature potentielle*, Paris, Gallimard, collection « Idées », 1973.

Paz (O.), *L'Arc et la Lyre*, Paris, Gallimard, 1965.

Richard (J.-P.), *L'univers imaginaire de Mallarmé*, Paris, éditions du Seuil, collection « Pierres Vives », 1961.

Valéry (P.), « Droits du poète sur la langue » in *Pièces sur l'Art*, Paris, NRF Gallimard, 1934.
—, *Variété, Œuvres*, t. I, et *Tel quel*, t. II, Paris, NRF, la Pléiade/Gallimard.
*Histoire des littératures* 3, sous la direction de Raymond Queneau, Paris, NRF Gallimard, Encyclopédie de la Pléiade, 1978.
*Traités de poétique et de rhétorique de la Renaissance*, introduction, notices et notes de Francis Goyet, Paris, Librairie Générale Française, Le Livre de Poche classique, 1990.

*Autres ouvrages de référence*

Aristote, *La Poétique*, traduction par M. Magnien, Le Livre de Poche, 1990.
*Entretiens sur l'Art et la psychanalyse*, sous la direction de A. Berge, A. Clancier, P. Ricœur et L.-H. Rubinstein, Paris & La Haye, Mouton, 1968.
Freud (S.), *L'Interprétation des rêves*, Paris, PUF, 1980.
—, *Le Mot d'esprit et ses rapports avec l'inconscient*, Paris, Gallimard, collection « Idées », 1974.
Hegel, *Esthétique*, 4e volume, traduction de S. Jankélévitch, Paris, Flammarion, 1979.
Lacan (J.), *Écrits*, « L'instance de la lettre dans l'inconscient ou la raison depuis Freud », Paris, éditions du Seuil, collection du Champ Freudien, 1966.
Platon, *Cratyle*, in *Protagoras et autres dialogues*, traduction par E. Chambry, Paris, Garnier-Flammarion, 1967.

*Dictionnaires généraux consultés*

Bloch (O.) et von Wartburg (W.), *Dictionnaire étymologique de la langue française*, Paris, PUF, 1975 (6e édition).
Picoche (J.), *Dictionnaire étymologique du français*, Paris, Dictionnaires Le Robert, Les Usuels du Robert, 2e édition, 1989.
*Encyclopædia Universalis* en 20 volumes, 1975.
*Grand Larousse de la langue francaise* en 7 volumes, sous la direction de L. Guilbert, R. Lagane et G. Niobey, Paris, Librairie Larousse, 1978.
*Grand Robert de la langue francaise* en 9 volumes, 2e édition par A. Rey, Paris, Dictionnaires Le Robert, 1990.

*Larousse du XX^e siècle*, en 6 volumes, publié sous la direction de P. Augé, Paris, Larousse, 1931.
*Trésor de la langue française : Dictionnaire de la langue du XIX^e et XX^e siècles (1789-1960)*, publié sous la direction de Paul Imbs, puis de Bernard Quemada (I, 1971 à XIV, 1990).

## INDEX DES POÈTES CITÉS

# TABLE DES ARTICLES

# TABLE

# Dans Le Livre de Poche

*Extraits du catalogue*

## ***Premiers combats pour la langue française*** n° 6661

Introduction, choix et notes de Claude Longeon

Ce n'est qu'au terme de longs combats que des écrivains de tous horizons (pédagogues, traducteurs, humanistes, poètes) ont imposé la langue française. Faisant fi de leurs privilèges de latinistes, ils choisissent, sous François Ier et avec son aide efficace et renouvelée, le risque de l'ouverture à la langue vulgaire.

Des textes de Jean Lemaistre, Claude de Seyssel, Christophe de Longeil, Jean Lemaire de Belges, Jean Bouchet, Désiré Érasme, Jacques Lefèbre d'Étaples, Guillaume Farel, Jean Gachy, Geoffroy Tory, Charles de Bovelles, Symphorien Champier, Antoine Macault, Antoine Héroët, Bonaventure des Périers, Nicolas Glotelet, Pierre Saliat, François Ier, Étienne Dolet, Charles de Sainte-Marthe, Pierre Tolet, Jean Canappe, Jacques Peletier du Mans, Martin Mathée, Jean Bouchet, Antoine Le Maçon, Étienne Roffet, Hugues Salel, Charles Fontaine, Jean Le Blond, Jacques de Beaune, Jean Lalemant, Claude Gruget, François Habert, Joachim Du Bellay.

## ***Anthologie de la poésie amoureuse de l'âge baroque***

*Vingt poètes maniéristes et baroques* n° 6910

Introduction, choix de textes, notices et notes de Gisèle Mathieu-Castellani

Du temps de Charles IX à celui de Louis XIII, la poésie explore les possibilités de son langage propre, indocile aux tutelles.

*Au sommaire :* Agrippa d'Aubigné, Christofle de Beaujeu, Joachim Bernier de la Brousse, Beroalde de Verville, Flaminio de Birague, Jacques Davy Du Perron, Philippe Desportes, Estienne Durand, Jean Godard, Isaac Habert, Clovis Hesteau de Nuysement, Étienne Jodelle, Siméon-Guillaume de La Roque, Pierre de Marbeuf, Marc Papillon, François Scalion de Virbluneau, Jean de Sponde, Théophile de Viau, Tristan L'Hermite, Pontus de Tyard.

## ***Traités de poétique et de rhétorique de la Renaissance*** n° 6720

Introduction et notes de Francis Goyet

Ces traités de poétique et de rhétorique disent l'enthousiasme qui saisit notre littérature au XVIe siècle. La France fonde sa poésie et forge sa langue.

Une solide annotation aidera le lecteur à discerner les enjeux profonds de ces écrits fondateurs, qui se révèlent moins théoriques qu'idéologiques.

Ce volume contient Sébillet, *Art poétique français* ; Aneau, *Le Quintil horacien* ; Peletier, *L'Art poétique* ; Fouquelin, *La Rhétorique française* ; Ronsard, *Abrégé de l'art poétique français.*

## *Poètes français des XIX$^e$ et XX$^e$ siècles* nº 4277

Préface de Serge Gaubert
Notices, commentaires et notes de Daniel Leuwers

Du romantisme à la modernité. L'affirmation des lignes maîtresses de la poésie contemporaine : l'abandon du vers au profit de formes plus libres, l'intégration des forces de l'inconscient dans le flux du langage, la reconnaissance de la valeur polysémique des mots, l'émulation exercée par des arts voisins comme la peinture ou la musique, enfin la tentation de l'engagement.

Une anthologie commentée, de Lamartine, Vigny, Hugo, Musset, Nerval... à Prévert, Michaux, Eluard, Aragon, Saint-John Perse, Guillevic, Queneau, Senghor...

## **Pierre de Ronsard** (1524-1585)

### *Discours des misères de ce temps* nº 9695

Introduction, notes, notices et variantes de Francis Higman

Dans la guerre civile sporadique, qui commence par le Tumulte d'Amboise et s'achèvera par la conquête de Paris par Henri IV, plus de trente ans plus tard, Ronsard a jeté le poids dérisoire et décisif de sa plume, mettant son génie poétique et satirique au service de la foi catholique.

Cette édition groupe en un même volume, ce qui n'avait jamais encore été fait, l'essentiel des textes du poète et deux des pamphlets qui s'abattirent sur lui avec une violence à la mesure du danger qu'il représentait pour ses adversaires.

Dans leur langue familière et ferme, étrangère aux ornements antiques de la Pléiade, Ronsard dévoile ses convictions, conte sa vie et manipule ses lecteurs au moyen d'une rhétorique efficace et subtile. Ses contemporains préféraient en lui l'auteur des *Discours* : chacun peut désormais comprendre pourquoi.

## **Chateaubriand** (1768-1848)

### *Atala, René, Les Natchez* nº 6609

Introduction, commentaires etnotes de Jean-Claude Berchet

*Atala* et *René* sont des épisodes détachés des *Natchez*. En regroupant pour la première fois ces trois textes, élaborés par Chateaubriand au cours de son exil londonien (de 1797 à 1799), on a voulu les replacer sous leur véritable jour. Ces grands textes fantasmatiques, placés sous le signe des enfants morts, prennent en effet une dimension nouvelle : un roman de la vie sauvage qui a bien pour horizon nostalgique une *nature* (la splendeur des paysages américains, de la Louisiane au Canada), mais qui énonce en réalité une problématique de la Chute ; qui désigne le blocage des énergies vitales ou les contradictions du désir ; qui proclame enfin le malheur de naître au siècle des Révolutions.

## **Nerval** (1808-1855)

### *Aurélia*

suivi de *Lettres à Jenny Colon, La Pandora, Les Chimères* nº 690

Édition établie et commentée par Béatrice Didier
Introduction de Jean Giraudoux

Ce qui fait l'originalité si fondamentale d'*Aurélia*, c'est que l'œuvre retrace une expérience douloureusement vécue, une descente aux enfers de la folie qui s'accomplit dans la souffrance, mais aussi que sa composition témoigne d'une extraordinaire faculté de synthèse, de reconstruction. C'est la volonté d'organiser l'ensemble dans une progression qui répond à une expérience mystique. Tout agit, tout se correspond, tout a un *sens*. L'imagination, qui est hallucination mais aussi et surtout force de création, est le don de voir « directement » un univers sur lequel plane la figure d'Aurélia. Elle est une synthèse de toutes les femmes que Nerval a aimées : sa mère et Jenny Colon, et d'autres femmes réelles ou idéales ; elle est Laure et Béatrice, la Vierge Marie, Isis, mais aussi la vierge des douleurs, la femme abandonnée dans le déluge.

Œuvre surprenante, quoique moins connue, *La Pandora* expose tout le réseau des thèmes qui s'organise autour du théâtre, de la représentation manquée ou impossible.

Dans les sonnets des *Chimères*, Nerval a projeté les grandes figures mythiques de son univers imaginaire, fulgurantes et énigmatiques.

## **Charles Baudelaire** (1821-1867)

### *Écrits sur l'art* — nº 3921

Texte établi, présenté et annoté par Francis Moulinat

Cette nouvelle édition regroupe l'essentiel des textes que Baudelaire a consacrés aux arts plastiques *(Salon de 1845, Le Musée du Bazar de Bonne-Nouvelle, Salon de 1846, Morale du joujou, De l'essence du rire, L'Œuvre et la Vie d'Eugène Delacroix...)* et qui ont été composés entre 1845 et les derniers temps de sa vie.

Un abondant apparat critique indique la localisation des œuvres et multiplie les rapprochements entre les jugements de l'auteur et ceux de ses contemporains.

## **Lautréamont** (1846-1870)

### *Les Chants de Maldoror* — nº 4496

suivi des *Poésies* et des *Lettres*

Édition établie, commentée et annotée par Patrick Besnier

Les *Chants* subvertisent sans relâche les figures détentrices du pouvoir et de la norme. Le sarcasme, l'insulte, les fictions cherchent à ébranler les puissances et les identités, à les dévoyer ou à les destituer.

« L'effet d'ensemble est terrible au-delà de toute expression et d'une beauté panique surprenante. [...] Le style des *Chants de Maldoror* est une sorte de poncif configuré à la divagante passion d'un dément. » (Léon Bloy.)

Cette édition des œuvres complètes comprend les *Chants*, les *Poésies*, la *Correspondance* et des documents nouveaux.

## **Alfred Jarry** (1873-1907)

### *Tout Ubu* — nº 838

Édition établie par Maurice Saillet
Préface, commentaires et notes de Charles Grivel

Figure surgie du désordre et de l'ombre, émanation brute et cocasse d'une pensée qui ne recule devant rien pour se satisfaire, Ubu *insiste*. Un franc-parler menaçant, une gesticulation belliqueuse se répandent ainsi qu'un miasme. Lançant son malpropre goupillon sur la table du festin ou portant avec précaution son boulet de forçat pour ne pas le salir, Ubu exécute violemment la raison de ce qu'il touche : la Loi, l'ordre physique ou moral. On a toujours lu, vu, su, vécu Ubu : le personnage provient de la mémoire de chacun, de ses entrailles ;

c'est une pulsion générale, non simplement particulière à son auteur. Ubu émane de la personne de celui qui est ńanti de son récit, c'est un *geste*, une extorsion, quelque chose qu'on *s'arrache*.
*Tout Ubu* comprend « Ubu roi », « Ubu cocu », « Ubu enchanté », « Les Almanachs du père Ubu », « Ubu sur la butte », avec leurs prolégomènes et paralipomènes.

## **Jean Giraudoux** (1882-1944)

### *Ondine* n° 1657

Préface, commentaires et notes de Colette Weil

Ondine, fille des eaux, confiante dans la puissance de l'amour qu'elle éprouve pour le chevalier Hans von Wittenstein, accepte le pacte du Roi des Ondins : elle partira et vivra son amour humain mais, si Hans la trahit, il mourra et Ondine retournera au Lac, perdant jusqu'au souvenir de son existence terrestre.

Étincelante, avec un dialogue d'une rare richesse, *Ondine* est une subtile réflexion poétique sur la fragilité des amours humaines.

## **Ezra Pound** (1885-1972)

### *Les Cantos* n° 3117

Traduction de Jacques Darras, Yves Di Manno, Philippe Mikriammos, Denis Roche, François Sauzey.
Préface de Denis Roche.

Dans cette vaste fresque poétique, les mythes archaïques de la Chine et de l'Europe croisent les rituels modernes tels que les guerres, les spéculations financières, les événements de la vie politique ou artistique. Emportée par le flux des destinées mythiques et des drames contemporains, soumise aux rythmes des obsessions de Pound et des convulsions de société, une polyphonie universelle se dégage des *Cantos*, qui est l'une des œuvres majeures du XX^e siècle. L'écriture, qui s'accorde au principe d'organisation idéogrammatique, fait entrer dans un champ sémantique nouveau le parcours historique et l'imaginaire des hommes.

## **André Breton** (1896-1966)

### *Anthologie de l'humour noir* n° 3043

Se référant à Hegel et à Freud, Breton établit les rapports de l'humour et de l'inconscient. L'humour tend à donner l'invulnérabilité parce qu'à travers lui la réalité hostile se désagrège. Jacques Vaché écrit : « Je crois que c'est une sensation – j'allais presque dire un sens – aussi, de l'inutilité théâtrale (et sans joie) de tout. » Attitude exemplaire et définitive : Vaché, Crevel, Rigaud, Cravan, Duprey se suicident.

Swift, Sade, Lacenaire, Pétrus Borel, Poe, Baudelaire, Lewis Caroll, J.-P. Brisset, Apollinaire, Kafka, Duchamp, Vaché... sont présentés par André Breton.

# La poésie

dans Le Livre de Poche

**Aristote**
Poétique
Rhétorique

**Baudelaire** *Charles*
Les Fleurs du mal
Le Spleen de Paris
Les Paradis artificiels

**Cendrars** *Blaise*
Anthologie nègre

**Charles d'Orléans**
Ballades et Rondeaux

**Chrétien de Troyes**
Yvain, le Chevalier au lion
Le Conte du Graal
Le Chevalier de la Charrette
Erec et Enide

**Guillaume de Lorris, Jean de Meun**
Le Roman de la Rose

**Homère**
Odyssée
Odyssée (choix)
Iliade

**Hugo** *Victor*
Les Châtiments
Les Contemplations

**La Fontaine** *Jean de*
Fables
Les Amours de Psyché et de Cupidon

**Lautrémont**
Les Chants de Maldoror

**Mallarmé** *Stéphane*
Poésies

**Marie de France**
Lais

**Nerval** *Gérard de*
Aurélia *suivi de* Lettres à Jenny Colon, *de* La Pandora *et de* Les Chimères
Les Filles du feu *suivi de* Petits Châteaux de Bohême

**Pound** *Ezra*
Les Cantos

**Rilke** *Rainer Maria*
Lettres à un jeune poète

**Rimbaud** *Arthur*
Poésies complètes

**Ronsard** *Pierre de*
Discours des misères de ce temps

**Verlaine** *Paul*
Poèmes saturniens *suivi de* Fêtes galantes
La Bonne Chanson *suivi de* Romances sans paroles *et de* Sagesse

**Villon** *François*
Poésies complètes

**XXX**
Anthologie de la poésie amoureuse de l'âge baroque
La Chanson de la croisade albigeoise
La Chanson de Roland
Lancelot du lac
Lancelot du lac, t. 2
Le Livre de l'échelle de Mahomet
Poètes du Moyen Age (choix)
Poètes français des XIX^e^ et XX^e^ siècles
Traités de poétique et de rhétorique de la Renaissance
Tristan et Iseult
Tristan et Iseut
*(texte médiéval accompagné de la traduction)*

# Ouvrages généraux

(dictionnaires, anthologies)

**Gaffiot** *Félix*
Dictionnaire latin-français

**Imbert** *Jacques*
Anthologie des poètes français

**Littré** *Émile*
Le Petit Littré (La Pochothèque)

**Pompidou** *Georges*
Anthologie de la poésie française

**XXX**
La Bibliothèque idéale (La Pochothèque)
Premiers Combats pour la langue française
Anthologie de la littérature algérienne
Anthologie de la littérature française au XIXe siècle
Dictionnaire universel de poche
Dictionnaire des lettres françaises : le Moyen Age (La Pochothèque)
Encyclopédie de l'art (La Pochothèque)
Encyclopédie de la musique (La Pochothèque)

Composition réalisée par COMPOFAC - PARIS

IMPRIMÉ EN FRANCE PAR BRODARD ET TAUPIN
Usine de La Flèche (Sarthe).
LIBRAIRIE GÉNÉRALE FRANÇAISE - 6, rue Pierre-Sarrazin - 75006 Paris.
ISBN : 2 - 253 - 06362 - 2 30/8073/6